薪酬蓝皮书

本书由中国劳动保障科学研究院资助出版

中国薪酬发展报告

（2012 年）

人力资源和社会保障部劳动工资研究所组织编写

刘学民　主编

中国劳动社会保障出版社

图书在版编目(CIP)数据

中国薪酬发展报告. 2012 年/刘学民主编. —北京：中国劳动社会保障出版社，2013

ISBN 978-7-5167-0760-9

Ⅰ.①中… Ⅱ.①刘… Ⅲ.①劳动报酬-研究报告-中国-2012 Ⅳ.①F249.24

中国版本图书馆 CIP 数据核字(2013)第 245872 号

中国劳动社会保障出版社出版发行

（北京市惠新东街 1 号 邮政编码：100029）

*

中国铁道出版社印刷厂印刷装订 新华书店经销

787 毫米×1092 毫米 16 开本 30 印张 444 千字

2013 年 10 月第 1 版 2013 年 10 月第 1 次印刷

定价：88.00 元

读者服务部电话：（010）64929211/64921644/84643933

发行部电话：（010）64961894

出版社网址：http://www.class.com.cn

薪酬蓝皮书

中国薪酬发展报告

（2012年）

主　编　刘学民

副主编　杨黎明

撰稿人　（以文序排列）

刘军胜　刘秉泉　孙玉梅

吕井海　王　霞　王　宏

胡宗万　狄　煌　常风林

王学力　钱　诚　杨黎明

马小丽　肖婷婷　贾东岚

杨飞刚　梁晓勇　杨艳玲

王学梅

以党的十八大精神为指导
推动企业工资分配制度改革不断深化

（代 序）

企业工资分配是收入分配制度的重要组成部分。作为经济社会发展中的一项带有根本性、基础性的制度安排，企业工资分配制度涉及广大职工的切身利益，一直受到社会的普遍关注，是深化改革的重点也是难点。改革开放以来，适应经济体制和国有企业改革的需要，工资分配制度进行了一系列改革，取得积极成效，较好地调动了职工的积极性，为企业的发展注入了新的活力。党的十八大适应全面建设小康社会宏伟目标的需要，对进一步深化收入分配制度改革提出了明确要求。准确把握、全面理解十八大精神，对推进企业工资分配制度改革不断深化具有重要意义。

（一）

党的十八大根据我国经济社会发展实际，确立了到2020年国内生产总值和城乡居民人均收入比2010年翻一番的宏伟目标。提出实现城乡居民人均收入翻番目标，必须深化收入分配制度改革，努力实现居民收入和经济发展同步、劳动报酬增长和劳动生产率增长同步，提高居民收入在国民收入分配中的比重，提高劳动报酬在初次分配中的比重。初次分配和再分配都要兼顾效率和公平，再分配更加注重公平。完善劳动、资本、技术、管理等生产要素按贡献参与分配的初次分配机制。深化企业和机关事业单位工资制度改革，推行企业工资集体协商，保护劳动所得。规范收入分配秩序，保护合法收入，增加低收入者收入，调节过高收入，取缔非法收入。

为贯彻落实党的十八大提出的要求，2013 年 2 月 3 日，国务院批转了发展改革委等部门《关于深化收入分配制度改革的若干意见》，进一步明确了深化收入分配制度改革的主要目标：一是城乡居民收入实现翻番。到 2020 年实现城乡居民人均实际收入比 2010 年翻一番，力争中低收入者收入增长更快一些，人民生活水平全面提高。二是收入分配差距逐步缩小。城乡、区域和居民之间收入差距较大的问题得到有效缓解，扶贫对象大幅减少，中等收入群体持续扩大，"橄榄型"分配结构逐步形成。三是收入分配秩序明显改善。合法收入得到有力保护，过高收入得到合理调节，隐性收入得到有效规范，非法收入予以坚决取缔。四是收入分配格局趋于合理。居民收入在国民收入分配中的比重、劳动报酬在初次分配中的比重逐步提高，社会保障和就业等民生支出占财政支出比重明显提升。同时，明确提出了促进中低收入职工工资合理增长、加强国有企业高管薪酬管理、健全技术要素参与分配机制、加快企业工资分配相关立法等任务。

我们要认真学习、全面理解党的十八大报告和《若干意见》对企业工资分配制度改革提出的新要求，深入研究实现这些目标和任务的有效路径和方式，努力推动企业工资分配制度改革不断深化。

（二）

近年来，按照市场机制决定、企业自主分配、平等协商确定、国家监督指导的原则，我国企业工资分配制度改革不断推进。一是建立最低工资标准定期调整机制，逐步提高最低工资水平。2012年，全国共有25个省份调整了最低工资标准，平均增幅达20.2%。二是积极稳妥地推进工资集体协商。2012年，国家协调劳动关系三方继续指导各地推进集体合同制度，实施“彩虹计划”，以工资集体协商为重点内容，以非公有制企业为重点对象，指导已建立工会的企业积极稳妥开展集体协商，在非公有制小企业集中的地区或行业大力推进行业性、区域性集体协商，集体协商的覆盖面不断扩大，实效性逐步增强。三是健全企业工资分配宏观指导制度。指导各地不断完善人力资源市场工资指导价位和行业人工成本信息指导制度，探索建立企业薪酬调查和信息发布制度，更好地监测企业工资收入分配，支持宏观决策和调控，引导企业进行合理工资分配。四是完善国有企业负责人薪酬管理。制定实施规范中央企业负责人薪酬管理的政策，中央企业负责人薪酬过快增长势头得到初步控制，与在岗职工工资平均水平比率逐步下降。

总的来看，企业工资分配制度改革取得积极进展，广大职工分享了改革发展成果。2012年，全国城镇非私营单位就业人员年平均工资为46 769元，与2011年的41 799元相比，增加了4 970元，同比名义增长11.9%；私营单位就业人员年平均工资为28 752元，与2011年的24 556元相比，增加了4 196元，同比名义增长17.1%。

但是，我们也要清醒地看到，当前企业工资分配领域还存在一些亟待解决的突出问题。一是工资收入差距依然较大。特别是对行业之间、企业内部职工之间不合理的收入差距，需要引起足够重视。二是分配秩序不够规范。主要是反映劳动力市场供求关系和企业经济效益的工资决定机制及正常增长机制还没有全面建立；一部分企业特别是非公有制中小企业拖欠克扣工资现象仍时有发生，职工合法权益受到侵害。三是宏观调控体系尚不健全。工资分配领域的立法滞后，监督指导制度不完善，对高收入行业过高工资水平缺少有效调控手段。因此，进一步深化企业工资分配制度改革，尽快解决工资收入差距较大的问题，规范分配秩序，形成合理有序的企业工资收入分配格局，是一项重大而又紧迫的任务。

(三)

进一步深化企业工资分配制度改革，要以党的十八大精神和国务院批转的《若干意见》为指导，以提高劳动报酬在初次分配中的比重、缩小分配差距、规范分配秩序为重点，坚持市场机制调节、企业自主分配、平等协商确定、政府监督指导的原则，正确处理好效率与公平的关系，正确处理好政府与市场的关系。当前，应努力做好以下几项重点工作。

一是进一步完善企业工资分配宏观指导调控体系。完善最低工资标准确定和调整机制，在加强科学评估的基础上，根据经济社会发展情况适时合理调整最低工资标准。完善并落实工资指导线、人力资源市场工资指导价位和行业人工成本信息指导制度，探索发布重点行业工资指导线，加快建立统一规范的企业薪酬调查和信息发布制度，为企业确定和调整工资分配政策提供借鉴和参考。

二是继续积极稳妥推行工资集体协商制度。以非公有制中小企业为重点，充分发挥协调劳动关系三方的作用，加强政府部门统筹规划、立法规范、指导服务、督促检查、争议调处等工作，进一步推动扩大工资集体协商覆盖范围。同时，指导推动企业与职工就劳动条件、劳动定额、女职工保护等开展集体协商。

三是进一步加强和改进国有企业工资分配管理。政府有关部门应切实履行指导和监督职能，对部分过高收入行业的国有及国有控股企业严格实行工资总额和工资水平双重调控政策；继续加强和改进国有企业特别是中央企业负责人薪酬管理，研究建立与企业领导人分类管理相适应、选任方式相匹配的差异化薪酬分配制度，对行政任命的高管人员薪酬水平实行限高。加强国有企业工资内外收入监督检查工作，进一步规范工资分配秩序。

四是进一步加强对拖欠工资问题的全面治理。以欠薪多发的建设领域和加工制造等行业为重点，督促各类企业落实按月足额支付工资的法律规定，全面推行农民工实名制管理，健全工资支付动态监控制度，继续完善工资支付保障制度，大力推进工资支付诚信体系建设，努力实现农民工工资基本无拖欠。

深化企业工资分配制度改革工作涉及面广、政策性强，触及不同利益关系的调整。我们要按照习近平总书记提出的要求，切实处理好解放思想和实事求是的关系、整体推进和重点突破的关系、顶层设计和摸着石头过河的关系、胆子要大和步子要稳的关系、改革发展稳定的关系，攻坚克难，稳步推进，为促进经济持续健康发展、维护社会公平正义与和谐稳定作出积极贡献。

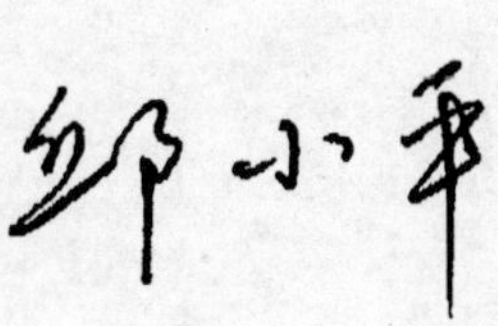

人力资源和社会保障部副部长

2013 年 9 月

目 录

CONTENTS

综 述 篇

评 估 篇

探　索　篇

国　外　篇

综 述 篇

第一章
工资分配工作综述

工资分配关系到人民群众切身利益，事关改革发展稳定大局。搞好工资分配工作，需要深化收入分配制度改革，站在战略高度和长远角度进行顶层设计。2012 年，我国工资收入分配制度改革不断深化，进一步理顺分配关系，规范分配秩序，工资分配在推动科学发展、促进劳动关系和谐稳定等方面发挥了积极作用。

一、2012 年工资分配基本情况

（一）2012 年我国宏观经济形势

2012 年，世界经济呈现出低迷振荡的走势，发达经济体失业率居高不下，经济增长乏力，新兴市场面临重大的通胀压力，经济增速明显放缓，欧洲主权债务危机兴起新的波澜，世界经济具有极大的不确定性。面对世界经济低迷的不利局面，我国政府加强改进宏观调控，着力在稳增长、调结构、抓改革、促民生等方面加大改革力度，并取得积极的成效。2012 年，我国实现国内生产总值 519 322 亿元，同比增长 7.8%；年度 CPI 为 2.6%，低于 4%的年初目标；全年货物进出口总额 38 668 亿美元，比上年增长 6.2%；社会消费品零售总额 210 307 亿元，比上年增长 14.3%，扣除价格因素，实际增长 12.1%。尽管各项经济指标增速有所放缓，但我国经济整体呈现出率先“企稳回升”的增长态势，为做好工资分配工作奠定了坚实的经济基础。

（二）城镇非私营单位就业人员工资分配状况

2012 年，全国城镇非私营单位就业人员年平均工资为 46 769 元，与 2011 年的 41 799 元相比，增加了 4 970 元，同比名义增长 11.9%（如图 1—1 所示），增幅下降 2.5 个百分点。其中，在岗职工平均工资 47 593 元，同比名义

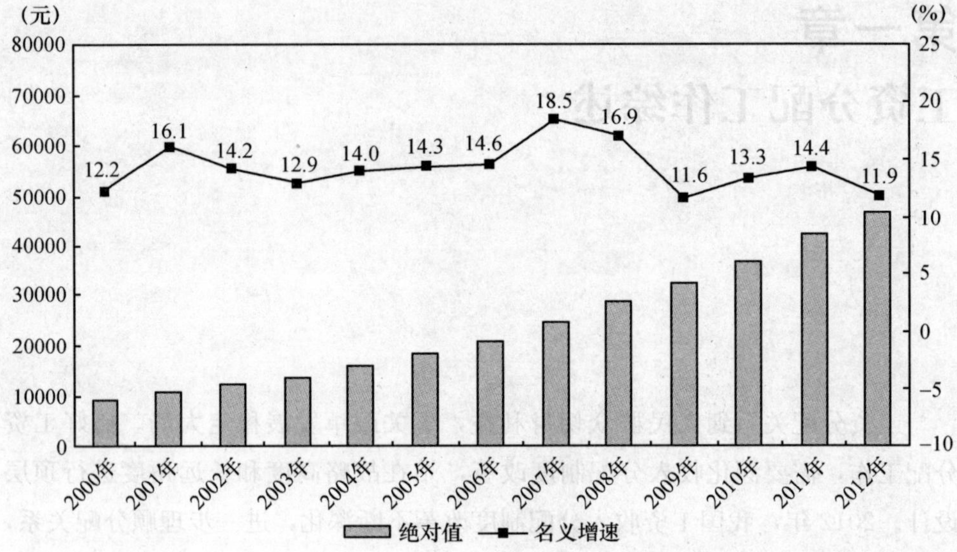

图 1—1　2000—2012 年城镇非私营单位就业人员年平均工资及名义增速

增长 12.1%，增幅下降 2.2 个百分点。扣除物价因素，2012 年全国城镇非私营单位就业人员年平均工资实际增长 9.0%。

分 4 大区域看，2012 年城镇非私营单位就业人员年平均工资由高到低排列是东部、西部、中部和东北，分别为 53 444 元、41 959 元、40 110 元和 39 245 元；同比名义增长率从高到低依次为西部 13.1%、东北 12.8%、中部 12.3%和东部 10.9%，见表 1—1。

表 1—1　2012 年城镇非私营单位分地区就业人员年平均工资

地区	2011 年（元）	2012 年（元）	名义增长率（%）
合计	41 799	46 769	11.9
东部	48 183	53 444	10.9
中部	35 718	40 110	12.3
西部	37 091	41 959	13.1
东北	34 784	39 245	12.8

分行业门类看，2012 年年平均工资最高的 3 个行业分别是金融业 89 743 元，是全国平均水平的 1.92 倍；信息传输、软件和信息技术服务业 80 510 元，是全国平均水平的 1.72 倍；科学研究、技术服务业 69 254 元，是全国平均水平的 1.48 倍。年平均工资最低的 3 个行业分别是农、林、牧、渔业

22 687 元，是全国平均水平的 49%；住宿和餐饮业 31 267 元，是全国平均水平的 67%；水利、环境和公共设施管理业 32 343 元，是全国平均水平的 69%。最高与最低行业平均工资之比是 3.96∶1，比 2011 年的 4.17∶1 差距有所缩小，见表 1—2。

表 1—2　　2012 年城镇非私营单位就业人员分行业年平均工资

行业	2011 年（元）	2012 年（元）	名义增长率（%）
合计	41 799	46 769	11.9
农、林、牧、渔业	19 469	22 687	16.5
采矿业	52 230	56 946	9.0
制造业	36 665	41 650	13.6
电力、热力、燃气及水生产和供应业	52 723	58 202	10.4
建筑业	32 103	36 483	13.6
批发和零售业	40 654	46 340	14.0
交通运输、仓储和邮政业	47 078	53 391	13.4
住宿和餐饮业	27 486	31 267	13.8
信息传输、软件和信息技术服务业	70 918	80 510	13.5
金融业	81 109	89 743	10.6
房地产业	42 837	46 764	9.2
租赁和商务服务业	46 976	53 162	13.2
科学研究、技术服务业	64 252	69 254	7.8
水利、环境和公共设施管理业	28 868	32 343	12.0
居民服务、修理和其他服务业	33 169	35 135	5.9
教育	43 194	47 734	10.5
卫生和社会工作	46 206	52 564	13.8
文化、体育和娱乐业	47 878	53 558	11.9
公共管理、社会保障和社会组织	42 062	46 074	9.5

从登记注册类型看，2012 年股份有限公司的年平均工资最高，为 56 254 元，是全国平均水平的 1.20 倍；其次为外商投资企业，为 55 888 元，是全国平均水平的 1.19 倍；第 3 位是国有单位，为 48 357 元，是全国平均水平的 1.03 倍。年平均工资最低的为集体单位，为 33 784 元，是全国平均水平的 72%，见表 1—3。

表 1—3　2012 年城镇非私营单位分登记注册类型就业人员年平均工资

登记注册类型	2011 年（元）	2012 年（元）	名义增长率（%）
合计	41 799	46 769	11.9
国有	43 483	48 357	11.2
集体	28 791	33 784	17.3
股份合作	36 740	43 433	18.2
联营	36 142	42 083	16.4
有限责任公司	37 611	41 860	11.3
股份有限公司	49 978	56 254	12.6
其他内资	29 961	34 694	15.8
港澳台商投资	38 341	44 103	15.0
外商投资	48 869	55 888	14.4

（三）城镇私营单位就业人员工资分配状况

2012 年全国城镇私营单位就业人员年平均工资为 28 752 元，与 2011 年的 24 556 元相比，增加了 4 196 元，同比名义增长 17.1%（如图 1—2 所示），增幅降低 1.2 个百分点。扣除物价因素，2012 年全国城镇私营单位就业人员年平均工资实际增长 14.0%。

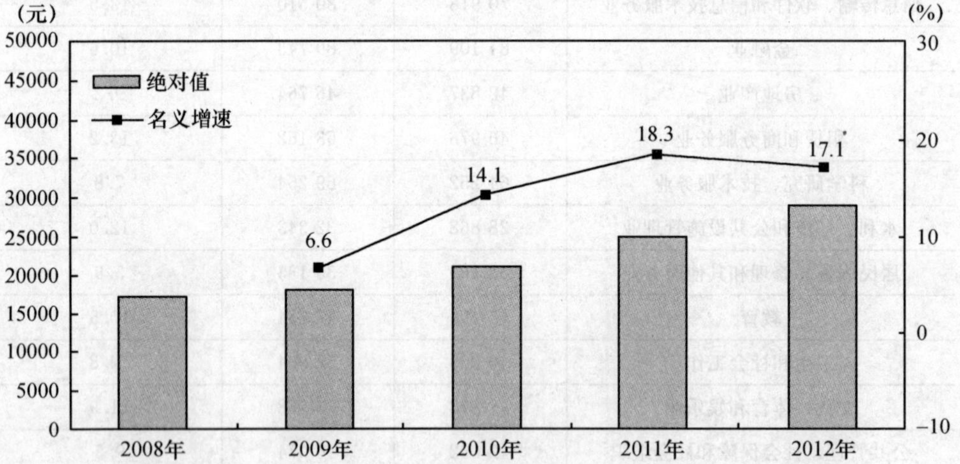

图 1—2　2008—2012 年城镇私营单位就业人员年平均工资及名义增速

分 4 大区域看，2012 年城镇私营单位就业人员年平均工资由高到低依次是东部、西部、东北和中部，分别为 31 579 元、26 252 元、25 162 元和 23 761 元；同比名义增长率从高到低依次为东部 17.8%、西部 17.7%、中部 14.9%和东北 14.3%，见表 1—4。

表 1—4　　2012 年城镇私营单位分地区就业人员年平均工资

地区	2011 年（元）	2012 年（元）	名义增长率（%）
合计	24 556	28 752	17.1
东部	26 800	31 579	17.8
中部	20 677	23 761	14.9
西部	22 313	26 252	17.7
东北	22 020	25 162	14.3

分行业门类看，2012 年年平均工资最高的 3 个行业分别是信息传输、软件和信息技术服务业 39 518 元，是全国平均水平的 1.37 倍；科学研究、技术服务业 36 598 元，是全国平均水平的 1.27 倍；金融业（主要是各种保险代理、典当行和投资咨询公司）32 696 元，是全国平均水平的 1.14 倍。年平均工资最低的 3 个行业分别是农、林、牧、渔业 21 973 元，是全国平均水平的 76%；住宿和餐饮业 23 933 元，是全国平均水平的 83%；居民服务、修理和其他服务业 24 068 元，是全国平均水平的 84%，见表 1—5。

表 1—5　　2012 年城镇私营单位分行业就业人员年平均工资

行业	2011 年（元）	2012 年（元）	名义增长率（%）
总计	24 556	28 752	17.1
农、林、牧、渔业	19 223	21 973	14.3
采矿业	25 519	29 684	16.3
制造业	24 138	28 215	16.9
电力、热力、燃气及水生产和供应业	22 091	25 478	15.3
建筑业	26 108	30 911	18.4
批发和零售业	22 791	27 233	19.5
交通运输、仓储和邮政业	25 949	28 159	8.5
住宿和餐饮业	20 882	23 933	14.6
信息传输、软件和信息技术服务业	35 562	39 518	11.1
金融业	28 664	32 696	14.1
房地产业	27 017	30 778	13.9
租赁和商务服务业	27 115	31 796	17.3
科学研究、技术服务业	31 320	36 598	16.9
水利、环境和公共设施管理业	22 958	26 402	15.0

续表

行业	2011年（元）	2012年（元）	名义增长率（%）
居民服务、修理和其他服务业	20 543	24 068	17.2
教育	23 636	26 625	12.6
卫生和社会工作	25 590	29 173	14.0
文化、体育和娱乐业	22 666	26 177	15.5

2012年，平均工资虽然保持了较快增长，但工资水平的地区差距、行业差距、岗位差距仍然存在，有的方面还比较突出。具体到每个个人，对工资增长的感受也不完全相同。在城镇非私营单位就业人员中，对占全部就业人员41.2%的制造业和建筑业就业人员而言，其年平均工资不仅远远低于金融业的89 743元，也比平均工资水平分别低5 119元、10 286元。对私营单位就业人员而言，其年平均工资更低，仅为城镇非私营单位就业人员平均工资水平的61.5%。因此，要进一步深化收入分配制度改革，进一步完善工资制度，建立工资正常增长机制，着力提高中、低收入者的工资性收入。

二、2012年工资分配政策措施

（一）制定收入分配体制改革整体方案

2012年两会前夕，北京市、江苏省等14个省（区、市）表示将深化分配制度改革；山东省、福建省等14个省（区、市）表示要提高低收入者收入，扩大中等收入者比重。这意味着全国31个省（区、市）中的28个已将分配制度改革提上重要议事议程。两会上，无论是总理的政府工作报告还是代表委员的提案议案，对于收入分配制度改革的关注一直是亮点。国务院总理温家宝在2012年3月5日所做的《政府工作报告》中明确提出“抓紧制定收入分配体制改革总体方案”。3月16日，两会刚刚落下帷幕，温家宝总理主持召开国务院常务会议。在会议所强调的本年度需要努力完成的7项主要任务中，“制定收入分配体制改革的总体方案”赫然居首。3月18日，《国务院批转发展改革委关于2012年深化经济体制改革重点工作意见的通知》（国发［2012］12号）也明确提出“抓紧制定收入分配制度改革总体方案”的目标任务。8月29日，在第十一届全国人民代表大会常委委员会第二十八次会议上，国家发展和改革委员会主任张平受国务院委托，报告2012年以来国民经济和社会发展计划执行情况，又明确提到“下半年要抓紧制定收入分配改革总体方案”。10月17日，国务院总理温家宝主持召开国务院常务会议，分析当前经济形势。会议在谈到四季度各项工作时，再一次提出要制定收入分配制度改革总体方案。2013年2月3日，《国务院批转发展改革委等部门关于深化收入分配制度改革若干意见的通知》（国发［2013］6号）下发，明确提出“完善收入分配结构和制度，增加城乡居民收入，缩小收入分配差距，规范收入分配秩序”的整体要求和目标任务，为今后一个时期深化我国工资分配制度改革、搞好工资分配工作指明了方向。

（二）健全工资分配相关法律法规

1. 配合制定劳动合同法修正案。2012年7月6日，中国人大网公布经第十一届全国人民代表大会常务委员会第二十七次会议初次审议的《中华人民共和国劳动合同法修正案（草案）》，向社会公开征集意见。8月5日，《劳动合同法修正案（草案）》征求意见截止。这部关乎亿万劳动者切身利益的法案，引起了社会各界的广泛关注。在短短一个月的时间里，共有网民131 912人次对修正案提出557 243条意见，刷新了中国立法公开征求意见的最高纪录。12月28日，第十一届全国人民代表大会常务委员会第三十次会议通过《关于修改〈中华人民共和国劳动合同法〉的决定》，重点对《劳动合同法》中有关劳务派遣的规定做了更严格的要求：一是明确了经营劳务派遣业务应当具备的条件；二是明确被派遣劳动者享有与用工单位的劳动者同工同酬的权利；三是对可以采取劳务派遣用工形式的临时性、辅助性或者替代性的工作岗位做了解释和说明；四是更进一步明确了用工单位和劳务派遣单位的法律责任。

2. 制定特殊工时管理规范，向社会公开征求意见。2012年5月8日，人力资源和社会保障部公布了《特殊工时管理规定（征求意见稿）》，正式面向社会公开征求意见。征求意见稿共6章29条，主要提出如下规范：一是规定了特殊工时制度的适用范围；二是规定了不定时工作制的岗位范围以及工资保护，明确规定实行不定时工作制劳动者的工资不得低于企业所在直辖市、设区的市人民政府公布的本地区上年度职工平均工资；三是规定了综合计算工时工作制的岗位范围及其综合计算周期、延长工作时间的限制、休息保障以及加班工资支付；四是对特殊工时的审批管理进行了规范；五是规定了违反特殊工时相关管理规范所应承担的法律责任；六是对工作时间、工作间歇、夜班规定等相关概念作了解释性规定。征求意见稿公布以后，在社会上引起广泛关注。

（三）强化工资分配宏观调控机制

1. 稳慎调整最低工资标准。2012 年，全国有黑龙江省、甘肃省、海南省、西藏自治区、四川省、宁夏回族自治区、广西壮族自治区、江西省、重庆市、河北省、陕西省、青海省、江苏省、云南省、新疆维吾尔自治区、吉林省、山西省、内蒙古自治区、湖南省、深圳市、上海市、天津市、山东省、福建省、北京市 25 个省（区、市）先后调整了最低工资标准。调整之后，深圳市月最低工资标准为 1 500 元，不仅在这 25 个省（区、市）中排名第 1，在全国范围内也是最高。北京市小时最低工资标准为 14 元，同样在全国范围内最高。

25 个省（区、市）最低工资标准的平均调整幅度为 20.2%，其中：调整幅度最大的是黑龙江省，为 38.1%；调整幅度最小的是北京市，为 8.6%。黑龙江省、甘肃省、海南省、西藏自治区、四川省、宁夏回族自治区、广西壮族自治区、江西省、重庆市、河北省 10 个省（区、市）调整幅度超过 20%；陕西省、青海省、江苏省、云南省、新疆维吾尔自治区、吉林省 6 个省（区、市）调整幅度介于 15%～20%之间；山西省、内蒙古自治区、湖南省、深圳市、上海市、天津市、山东省 7 个省（区、市）调整幅度介于 10%～15%之间；福建省、北京市 2 个省（区、市）调整幅度低于 10%，见表 1—6。

2. 充分发挥工资指导线的调控功能。2012 年，全国有天津市、新疆维吾尔自治区、河北省、山西省、吉林省、山东省、河南省、甘肃省、内蒙古自治区、宁夏回族自治区、福建省、江西省、湖南省、广西壮族自治区、四川省、云南省、陕西省、辽宁省、上海市、青海省、北京市 21 个省（区、市）发布了工资指导线，基准线普遍在 14%左右。其中，天津市、新疆维吾尔自治区 2 个市（自治区）基准线为 16%，河北省、山西省、吉林省、山东省、河南省、甘肃省 6 个省的基准线定在 15%，内蒙古自治区、宁夏回族自治区 2 个自治区的基准线定在 14%，福建省、江西省、湖南省、广西壮族自治区、四川省、云南省、陕西省 7 个省（自治区）的基准线定在 13%，辽宁省、上

表 1—6　　2012 年全国各省（区、市）最低工资标准　　（单位：元）

序号	省份	起始日期	最低工资标准	幅度	调整年份	序号	省份	起始日期	最低工资标准	幅度	调整年份
1	北京	2012-1-1	1 260	8.6%	2012	17	湖北	2011-12-1	1 100	0	2011
2	天津	2012-4-1	1 310	12.9%	2012	18	湖南	2012-7-1	1 160	13.7%	2012
3	河北	2012-12-1	1 320	20%	2012	19	广东	2011-3-1	1 300	0	2011
4	山西	2012-4-1	1 125	14.8%	2012		深圳	2012-2-1	1 500	13.6%	2012
5	内蒙古	2012-11-1	1 200	14.3%	2012	20	广西	2012-1-1	1 000	22%	2012
6	辽宁	2011-7-1	1 100	0	2011	21	海南	2012-9-1	1 050	26.5%	2012
7	吉林	2012-10-1	1 150	15%	2012	22	重庆	2012-5-1	1 050	20.7%	2012
8	黑龙江	2012-12-1	1 160	38.1%	2012	23	四川	2012-1-1	1 050	23.5%	2012
9	上海	2012-4-1	1 450	13.3%	2012	24	贵州	2011-9-1	930	0	2011
10	江苏	2012-6-1	1 320	15.8%	2012	25	云南	2012-5-1	1 100	15.8%	2012
11	浙江	2011-4-1	1 310	0	2011	26	西藏	2012-9-1	1 200	26.3%	2012
12	安徽	2011-7-1	1 010	0	2011	27	陕西	2012-1-1	1 000	16.3%	2012
13	福建	2012-8-1	1 200	9.1%	2012	28	甘肃	2012-4-1	980	28.9%	2012
14	江西	2012-1-1	870	20.8%	2012	29	青海	2012-12-1	1 070	16.3%	2012
15	山东	2012-3-1	1 240	12.7%	2012	30	宁夏	2012-4-1	1 100	22.2%	2012
16	河南	2011-10-1	1 080	0	2011	31	新疆	2012-6-1	1 340	15.5%	2012

海市、青海省 3 个省（市）的基准线定在 12%，北京市的基准线定在 11.5%。河北省工资指导线上线最高，为 23%；上海市最低，为 16%。天津市、吉林省、甘肃省 3 个省（市）工资指导线下线最高，为 7%；广西壮族自治区、宁夏回族自治区 2 个自治区的工资指导线下线最低，为 0，见表 1—7。

3. 组织开展 2012 年企业薪酬调查工作。企业薪酬调查是由政府定期组织实施的以企业中不同职业劳动者工资报酬水平和不同行业企业人工成本基本状况为调查内容的抽样调查，是加快建立收入分配监测系统，深化收入分配制度改革的基础性工作。建立统一规范的企业薪酬调查和信息发布制度，已经列为《国务院关于深化收入分配制度改革的若干意见》的工作内容。2012 年，人力资源和社会保障部组织开展了第二次全国范围内的企业薪酬试调查，调查范围为 31 个省（自治区、直辖市）的 153 个城市，覆盖国民经济 18 个行业门类。被调查的企业填报《企业人工成本情况》《企业在岗职工工资调

表 1—7　　2012 年全国各省、市、自治区发布的工资指导线

序号	省份	基准线	上限	下限	序号	省份	基准线	上限	下限
1	北京	11.50%	16.50%	4.50%	12	河南	15.00%		4.00%
2	天津	16.00%	22.00%	7.00%	13	湖南	13.00%	20.00%	5.00%
3	河北	15.00%	23.00%	5.50%	14	广西	13.00%	22.00%	0.00%
4	山西	15.00%	22.00%	4.00%	15	四川	13.00%	20.00%	5.00%
5	内蒙古	14.00%	18.00%	4.00%	16	云南	13.00%	20.00%	4.00%
6	辽宁	12.00%	18.00%	5.00%	17	陕西	13.00%	19.00%	5.00%
7	吉林	15.00%	20.00%	7.00%	18	甘肃	15.00%	19.00%	7.00%
8	上海	12.00%	16.00%	5.00%	19	青海	12.00%	19.00%	5.00%
9	福建	13.00%	18.00%	4.00%	20	宁夏	14.00%	17.00%	0.00%
10	江西	13.00%	18.00%	6.00%	21	新疆	16.00%	20.00%	6.00%
11	山东	15.00%	22.00%	6.00%					

查》两张调查表，调查时点指标为 2011 年 12 月 31 日的数据，时期指标为 2011 年 1 月 1 日—12 月 31 日的数据。按照试调查工作的安排，2012 年调查样本企业为 70 409 户，实际上报数据的企业为 68 922 户，上报率为 98%。这些企业共填报了 8 705 867 名劳动者的情况。经过剔除，保留的有效企业样本为 59 976 户，劳动者为 8 688 496 名，数据有效率分别达到了 87%和 99.8%。在之前若干次试调查的基础上，2012 年起建立了地市级调查城市人力资源社会保障部门一审、省级人力资源社会保障部门二审的数据质量审核制度，努力提高数据质量。数据上报后，企业薪酬试调查工作小组按照一定的原则，对数据进行了整理和剔除，撰写了企业薪酬调查数据分析报告。由于企业薪酬调查工作还在试调查阶段，抽样方法、软件系统以及与调查相关的基本条件还有待完善，薪酬数据尚未向社会公开发布。

（四）积极稳妥推进工资集体协商

早在 2010 年，人力资源和社会保障部、中华全国总工会、中国企业联合会/中国企业家协会就联合下发《关于深入推进集体合同制度实施彩虹计划的通知》（人社部发［2010］32 号），提出“从 2010 年到 2012 年，力争用三年时间基本在各类已建工会的企业实行集体合同制度”的目标任务。按照通知精神，全国各地普遍开展工资集体协商的建章立制工作，截至 2012 年，全国 31 个省（区、市）有包括天津市、河北省、内蒙古自治区、湖南省、云南省、

新疆维吾尔自治区6个省（区、市）出台了工资集体协商条例，有包括山西省、辽宁省、吉林省、湖北省、广东省、广西壮族自治区、四川省、贵州省、陕省西9个省（自治区）制定了相关规定和办法，为进一步推进工资集体协商工作奠定了坚实的基础。2012年是深入推进集体合同制度、开展工资集体协商工作的关键一年，是实施"彩虹计划"的收官之年，在中华全国总工会、人力资源社会保障部门以及其他相关部门的大力推动下，全国各地包括北京市、上海市、广东省等10余个省（区、市）下发进一步推进工资集体协商工作的通知、指导意见和办法，以各种形式促进开展工资集体协商工作。

1. 对开展工资集体协商试行分类指导。广东省人力资源和社会保障厅、省总工会、省企业联合会、省工商联共同制定了《关于深入推进我省企业工资集体协商工作的指导意见》（以下简称《指导意见》），广东省委、省政府于2012年1月18日印发。《指导意见》明确了"2012年年底已建工会企业建立工资集体协商制度的比例达到70%，世界500强在粤企业全部建立工资集体协商制度。2013年年底全省已建工会企业建立工资集体协商制度的比例达到80%以上"的工作目标。同时提出如下分类指导意见：对生产经营正常的企业，要重点协商职工工资增长、福利待遇提高等问题；对生产经营困难的企业，要重点协商职工工资支付保障、工资筹措来源、生活费发放标准等问题；对实行计件工资制的企业，要重点协商劳动定额、计件工价等问题，通过集体协商确定科学合理的标准，使本单位相同岗位70%以上的职工在法定劳动时间或者劳动合同约定的时间内能够完成劳动定额；对国有企业要按照国有资产监管部门的有关规定，重点协商企业内部工资分配制度、工资分配形式；对实行经营者年薪制的企业，要根据企业实际情况合理确定经营者与职工的工资分配，既充分体现对经营者的激励，又要使其与一线职工的工资收入相协调，充分调动全体职工的工作积极性。

2. 将工资集体协商纳入考核目标。上海市政府下发《关于2012年本市人力资源社会保障工作考核指标和考核统计等事项的通知》（沪府办［2012］10号），把工资专项集体合同覆盖劳动者人数列入人力资源社会保障工作的考核指标之一。2012年3月2日，上海市人力资源和社会保障局、上海市总工会、上海市企业联合会/上海市企业家协会、上海市工商业联合会联合下发《关于进一步推进工资集体协商工作的通知》，要求各区县人力资源和社会保障局、总工会、企业联合会/企业家协会、工商业联合会要进一步形成工作合力，加大推进力度，扩大工资集体协商的覆盖面，确保认真完成考核目标（《2012年区县工资集体协商考核目标》）。

3. 强化工资集体协商指导员队伍建设。天津市三方会议各成员单位大胆创新，积极探索在全国率先开发了工资集体协商指导师职业资格。经过制定职业标准、编写培训教程、开展业务培训、组织资格考试、选聘组建队伍，有417名工资集体协商指导员取得了工资集体协商指导师职业资格。2012年11月6日，天津市总工会、市人力资源和社会保障局、市国资委、市企业联合会/企业家协会、市工商联联合召开推进工资集体协商工作暨工资集体协商指导师聘任会议，正式聘任了全市首批、全国第一支专兼职结合的专业化、专家化工资集体协商指导师队伍。2012年4月，河北省采取经验介绍等方式对工资集体协商指导员进行培训，在工资集体协商指导员中开展评优评先活动并颁发证书和奖金，不断提高工资集体协商指导员的素质。

4. 组织开展工资集体协商要约活动。2012年9月25日，山东省总工会办公室下发《关于开展全省工资集体协商“集中要约行动月”活动的通知》，提出“2012年10月10日—11月10日在全省范围内广泛开展工资集体协商‘集中要约行动月’活动”的要求，进一步明确了“以工资集体协商‘集中要约行动月’为契机，推动企业普遍开展工资集体协商，建立完善企业职工工资共决机制、正常增长机制和支付保障机制，促进劳动关系的和谐稳定”的目标任务。

（五）全面治理农民工工资拖欠问题

对于农民工工资支付保障问题，党中央、国务院高度重视，2012年国家有关部门采取了一系列有针对性的措施：

1. 建立了保障农民工工资支付的各项制度。截至2012年年底，全国31个省（区、市）有29个已经建立了工资保证金制度，浙江省以及其他一些地市建立了应急周转金制度，深圳市、上海市等地建立了欠薪保障金制度。

2. 健全举报投诉机制。近些年来，全国各省（区、市）普遍建立健全拖欠农民工工资举报制度，设立举报箱、开通举报电话，并设专人负责接待来访举报。2012年，劳动保障部门办理投诉、举报案件结案数41.2万件。

3. 加强劳动保障监察工作。劳动保障部门除进行日常巡视检查、举报专查以及劳动保障年检工作外，每年年底都要联合相关部门集中开展一次清理拖欠农民工工资的专项清理行动。2011年11月4日，人力资源和社会保障部、住房城乡建设部、公安部、国务院国有资产监督管理委员会、国家工商行政管理总局、中华全国总工会六部委联合下发《关于开展农民工工资支付情况专项检查的通知》（人社部明电［2011］10号），部署全国各地从2011年11月25日至2012年1月15日组织开展农民工工资支付情况专项检查。2012年10月15日，人力资源和社会保障部等六部委联合下发《关于开展农民工工资支付情况专项检查的通知》，部署从2012年11月26日至2013年1月31日在全国组织开展农民工工资支付情况专项检查活动。在专项检查中，住建、公安、国资、工商、工会等部门对加工制造、建筑施工、餐饮服务及其他中小型劳动密集型企业、个体工商户等重点行业、重点企业、重点区域集中开展清理拖欠农民工工资的专项清理行动。2012年，劳动保障部门对207.6万户单位进行检查，追发劳动者工资等待遇涉及劳动者人数622.5万人，涉及金额200.8亿元。

4. 完善工资争议调解仲裁机制。首先是推动《劳动争议调解仲裁法》于2007年12月颁布、2008年5月1日实施，进一步完善了仲裁时效、仲裁期限、仲裁效力、先予执行、举证责任、仲裁费用等规范内容，建立健全完善了劳动争议仲裁特别是工资争议的救济机制。对于发生工资争议的事件，要求各级劳动争议调解仲裁机构及时审理这类案件，要建立绿色通道，快立快调快裁，保证农民工在很短的时间之内拿到他们的工资。2008—2011年的4年间，我国劳动人事仲裁机构受理的劳动争议案件共计2 567 953件，其中劳动报酬882 909件；审结的劳动争议案件共计2 539 297件。

5. 建立健全了欠薪刑事责任追究机制，加大了对拖欠农民工工资问题的处罚力度。2011年2月25日，第十一届全国人民代表大会常务委员会第十九次会议通过了《刑法修正案（八）》，确立了拒不支付劳动报酬罪。为了完善劳动保障监察执法与刑事司法衔接制度，加大对拒不支付劳动报酬、侵害劳动者权益行为的打击力度，切实维护劳动者合法权益和社会公平正义，2012年1月14日，最高人民法院、最高人民检察院、人力资源和社会保障部、公安部联合下发《关于加强对拒不支付劳动报酬案件查处工作的通知》（人社部发［2012］3号），对拒不支付劳动报酬案件依法查处和司法移送工作提出要求，依法严惩和查处一些欠薪情节恶劣的用人单位和个人。截至2012年年底，全国检察机构共向公安机关移送涉嫌拒不支付劳动报酬犯罪案件1 311件，其中已定罪案件153件。

（六）深化机关事业单位工资分配改革

1. 清理规范公务员津补贴发放。2006年7月1日，《公务员工资制度改革方案》实施以后，取消了基础工资和工龄工资，公务员的工资由基本工资、津贴、补贴和奖金构成，基本工资由职务工资和级别工资两项构成。公务员的职务工资、级别工资实行全国统一标准，由中央财政支付；津补贴由地方财政安排，具有一定的浮动区间和灵活性，由于国家尚未就"津补贴"出台统一政策，因此各地相继自行出台了"津补贴"政策，由此导致公务员工资地区差异拉大，有的地区公务员津补贴远远高于基本工资。为了清理和规范各地发放的津补贴，有关部门先后出台了《中共中央办公厅、国务院办公厅转发〈中央纪委、中央组织部、监察部、财政部、人事部、审计署关于严肃纪律加强公务员工资管理的通知〉的通知》（厅字［2005］10号）、《中纪委、中组部、监察部、财政部、人事部、审计署关于规范公务员津贴补贴问题的通知》（中纪发［2006］17号）、《关于"中纪发［2006］17号"文件有关问题的答复意见》（中纪发［2006］25号）以及中纪委关于印发《违规发放津贴补贴行为适用〈中国共产党纪律处分条例〉若干问题的解释》的通知（中纪发［2012］4号），并下发《关于省会城市、计划单列市市直机关规范津补贴检查的通报》（中纪发［2011］13号），中纪委、监察部、组织部、财政部、人力资源社会保障部和审计署六部委组成检查组对各地是否存在津贴补贴发放超标、违规设立津补贴项目，以及津补贴资金来源等情况进行检查。各地按照党中央、国务院的要求，采取各种措施，做好公务员津补贴发放自查工作，取得了良好成效。2012年7月，湖南省张家界市永定区采取了4项措施进行督促，以"铁纪律"严格规范津补贴发放，效果较为明显，截至2012年年底，全区未发现自行新增津补贴项目、提高津补贴标准和扩大经费开支范围的现象。2012年，人力资源和社会保障部在北京市、云南省等地组织开展调研，拟出台有关办法，规范公务员的津补贴发放。

2. 健全完善事业单位绩效工资分配。2011年7月24日，《国务院办公厅关于印发分类推进事业单位改革配套文件的通知》（国办发［2011］37号）下发，作为配套文件之一，《关于深化事业单位工作人员收入分配制度改革的意见》再次明确提出“结合清理规范事业单位津贴补贴实施绩效工资”的政策要求，为其他事业单位推进实施绩效工资分配明确了任务，指明了方向。近年来，各省（区、市）对其他事业单位实施绩效工资进行广泛探索，截至2012年年底，全国31个省（区、市）已有24个出台了其他事业单位实施绩效工资的规章、办法，明确了其他事业单位实施绩效工资的相关内容。

2012年2月10日，安徽省下发了《关于其他事业单位绩效工资的实施意见》（以下简称《实施意见》），明确了其他事业单位绩效工资实施的指导思想和基本原则、实施范围和时间，明确了清理核查津贴补贴、绩效工资总量和水平的核定、绩效工资分配的原则和要求，明确了其他事业单位绩效工资实施的相关政策、经费保障、财务管理与严肃分配纪律以及组织实施等内容。在绩效工资总量和水平的核定方面，《实施意见》规定其他事业单位绩效工资总量由相当于单位工作人员上年度12月份基本工资的额度和规范后的津贴补贴构成。同时规定根据合理调控事业单位收入水平差距的需要，各地应结合实际，合理确定当地其他事业单位本年度绩效工资水平。其中，承担行政职能和公益一类的其他事业单位绩效工资水平，按照不高于当地公务员津贴补贴平均水平确定；公益二类的其他事业单位绩效工资水平，原则上按照不高于当地公务员津贴补贴平均水平的1倍确定；经营类的其他事业单位绩效工资水平，原则上按规范后上年度津贴补贴总量为基数确定。在绩效工资分配方面，《实施意见》规定其他事业单位绩效工资分为基础性绩效工资和奖励性绩效工资两部分。基础性绩效工资主要体现地区经济发展水平、物价水平、岗位职责和社会公益目标任务完成情况等因素，基础性绩效工资可设立基础津贴等项目，一般按月发放。公益一类的其他事业单位和公益二类的其他事业单位，基础性绩效工资在绩效工资中所占的比例一般为50%～70%。奖励性绩效工资主要体现工作量的实际贡献等因素，根据考核结果发放，可采取灵活多样的分配方式和办法。奖励性绩效工资的具体项目、标准和分配方式由各事业单位自主确定，按规定程序报批后执行。

三、2012年工资分配热点问题

（一）农民工讨薪事件频出

2012年8月14日，昆明市某劳务公司农民工为讨回被拖欠了长达6年之久的工钱，发动自己的子女包括13名5～14岁的儿童一起上阵，被媒体戏称为“娃娃讨薪”。10月，一段《女民工模仿外交部新闻发言人讨薪》的视频在网上走红。视频中一名自称农民工的女性模仿外交部新闻发言人的语气讲述己方被用工方拖欠350万元工钱，并强烈要求立即无条件支付。视频中还有人扮演记者，与“新闻发言人”上演一问一答，生动地再现了仿真的讨薪场面。

农民工是我国城镇化过程中一种十分独特的历史现象，他们在我国的城镇化建设和经济社会发展的过程中做出了巨大的贡献。历史上农民工具有以下4个方面的特征：一是岗位劳动处城镇产业链中最低端，且最为苦、脏、累、险；二是工作时间最长，农民工工作没有节假日、周六日，每天工作时间普遍超过11个小时；三是报酬最低，城市中享受最低工资标准最广泛的人群为农民工；四是农民工劳动权益不健全且没有保障，城市用工所具有的技能培训、劳保、住房、医疗以及其他社会保险等，农民工很少享有或者基本没有。但是近些年来，农民工现象发生一些变化，集中体现在：一是农民工数量减少，使得沿海一些城市的制造业企业常常反映招聘不到工人，招人难导致一部分企业只好放弃一些订单；二是农民工工资水平提高，一些地方反映，建筑工地一个普工200元，稍有技能的达到300～400元，就是普通制造业工人每个工也得80元；三是农民工维权意识提高，劳动监察部门反映，近些年农民工举报侵权的情况明显增多。更有甚者，一些地方还反映，一些农民工嫌劳动监察部门处理侵权事件周期长、效果不理想，常常自行别出心裁采取一些维权措施，比如发动儿童子女或者利用网络吸引眼球、施加社会压力讨薪，就是农民工素质和维权意识提升的典型情形。

（二）企业操作不规范付出代价

2012年10月30日，佛山市中级人民法院公布了《劳动争议风险案例提示》，这份2012年度佛山市劳动争议的“体检报告”指出，2012年上半年佛山市中级法院审理的劳动争议案中，有30%左右是通过“抱团”（涉案人数10人及以上）进行诉讼的，纺织、家具制造和陶瓷行业最为突出。“体检报告”还首次提出了“讼棍”一说，指出一名员工通过严重违反劳动纪律的方式让厂方将他开除，从而要求厂家支付2倍工资及赔偿金，3年间他状告了

20个“东家”，多数以赢收场。中院为此建议行业协会建立信息库，尽量避免企业录用“讼棍”。

“讼棍”的产生固然有其自身“不诚信”的品行原因，同时也与企业不规范的用工方式有很大关系。没有规矩，不成方圆。企业从事生产经营管理活动应守规矩，国家法律是一个企业应当遵循的底线。《劳动合同法》明确规定，与劳动者建立劳动关系应当签订劳动合同。企业用工就应按照此规定与愿意签订劳动合同的劳动者建立劳动关系，而拒绝与不愿签订劳动合同的劳动者建立劳动关系。如果企业果真能始终坚守这一规矩，“讼棍”也就失去了赖以存在的“土壤”。如果一个企业抱着侥幸规避法律，或者疏忽大意，或者对劳动者愚钝不懂法的期盼，不与或者没有与劳动者签订劳动合同，但与其建立劳动关系，不仅是对自身生产经营管理的不负责任，也为“讼棍”的产生和得逞创造了条件。

（三）厦门的哥申诉要休息权

2012年1月5日，交通运输部、人力资源和社会保障部、中华全国总工会联合下发《关于在出租汽车行业开展和谐劳动关系创建活动的通知》（交运发［2012］13号），提出在出租汽车行业开展和谐劳动关系创建活动的指导思想、活动时间和目标任务、工作原则、活动内容及活动要求，并且明确提出“逐步推行出租汽车企业员工制经营模式，依法规范出租汽车企业与驾驶员的劳动关系”“探索实施出租汽车驾驶员休息制度，通过实行驾驶员代替班制度、减免休息日经营承包费用等手段，使驾驶员每周至少休息一天”等要求。2月27日，交通运输部、人力资源和社会保障部、全国总工会联合宣布，从2012年3月起开展为期2年的“出租汽车行业和谐劳动关系创建活动”。2月28日，厦门市一出租车司机向厦门市劳动争议仲裁委员会提交了《劳动仲裁申请书》，诉求裁定确认双方存在劳动关系，签订劳动合同，并确认承包合同是劳动合同的附属合同。同时，要求出租车公司按厦门市最低工资标准支付其工资，并支付赔偿金，补交社会保险费，要求每周至少休息一天等。

出租车公司与出租车司机是否属于劳动关系一直以来都颇受争议，有的主张不构成劳动关系，有的则认为属于劳动关系。主张属于劳动关系的人认为，出租车公司与出租车司机双方之间的关系完全符合原劳动和社会保障部发布的《关于确立劳动关系有关事项的通知》（劳社部发［2005］12号）中规定的确定劳动关系的全部要件：首先，出租车公司与出租车司机符合法律、法规规定的用人单位和劳动者主体资格。其次，出租车公司制定的关于司机营运管理的各项劳动规章制度，出租车司机都应遵守；同时从表面来看，出租车上都摆放有出租车司机的具体信息，包括姓名、所属公司、投诉电话等，足以使第三人相信出租车司机与出租车公司之间具有从属关系。第三，出租车司机从驾驶车辆的营运收入中直接获取劳动报酬，这点只是在形式上与一般劳动者从用人单位处获得报酬的模式不同，但其本质是一样的。第四，出租车司机提供的劳动，是出租车公司业务的主要组成部分。本次三部委下发通知，似乎更进一步确认了两者的劳动关系属性，这也是厦门市出租车司机申诉公司要求休息权的主要原因。

实际上三部委下发的文件，只是一种倡导，并不构成确认出租车公司与出租车司机双方属于劳动关系的法律依据。不过，确认出租车公司与出租车司机之间的劳动关系属性，不论从理论上还是从和谐劳动关系发展趋势上讲，都是成立的。但由于它具有不同于一般劳动关系的特殊性，即劳动关系双方有关劳动报酬、休息休假、社会保险以及培训等权利义务的实现方式均不同，因此需要国家制定专项法律予以规范。只有这样，出租车公司与出租车司机之间劳动关系的调整才有法可依，出租车司机各项劳动权益才能真正得到保障，从而真正实现其有尊严劳动。

四、2013 年工资分配工作展望

尽管 2012 年工资分配工作取得了一定的成效，但是收入分配领域存在的一些深层次问题仍然没有得到根本扭转，城乡区域发展差距和居民收入分配差距依然较大，收入分配秩序不规范，隐性收入、非法收入问题比较突出，部分群众生活比较困难，宏观收入分配格局有待优化。因此深化收入分配制度改革特别是工资制度改革仍然是 2013 年乃至今后若干年内我国健全完善社会主义市场经济体制的根本着力点，是深化经济体制改革的重中之重。

（一）指导思想

全面贯彻落实党的十八大报告精神，全面深化收入分配制度改革，促进实现居民收入增长和经济发展同步、劳动报酬增长和劳动生产率提高同步，提高居民收入在国民收入分配中的比重和劳动报酬在初次分配中的比重，努力提高国民工资收入水平。

（二）工作措施

1. 完善工资分配宏观调控体系，包括人力资源市场工资指导价位和行业人工成本信息指导制度，加快建立企业薪酬调查和信息发布制度，尽快向社会公布有关薪酬调查数据，为企业完善内部工资制度提供参考和借鉴。健全完善工资指导线制度，探索发布重点行业工资指导线。探索建立最低工资标准评估机制，根据经济发展、物价变动等因素，适时调整最低工资标准，探索建立部门行业最低工资标准。

2. 加强国有企业高管及高层次人才薪酬管理。改革国有企业工资总额管理办法，对部分过高收入行业的国有及国有控股企业，严格实行企业工资总额和工资水平双重调控政策，逐步缩小行业工资收入差距。严格规范国有企业特别是中央企业负责人薪酬管理，建立与企业领导人分类管理相适应、选任方式相匹配的企业高管人员差异化薪酬分配制度，综合考虑当期业绩和持续发展，建立健全根据经营管理绩效、风险和责任确定薪酬的制度，对行政任命的国有企业高管人员薪酬水平实行限高、推广薪酬延期支付和追索扣回制度。缩小国有企业内部分配差距，高管人员薪酬增幅应低于企业职工平均工资增幅。对非国有金融企业和上市公司高管薪酬，通过完善公司治理结构，增强董事会、薪酬委员会和股东大会在抑制畸高薪酬方面的作用。鼓励企事业单位对紧缺急需的高层次、高技能人才实行协议工资、项目工资等。完善有利于科技成果转移转化的分配政策，探索建立科技成果入股、岗位分红权激励等多种分配办法，保障技术成果在分配中的应得份额。完善高层次、高技能人才特殊津贴制度。

3. 积极推进工资集体协商机制。以非公有制企业为重点，积极稳妥推行工资集体协商和行业性、区域性工资集体协商，努力扩大工资集体协商覆盖范围，推动建立工资正常增长机制，逐步解决一些行业企业职工工资过低的问题。

4. 积极推进工资法制建设。研究探讨工资支付保障立法，健全工资支付保障制度，全面治理农民工工资拖欠问题。落实新修订的《劳动合同法》，研究出台劳务派遣规定等配套规章，严格规范劳务派遣用工行为，依法保障被派遣劳动者的同工同酬权利。

5. 完善公务员工资制度。调整优化机关公务员工资结构，进一步做好公务员津贴、补贴清理工作，降低津贴、补贴所占比例，提高基本工资占比；提高艰苦边远地区津贴标准，抓紧研究地区附加津贴实施方案。继续做好公务员和企业相当人员工资水平试调查，建立公务员和企业相当人员工资水平调查比较制度。健全完善职务与职级并存的公务员工资制度，适当提高基层公务员工资水平。

6. 完善事业单位工资制度。结合分类推进事业单位改革，建立健全符合事业单位特点、体现岗位绩效和分级分类管理的工资分配制度。巩固义务教育学校和公共卫生与基层医疗卫生事业单位实施绩效工资成果，继续做好其他事业单位实施绩效工资工作。

（三）工资分配水平预测

2013 年，我国工资分配工作将面临一个十分严峻的国内外经济发展环境。国际方面主要体现在：欧美日经济发展前景不乐观，我国外需增长有限；新一轮全球流动性过剩将增加“输入性通胀”可能性；贸易保护主义有所抬头，恶化外贸形势；国际安全环境复杂多变，世界经济不确定因素增加。国内方面主要表现在：由于成本上升促使企业经营利润减少；企业投资意愿不足，去杠杆、去库存同时并存；产能过剩导致经济效益下滑等，导致实体经济经营困难。尽管如此，由于我国经济处于城市化加速发展的阶段，而当前我国城市化水平又处于相对较低的水平，内需增长空间大；同时我国经济结构调整取得新进展等，使得我国经济仍将保持一个相对较高的水平。2012 年我国 GDP 增速为 7.8%，估计 2013 将达到 8%左右，CPI 将为 4%左右，进出口增速为 7%左右，消费增长为 14%左右。全国职工平均工资 2012 年为 48 368 元，增幅为 15.72%；2013 年将达到 52 321 元，增幅为 8.17%。相对于 2012 年来说，2013 年全国职工平均工资增长幅度将有较大幅度下降，但仍有希望“跑赢”GDP。

第二章
工资分配理论综述

近年来，随着我国社会主义市场经济体制的逐步建立和完善，收入分配制度改革也不断向前推进。围绕收入分配领域的一些重大理论和实践问题，理论界、学术界进行了深入研究和探索。本章将近期我国收入分配领域的主要理论研究观点综述如下。

一、关于公平与效率

改革开放以来，公平与效率分配原则伴随着经济社会的发展历经多次调整。党的十八大报告再次提出初次分配和再分配都要处理好效率和公平的关系，再分配更加注重公平。这反映了在对待公平与效率问题上，党和政府对公平的重视程度日益突出，关于这方面的理论观点也有诸多研究。

公平与效率的关系，学界曾有 3 种主要观点：一是收入分配中效率优先的观点。这种观点认为市场机制在资源配置中发挥重要作用，公平与效率不可分割，公平要通过市场中的自由竞争来实现。社会主体所得的公平应该取决于他们在社会中所创造的价值，如此工作和生活才会有效率和活力。二是收入分配中公平优先的观点。这种观点认为效率应该是在收入分配公平的基础上实现的，如果效率优先，经济增长并不能解决社会的收入差距问题，甚至会扩大收入差距，有可能对社会稳定带来不利影响，因而政府应该在再分配领域进行干预，调节收入分配差距扩大的趋势。三是收入分配中公平与效率统一的观点。这种观点认为，无论是效率还是公平，其含义都不是单一的，而是具有多重性，这就决定了公平与效率之间必然暗含着多种组合关系，从而具有一种辩证的张力，用经济学术语表述就是公平与效率的均衡。在社会主义市场经济条件下，收入分配中的公平与效率之间并不存在严格的此消彼长的关系，二者具有统一性。效率是公平的前提，公平是效率的保证，这种公平合理的分配，有助于形成和谐安全的社会环境，能有效调动各方面的积极性，从而促进效率的提高。效率的提高有助于公平的实现，社会的公平也有助于提高效率。

除上述3种观点外，有学者从公平角度进行了更加深入的研究。其主要观点认为，在当前及今后一个时期，需要进一步注重公平，突出强调实现和维护公平的积极意义。公平分配不仅是社会主义建设的主要目标之一，也是促进效率提高、推进经济社会可持续发展的重要手段。因此，积极倡导“以公平促进效率”的现实意义表现在以下3个方面：一是当前迫切需要抑制分配不公对经济和社会发展所造成的消极影响；二是以“公平促进效率”的原则符合包容性增长的内在要求；三是倡导“以公平促进效率”能够为解决收入分配问题提供新的思路。在现阶段，倡导“以公平促进效率”的分配原则，需要特别注意以下3个问题：一是倡导以公平促进效率，不是放松对效率的追求；二是倡导以公平促进效率，政府要发挥主导作用；三是倡导以公平促进效率，重点要发挥基本权利公平的积极作用。

还有学者指出，十八大报告提出的初次分配和再分配都要兼顾公平是非常正确的，这是因为初次分配与再分配是相互联系的，而不是完全独立的。从西方发达国家的历史来看，如果初次分配不注重公平，那么初次分配就会随着再分配的进行而发生反向变化，使得再分配无效，反而成为对于资本家的补贴。例如，英国的地主和租地农场主曾经付给农业短工极低的、不能养活自己的工资，其差额部分由救济金补足。如果没有救济金，这些地主和租地农场主将不得不向农业短工支付可以养活自己的工资，正是由于没有在初次分配中注重公平，结果救济金就转化成了地主和租地农场主的地租和利润。

另有学者认为，现代政治经济学的研究表明，经济公平与经济效率是同方向变动和互相促进的关系。也就是说，越公平，效率越高，反之则相反，而并不是现代西方经济学所说的二者呈现反方向变动和互相替代关系，即越公平，效率越低，鱼和熊掌不可兼得。过去流行的所谓初次分配讲效率、再分配讲公平，在当时的生产关系下起到了促进生产力发展、调动社会各方面积极性的目的。但是，在当前我国经济总量和社会财富大大增加，“两个比重”不断降低，收入差距过大成为社会主要矛盾的背景下，公平与效率的关系必须进行调整。

从上述各种观点看，大多数学者倾向于在收入分配中坚持注重公平分配的原则，这既是我国现阶段经济、社会发展的必然要求，也是解决我国诸多社会矛盾的重要手段，符合党的十八大报告精神，有利于缩小收入分配差距，形成合理的收入分配格局，应成为今后收入分配改革的指导方向。

二、关于“劳动报酬占比以及劳动报酬与劳动生产率提高同步”

十八大报告提出了“两同步”的分配原则。其中“劳动报酬增长和劳动生产率提高同步”是针对自 20 世纪 80 年代中、后期以来我国收入分配领域一直沿用的“两低于”分配原则提出来的，是收入分配领域一次较大的方向性调整，是“健全初次分配调节体系”和“合理调整国家、企业、个人分配关系”的新的指导原则，也是基于我国现阶段经济增长方式基础上实现“加快城乡居民收入增长”的必然选择。围绕“劳动报酬占比以及劳动报酬与劳动生产率同步增长”等问题，学术界展开了广泛研讨。

有学者认为，劳动报酬占比是一个相对量，而劳动报酬是一个绝对量。劳动报酬高不等于劳动报酬占比高，反之亦然。与劳动报酬相比，劳动报酬占比更能反映劳动者在收入分配中的经济、社会地位。劳动报酬占比越低，劳动者的经济、社会地位越低。在我国经济发展现阶段，劳动报酬占比究竟多少合适？劳动报酬占比提高到多少，才能使劳动报酬增长与 GDP 增长大体同步？劳动报酬占比有没有一个“黄金比例”，以对国民经济的增长以及国民收入和生活水平的提高都具有很好的促进作用？劳动报酬占比究竟多少合适，取决于劳动报酬的绝对量和 GDP 的绝对量。GDP 越小，劳动报酬的占比应当越高。从劳动报酬的绝对量来看，劳动报酬应当使劳动者及其家庭维持一个不断进步的社会最低生活水平以上。要使劳动报酬增长与 GDP 增长大体同步，必须采用指数化工资，即每年参照 GDP 的增长率制定工资的增长率。这样看来，劳动报酬占比并没有一个黄金比例，但西方经济学通常用柯布和道格拉斯最早测算的比例为 75%即 3/4。关于我国现阶段初次分配中劳动报酬占比情况，至今有多种测算结果，主要采用的测算方法有资金流量表数据法、GDP 收入法和生产函数法。由于计算方法不同，采用的基础数据不同，甚至对于数据口径的资金流量表数据法测算的理解不同，3 种测算方法的结果差别较大，相对而言，资金流量表数据法测算的结果缺陷较少，因而越来越多的学者采用此种方法测算。劳动工资研究所采用此种方法对1992—2008年我国初次分配中劳动报酬比重进行了测算，结果表明劳动报酬比重不但长期呈现下降趋势，且下降幅度较大，对下降幅度到底多大，暂无形成共识的结论；但劳动报酬比重呈现下降趋势，不论是学者计算还是普通民众的切身感受，都已是一个不争的事实。

如何提高劳动报酬占GDP的比重？有学者从微观层面提出建议，国家应立法规定职工收入的劳资共决制度和增长制度。其要点，一是规定企业高管层收入（广义收入含变相收入即福利）、劳动生产率和利润的增长须同职工收入的增长保持一定的比例。二是建立企业员工的收入共决机制。加强工会在企业职工收入劳资谈判中的作用。只有董事会的薪酬委员会（或成立相关分配和福利机构）与工会集体谈判的书面协议，才能作为董事会最后通过的法定有效协议。

另有一些学者从宏观层面提出政策建议，一是加快农村劳动力转移不动摇，提高就业非农化程度。我国农业劳动力转移虽然取得了巨大成就，但农业依然是最大的就业部门，农业就业比例高达38%，人数近3亿人，是非正规就业的最大来源。数量如此庞大的农业部门就业是制约劳动报酬难以提高的重要原因，农业就业部门不减少，就业雇员化程度和正规化程度就无法继续提高，劳动报酬就缺乏提高的客观基础。因此，不断加快农业劳动力转移，提高就业非农化程度是提高我国劳动报酬占比的重要前提条件。二是加快经济发展和经济转型，提高就业雇员化和正规化比例。要提高我国劳动报酬占比，就必须在促进就业非农化的同时，提高就业雇员化和正规化程度。为此，我们必须加快经济发展和结构转型的步伐，积极扩大就业，创造更多优质就业岗位，既要吸纳农业转移出来的劳动力，还需要吸纳城镇非正规就业劳动力，在实现就业非农化的基础上，真正把非农化就业转变为正规化就业。三是保持工资增长与劳动生产率增长同步。在经济快速增长的情况下，如果工资不能保持适度增长，就业雇员化和正规化程度提高也不一定意味着劳动报酬的提高。只有在工资增长和劳动生产率提高同步的情况下，雇员就业比例提高才会带来劳动报酬提高。因此，在实现就业非农化和正规化的基础上，提高劳动报酬占比还要求保持工资增长与劳动生产率增长同步，这就要求我们必须建立工资增长的体制机制，推行工资集体协商制度，增强劳动者在工资增长中的话语权。

对于如何实现劳动报酬与劳动生产率同步提高，有学者从5个方面对理解“劳动报酬同步增长”的深刻内涵进行研究。第一，核心是形成合理的分配关系。提出“劳动报酬增长与劳动生产率提高同步”，就是要调整国家、企业与个人的分配关系，调整劳动与资本要素的分配关系，形成合理的分配格局。第二，实质是要求各类劳动者劳动报酬均“同步增长”。要求劳动报酬同步增长的实质，是要求全社会各类劳动者的劳动报酬都随着劳动生产率提高而增长。针对当前不同劳动者群体的报酬水平和增长速度严重不均衡状态，工作重点是要进行结构性调整，着力提高那些长期以来报酬较低、增长缓慢群体的工资性收入。第三，正确理解劳动报酬与劳动生产率的关系。劳动生产率和劳动报酬是分别衡量劳动要素的产出水平与所获得回报的两个相关概念。劳动生产率受到生产组织方式、生产装置（或设备）先进程度以及劳动者技能水平等因素影响。在市场经济条件下，以价值量衡量的劳动生产率更容易受到市场、价格因素的影响，同时也受到国家宏观经济大环境的影响，因而劳动生产率对市场需求、企业生产经营状况和宏观经济景气更敏感，更具有弹性，上下波动幅度较大，有些情况下还会出现负增长。劳动报酬水平及其增长，除要与劳动生产率相适应外，在市场经济条件下，还会受到劳动力市场供求关系、劳动力市场价位以及劳动力自身素质的影响。第四，更加注重实际增长的“同步”。“同步增长”不仅是名义“同步”，更是实际增长的“同步”。劳动报酬增长，不仅反映为货币工资绝对数的增长，更要考虑剔除物价和生活成本上涨因素之后的实际增长情况。第五，避免机械理解“同步”原则。一方面，工资增长要以“劳动生产率”的（名义和实际）增长为重要参考依据。另一方面，工资分配具体实践中要避免刻板机械的追求“同比例增长”，要考虑积累与发展的关系、考虑未来发展需要、行业价位、地区物价等现实情况，不能简单、机械的按照劳动生产率“同比例”限定工资的增长幅度。

三、关于扩大中等收入者群体

党中央在十六大报告中就指出要“扩大中等收入者比重”。李克强总理在

2013年3月召开的十二届人大记者招待会上也明确提出，要“持续扩大中等收入者的群体”。可以预见，扩大中等收入者群体是未来收入分配改革的重点之一。扩大中等收入者比重，形成“橄榄形”分配格局，目标就是使收入分配相对比较平均，中等收入者占多数。这一方面有利于社会稳定，有利于满足大多数人民群众日益增长的物质和文化需求，有利于经济的均衡增长。对于如何界定中等收入者群体，如何实现扩大中等收入者群体的路径和基本措施等，学界进行了较深入的研究。

（一）中等收入者群体的界定

目前，大致是有以下4种认识：一是认为应该以人群收入的平均值为标准。中等收入者是在一定时期里在同一地域范围内达到中等收入水平的城乡居民群体，以各地的人均收入水平来确定中等收入者标准线较为合理。有学者主张以各类不同地区的个人月收入平均值为标准确定一个人是否是属于中等收入者，这与市场经济发达国家的认定标准很接近。二是认为应以人群收入的中位数为标准，这个中位数在不同情况下可能低于、等于或稍高于平均数。三是将平均数与中偏高位数相结合确定。即以平均数的收入水平为下限，同时参考75分位数水平，两相印证并调整后确定。四是中等收入是一个不断随着分配水平和社会结构的变化而处在不断变动之中的概念。因此，中等收入是一个大体的区间，而不是一个固定不变的量。

另有学者认为，我国的中等收入者群体应该具备以下4个方面的特征：第一，以适当高于平均收入水平为基础。在市场经济发达国家，中等收入水平一般是以社会平均收入水平为中轴的，其社会平均收入水平与社会收入水平的中位数相近或相等，因此，等于或稍低于和略高于平均水平的收入，均可视为中等收入水平。第二，中等收入者群体是生活较富裕且收入水平、生活水平较稳定的社会群体。中等收入者的收入不仅能保证一个家庭所有成员的基本生活需要，还应有结余用来实现其个人及家庭成员的发展、享受需要，即其家庭恩格尔系数应低于35%，进入相对富裕层次。第三，中等收入者群体是职业处于社会中等及其附近职业的社会群体。各类企业中高层管理人员、中级及以上专业技术人员、技师及以上技能工人，党政机关科级以上公务员，各类事业单位包括科研、教育、文化、卫生、体育等单位的中高层管理人员、中等及以上专业技术人员，自由职业人员如律师、演员、作家等，私营企业主和经营比较稳定的个体户，农村中的规模经营户，等等，都属于当前我国中等收入者群体的职业范畴。第四，中等收入者群体应初步拥有大体相近的价值观及行为规范。这些价值观和行为规范的基本特征是：遵纪守法，文明礼貌，爱岗敬业，具有较强的社会责任心，等等。这是中等收入者群体，特别是其发育成为中等收入阶层的内在本质的体现。我们不宜只按照收入水平来衡量中等收入者群体，忽视了其内在要求，那将不利于构建真正的中等收入者群体并使之逐步成长为维护社会稳定的中等收入阶层。

（二）我国中等收入者群体的现状分析

有学者从收入水平、家庭资产、人均居住面积等方面分析了我国现阶段中等收入者群体的具体情况。从全国看，近年来可将中等收入标准界定在年收入 6 万～12 万元（相当于 10 000～18 000 美元）。此外，家庭有一定数量的储蓄和其他货币性资产，家庭人均居住面积稍高于全国平均水平，家庭恩格尔系数为 30%～34%，家庭成员有旅游健身、观看中高档文艺演出等的愿望和经济能力，有较高的技能或谋生能力以及较高的文化水平，等等。从不同地区看，此标准应该有所不同，发达地区的标准可稍高于此标准，发展相对滞后地区可以稍低于此标准，但均不宜偏离太多。此标准应随国家经济发展和社会平均薪酬水平的提高相应调整，不能一成不变。

（三）扩大中等收入者群体的基本思路

当前及今后一段时期，扩大中等收入者群体的基本思路是：以科学发展观为统领，以深化收入分配制度和经济社会体制改革及转变经济发展方式、调整经济结构为根本推力，以提高低收入群体收入水平、促使其中部分人进入中等收入者群体和稳定现有中等收入者群体为切入点，以调整产业、行业、职业结构，进一步提高劳动者素质并促进提高劳动生产率为治本措施，综合运用教育政策、城镇化建设政策、财政税收政策、生产要素政策、社会保障政策、产业政策等多种政策手段，进一步完善人力资源市场并调整优化其结构，促进形成“两头小、中间大”的分配格局，培育壮大我国中等收入者群体的比重，为最终形成稳定的“橄榄型”社会结构创造条件。

（四）扩大中等收入者群体应采取的政策措施

如何扩大中等收入者群体，是学界研究中的一大重点问题，从研究情况看，主要包含以下 5 项政策措施：

1. 提高低收入群体收入水平，促使其中部分人进入中等收入者群体。一是提高低工资收入劳动者群体的工资水平，促使其中的技能工人进入中等收入者群体。二是扶持个体工商户，促使他们中大部分人进入中等收入者群体。三是扶持农民中的规模生产经营户主，促使他们成为中等收入者。

2. 扶持自主创业、科技创业等人员进入中等收入者群体。要积极营造鼓励创业人才自主创业、科技创业的政策环境，努力改善对中小企业、民营经济、乡镇企业等的金融保险服务，大力推广小额信贷，鼓励创办中小企业，为社会创造更多的就业机会。放宽中小企业的市场准入标准，并为积极创业人员提供税收上的优惠。

3. 进一步改革完善企业和党政机关、事业单位工资制度，合理提高工资水平"扩中"。包括进一步改革完善企业薪酬制度，建立健全薪酬分配激励约束机制，合理提高关键重要岗位经营管理、专业技术人员的薪酬水平，进一步巩固和扩大企业中的中等收入者数量。同时，建立科学完善的公务员薪酬制度，改革和完善事业单位工作人员收入分配制度，均有利于扩大中等收入者的比重。

4. 调整产业、职业结构，扩大中等收入者群体人员来源。建设一个以基础产业和制造业为支撑、服务业全面发展的产业格局，并注重资本、技术密集型产业和劳动力密集型产业的有机结合，大力发展第三产业。

5. 建立更广泛、更全面的社会保障体系，扩大就业，稳定中等收入者群体比重；加大教育尤其是农村教育的投入，为"扩中"提供基础；同时进行户籍、税收等配套改革，为扩大中等收入阶层提供更多体制保障。

四、关于收入分配差距

收入分配差距历来是社会各界最为关注的热点话题之一。当前，我国收入差距处于什么水平，政府部门、研究机构及普通公众都有自己的感受。最受社会关注的是国家统计局10年来首次发布反映收入分配差距的基尼系数，2003年0.479、2006年0.487、2008年0.491、2009年0.490、2012年0.474。从官方数据描绘看，过去10年中，基尼系数先是逐步扩大，而后又略有缩小的走势。西南财经大学2012年年底发布的中国家庭金融调查报告显示，2010年中国家庭的基尼系数为0.61，大大高于0.44的全球平均水平。

对于我国当前收入差距状况如何，学界进行了深入研究和探讨。

（一）工资差异的理论体系

有学者提出，在理论上，传统的新古典经济理论认为工资是厂商对工人边际产品的回报，竞争性市场确保同质工人获得同样工资，也就是人们常说的“同工同酬”。但现实世界中，工资差异普遍存在，以所有制部门工资差异为例，即使在市场经济发达的国家，部门之间也存在着工资差异。不同的研究给出了不同的解释，第一种观点认为，这些差异只是来源于人力资本存量差异，或者对一些未能观察到的工人工作能力的补偿，这种观点被称为人力资本差异理论。第二种观点认为，这是厂商实施效率工资的结果，部分厂商愿意支付高于市场均衡工资的实际工资水平，以换取雇员更大程度的努力，这种观点被称为效率工资理论。第三种观点认为，这是市场摩擦带来的，市场不对称、交易成本、垄断、管制等因素以及歧视都可能导致劳动力市场的不完全，阻碍劳动力自由流动，从而无法满足新古典工资理论的假定条件，导致同工不同酬，这一观点来自于新制度学派的市场分割理论。

在理论分析基础上，学者分析了我国国有部门和非国有部门工资差异形成的原因。即市场主导下的非国有部门工资决定机制；政府管制下的国有部门工资决定机制；国有部门中的平均劳动生产率与平均工资率是分离的；国有部门对劳动力进入实行控制，普通技能劳动力进入国有部门存在制度上的障碍，普通技能劳动力对高技能劳动力的替代率基本为零；国有部门的岗位保护制度，对于已就业于国有部门的普通技能劳动力来说，意味着市场工资率很难成为他们现在就业的机会成本，他们现有的工资率也不会成为其将来失业的机会成本。

还有学者对现阶段收入分配中纵向失衡问题进行了较为深入的探讨。我国现阶段收入分配问题的研究，迄今都集中在居民收入分配的横向失衡或横向不平等上面，如城乡间、行业间、不同部门间的收入不平等。然而在现实生活中，不同代人之间的收入不平等或收入分配的纵向失衡或者说代际失衡问题也是客观存在的，需要引起极大关注。如果说国外的代际失衡主要表现在公共服务领域，那么我国的代际失衡就表现得更加广泛，这是由我国特殊的发展背景和特殊的政策背景所形成的。收入分配纵向失衡的主要表现为：长期的工资冻结造成的代际失衡；在职人员和离退休人员之间的失衡；退休人员内部的失衡；离休人员和退休人员之间的失衡；住房价格急剧变动造成的代际失衡。破解收入分配纵向失衡问题，需要用战略眼光和战术措施力避发展过程中的大起大落；处理好政策演变中的连续性和协调性问题，特别是政策“一刀切”带来的弊病；重视决策过程中不同利益集团的多方博弈，特别是要尊重并保障弱势群体的参议权。

（二）行业工资差距理论

对行业工资差距的理论解释有两种观点：一类是传统的市场竞争的理论解释，主要观点是劳动特征差异，行业具体劳动的复杂程度、紧张程度、有效程度和劳动条件不同造成了行业工资差距；人力资本差距，不同行业中的人力资本存量不同、累积方式不同造成了行业工资差距；未观测到的劳动力质量差异，在工资决定的过程中，没有控制足够多的工人特征，所以未观测到的能力差别使计算出来的行业工资差距仍然存在。另一种是非竞争性的理论解释。该理论认为，即使控制了工人特征（教育、年龄、性别、种族等）、企业特征（规模、资本密集、利润率等）以后，行业工资差距仍然存在。这些差距是无法用竞争性理论来解释的，只有在非竞争性前提下才能对这一现象做出合理的解释，而效率工资和租金分享从不同角度对行业工资差距进行了解释。

对我国行业工资差距如何进行理论解释？有学者指出，从竞争性劳动力市场理论来解释，应选取人力资本差异理论。据调查，2010 年，劳动力的平均受教育年限最长的 3 个行业分别是：教育，科学研究、技术服务和地质业，金融业。这 3 个行业的平均工资都高于社会平均工资。劳动力的平均受教育年限最短的 3 个行业分别是：农、林、牧、渔业，建筑业，居民服务和其他服务业。这 3 个行业的平均工资都低于社会平均工资。这说明人力资本差异是形成我国行业工资差距的重要原因。从非竞争性劳动力市场理论来解释，根据租金分享机制，一般具有垄断地位的企业，获得超额利润时，能与员工分享一部分超额利润，使得该行业内部的平均工资高于社会平均工资。因此，行业垄断成为形成我国工资差距的重要原因。此外，我国要素市场发育不完善加剧了行业工资差距。我国正处于经济转型的特殊时期，劳动力市场发育很不完善，这是我国出现行业工资差距的特殊原因，如城乡分割的户籍制度、城市部门中职工本身份的等级制度。资本市场也不完善，资本不能在行业间自由合理地流动以达到资源的优化配置，这也加剧了我国行业间的工资差距。

另有学者从制度变迁角度考察我国行业收入差距的动态变化，认为影响行业收入分配差距的因素从大的方面来说无非是市场性因素和制度性因素两个方面。就市场性因素来说，我国自1978年以来的经济体制改革一直是市场化取向的改革。市场化取向的改革表现为许多方面，其中最重要的表现是国有经济与非国有经济比例的变化。从另一个角度来说，行业间国有单位就业人口占比的变化也正是我国改革中所有制结构的变化，即改革中最重要的制度变迁。因此，分析所有制结构的变化对行业收入差距的影响，既体现了市场性因素，也体现了制度性因素。行业所有制变化的特征，一是行业之间国有单位就业人口占比平均值趋于下降，二是国有单位就业人口占比存在差异。

更有学者用新经济地理理论分析了不同城市间收入差距产生的原因，为我们研究地区间收入差距提供了新思路。该理论认为劳动者和企业间的生产效率并不相同，较大规模的城市能够获得更多的规模经济优势，能够吸引到更优秀的人才，能够在激烈的市场竞争中淘汰效率较低的企业，因而比中小城市具有更高的生产效率，劳动者具有更高的工资水平。其主要观点为：(1) 集聚经济是我国城市间产生工资差异的重要原因；(2) 不同城市间人力资本分布状况和市场竞争激烈程度也是城市间工资水平差异的决定因素；(3) 级别较高的城市，拥有更高的工资水平；(4) 行政机构规模越大，则该城市的工资水平越低；(5) 外资企业比重与工资水平呈正相关关系；(6) 金融发展、基础设施质量和人均资本与工资水平呈正相关关系。

五、关于工资与劳动生产率、就业相互关系

近年来，在国内出现了多次“用工荒”的声音。对于中国现阶段是否出现刘易斯拐点，影响着我们对整个经济形势的判断和对就业与工资等相关政策的调整。在这一理论层面，诸多专家学者进行了较为深入的研究和分析。有学者认为，由于人口出生率的下降，中国劳动人口无论是相对数量还是绝对数量都将相继出现下降，劳动力短缺不可避免，这可以通过预测人口结构的变动来论证中国人口红利逐渐消失和刘易斯拐点到来的判断。对于工资与劳动生产率能否同步增长，学者指出，在经济增长继续保持对劳动力的强大需求的同时，劳动力供给速度减慢并进而停止增长，必然推动普通劳动者的

工资上涨，这就是劳动力供求关系法则。普通劳动者工资上涨将相应提高中低收入劳动者家庭人均收入水平，有助于改善收入分配现状，刺激消费，这无疑是经济发展的目的所在。但是，工资增长的可持续性在于劳动生产率保持同步提高；如果劳动生产率提高滞后，不能支撑工资的增长，在微观层面上就会造成企业的经营困难，在宏观层面上导致通货膨胀，从而令经济增长陷入不可持续的境地。为此，学者提出 3 点结论：（1）只要中国经济保持适度的增长速度，在人口红利转折点即将到来的情况下，劳动力短缺现象将继续存在，产生对工资上涨的压力。（2）在工资增长和劳动生产率的赛跑中，两者能否保持同步或者劳动生产率提高更快一些，是工资上涨健康与否的关键所在。做不到这一点则无法承受通货膨胀带来的压力。（3）单纯依靠提高资本—劳动比的办法不能长久支撑经济增长，必须保持全要素生产率的持续提高。

对此，也有学者提出不同观点。首先，以世界各国第一产业平均就业比重作为估算依据，中国目前拥有 7 000 多万名剩余劳动力，这部分剩余劳动力目前还依然未被城市部门所接纳。而中国粮食产量已经实现连续 8 年较快增长的事实，可以说明中国目前劳动力的转移并未对农业生产造成影响，因此，随着中国农业技术的持续提高，还将继续释放出一定规模的剩余劳动力。其次，在中国目前农村尚有一定规模剩余劳动力的情况下，城市出现了“用工荒”和“涨薪潮”，这些现象的出现主要在于：一方面，随着农业生产技术进步的推广，农业生产效率也在提高，使得农民务农的收入有所提高；另一方面，城市工资的提高幅度较小。在这两方面的共同作用下，使得农民外出务工与在家务农之间的收入差距缩小。收入差距的缩小降低了农民外出务工的积极性。为此，该学者得出结论，认为目前中国的刘易斯拐点尚未真正到来，但是“用工荒”却对经济发展，特别是对中小企业的健康发展造成了一定影响。要消除这些影响，就要完善收入分配制度，增加务工者的实际收入水平，鼓励更多的剩余劳动力转移到工业部门。此外，加强对务工者的劳动技能培训，提高其劳动生产率，也是提高其收入水平的主要渠道之一。

另有学者基于新经济地理理论，提出了新的观点，即建立包含 3 个部门的地区贸易模型，推导出可估计的市场潜力方程，并以 1985—2008 年为样本区间，探讨市场潜力、就业密度与我国地区工资水平的关系。研究结论表明：

市场潜力的增加对工资增长的贡献最大；人力资本的增加对工资增长的贡献也很显著；进出口总额的增加也能促进工资水平的增长；而就业密度却与工资水平呈显著的负相关关系；外商直接投资与工资水平呈弱负相关关系。市场潜力的增加对工资增长的贡献效应在西部地区高于中部地区，中部地区又高于东部地区；而人力资本的贡献效应则恰好相反；就业密度的增加对工资增长的负效应在东部地区高于中部地区，中部地区又高于西部地区。

六、关于最低工资制度

我国于1993年开始正式建立最低工资制度，至今已有20年。在我国劳动力市场供大于求、劳动者权益保护不到位的状况下，实行最低工资制度并定期调整最低工资标准，其意义是重大的。但是，作为政府对弱势劳动者的一种保障手段，最低工资制度同样面临着一系列需要进一步研究和解决的问题。比如，最低工资标准的提高会对就业产生多大影响？是否会加大企业成本，削弱企业竞争力？再如，目前我国最低工资还存在制度刚性不足、标准确定方法不够科学、调整机制不健全、标准偏低且增速严重滞后于经济社会发展速度等问题。这些问题的存在，在一定程度上影响了最低工资制度的实施效果和社会认可度。围绕最低工资制度，学界进行了深入研讨。

（一）最低工资的经济理论

马克思主义政治经济学认为，在资本主义制度下，工人出卖劳动力的等价物是工资，劳动力价值由身体要素和社会要素构成。劳动力价值的最低限度就是由身体因素决定的部分，它的货币表现就是工资的最低限度或最低工资。在资本主义人口规律作用下，劳动力供过于求，使工人所得平均总是低于劳动力的实际价值而接近劳动力价值的最低限度。因此可以说，工人平均工资总是趋于工资的最低限度。但哪怕按照雇佣劳动制度的原则，工人也不应只得到最低工资，他有权要求得到相当于其劳动力价值的工资。

新古典劳动经济学理论则假设，在完全竞争的劳动市场上，劳动者拥有完全信息；劳动者的流动成本为零，并且没有任何制度约束和障碍；劳动力是同质的，不存在任何个体差异。在完全竞争的劳动市场上，劳动力的供给和需求是决定工资率的唯一因素。当劳动力供求均衡时，此时的工资为均衡工资，就业水平为均衡就业量。然而，当引入最低工资政策的时候，超过均衡工资的最低工资限制将会使劳动力市场形成供过于求的非均衡状态，可能会带来失业等负面影响。

由于现实世界中工资的决定因素十分复杂，且许多劳动力市场都很难称得上完全竞争市场，所以经济学家转而研究更加符合现实世界情况的劳动力市场，即不完全竞争劳动力市场，尤其是买方垄断市场。买方垄断是指厂商在劳动力市场上是大量劳动力的唯一买方。在现实生活中，普遍存在的买方垄断导致劳动力供求双方处于不平等的地位，买方具有明显的工资决定权。此时从理论上能够证明，提高最低工资反而有可能提高就业和工资。

在国际劳工组织成员国中，90%以上的国家都实行最低工资政策，各个国家最低工资政策的标准和实施情况存在较大的差异。根据国际劳工组织的报告，在2001—2007年间，有70%的国家提高了最低工资水平，所有国家最低工资的平均涨幅为5.7个百分点。但在2009年，全球108个国家中有将近一半的国家未对其法定最低工资做任何调整，包括中国在内的发展中国家都采取了固定的最低工资。报告数据显示，从2008年年末到2010年年初，这些国家的最低工资增长几乎是停滞的。但是，这108个国家中的另外一半（包括大多数的发达国家），为了防止低收入工人在危机时购买力的恶化，选择了提高最低工资，如巴西、日本、俄罗斯、英国和美国都在2009年提高了最低工资。

（二）最低工资对低收入群体的影响

有学者指出，最低工资在影响收入初次分配和缩小分配差距方面的作用是显著的。首先，应着重考虑最低工资对低收入群体工资的影响。国外学者对美国的一项研究发现，最低工资水平的提高使得最底层雇员的工资提高了约10%，因此对于低收入群体来说，收入不平等现象有所缓解。同样的研究也表明，美国最低工资上升了10%～15%，重新分配了大约0.2%的全部年收入。最低工资的另一个目标是缩小低收入群体中性别带来的收入差距。一般而言，女性占低收入群体的绝大多数，并且她们转化为高收入群体的可能性也远远低于男性。

一些行为经济学家引入社会偏好中关于公平的概念，较好地解释了最低工资可能具有的溢出效应。我们可以将社会偏好理论主要概括为：人们会自愿降低自己的效用以达到帮助或者伤害他人的目的，即人们不只是想最大限度地提高自己的收入。由于工人厌恶不公平，降低工资会降低很多工人的努力动机。国外一项研究就佐证了这一观点，他们认为，最低工资的效应取决于工人和企业在工资谈判决策时的公平感。从长期来看，工资只能增加，不能减少。即使处于买方垄断的雇主，也不会愿意提供市场出清工资，而是以更高的工资来获得员工付出更多努力的回报。由于最低工资的引入提高了员工的保留工资水平，因而雇主支付给工人的工资都有上升的趋势。

（三）最低工资对失业的影响

学术界关于最低工资政策对失业的影响并没有取得一致的实证性结论，这主要是因为最低工资对就业的影响决定于劳动力市场买卖双方的市场力和具体的最低工资标准。一种观点认为最低工资政策会减少就业量，尤其对低收入群体的就业造成威胁。有学者在研究了法国和美国最低工资变化与就业的关系之后，发现法国和美国最低工资的变化对于获得最低工资的员工影响非常大。在法国，最低工资每增长1%，就会降低男性工人1.3%和女性工人1%的未来就业率；在美国，最低工资每增长1%，就会降低男性工人0.4%和女性工人1.6%的未来就业率。另一种观点是最低工资制度会提高就业水平。有学者考察了1990年最低工资增长对于相对收入较低的快餐服务业的影响，发现尽管在《最低工资法》刚实施的时候，绝大部分快餐业的工资仍低于最低工资，但是到1991年的时候，只有不到5%的企业工资没有达到最低工资标准；研究发现，大部分德州快餐店没有因为最低工资的增加而减少就业。

还有一些学者通过对实证数据的检验发现，最低工资政策对不同的劳动者的影响互不相同。如美国的联邦最低工资每上升10%，青少年的就业率将降低1%～3%，而对于青年（20～24周岁）来说，这个下降的幅度将有所减小。

（四）如何制定合理的最低工资水平

合理的最低工资水平意味着这个水平要足够低，使之成为最低工资，同时这个水平要足够合适，使之能够维持劳动者的基本生活需要。国际劳工组织报告显示，平均而言，OECD国家的最低工资水平占本国平均工资的比例大致维持在40%左右。这或许为我们提供了一个设定合适的最低工资水平的参考点。

有学者认为，采用最低工资占平均工资的比例这一指标来衡量最低工资水平是欠考虑的。政策制定者往往忽略了这样一个事实，那就是在提高最低工资占平均工资比重的同时，整个工资分布体系的平均工资实际上也随之提高了，因此最低工资政策在一定程度上会加剧经济的通货膨胀。但是，尽管最低工资水平可以影响价格，这种影响已被证实十分有限，特别是在那些制定了全国最低工资标准的简单机制下，价格影响更是微乎其微。所以，对于最低工资水平会导致经济整体通胀加剧的担心常常是被夸大的。最低工资应该使得劳动者在面对物价上涨时也能够维持一定程度的购买力，并且对偶然的经济冲击能够起到缓冲作用。

国内一些学者利用1998—2007年规模以上工业企业报表数据，实证检验了最低工资上涨与企业平均工资、企业雇佣人数的关系。研究发现，最低工资上涨可以从整体上提高员工的工资水平。最低工资每增加10%，企业平均工资将增加0.3%～0.6%。对不同行业的企业，最低工资上涨的影响也有差异。最低工资每增加10%，劳动密集型行业将增加平均工资0.61%，而其他行业仅增加0.28%。对工资水平位于最低工资附近的企业，最低工资上涨对平均工资的影响最大。最低工资每上涨10%，这些企业的平均工资将提高0.63%。研究还发现，最低工资上涨会减少就业。最低工资每增加10%，企业雇佣人数将显著减少0.6%左右，且对不同行业，该影响有一定程度的差异。同样，对平均工资介于两期最低工资之间的企业，最低工资每增加10%，企业雇佣人数约减少1.2%。这一研究结论无疑具有重要的政策启示：最低工资制度的实施，在一定程度上的确提高了就业者的工资水平，但与此同时，它使就业人数出现了一定程度的下降。因此，政府在制定最低工资时，需要权衡其在收入分配上的效果以及其对就业的负面影响。

七、关于职工工资增长机制

工资是广大劳动者最关心、最直接、最现实的切身利益，但收入分配不公、工资分配秩序混乱已日益成为影响社会和谐稳定的重要因素。从宏观上看，当前我国政府、企业、居民三者的分配关系不合理，普通劳动者工资报酬偏低、收入增长慢，未能共享经济发展的成果。我国居民收入主要来源于工资性收入，职工工资增长缓慢，收入分配关系失衡，这在一定程度上造成社会消费需求不足，不利于经济结构调整和发展方式转变。

合理的收入分配制度是社会公平的重要体现，也是广大群众平等参与社会分配权益的基本保障。党的十八大报告提出，发展为了人民、发展依靠人民、发展成果由人民共享。增加劳动者的收入，是其中应有之义。实现这一目标，是党和国家的一项战略任务。因此，如何提高普通职工工资，建立职工工资正常增长机制，不仅是党和政府一项极为急迫的任务，也成为广大学者重点研究的课题。

大多数学者认为，在当前形势下，提高职工工资，解决财富和收入分配差距过大问题，至少具有以下重要意义：一是深入落实科学发展观，发展成果要合理分享的需要；二是刺激国内消费和拉动经济增长的需要；三是促进产业结构和外贸结构升级的需要。马克思曾经指出，由于工资太低，使用机器反而会使生产成本更高，因而英国发明的机器曾经只能在北美洲使用。工资偏低同样是目前我国产品结构、技术结构、产业结构和外贸结构调整与提升不快的原因之一。

一些学者认为，在建立职工工资增长机制过程中，要特别强调以下几个重要因素。一是企业净利润（或者EVA）。这里所谈的是“净利润”，是除掉所有成本之后的纯利润。没有企业本身的净利润增长，何谈工资增长？企业不是慈善单位（或者社会福利机构），总是做“亏本”生意没有持续性可言。此因素在所有因素中最为重要，所占比重最大（具体比重根据企业而定），是首要因素。二是员工绩效（或者对企业的贡献）。企业职工工资增长具体是通过某个岗位职工工资增长体现的。这个岗位的职工要想增加工资，很大程度上取决于其前期工作的绩效，或者对企业的某种贡献。否则，一味地要求增加工资是毫无根据和意义的。三是同行业同岗位工资水平。同行业同岗位工资水平增长让企业“被迫”增加工资，用以维护职工队伍稳定性以及应对招聘困难。这种让企业“被动”的因素所带来的相关问题只能依靠企业自身去解决。四是最低工资的调整变化。每年政府公布的最低工资硬性上抬了企业对工资的最低支付标准。而就企业而言，可能正好存在着在此范围之内需要调整的部分岗位。如果企业对这些岗位进行了“保底”上调，出于内部平衡考虑，势必也要对其他岗位进行相应调整。五是社保缴费情况。与上述第四个因素相似，社保缴费额基本上每年都会有硬性拉升。这里暂时忽略单位承受力，只从职工社保个人缴费（单位代扣代缴的个人部分）来说，在工资没有实质性上涨的前提下，社保费用增长必然造成职工工资逐年“缩水”。如果现在生存都成问题，社保又怎么能够保得了未来？六是综合物价水平。现在物价与工资之间的差距有些离谱，不是一两个档次的问题，这点在一般企业体会尤为深刻。工资上不去，物价下不来，生活水平“严重缩水”。

另有学者从工资形成机制的变革角度谈到了提高低端劳动力工资水平的路径与政策。他们认为，近些年出现的“用工荒”“涨薪潮”以及以提高工资为主要诉求的劳资争议事件，宣告了中国低端劳动力市场的工资形成机制正从传统的“生存工资定价法则”向“保留工资约束下的市场议价法则”转变，低端劳动力市场的变化必将使中国工资形成机制迎来全面市场化的新时期，从而带动工资的补偿性上涨，保留工资的提高，以及工资与劳动生产率的同步提高。对于职工工资水平是否会带来负面影响。学者指出，未来工资的较快上涨虽然会对部分地区、部分产业以及宏观经济带来冲击，但是，在当前中国劳动力市场效率持续提高、居民可支配收入占国民收入比重持续下降以及中国贸易依存度偏高等条件下，未来持续加速的工资上涨不会影响我国制造业的总体竞争优势，也不会在近期转化为通货膨胀的压力，从而影响中国宏观经济的稳定。相反，中国低端工资形成机制的变革将成为引领市场导向型经济结构调整的重要支点，为中国经济结构调整带来新的契机。如何加快低端劳动力市场工资提高机制的形成，学者提出了8大建议。一是要从战略的高度，把低端劳动力市场工资形成机制的变革与要素价格市场化作为未来经济结构调整的核心，通过价格机制的杠杆作用撬动整个经济结构的重塑。二是引导和规范低端劳动力市场“市场协议”工资形成机制的培育，推进工资集体协商，加快工资条例立法进程，重视农民工的培训。三是尽管市场总产量将成为未来结构调整的基本驱动力，但劳动力剩余与工资上涨的并存格局决定了经济结构调整还要辅之以政府的适度干预，政府干预主要体现在中观层面的产业干预和微观层面对企业技术选择行为的间接引导上。四是加大改革力度，完善要素市场，让要素价格更多地反映要素市场的供求关系。五是改革户籍制度，降低农村人口向城市转移的成本，为加快城镇化进程创造条件。六是加快优化出口结构，扭转粗放型贸易增长方式，生产更多高生产率和高附加值产品，从成本优势向质量和品牌优势转变。七是实施人力资本和人才资本战略，政府应从传统的物质资本投资模式向人力资本投资模式转变，制订国民培训计划，提高劳动者素质。八是降低民营资本的“进入壁垒”，让民营资本在未来的结构调整中扮演更重要的作用。工资上涨将对民营资本占主导地位的行业冲击更大一些，政府应拓宽民营企业投资渠道，为民间投资提供金融支持。

另有学者运用 1980—2008 年的统计数据，通过工资增长对中国制造业国际竞争力影响的实证研究，发现工资增长对中国制造业国际竞争力产生了正向影响，即当前适当提高劳动者工资有利于，而不是降低了中国制造业国际竞争力，这种影响在短期内很显著，长期则保持在均衡的水平。基于这一研究结论，学者认为应当适时适度地提高劳动者工资水平。第一，能够在初次分配中协调公平与效率的紧张关系，在宏观上有利于缩小收入分配差距。第二，有利于提高中国制造业的国际竞争力。第三，有利于缓解国际贸易争端，中国制造业长期以来因为劳动者工资水平低，出口的产品往往遭到一些国家的反倾销调查。第四，有利于增强国内消费，发挥内需对经济发展的拉动作用，降低外贸依存度。特别是对我国第三产业的发展具有推动作用。第五，有利于劳动者进行人力资本投资，提高技术水平，促进产业结构升级，提高研发水平，实现由制造业大国向制造业强国转轨的目的。第六，有利于东部劳动密集型产业向中、西部梯度转移，深化不同区域间的产业分工，充分利用我国劳动力资源丰富的优势，延长人口红利对经济发展的积极影响。

评估篇

第三章
地区工资

地区工资关系是经济增长理论和发展经济学中一个经久不衰的话题。合理的地区工资关系有利于区域经济的健康协调可持续发展，也有利于人才的合理流动和生产要素的转移。本章在对我国地区工资关系进行总体概括的基础上，重点对2011年地区工资水平、增长情况及其与地区相关经济指标之间的关系进行归纳整理分析①，并对地区工资关系的发展趋势进行预测和展望。

一、我国地区工资关系概况

（一）地区间工资收入绝对差额继续扩大，相对差距有所缩小

由于地区经济发展的不平衡，我国地区间存在着较大的工资收入差距，近几年随着产业结构调整和区域经济的发展，西部大开发战略以及振兴东北老工业基地等国家宏观政策的实施，地区间收入差距呈逐渐缩小的趋势。1995年我国地区最高工资是最低工资的2.07倍，最高工资与最低工资相差5 145元，到2008年地区工资差距扩大到2.71倍，绝对额相差高达35 247元（如图3—1所示）。此后地区工资差距逐渐缩小，到2010年地区间平均工资水平高低倍数下降到2.38倍，2011年地区间工资差距稍有扩大，高低倍数为2.41倍。我国地区工资变异系数②的变化（如图3—2所示），也表明近几年我国地区间工资差距逐步缩小。

（二）地区间工资水平排序位次变化不大，但增速变化较大

① 关于本章所用数据：（1）除特别说明外所有数据均来自《中国统计年鉴》原始数据或根据其原始数据整理所得；（2）平均工资除特别说明外均为城镇非私营单位就业人员工资水平。

② 变异系数是同一组数据标准差和相应平均数的比值，变异系数越小，表明变异程度越小（波动越小）。地区平均工资变异系数越大，表明地区间工资水平差距越大，反之则越小。

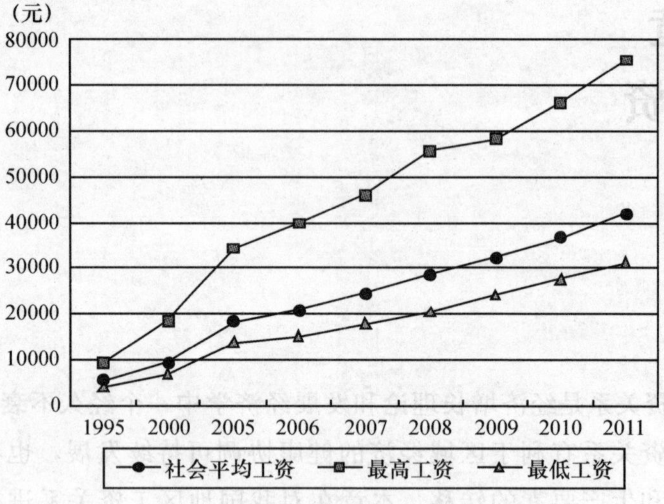

图 3—1 1985—2011 年地区平均工资水平差距

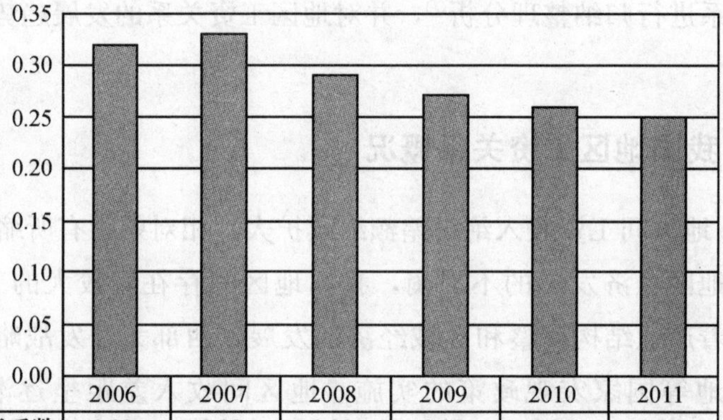

	2006	2007	2008	2009	2010	2011
变异系数	0.32	0.33	0.29	0.27	0.26	0.25

图 3—2 我国地区平均工资变异系数

1995—2011 年，除西藏自治区外，职工平均工资水平排在前 6 位的地区都是东部地区，并且相对固定，排在后 6 位的大多是中、西部地区。但工资增速排名，1995—2000 年和 2006—2011 年有很大的变化。1995—2000 年，职工平均工资增速排在前 6 位的大部分省份（4 个省）位于东部地区，排在后 6 位的除海南省外都位于中、西部地区；2006—2011 年，职工平均工资增速排在前 6 位的除海南省外都位于中、西部地区，排在后 6 位的包括 4 个西部地区，以及广东省、浙江省 2 个东部省份（见表 3—1），这表明地区工资收入分配格局正在发生变化。

表 3—1　　　　　　　　我国地区平均工资水平排行榜

年份 \ 前 6 名	第 1 名	第 2 名	第 3 名	第 4 名	第 5 名	第 6 名
1995 年	上海	广东	北京	西藏	浙江	天津
2000 年	上海	北京	西藏	广东	浙江	天津
1995—2000 年增幅	西藏	北京	上海	浙江	天津	黑龙江
2006 年	上海	北京	西藏	天津	浙江	广东
2011 年	上海	北京	天津	西藏	江苏	浙江
2006—2011 年增幅	海南	陕西	湖北	内蒙古	安徽	贵州
年份 \ 后 6 名	第 1 名	第 2 名	第 3 名	第 4 名	第 5 名	第 6 名
1995 年	内蒙古	黑龙江	江西	河南	陕西	吉林
2000 年	江西	河南	内蒙古	安徽	江西	海南
1995—2000 年增幅	海南	山西	广西	安徽	甘肃	河南
2006 年	江西	海南	湖北	黑龙江	吉林	河北
2011 年	黑龙江	甘肃	广西	江西	吉林	河南
2006—2011 年增幅	西藏	浙江	广东	云南	青海	广西

（三）东部地区工资水平较高，中、西部地区工资水平增速快于东部①

从区域工资水平看，自 2007 年以来东部地区整体工资水平一直较高，其次是西部、东北和中部地区。区域工资差距 2007 年高低相差 8 855 元，高低倍数为 1.44 倍；2011 年高低相差 12 927 元，高低倍数为 1.37 倍，4 年间绝对差额扩大了 4 072 元，但相对差距有所缩小（如图 3—3 所示）。受金融危机影响，2009 年所有地区工资水平的上涨幅度均有不同程度的下降，其中东部地区下降幅度最大，增长幅度下降了近 9 个百分点，其他 3 个地区下降幅度基本相同。2010 年，中部、西部地区工资增速较快；2011 年，西部地区保持了较快地增长水平（如图 3—4 所示）。2007—2011 年，西部地区平均工资增长幅度最大，达 74%；其次是中部地区，为 73%；东北地区增长了 71%；东部地区增长幅度最小，为 65%。

① 东、中、西部、东北地区平均工资计算公式：Σ区域所辖省份城镇单位就业人数工资总额（劳动报酬）/Σ区域所辖省份城镇单位就业人员总量。

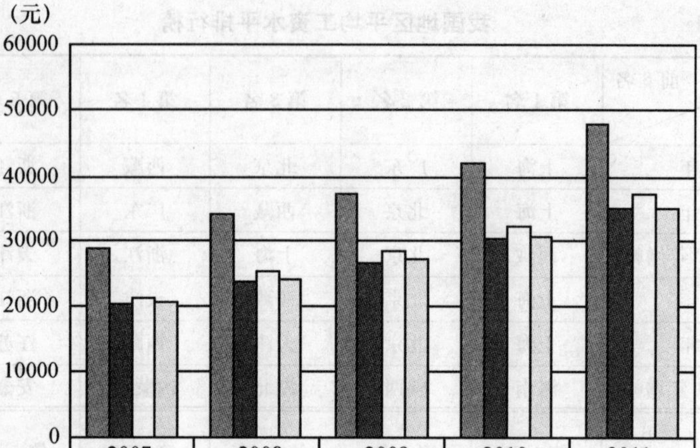

	2007	2008	2009	2010	2011
东部	29074	34269	37349	41887	47929
中部	20219	23764	26624	30516	35002
西部	21348	25280	28478	32221	37214
东北部	20678	24364	27408	30834	35274

图 3—3　2007—2011 年区域工资水平比较

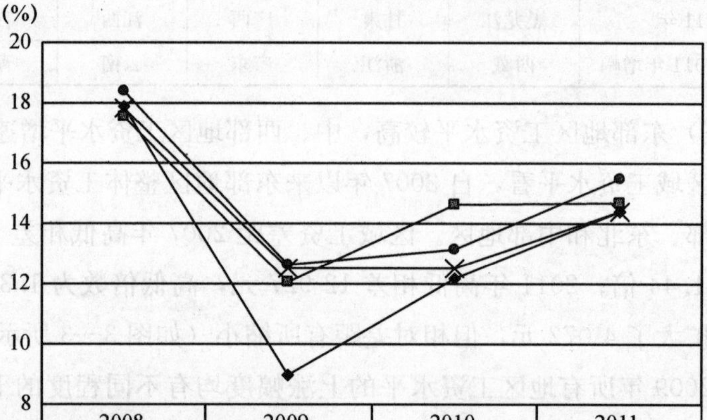

	2008	2009	2010	2011
东部	17.87	8.99	12.15	14.42
中部	17.53	12.04	14.62	14.70
西部	18.42	12.65	13.14	15.50
东北部	17.82	12.49	12.50	14.40

图 3—4　2008—2011 年区域工资增长速度比较

二、2011 年地区工资关系

（一）地区城镇非私营单位工资水平

1. 各地区工资水平的总体定位

我们借用波士顿矩阵①的思路来定位各地区工资关系。

表 3—2 将 2010—2011 年各地区平均工资增长速度设为横坐标，将 2011 年各地区平均工资水平设为纵坐标，其具体含义分别为："双高区"表示工资水平及其增速均高于全国平均水平的地区；"基高增低"区表示工资水平高于全国平均水平，但工资水平增速低于全国平均水平的地区；"基低增高"区表示工资水平低于全国平均水平，但工资水平增速高于全国平均水平的地区；"双低区"表示工资水平及其增速均低于全国平均水平的地区。

表 3—2　　2010—2011 年地区平均工资水平波士顿矩阵

	2010—2011 年城镇就业人员平均工资增长速度高于全国平均水平	2010—2011 年城镇就业人员平均工资增长速度低于全国平均水平
2010—2011 年城镇就业人员平均工资高于全国平均工资	双高区 北京 宁夏	基高增低 上海 江苏 天津 浙江 广东 西藏
2010—2011 年城镇就业人员平均工资低于全国平均工资	海南　山西　内蒙古 福建　江西　云南 安徽　新疆 吉林　湖南　四川 青海 贵州 基低增高	山东　湖北　甘肃 河北　河南　广西 陕西 辽宁　重庆 黑龙江 双低区

从表 3—2 中可以看出，"双高区"只有北京市和宁夏回族自治区 2 个省（区、市）。"基高增低"的地区有上海市、江苏省、天津市、浙江省、广东省和西藏自治区 6 个省（区、市），除西藏自治区是西部地区外，其余 5 个省（区、市）均位于东部地区，这些地区工资增速较低，工资水平的优势逐渐下

① 波士顿矩阵（BCG Matrix），是由美国著名的管理学家、波士顿咨询公司创始人布鲁斯·亨德森于 1970 年首创的一种用来分析和规划企业产品组合的方法。此处为分析的便利仅借用其四象限矩阵图。

降。“基低增高”的地区较多，有福建省、海南省、山西省、江西省、安徽省、湖南省，内蒙古自治区、云南省、新疆维吾尔自治区、四川省、青海省、贵州省、吉林省 13 个省（区、市），其中多数位于中、西部地区，占 10 个；东北地区 1 个；东部 2 个，这些省（区、市）平均工资水平低于全国的平均水平，但增长速度较快，有利于缩小地区工资差距。位于“双低区”的 10 个省（区、市）分别为东部的山东省、河北省，中部的湖北省、河南省，西部的甘肃省、广西壮族自治区、陕西省、重庆市和东北地区的辽宁省、黑龙江省，其中中、西部省份占绝大多数，这些省份工资水平较低，如果长期处于低工资增速的状态将不利于建立合理的地区工资关系和进一步缩小地区工资差距，应引起足够的重视。

2. 地区工资水平绝对差额的变化情况

2011 年城镇非私营单位平均工资水平为 41 799 元，高于全社会平均工资的省（区、市）有 8 个，其中平均工资水平最高的上海为 75 591 元，最低的黑龙江省为 31 302 元，高低相差 44 289 元，最高是最低的 2.41 倍，比 2010 年的 2.38 倍有所扩大（如图 3—5 所示）。

与 2010 年相比，2011 年 9 个省（区、市）平均工资水平排名未发生变化，分别是排名前 11 名之内的 8 个省（区、市）和排名最后的黑龙江省。平均工资水平排名上升的有 11 个省（区、市），其中位次上升最多的是新疆维吾尔自治区和福建省，分别由 19 位上升到 15 位和 18 位上升到 14 位，上升了 4 位；其次是山西省，上升了 4 位，由 16 位上升到 13 位，上升位次较多的是在排名中间的省（区、市）。与 2010 年相比，2011 年平均工资水平排名下降的也有 11 个省（区、市），其中位次下降最多的是广西壮族自治区，由 23 位下降到 29 位，下降了 6 位，辽宁省、陕西省下降了 4 位，分别由 12 位下降到 16 位和 13 位下降到 17 位，山东省由 15 位下降到 18 位，下降了 3 位，由此可见部分省（区、市）平均工资水平排名下降的位次还是较多的（见表 3—3）。

3. 地区工资水平增长情况

从平均工资水平增长总额看，全社会平均工资 2011 年比 2010 年增长了 5 260 元。地区增长水平最高的是北京市，比上年增长了 10 324 元，其次是上海市增长 9 476 元，再次是新疆维吾尔自治区、福建省、山西省，增长额度均在 6 000 元以上。增长最低的是西藏自治区，为负增长，2011 年平均工资水

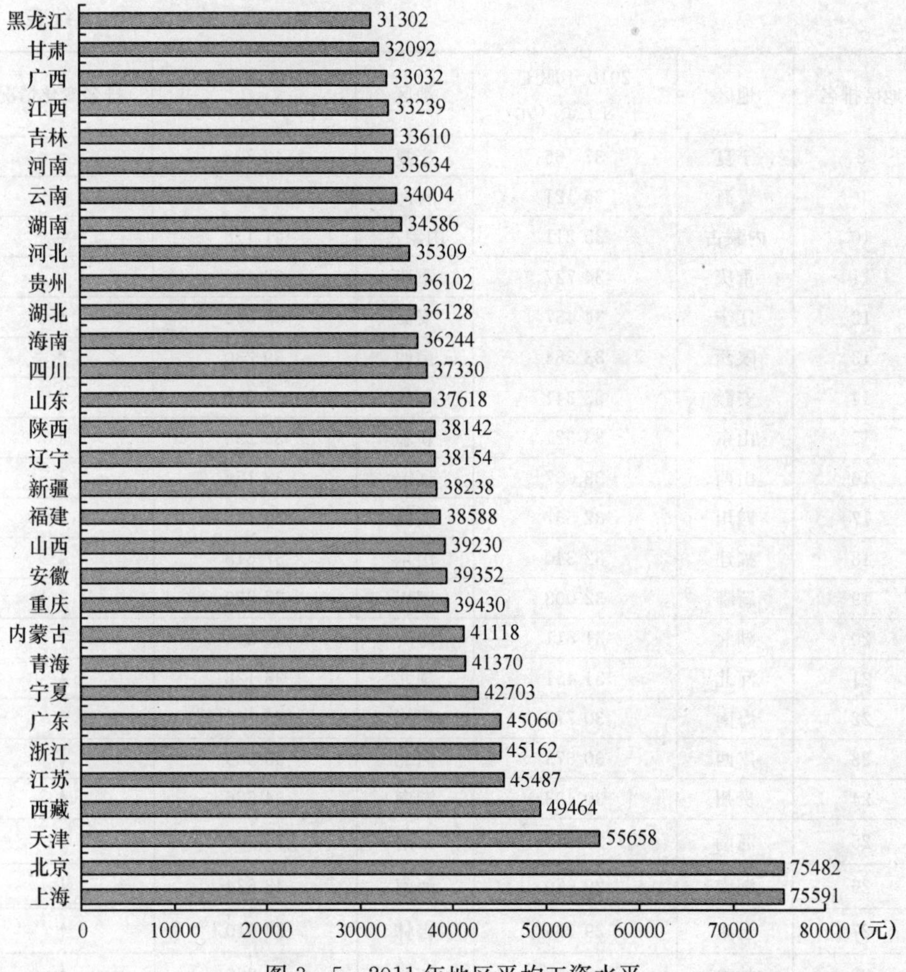

图 3—5　2011 年地区平均工资水平

表 3—3　　2010 年、2011 年地区平均工资水平及排名变化情况

地区排名	地区	2010 年职工平均工资（元）	地区	2011 年职工平均工资（元）	排名变化情况
1	上海	66 115	上海	75 591	=
2	北京	65 158	北京	75 482	=
3	天津	51 489	天津	55 658	=
4	西藏	49 898	西藏	49 464	=
5	浙江	40 640	江苏	45 487	↑
6	广东	40 432	浙江	45 162	↓
7	江苏	39 772	广东	45 060	↓

续表

地区排名	地区	2010年职工平均工资（元）	地区	2011年职工平均工资（元）	排名变化情况
8	宁夏	37 166	宁夏	42 703	＝
9	青海	36 121	青海	41 370	＝
10	内蒙古	35 211	内蒙古	41 118	＝
11	重庆	34 727	重庆	39 430	＝
12	辽宁	34 437	安徽	39 352	↑
13	陕西	33 384	山西	39 230	↑
14	安徽	33 341	福建	38 588	↑
15	山东	33 321	新疆	38 238	↑
16	山西	33 057	辽宁	38 154	↓
17	四川	32 567	陕西	38 142	↓
18	福建	32 340	山东	37 618	↓
19	新疆	32 003	四川	37 330	↓
20	湖北	31 811	海南	36 244	↑
21	河北	31 451	湖北	36 128	↓
22	海南	30 775	贵州	36 102	↑
23	广西	30 673	河北	35 309	↓
24	贵州	30 433	湖南	34 586	↑
25	河南	29 819	云南	34 004	↑
26	湖南	29 670	河南	33 634	↓
27	云南	29 195	吉林	33 610	↑
28	甘肃	29 096	江西	33 239	↑
29	吉林	29 003	广西	33 032	↓
30	江西	28 363	甘肃	32 092	↓
31	黑龙江	27 735	黑龙江	31 302	＝

注：＝表示地区排名未变，↑表示地区排名上升，↓表示地区排名下降。

平比2010年降低了434元，其次增长较低的是广西壮族自治区、辽宁省，增长额度在3 000元以下，再次增长偏低的是河北省、河南省、黑龙江省，增长额度在4 000元以下。

从平均工资水平增长速度看，全社会平均工资2011年比2010年增长了14.4%。地区平均工资水平增长速度最快的是新疆，比2010年增长了19.48%，福建省、山西省、贵州省、安徽省4个省份分别位于增速的前2至

5 位，这 4 个省份平均工资的增速都在 18%以上。增长速度最低的西藏自治区，增速为−0.87%。广西壮族自治区、天津市平均工资水平增速较低，分别排在倒数第 2、第 3 位（见表 3—4）。

表 3—4　　　　2010—2011 年地区平均工资水平增长情况

序号	地区	2010—2011 年增长额（元）	2010—2011 年增长率（%）	序号	地区	2010—2011 年增长额（元）	2010—2011 年增长率（%）
1	新疆	6 235	19.48	17	上海	9 476	14.33
2	福建	6 248	19.32	18	陕西	4 759	14.26
3	山西	6 173	18.67	19	湖北	4 317	13.57
4	贵州	5 669	18.63	20	重庆	4 703	13.54
5	安徽	6 011	18.03	21	山东	4 297	12.90
6	海南	5 469	17.77	22	黑龙江	3 567	12.86
7	江西	4 876	17.19	23	河南	3 815	12.79
8	内蒙古	5 907	16.78	24	河北	3 858	12.27
9	湖南	4 916	16.57	25	广东	4 628	11.45
10	云南	4 809	16.47	26	浙江	4 522	11.13
11	吉林	4 607	15.88	27	辽宁	3 717	10.79
12	北京	10 324	15.84	28	甘肃	2 996	10.30
13	宁夏	5 537	14.90	29	天津	4 169	8.10
14	四川	4 763	14.63	30	广西	2 359	7.69
15	青海	5 249	14.53	31	西藏	−434	−0.87
16	江苏	5 715	14.37		全国	5 260	14.40

4. 地区工资水平的实际购买力

由于受物价上涨因素的影响，各地区职工平均工资水平并不能反映职工的实际购买力，只有剔除物价上涨因素后的实际平均工资水平，才能真实反映工资的实际购买力。

2011 年，全社会平均实际工资①增长 4 285 元，比名义工资增长幅度降低 975 元，实际工资增长率为 12.11%。从表 3—5 中可以看出，实际工资增长速度较快的前 5 个省份分别是：新疆维吾尔自治区、福建省、海南省、山西省和贵州省，其中海南省名义平均工资增速在地区排位中位居第 6 位，剔除

① 实际工资＝名义工资/城市居民消费价格指数（上年＝100）×100

表 3—5　2010 年、2011 年地区平均实际工资水平及其增长率

排序	地区	2010 年职工平均实际工资（元）	2011 年职工平均实际工资（元）	实际工资增长率（%）	排序	地区	2010 年职工平均实际工资（元）	2011 年职工平均实际工资（元）	实际工资增长率（%）
1	新疆	30 891	36 243	17.33	17	上海	64 127	71 870	12.07
2	福建	31 368	36 667	16.89	18	陕西	32 193	36 071	12.05
3	海南	29 450	34 370	16.71	19	重庆	33 650	37 444	11.28
4	山西	32 063	37 311	16.37	20	黑龙江	26 771	29 631	10.68
5	贵州	29 518	34 281	16.14	21	河南	28 838	31 913	10.66
6	云南	28 126	32 445	15.35	22	山东	32 477	35 938	10.66
7	安徽	32 370	37 330	15.32	23	湖北	30 945	34 241	10.65
8	江西	27 564	31 631	14.76	24	浙江	39 077	42 887	9.75
9	内蒙古	34 185	38 960	13.97	25	河北	30 594	33 532	9.60
10	湖南	28 778	32 789	13.94	26	广东	39 216	42 806	9.15
11	吉林	28 049	31 951	13.91	27	甘肃	27 870	30 285	8.67
12	青海	34 368	39 037	13.59	28	辽宁	33 499	36 308	8.38
13	江苏	38 390	43 271	12.71	29	天津	49 748	53 083	6.70
14	四川	31 527	35 511	12.64	30	广西	29 809	31 263	4.88
15	宁夏	35 840	40 343.	12.57	31	西藏	48 824	47 002	−3.73
16	北京	63 631	71 455	12.30		全国	35 406	39 695	12.11

物价因素后，实际工资增速位居全国第 3 位。实际工资增速排在后 5 位的省（区、市）没有变化，但排位最后的西藏自治区实际工资增速更低，为−3.76%，比名义工资增速又降低了 2.89 个百分点。受物价上涨因素影响较大，从而使实际工资增长率低于名义工资增长率 3 个百分点左右的省（区、市）有（影响程度从大到小排列）：北京市、湖北省、西藏自治区、广西壮族自治区、内蒙古自治区、安徽省和河北省。相比较而言，青海省平均工资水平增速受物价上涨因素影响最低，其名义工资增速为 14.53%，实际工资增速为 13.59%（如图 3—6 所示）。

（二）地区城镇私营单位就业人员工资水平

2011 年，全国城镇私营单位就业人员平均工资水平为 24 556 元，比 2010 年增长了 18.29%，比城镇非私营单位就业人员平均工资低 17 243 元，全国

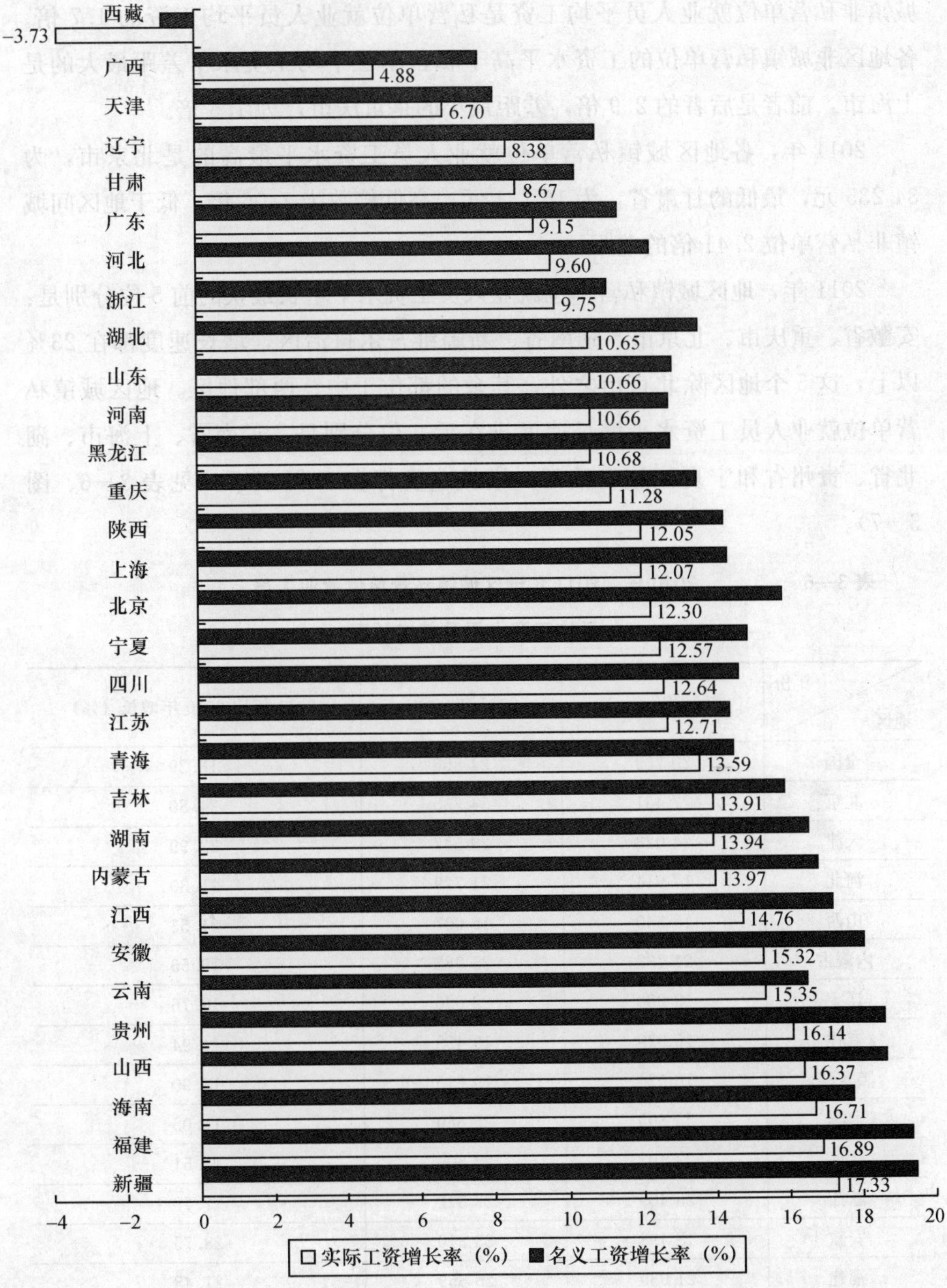

图 3—6　2011 年地区名义工资和实际工资增长率比较

城镇非私营单位就业人员平均工资是私营单位就业人员平均工资的1.7倍。各地区非城镇私营单位的工资水平高于私营单位平均工资水平差距最大的是上海市，前者是后者的2.9倍，差距最小的是重庆市，为1.5倍。

2011年，各地区城镇私营单位就业人员工资水平最高的是北京市，为34 235元，最低的甘肃省，为16 731元，高低倍数为2.05倍，低于地区间城镇非私营单位2.41倍的差距。

2011年，地区城镇私营单位就业人员工资水平增长最快的前5位分别是：安徽省、重庆市、北京市、湖南省、新疆维吾尔自治区，增长速度都在23%以上，这5个地区除北京市之外，其余的都位于中、西部地区。地区城镇私营单位就业人员工资水平增长速度排在后5位分别是：云南省、上海市、湖北省、贵州省和宁夏回族自治区，增长速度都在14%以下（见表3—6、图3—7）。

表3—6　2010年、2011年地区城镇私营单位就业人员平均工资水平及其增长率

年份 地区	2010年（元）	2011年（元）	2011年比2010年增长（%）
全国	20 759	24 556	18.29
北京	27 431	34 235	24.80
天津	24 023	29 547	22.99
河北	17 914	21 729	21.30
山西	15 640	19 007	21.53
内蒙古	21 732	25 983	19.56
辽宁	19 280	22 896	18.76
吉林	16 929	19 458	14.94
黑龙江	16 924	19 615	15.90
上海	23 305	25 880	11.05
江苏	23 402	27 500	17.51
浙江	23 409	27 572	17.78
安徽	18 493	23 810	28.75
福建	21 039	25 559	21.48
江西	18 002	21 030	16.82
山东	20 747	24 772	19.40

续表

地区＼年份	2010 年（元）	2011 年（元）	2011 年比 2010 年增长（%）
河南	15 915	18 749	17.81
湖北	18 626	20 788	11.61
湖南	17 229	21 483	24.69
广东	22 633	26 621	17.62
广西	17 931	20 471	14.17
海南	18 058	21 278	17.83
重庆	20 790	26 251	26.27
四川	18 316	22 175	21.07
贵州	20 307	23 006	13.29
云南	18 562	19 882	7.11
西藏	—	—	—
陕西	16 052	18 844	17.39
甘肃	14 318	16 731	16.85
青海	17 444	20 646	18.36
宁夏	19 775	22 515	13.86
新疆	20 017	24 771	23.75

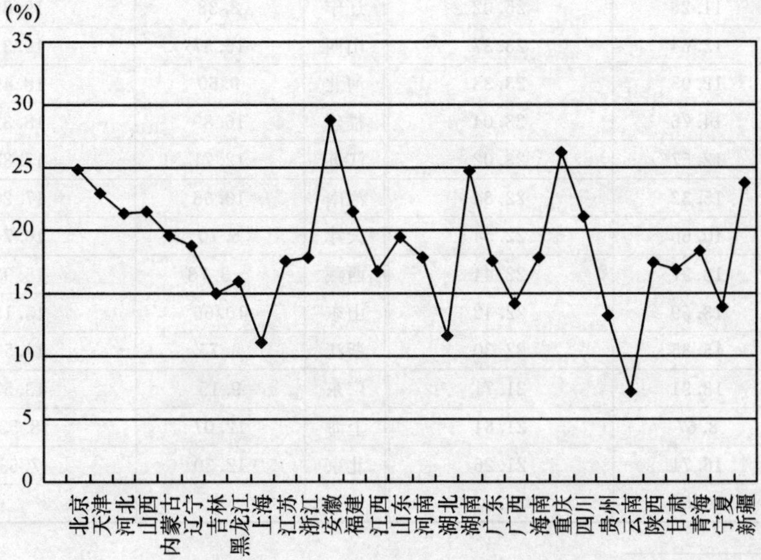

图 3—7　2011 年地区城镇私营单位就业人员平均工资增长水平

三、影响地区工资水平的相关经济指标分析

（一）地区工资水平与地区劳动生产率①比较

地区工资水平和地区劳动生产率是正相关的关系，劳动生产率越高，工资水平越高，反之工资水平越低。“十二五”规划明确提出“劳动报酬增长和劳动生产率提高同步”原则，那么劳动生产率的增长是否转化为了更高的实际工资，各地区工资水平的增长是否与生产率增长关系紧密？具体分析如下。

1.2011 年部分地区实际工资增长大大低于名义劳动生产率的增长

表 3—7 和图 3—8 显示，2011 年实际工资增长低于名义劳动生产率增长幅度最大的是广西壮族自治区，二者相差 20.38 个百分点，其次是西藏自治区，实际工资增长低于名义劳动生产率增长 19.65 个百分点。二者相差 10 个百分点以上的还有（按相差幅度从大到小）：重庆市、甘肃省、湖北省、辽宁省、陕西省、四川省、黑龙江省、宁夏回族自治区和天津市 9 个省（区、市）。

表 3—7　　2011 年地区实际工资与劳动生产率名义增长率　　（单位：%）

地区	实际工资增长率	劳动生产率名义增长率	地区	实际工资增长率	劳动生产率名义增长率
广西	4.88	25.26	湖南	13.94	20.88
贵州	16.14	25.11	新疆	17.33	20.18
重庆	11.28	25.02	辽宁	8.38	19.84
四川	12.64	23.37	山西	16.37	19.31
陕西	12.05	23.33	河北	9.60	18.49
江西	14.76	23.04	福建	16.89	18.37
宁夏	12.57	23.02	江苏	12.71	17.88
安徽	15.32	22.84	河南	10.66	17.24
湖北	10.65	22.54	天津	6.70	16.74
内蒙古	13.97	22.44	西藏	—3.73	15.92
青海	13.59	22.42	山东	10.66	15.15
云南	15.35	22.30	浙江	9.75	14.58
吉林	13.91	21.71	广东	9.15	13.57
甘肃	8.67	21.61	上海	12.07	8.53
海南	16.71	21.26	北京	12.30	7.53
黑龙江	10.68	21.21			

① 衡量劳动生产率有很多不同方式，但都是相对于劳动力投入来定义经济产出的。本章采用人均 GDP 来简化计算劳动生产率，这种方法较适合地区间的比较研究。

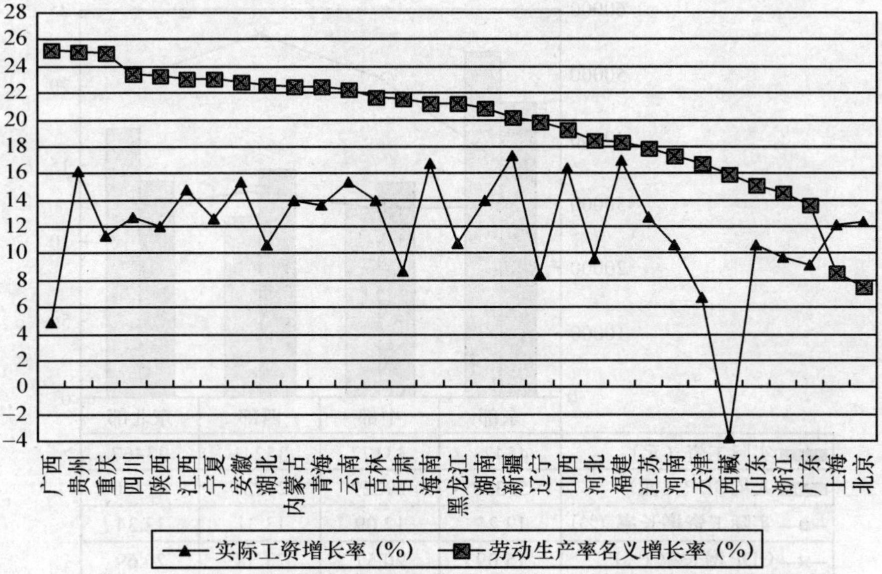

图 3—8　2011 年地区实际工资增长率与劳动生产率名义增长率

2. 部分地区实际工资增长低于或接近于名义劳动生产率增长

数据显示，福建省实际工资增长和名义劳动生产率增长的契合度最高，实际工资增长只低于名义劳动生产率的 1.48 个百分点；契合度较好的还有新疆维吾尔自治区和山西省，实际工资增长低于名义劳动生产率增长的幅度在 3 个百分点以内；广东省、山东省、浙江省、海南省等地实际工资增长低于名义劳动生产率增长的幅度在 5 个百分点以内。

3. 少量地区实际工资增长高于名义劳动生产率增长

只有北京市和上海市两地，实际工资增长高于名义劳动生产率的增长。北京市实际工资增长高于名义劳动生产率增长的幅度达 4.77 个百分点，上海市为 3.54 个百分点。这两个地区的工资水平排名前两位。

4. 区域间实际工资增长和名义劳动生产率增长差异较大

2011 年，东部地区实际工资增长率与名义劳动生产率增长率之间的差距最小，二者仅差 2.84 个百分点，说明东部地区工资的增长和劳动生产率的增长基本上做到了同步。中部和东北地区实际工资增长率都低于名义劳动生产率增长率 8 个百分点之多，特别是西部地区，二者相差高达 10 个百分点，中、西部和东北地区还没有做到工资增长与劳动生产率提高同步，工资水平还有很大的上升空间（如图 3—9 所示）。

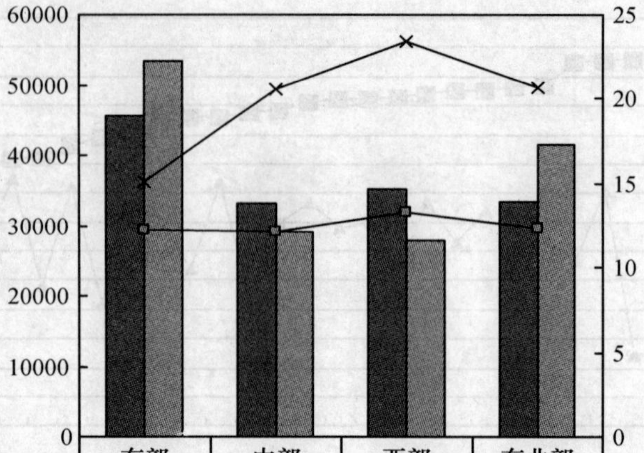

	东部	中部	西部	东北部
实际工资（元）	45473	33177	35241	33467
人均GDP（元）	53350	29229	27731	41400
实际工资增长率（%）	12.25	12.09	13.31	12.34
GDP 增长率（%）	15.09	20.57	23.38	20.69

图 3—9　2011 年区域实际工资增长率与劳动生产率名义增长率

（二）地区生产总值（GDP）中工资总额占比比较

“十二五”规划提出“劳动报酬增长和劳动生产率提高同步”的原则，同时也提出了要“努力提高劳动报酬在初次分配中的比重”。地区工资总额在地区生产总值中占比（以下简称 GDP“工资占比”）的变化直接影响地区工资水平的高低。

1. 各地区 GDP 工资占比大多集中在 10%～14%之间，但高低占比相差较大

表 3—8 和图 3—10 数据显示，2011 年全国工资总额占 GDP 比重是 11.50%，工资占比最高的北京市是 31.38%，比占比最低的江苏省（7.48%）的水平高出 23.9 个百分点。北京市占比位居高位是因为政治文化中心的地位决定了创造 GDP 并非其主要职能（位居全国第 13 位），而大的机关、社团、企业集团总部、高素质人才的大量存在又使北京市工资总额较高（位居全国第 2 位）。江苏省工资占比自 2006 年以来一直排名最后，一方面是因为江苏省 GDP 总量一直名列前茅（2011 年位居全国第 2 位），基数较大，另一方面与江苏省并没有因 GDP 创造多而过多分配有关。

2. 各地区 GDP 工资占比增长的省份和幅度明显多于和大于下降的省份和幅度

表 3—8　　　　　　　　地区工资总额占 GDP 比重的变化情况

	2010 年 GDP（亿元）	2010 年工资总额（亿元）	2010 年工资总额占比（%）	2011 年 GDP（亿元）	2011 年工资总额（亿元）	2011 年工资总额占比（%）	工资总额占比变化（2011 年占比—2010 年占比）
北京	14 113.58	4 136.06	29.31	16 251.93	5 099.66	31.38	2.07
天津	9 224.46	1 051.20	11.40	11 307.28	1 483.19	13.12	1.72
河北	20 394.26	1 629.56	7.99	24 515.76	1 975.25	8.06	0.07
山西	9 200.86	1 286.54	13.98	11 237.55	1 598.86	14.23	0.25
内蒙古	11 672.00	888.24	7.61	14 359.88	1 122.05	7.81	0.20
辽宁	18 457.27	1 787.22	9.68	22 226.70	2 242.74	10.09	0.41
吉林	8 667.58	776.30	8.96	10 568.83	940.27	8.90	−0.06
黑龙江	10 368.60	1 277.64	12.32	12 582.00	1 485.99	11.81	−0.51
上海	17 165.98	2 611.24	15.21	19 195.69	3 735.52	19.46	4.25
江苏	41 425.48	2 998.76	7.24	49 110.27	3 673.28	7.48	0.24
浙江	27 722.31	3 517.46	12.69	32 318.85	4 440.15	13.74	1.05
安徽	12 359.33	1 225.12	9.91	15 300.65	1 590.14	10.39	0.48
福建	14 737.12	1 602.28	10.87	17 560.18	2 270.29	12.93	2.06
江西	9 451.26	836.74	8.85	11 702.82	1 080.59	9.23	0.38
山东	39 169.92	3 166.68	8.08	45 361.85	3 956.15	8.72	0.64
河南	23 092.36	2 213.62	9.59	26 931.03	2 775.28	10.31	0.72
湖北	15 967.61	1 601.27	10.03	19 632.26	2 083.92	10.61	0.59
湖南	16 037.96	1 479.87	9.23	19 669.56	1 869.58	9.50	0.28
广东	46 013.06	4 484.29	9.75	53 210.28	5 574.90	10.48	0.73
广西	9 569.85	952.74	9.96	11 720.87	1 113.54	9.50	−0.46
海南	2 064.50	250.03	12.11	2 522.66	306.14	12.14	0.02
重庆	7 925.58	897.72	11.33	10 011.37	1 298.77	12.97	1.65
四川	17 185.48	1 840.52	10.71	21 026.68	2 268.95	10.79	0.08
贵州	4 602.16	669.12	14.54	5 701.84	856.84	15.03	0.49
云南	7 224.18	930.46	12.88	8 893.12	1 176.29	13.23	0.35
西藏	507.46	108.95	21.47	605.83	114.56	18.91	−2.56
陕西	10 123.48	1 215.00	12.00	12 512.30	1 536.97	12.28	0.28
甘肃	4 120.75	568.95	13.81	5 020.37	643.28	12.81	−0.99
青海	1 350.43	189.60	14.04	1 670.44	250.56	15.00	0.96
宁夏	1 689.65	225.91	13.37	2 102.21	266.40	12.67	−0.70
新疆	5 437.47	850.80	15.65	6 610.05	1 124.58	17.01	1.37

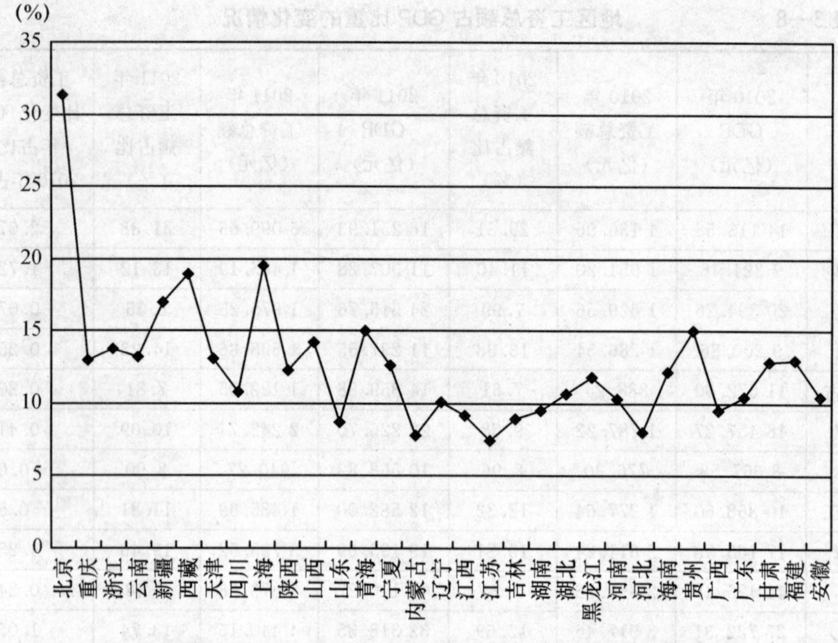

图 3—10　2011 年地区工资总额占 GDP 比重比较

(1) 与 2010 年相比，2011 年只有 6 个地区工资占比下降，占全部 31 个省份的 19%。其中工资占比下降幅度最大的是西藏自治区，下降了 2.56 个百分点，其次是甘肃省、宁夏回族自治区、黑龙江省、广西壮族自治区和吉林省，下降幅度都在 1 个百分点以内。西藏自治区由于 GDP 总量很低（2011 年位居全国末位），但由于特殊的地理位置实行的高工资政策，使得西藏自治区工资占比一直位居前列，2011 年西藏自治区 GDP 有较大幅度增长，与全国平均增长水平持平，而工资总额却大大低于全国平均增长水平，因此工资占比出现了下降的趋势。2011 年工资占比下降的都位于中部、西部、东北地区，除了西藏自治区和宁夏回族自治区外，工资水平都较低，特别是广西壮族自治区和吉林省，工资占比在全国排位靠后，工资水平又列于全国后 5 位之中，如果工资占比下降的趋势不及时得以调整和改变，将不利于地区工资水平的提高，应引起高度重视。

(2) 2011 年有 25 个地区工资占比增长，占全部省份的 81%。其中增长幅度最大的是上海市，增长了 4.25 个百分点，工资占比增长超过 2 个百分点的有北京市和福建省，工资占比增长超过 1 个百分点的有天津市、重庆市、新疆维吾尔自治区和浙江省，其余各省（区、市）增长幅度很小，与上年基本持平。值得关注的是增长幅度较大的上海市和北京市，工资占比较高（2011 年分别位居全国第 2 和第 1 位），工资水平也位于全国前两位，如果持续保持工资占比的较快增长，在落后地区工资占比不增加或继续下降的情况下，将不利于地区间工资关系的进一步调整。

（三）地区工资水平与劳动力转移（农民工流动）的关系

劳动力转移与收入差距问题，是中国经济发展转型中面临的重大问题。作为劳动力大军的主体，农民工的流动对地区工资差距产生了哪些影响，是缩小了地区工资差距还是增大了地区工资差距，现实经济发展中为什么会存在劳动力流动与工资差距同时扩大的“悖论”，对此理论界进行了大量的探讨和实证研究，在此不多做赘述。现仅利用现有统计数据在宏观层面客观地描述地区工资收入差距与农民工流动之间的关系，使读者对此问题有一个总体了解。

1. 农民工总量持续增长，中、西部地区[①]对农民工的吸纳能力进一步增强

近几年，农民工总量持续增长。据国家统计局抽样调查结果推算，2011 年全国农民工总量达到 25 278 万人。农民工就业地域结构显示，2011 年在东部地区务工的农民工 16 537 万人，占农民工总量的 65.4%，比上年降低 1.5 个百分点；在中部地区务工的农民工 4 438 万人，占农民工总量的 17.6%，比上年提高 0.7 个百分点；在西部地区务工的农民工 4 215 万人，占农民工总量的 16.7%，比上年提高 0.8 个百分点。从不同地区农民工占比看，农民工以东部地区就业为主，但中、西部地区对农民工的吸引力逐渐增强，长三角地区、珠三角地区，特别是珠三角地区农民工的比例大幅降低（见表 3—9）。

表 3—9　　农民工就业区域分布占比　　（单位：%）

年份	东部地区	中部地区	西部地区	长三角地区	珠三角地区
2008	71.0	13.2	15.4	21.8	30.2
2009	62.5	17.0	20.2	19.4	22.6
2010	66.9	16.9	15.9	24.0	20.9
2011	65.4	17.6	16.7	23.1	20.1
2008—2011 年增减	−5.6	4.4	1.3	1.3	−10.1

来源：根据国家统计局有关农民工监测调查报告数据整理。

① 由于农民工流动的相关统计数据是按原来东、中、西 3 个地区进行划分的，为了比较的方便，本节区域工资水平也按此口径，因此与前节所述有所不同。

2. 工资水平较高的东部地区对农民工的吸引力较强，地区间工资水平增长的快慢对农民工就业流向影响较大

从东、中、西部工资水平绝对额看，东部地区工资水平大大高于中、西部地区工资水平，在2011年地区工资水平前10排位中，东部地区占7位，后10位中9位是中、西部地区。2011年，在中、西部地区务工的农民工大大低于东部地区农民工总量，由此看出工资水平较高的地区会吸引更多的农民工。从不同地区职工平均工资水平增速和农民工就业量增幅的角度看，中、西部地区职工工资水平增长速度超过东部地区，2008—2011年职工年平均工资水平增速，中部地区为13.2%，西部地区为13.1%，分别比东部地区高出1.6和1.5个百分点。同期中、西部地区农民工增量超过东部地区和全国的平均水平，年平均增幅分别为5.4%和6.9%，比东部地区高出2.7和4.2个百分点。由此表明地区工资水平增长的快慢对农民工就业选择影响较大，西部地区平均工资水平的快速增长，增强了中、西部地区对农民工的吸纳能力（见表3—10和图3—11）。

表3—10　2008—2011年分区域职工平均工资水平与农民工就业情况

	2008年职工平均工资（元）	2011年职工平均工资（元）	2008年农民工就业量（万人）	2011年农民工就业量（万人）	职工平均工资年增长率（%）	农民工就业量年增长率（%）
全国	28 898	41 799	22 542	25 278	13.10	3.90
东部	34 155	47 436	15 248	16 537	11.60	2.70
中部	24 126	35 024	3 792	4 438	13.20	5.40
西部	25 619	37 064	3 446	4 215	13.10	6.90
长三角	37 817	51 844	3 054	5 828	11.10	24.00
珠三角	33 110	45 060	4 236	5 072	10.80	6.20

来源：根据《中国统计年鉴》、国家统计局有关调查报告数据整理。

3. 在农民工较为集中的长三角和珠三角地区，农民工流向对工资水平绝对额的敏感程度大大高于对工资水平增速的敏感程度

长三角和珠三角是农民工主要务工地，从工资水平和务工总量来看，2011年长三角地区职工年平均工资水平为51 844元，珠三角地区职工年平均工资水平为45 060元，二者相差6 784元，2008年两个地区职工年平均工资水平相差4 707元。珠三角地区职工平均工资水平不仅低于长三角地区，也低

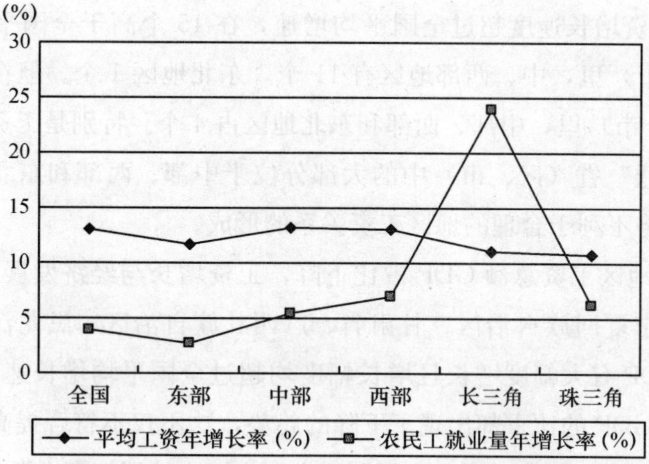

图 3—11　2008—2011 年分区域平均工资年均增长与农民工就业量年均增长率比较

于东部平均水平，珠三角地区工资水平逐渐失去优势。农民工务工总量，长三角地区 2008 年为 3 054 万人，比珠三角地区农民工总量 4 236 万人低 1 182 万人，但到 2011 年长三角地区务工的农民工总量增长为 5 828 万人，比珠三角地区农民工总量 5 072 万人多 756 万人。3 年间，长三角地区农民工总量增长了 2 774 万人，而珠三角地区农民工总量仅增长了 836 万人。长三角地区农民工务工总量明显超过珠三角地区。从长三角和珠三角地区职工平均工资水平增速和农民工就业量增幅来看，2008—2011 年长三角、珠三角地区职工年平均工资水平增速分别为 11.1%和 10.8%，二者相差 0.3 个百分点，差距不大。但同期农民工就业量增幅，长三角地区要大大高于珠三角地区，2008—2011 年长三角地区农民工年就业量增幅为 24%，珠三角仅为 6.20%，二者相差 13.2 个百分点。表明在农民工就业集中的地区，农民工更倾向于选择工资水平更高的地区。

四、地区工资关系发展趋势与展望

（一）地区工资关系发展趋势

1. 地区间工资收入差距有进一步扩大的趋势，但总体工资关系格局未有大的调整。在地区间工资关系排名中，除广西壮族自治区排名位次变化较大（下降 6 位）外，其他各省（区、市）在全国的排名基本变化不大。

2. 中、西部地区工资增长态势呈现两极分化的现象。多数中、西部省

（区、市）工资增长速度超过全国平均增速，在15个高于全国平均增长速度的省（区、市）里，中、西部地区有11个，东北地区1个。但在增速最低的5个省（区、市）里，中部、西部和东北地区占4个。特别是工资水平低增速也低的“双低”省（区、市）中的大部分位于中部、西部和东北地区，这种现象的存在将不利于合理的地区工资关系的形成。

3. 部分地区工资总额GDP占比下降，工资增长与经济发展水平不协调。部分地区如宁夏回族自治区、甘肃省、广西壮族自治区、黑龙江省、吉林省等地，在GDP有大幅度增长且增长幅度均超过全国平均增长速度的情况下，工资总额占GDP的比重却出现了下降的趋势，这不仅不符合提高劳动报酬在初次分配中比重的要求，而且也不利于进一步缩小地区工资差距。

4. 大部分地区工资增长低于劳动生产率增长的水平，没有做到劳动报酬增长和劳动生产率提高同步。2011年，除北京市和上海市两地外，其余29个省（区、市）的实际工资增长速度均低于劳产率名义增长率，特别是广西、西藏两个自治区实际工资增长大大低于劳产率名义增长率，两者差距分别高达20.38和19.66个百分点。工资增长低于劳产率增长幅度较多的省（区、市）都位于中、西部和东部地区，显然这些地区的工资增长还有很大的上升空间。

（二）地区工资关系发展展望

1. 地区工资关系的调整将是一个长期的过程。我国地区工资关系的不平衡是由不同地区间经济发展的差异性造成的，既有历史原因也有地理位置、产业结构、资源配置、教育水平、人力资源差异等多方面因素的影响，这些因素的调整和改变都需要一个相当长的时期，因此，区域间的工资水平差异将长期存在。

2. 政府通过宏观政策引导，为从根本上缩小地区工资差距创造条件。政府通过地区产业结构的调整和完善，逐步引导劳动密集型产业向中、西部地区合理转移，在加大对中、西部地区投资的同时加大扶持力度，促进形成合理的经济布局，这些举措促进了低工资地区的经济发展，从而促使地区间工资水平逐步从非均衡性向均衡性方向发展。

3. 地区工资收入差距在短期内有进一步缩小的可能性。党的十八大提出“努力实现劳动报酬增长和劳动生产率提高同步”和“提高劳动报酬在初次分配中的比重”，明确了进一步缩小地区间工资收入差距的路径。如前所述，部分地区 GDP 工资占比较低、增长速度较慢、工资增长大大低于劳动生产率增长的幅度，这些地区大都为工资收入水平较低的中部、西部和东北地区，这表明这些地区工资水平增长还有较大的上升空间。提高这些地区 GDP 工资占比和工资增长速度，符合中央精神，同时也有经济基础的支撑和保证，从而为地区间工资收入差距的进一步缩小提供了可能。

第四章
行业工资水平

行业工资关系是工资收入分配制度改革的一个重要内容。本章拟通过《2012年统计年鉴》公布的数据，对行业分配状况进行分析。在此基础上，形成对全国各大行业工资水平的现状及差距的基本认识，并将对行业工资发展趋势进行预测和展望。

一、行业工资增长情况分析

在往年的《中国薪酬发展报告》中，我们都对各行业间工资水平及差距问题进行分析，这些行业差距问题普遍都为社会各界所关注，在2012年经历了经济减速引发许多矛盾和问题的情况下，行业收入差距发生了哪些新的变化和问题，就成了本册薪酬发展报告的重要问题之一，我们将就此进行比较详细的分析。综合来看，2011年我国各行业的收入水平都有较大增长，各行业间差距上也出现了一些新的变化。但是收入差距扩大的趋势，仍未得到根本扭转，由此引起的各种社会矛盾也并未得到有效缓解。通过本次分析，指出行业工资存在的差距问题，对缩小包括行业在内的收入分配差距提出相关建议和意见。

根据2012年统计年鉴，2011年全国城镇单位就业人员平均工资41 799元，比上年的36 539元增长了15.4%，增幅比上年的13.3%增加了1.1个百分点，呈现出增幅逐年提高的趋势。扣除通货膨胀因素（居民消费价格指数105.4%），实际增长9.5%。但是从全国各行业平均工资看，水平发展仍显不平衡，表4—1具体给出了2011年19个大行业平均工资及其增长情况。

从表4—1中可以看出，在2011年行业收入增长趋势和分配结构上出现的三方面可喜变化：一是高收入龙头行业金融业，信息传输、计算机服务和

表 4—1　　2011 年 19 个行业平均工资增长情况

	行业	2011 年平均工资（元）	2010 年平均工资（元）	增加额（元）	增长率（%）
	全国总计	41 799	36 539	5 260	15.4
1	农、林、牧、渔业	19 469	16 717	2 752	17.5
2	采矿业	52 230	44 196	8 034	19.2
3	制造业	36 665	30 916	5 749	19.6
4	电力、燃气及水的生产和供应业	52 723	47 309	5 414	12.4
5	建筑业	32 103	27 529	4 574	17.6
6	交通运输、仓储和邮政业	47 078	40 466	6 612	17.3
7	信息传输、计算机服务和软件业	70 918	64 436	6 482	11.1
8	批发和零售业	40 654	33 635	7 019	21.9
9	住宿和餐饮业	27 486	23 382	4 104	18.6
10	金融业	81 109	70 146	10 963	16.6
11	房地产业	42 837	35 870	6 967	20.4
12	租赁和商务服务业	46 976	39 566	7 410	19.7
13	科学研究、技术服务和地质勘查业	64 252	56 376	7 876	15.0
14	水利、环境和公共设施管理业	28 868	25 544	3 324	14.0
15	居民服务和其他服务业	33 169	28 206	4 963	18.6
16	教育	43 194	38 968	4 226	11.8
17	卫生、社会保障和社会福利业	46 206	40 232	5 974	15.8
18	文化、体育和娱乐业	47 878	41 428	6 450	16.6
19	公共管理和社会组织	42 062	38 242	3 820	11.0

软件业的工资水平增长受到遏制。2011 年，金融业平均工资水平仍最高，达到 81 109 元，但工资年增长率有所下降，为 16.6%，在 19 个行业中排第 12 位；信息传输、计算机服务和软件业的平均工资水平为 70 918 元，而工资年增长率仅为 11.1%，在 19 个行业中排第 18 位。结合信息传输、计算机服务和软件业 2010 年工资年增长速度仅为 10.8 %以及 2009 年工资年增长率 5.9%的最低年增长情况，这说明我国在促进创造“橄榄形”收入分配结构方面控制过高收入的努力已开始显现成效。二是制造业、采矿业的平均工资水平增长强劲，符合有效促进实体经济发展的要求。2011 年，制造业、采矿业的工资年增长率分别为 19.6%和 19.2%，在 19 个行业排第 4、第 5 位。三是批发和零售业、房地产业平均工资增幅居前，2011 年工资年增长率分别达到

21.9%和20.4%，在19个行业的排名分列第1、第2位；租赁和商务服务业、住宿和餐饮业、居民服务和其他服务业的平均工资增幅也维持在较高水平，2011年工资年增长率分别为19.7%、18.6%和18.6%。

表4—1也反映出，在2011年行业收入增长趋势和分配结构上的三点隐忧：第一，教育行业平均工资水平为43 194元，年均增加工资4 226元，但工资年增长率仅为11.8%，在19个行业排第17位。这一方面反映了教育实行绩效工资改革成效有待进一步评估，另一方面从教育承载着国民未来素质重任的地位来看，如何尽快有效提高这一行业的收入水平，促进教育事业的发展，是摆在我们面前的一个课题。第二，虽然农、林、牧、渔业年增长率也达到了17.5%的不低增速，使平均工资增加到了19 469元（排名行业工资末位），但其年均增加工资2 752元，在19个行业排名最后一位，根本性原因是其平均工资水平太低所致，同时金融业与农、林、牧、渔业平均工资之比仍然达到4.17：1，从而使之成为行业收入差距中的重要问题。第三，公共管理和社会组织行业的平均工资水平为42 062元，年均增加工资3 820元，但其工资年增长率仅为11.0%，在19个行业中排名最后。虽然构成这一行业的各种单位工资决定机制并不相同，但其中一个重要组成部分是明确的，那就是国家机关和事业单位的工资水平还是相对偏低的。

二、分所有制行业工资差距情况分析

在上述19个行业平均工资水平及差距分析情况下，分所有制行业工资差距状况又呈现出不同情况，现就国有单位、城镇集体单位和其他单位行业工资情况展开分析。

（一）国有单位工资增长情况分析

2011年，国有单位平均工资43 483元，比2010年国有单位平均工资38 359元增长13.4%。表4—2具体给出了2011年国有单位19个大行业平均工资及其增长情况。

从表4—2可以看出，国有单位2011年房地产业的平均工资增长率最高，达到30.0%；住宿和餐饮业以平均工资增长21.5%排第2位；采矿业排第3位，达到19.9%。

信息传输、计算机服务和软件业，公共管理和社会组织分别以9.6%和

表 4—2　　2011 年国有单位 19 个行业平均工资及其增长情况

	行业	2011 年平均工资（元）	2010 年平均工资（元）	增加额（元）	增长率（%）
1	农、林、牧、渔业	19 253	16 522	2 731	17.5
2	采矿业	53 387	44 904	8 483	19.9
3	制造业	43 031	36 386	6 645	19.3
4	电力、燃气及水的生产和供应业	53 333	47 724	5 609	12.8
5	建筑业	36 071	31 777	4 294	14.5
6	交通运输、仓储和邮政业	47 318	40 097	7 221	19.0
7	信息传输、计算机服务和软件业	50 401	46 402	3 999	9.6
8	批发和零售业	41 337	35 814	5 523	16.4
9	住宿和餐饮业	28 756	23 864	4 892	21.5
10	金融业	74 650	66 014	8 636	14.1
11	房地产业	43 814	33 967	9 847	30.0
12	租赁和商务服务业	39 447	33 680	5 767	18.1
13	科学研究、技术服务和地质勘查业	60 316	53 235	7 081	14.3
14	水利、环境和公共设施管理业	28 812	25 478	3 334	14.1
15	居民服务和其他服务业	36 923	32 417	4 506	14.9
16	教育	43 436	39 166	4 270	11.9
17	卫生、社会保障和社会福利业	47 185	41 112	6 073	15.8
18	文化、体育和娱乐业	48 690	42 367	6 323	15.9
19	公共管理和社会组织	42 230	38 387	3 843	11.0

11.0％的增速排在倒数第 1 位和第 2 位。不过 9.6％以上的工资增长速度告诉我们，国有单位各行业平均工资在 2011 年都有较大幅度增长。

需要说明的是，就 2011 年房地产业的平均工资增长 30.0％的增速，相对其他行业比较显眼，但就其平均工资（43 814 元）而言，比 2011 年国有单位平均工资（43 483 元）略高，这与我们想象中的房地产业工资还是存在一定差异的，这就更突出地表明 2010 年度房地产业平均工资（33 967 元）的数据可能存在一定问题。

（二）城镇集体单位行业工资情况分析

2011 年，城镇集体单位平均工资 28 971 元，比 2010 年城镇集体单位平均工资 24 010 元增长 20.7％。表 4—3 具体给出了 2011 年城镇集体单位 19 个大行业平均工资及其增长情况。

表 4—3　　2011 年城镇集体单位 19 个行业平均工资及其增长情况

	行业	2011 年平均工资（元）	2010 年平均工资（元）	增加额（元）	增长率（%）
1	农、林、牧、渔业	21 887	18 156	3 731	21.5
2	采矿业	30 114	23 791	6 323	27.6
3	制造业	25 031	20 841	4 190	21.1
4	电力、燃气及水的生产和供应业	36 122	33 851	2 271	7.7
5	建筑业	25 027	20 210	4 817	24.8
6	交通运输、仓储和邮政业	24 927	19 882	5 045	26.4
7	信息传输、计算机服务和软件业	40 344	37 576	2768	8.4
8	批发和零售业	19 982	16 816	3 166	19.8
9	住宿和餐饮业	23 327	18 808	4 519	25.0
10	金融业	52 984	44 154	8 830	21.0
11	房地产业	29 661	24 617	5 044	21.5
12	租赁和商务服务业	24 499	20 981	3 518	17.8
13	科学研究、技术服务和地质勘查业	47 764	37 538	10 226	28.2
14	水利、环境和公共设施管理业	20 987	18 551	2 436	14.1
15	居民服务和其他服务业	24 834	20 818	4 016	20.3
16	教育	36 355	31 486	4 869	16.5
17	卫生、社会保障和社会福利业	37 853	32 645	5 208	17.0
18	文化、体育和娱乐业	30 051	24 796	5 255	22.2
19	公共管理和社会组织	35 277	26 957	8 320	31.9

从表 4—3 中可以看出，城镇集体单位 2011 年 19 个行业中增幅在 20%以上的就有 12 个之多，其中以公共管理和社会组织增幅最高，达到了 31.9%。增幅低于 10%的仅有信息传输、计算机服务和软件业以及电力、燃气及水的生产和供应业这两个行业。

应该特别指出的是，公共管理和社会组织 2010 年度工资年增长率仅为 3.5%，而 2009 年增幅也曾高达 26%，这种忽高忽低多少反映了该数据在统计上存在一定的问题。

同时城镇集体单位金融业 2011 年增长了 21.0%，年增幅虽仅排在第 11 位，但仍不影响其以平均工资水平 52 984 元排在城镇集体单位各行业之首。尽管其与国有单位金融业 74 650 元及其他单位金融业的 88 882 元的工资水平存在较大差距，仍能维持在远远高于城镇集体单位其他各行业的领先位置。

（三）其他单位行业工资情况分析

2011年，其他单位平均工资41 323元，比2010年其他单位平均工资35 801元增长15.42%。表4—4具体给出了2011年其他单位19个大行业平均工资及其增长情况。

表4—4　　2011年其他单位19个行业平均工资及其增长情况

	行业	2011年平均工资（元）	2010年平均工资（元）	增加额（元）	增长率（%）
1	农、林、牧、渔业	23 851	21 359	2 492	12.7
2	采矿业	52 703	44 907	7 796	18.4
3	制造业	36 360	30 609	5 751	19.8
4	电力、燃气及水的生产和供应业	52 377	47 164	5 213	12.1
5	建筑业	32 097	27 522	4 575	17.6
6	交通运输、仓储和邮政业	48 362	43 176	5 186	13.0
7	信息传输、计算机服务和软件业	81 005	74 178	6 827	10.2
8	批发和零售业	42 596	35 109	7 487	22.3
9	住宿和餐饮业	27 313	23 505	3 808	17.2
10	金融业	88 882	77 445	11 437	15.8
11	房地产业	43 183	37 102	6 081	17.4
12	租赁和商务服务业	60 406	50 179	10 227	21.4
13	科学研究、技术服务和地质勘查业	76 446	67 716	8 730	13.9
14	水利、环境和公共设施管理业	33 331	30 217	3 114	11.3
15	居民服务和其他服务业	30 287	25 536	4 751	19.6
16	教育	38 912	35 282	3 630	11.3
17	卫生、社会保障和社会福利业	38 803	34 672	4 131	12.9
18	文化、体育和娱乐业	44 958	37 107	7 851	22.2
19	公共管理和社会组织	23 891	21 392	2 499	12.7

从表4—4中可以看出，其他单位2011年19个行业中平均工资水平排在前3位的分别是金融业，信息传输、计算机服务和软件业，科学研究、技术服务和地质勘查业，其平均工资水平分别是88 882元、81 005元和76 446元；平均工资水平排在后3位的分别是住宿和餐饮业，公共管理和社会组织，农、林、牧、渔业，其平均工资水平分别是27 313元、23 891元和23 851元。

其他单位2011年19个行业中工资增长率排在前3位的分别是批发和零售业，文化、体育和娱乐业，租赁和商务服务业，其年度工资增幅分别是22.3%、22.2%和21.4%；工资年增长率排在后3位的分别是水利、环境和公共设施管理业，教育，信息传输、计算机服务和软件业，其平均工资水平分别是11.3%、11.3%和10.2%。

最低10.2%以上的增长率一方面说明其他单位性质各行业平均工资在2011年又都有较大幅度增长，另一方面说明其他单位性质各行业企业在总体经济下行环境中仍保持着不错的效益发展态势。

三、2006—2011年平均工资年均增长情况分析

对2006—2011年5年间各行业平均工资发展情况进行分析，不但有助于我们更清楚地了解各行业工资增速情况，也能令我们清晰地看到我国各行业平均工资差距被拉大的过程。经过计算，2006—2011年这5年间，我国总体平均工资增长了1.00倍，平均每年增长14.9%。表4—5给出了各行业平均工资在2011年相当于2006年的倍数以及年均增长情况。

表4—5　　2006—2011年19个行业平均工资年均增长情况

行业	2011年（元）	2006年（元）	倍数	5年平均增长（%）
合计	41 799	20 856	2.00	14.9
农、林、牧、渔业	19 469	9 269	2.10	16.0
采矿业	52 230	24 125	2.16	16.7
制造业	36 665	18 225	2.01	15.0
电力、燃气及水的生产和供应业	52 723	28 424	1.85	13.2
建筑业	32 103	16 164	1.99	14.7
交通运输、仓储和邮政业	47 078	24 111	1.95	14.3
信息传输、计算机服务和软件业	70 918	43 435	1.63	10.3
批发和零售业	40 654	17 796	2.28	18.0
住宿和餐饮业	27 486	15 236	1.80	12.5
金融业	81 109	35 495	2.29	18.0
房地产业	42 837	22 238	1.93	14.0
租赁和商务服务业	46 976	24 510	1.92	13.9
科学研究、技术服务和地质勘查业	64 252	31 644	2.03	15.2
水利、环境和公共设施管理业	28 868	15 630	1.85	13.1

续表

行业	2011年（元）	2006年（元）	倍数	5年平均增长（%）
居民服务和其他服务业	33 169	18 030	1.84	13.0
教育	43 194	20 918	2.06	15.6
卫生、社会保障和社会福利业	46 206	23 590	1.96	14.4
文化、体育和娱乐业	47 878	25 847	1.85	13.1
公共管理和社会组织	42 062	22 546	1.87	13.3

在2006—2011年这5年间，平均工资年均增长最快的3个行业是金融业、批发和零售业以及采矿业，年平均增长率分别达到18.0%、18.0%和16.7%；而平均工资年均增长最慢的3个行业是居民服务和其他服务业、住宿和餐饮业以及信息传输、计算机服务和软件业，年平均增长率分别是13.0%、12.5%和10.3%。

居民服务和其他服务业、住宿和餐饮业在我国历来都是劳动密集型的微利行业，由于门槛准入低、科技含量不高、市场竞争激烈，近年来一直在工资收入上增长不快；而信息传输、计算机服务和软件业则由于早在2006年以前就已经过快速发展，造成行业工资收入长期雄霸前3名位置，随着近几年市场竞争加剧，工资作为成本，当它达到一定程度以后必然进入相对稳定期。

采矿业工资增长迅速，这得益于前几年的国际资源类价格提高的影响，随着2011年的价格回落，未来这一行业工资增长势头将会受到一定制约。

与之相比，农、林、牧、渔业正好形成鲜明对照。虽然农、林、牧、渔业也是具有门槛准入低、科技含量不高、市场竞争激烈等特点，但由于行业工资一直处于低位，近5年来实现了年平均增长16.0%。这也反映了这些年党和国家重视农业发展、增加对农业投入、取消农业税等举措取得了不错的成效。

最可喜的是，5年中制造业取得了年均增长15.0%的成绩，这不仅可以为“中国制造”不断注入可持续发展的动力，更可为促进创造“橄榄形”收入分配格局提供支撑。产业大军收入的稳定增长，是保证和促进社会和谐稳定的根本保证。

金融业平均工资的快速增长一方面受益于我国经济快速发展，另一方面则受益于改革开放的不断深入。在与国际接轨过程中，金融业是龙头，反应最迅速，事业发展同步，工资收入增长最快，已从2006年的35 495元提高到

2011年的81 109元，取得了飞快地发展。

同时，在这5年间，我们还看到了教育，科学研究、技术服务和地质勘查业这两个行业平均工资增长也取得了长足进展，5年中年均增长15.6%和15.2%。这反映出近年来，国家在教育和科学研究、技术服务领域加大了资金投入力度，实行了较强的政策倾斜，正是由于国家对这两个产业的扶持，实现了这两个行业收入的快速提高，这不仅预示着国民素质的进一步提高，也将有力地影响和促进我国整体产业经济的发展和进步。

四、行业工资差距的发展趋势展望

（一）落实两个翻番目标对行业工资差距的影响

党的十八大明确提出到2020年我国要实现国内生产总值和城乡居民收入比2010年翻一番的目标。

为实现收入翻一番，政府将继续在一次分配领域实行“提低”“调高”“扩中”三方面工作。随着这些工作的逐步落实，预计我国整体收入将进一步增加，行业工资差距将进一步缩小。

其中，“扩中”将不会对行业工资差距构成实质性的影响。随着经济的发展，工资收入水平将有所提高，由于中等收入者分布在各个行业和领域，其收入在各行业形成犬牙交错的增长，因此“扩中”自然不会对行业工资差距带来实质性的影响。

从“提低”来看，将会对行业工资差距缩小形成实质性的推动。一般低收入人群多分布在中小企业、劳动密集型企业的一线工作岗位，劳动密集型、劳动效率低又是较低收入行业的主要特点和形成本身低收入的原因，由于提高企业最低工资的法定性，必将从本质上提高这类行业的工资水平，这就解决了行业工资差距问题的最短板。加之高收入的最终成本压力递增、效益递减作用，终将实现行业工资差距逐步缩小。

在“调高”方面，首先要调节部分垄断行业的工资收入，避免垄断行业轻易以低价甚至无偿占有资源获得暴利，调控其薪酬总额和水平的过快增长。其次是调节部分高管的偏高收入。现存的国企薪酬水平偏高，主要是一些地方国企和某些央企二、三级企业的工资水平偏高。第三则是调节某些社会群体的偏高收入，限制他们的灰色收入，有条件的通过厘清劳动因素和非劳动因素构成的收入增长，逐步限制非劳动因素造成的收入部分，以实现真正意义上的“调高”。这样，行业收入差距将会继续呈现实际缩小的情况。

（二）我国整体经济减速对行业工资差距的影响

首先，必须注意传统行业企业集团，如石油石化等企业普遍表示过紧日子的动向将会给行业工资收入差距带来的影响。当前，世界经济逐步走出低谷，形势继续朝好的方向发展。但国际金融危机的负面影响依然存在，一些国家经济尚未摆脱衰退局面，全球经济复苏依然有很长的路要走。由于在经济高速发展期，这部分企业集团扩张迅猛，部分行业产能过剩等问题在国际金融危机负面影响以及国内消费同样面临严峻形势的情况下逐渐显露，为了保持我国经济的长期健康发展，必须主动降低经济发展速度，这就是我国整体经济下行的背景。在这一背景下，企业明确要过紧日子确是明智之举，而在提高企业最低工资这一法定强制性的底部硬支撑下，可压缩部分只有企业中高收入部分尚有文章可做。因此，可以预见，传统加工制造行业平均工资水平增长将会受到一定抑制。

其次，受部分行业企业集团过紧日子的影响，下游行业企业面临的困难不容小视，其经济效益的降低必然引起收入增长上的放缓。同样，在提高企业最低工资这一法定强制性的底部硬支撑作用下，未来将形成总体行业工资收入差距的缩小。

第三，新兴产业和小微企业将在很大程度上影响行业工资收入差距的总体趋势。新兴产业和小微企业都是市场经济的产物，前者应运而生，具有较强的生命力；后者顺应市场的发展，具有较强的适应力。其收入的增长前景都取决于各自在市场中攫取利润的能力，就新的经营模式而言，企业利润的取得往往与其可复制程度有相当大的关系，这就与传统模式发生了较大区别。比如 IT 行业的游戏制作，一件虚拟装备的设计可能要几个设计师与程序员花几天时间，而一旦设计好了，虚拟装备卖 100 元一顶，卖 1 万件创收 100 万元。由于虚拟装备销售是电子记账收费，每卖一件并不需要重新制造，所以，卖 1 万件虚拟装备与卖一件在成本上几乎没有差别，但收入却有着天壤之别。在一个游戏中虚拟衣服、虚拟装备、装饰、虚拟家具等，都是如此。这就造成了其收入和成本投入之间的关系非常弱，赚钱能力空前的高。这就是为什么 2011 年信息传输、计算机服务和软件业平均工资为 70 918 元，而同年农、林、牧、渔业平均工资仅为19 469元的一个缩略解释。与此相反，正是由于或被可复制条件限制原因，或被获取超平均利润有困难所限制，众多小微企业混迹于末流企业的边缘，濒临倒闭。在这种情况下，这种企业的员工收入自然也岌岌可危，从而也必然拖累其所在行业的平均数据。因此，新兴产业和小微企业的收入状况将在很大程度上影响行业工资收入差距的总体趋势。

（三）落实劳动合同法修正案劳务派遣中的同工同酬问题对行业工资差距的影响

2013年下半年开始实施的劳动合同法修正案，着重修改了劳务派遣有关的条款，其中对企业劳务派遣工的同工同酬问题做了明确的规范，实施细则还将对各类企业所能使用的劳务派遣工比例进行了相应限制。随着这些法律和措施的落实到位，一些行业，特别是那些过去大量使用低价劳务派遣工的高收入企业，都会因劳务派遣工同工同酬或劳务派遣使用数量的大幅减少而回归高收入的本来面目，至少会形成一定的“水落石出”。当然，在低收入行业也同样存在因劳务派遣工同工同酬或劳务派遣使用数量的大幅减少而影响行业总体收入的情况，然而一般来说，这种影响会远远小于高收入行业。因此，劳动合同法修正案劳务派遣中的同工同酬问题会造成行业工资收入差距产生一定的扩大趋势。

第五章
工资集体协商

推行工资集体协商，是深化企业工资制度改革、建立健全企业工资决定机制和促进和谐劳动关系的重要举措，党的十八大报告和国务院转发的《关于深化收入分配制度改革的若干意见》都高度重视工资集体协商工作。本章将简要总结我国“彩虹计划”的实施情况，对2012年各地工资集体协商的主要进展进行总结回顾，介绍我国部分地区工资集体协商案例，最后分析国外工资集体协商对我国的借鉴和启示。

一、2012年推进集体合同制度及“彩虹计划”的情况

2012年，国家协调劳动关系三方继续指导各地推进集体合同制度，实施“彩虹计划”，以工资集体协商为重点内容、以非公有制企业为重点对象，指导已建立工会的企业积极稳妥开展集体协商；在非公有制小企业集中的地区或行业大力推进行业性、区域性集体协商。集体协商的覆盖面不断扩大，实效性逐步增强。有14个地区的集体合同签订率达到80%以上。

人力资源和社会保障部2012年继续加强集体协商集体合同制度立法研究，指导24个省（区、市）发布了2012年度工资指导线，基准线普遍在13%～15%之间，为开展工资集体协商提供支持。

全国总工会继续贯彻落实工资集体协商“三年规划”，先后召开全国总工会“两个普遍”工作推进会、世界500强企业工资集体协商工作经验交流会、全国产业工会推进工资集体协商工作通气会等会议，部署工作，加强指导；制定《关于加强专职集体协商指导员队伍建设的意见》，推动各地工会建立专职集体协商指导员队伍；出台了《推进工资集体协商工作2011年度考核办法》，对各省级工会推进工资集体协商工作进行总结考核。

2012 年 2 月 27 日，交通运输部、人力资源和社会保障部、中华全国总工会联合召开电视电话会议，宣布从 2012 年 3 月起开展为期两年的“出租汽车行业和谐劳动关系创建活动”。要求全国各地逐步推行出租汽车企业员工制经营模式，并普遍开展以车辆承包费用、社会保险、劳动收入、休息休假等为主要内容的工资集体协商。

自 2010 年起实施的“彩虹计划”，提出了力争用 3 年时间基本在各类已建工会的企业实行集体合同制度的目标任务，对未建工会的小企业，通过签订区域性、行业性集体合同努力提高覆盖比例。2012 年年底，“彩虹计划”结束。计划实施的 3 年来，各地加强领导、完善政策、加大宣传、树立典型、创新工作方法、加强监督检查，经过不懈努力，基本实现了已建工会企业普遍建立集体合同制度的目标，专项行动达到了预期目的，取得了阶段性成果。

到 2012 年年末，经各级人力资源社会保障部门审核备案的当期有效集体合同达到 131.1 万份，覆盖职工达到 1.45 亿人。

二、2012 年各地工资集体协商工作的主要情况

2012 年各地重点从 4 个方面开展工作，促进工资集体协商制度的建设。

（一）以专项立法或规章促进规范化

目前，对工资集体协商制度进行法制规范的形式较为多样，总体上呈现出从集体合同立法的统一保护到工资集体协商单独立法的趋势。绝大部分省（区、市）已依据国家法律制定了本区域内实施集体协商和集体合同制度的地方法规。近年来，随着工资集体协商工作的深入推进，迫切需要对工资集体协商或工资集体合同的单项立法或规范。开展这项工作最早的是河北省，2008 年正式施行的《河北省企业职工工资集体协商条例》，要求企业工资分配制度、工资标准等 13 方面涉及企业职工切身利益的内容，都要采取集体协商的办法加以解决。此后，天津市（2010 年）、无锡市（2011 年）、新疆维吾尔自治区（2011 年）等地区也相继以条例的形式确立了本地区的工资集体协商专项立法。

2012 年，湖南省、云南省、内蒙古自治区和乌鲁木齐市等地以地方立法形式施行了本地区工资集体协商条例。山西省、江西省、河南省、广东省、广西壮族自治区、重庆市、杭州市、深圳市等地已把工资集体协商立法或者

集体合同条例修订工作纳入2013年立法计划，有的已经通过当地人大常委会一审。山西省已上报《山西省企业工资集体协商指导意见》的立法建议；《贵州省工资集体协商条例（初稿）》已正式报省人大内司委。北京市、湖北省、上海市、南京市等地正在积极开展立法调研，推动人大立法或修法。

此外，一些地区政府出台了单项行政规章以推进和规范本地区的工资集体协商工作，如2011年辽宁省、贵州省和沈阳市以政府的名义出台了工资集体协商行政规章。2012年，四川省政府发布《四川省企业工资集体协商办法》，常州市政府发布了相关暂行办法，陕西省以协调劳动关系三方文件的形式下发了《陕西省企业工资集体协商工作规范》，对一、二次集体协商和代理制做出了规定。

2011年10月1日生效的《甘肃省集体合同条例》（以下简称《条例》）将专项集体合同单独设章，旨在突出工资专项集体合同。在内容上，根据劳务派遣人员劳动报酬等各项待遇低的实际情况，《条例》保障这部分职工享有用人单位集体合同约定的各项待遇。《条例》还要求本省行政区域内的企业、实行企业化管理的事业单位、民办非企业单位、个体经济组织，都应当与职工一方进行集体协商，订立和履行集体合同。这些规定强化了用人单位的法律责任。

（二）以目标考核凸显重要性

把集体协商工作纳入党政工作考核目标是各地为完成工资集体协商的目标任务所采取的主要做法之一。2012年，湖南省把工资集体协商纳入省政府对市（州）政府的绩效考核目标，并首次纳入全省社会管理综合治理工作目标；四川省自2012年起将构建和谐劳动关系首次纳入省政府对市（州）政府经济社会发展目标考核内容，确定了劳动合同签订率和工资专项集体合同签订率、劳动人事争议调解结案率和是否发生100人以上劳动关系群体性事件等具体考核指标；沈阳市将集体合同覆盖率和集体合同备案率列入市政府和各区（县）政府签订的目标责任状，将集体合同覆盖率、集体合同预审率、集体合同备案率、职工群众知晓率、职工群体满意率5项指标纳入政府绩效考核体系；杭州市将建立工资集体协商制度纳入对区（县）的综合考核评价，并作为“平安杭州”和“法治杭州”的考核内容；河南洛阳、平顶山、安阳等市把工资集体协商纳入政府考核目标；广西壮族自治区在《广西城镇居民人均可支配收入倍增计划》中，继续以非公企业和劳动密集型企业为主要对象，扩大工资集体协商覆盖面；苏州市开展企业工资集体协商“百日行动”，作为实施“居民收入倍增计划”和“民生幸福工程”的重要手段。

山西省将集体合同工作列入各级人力资源社会保障部门的年度目标考核内容；南京市与各区（县）三方委员会签署目标责任状，确定了工资集体合同签订率、工资集体合同审查数等目标。

2011年，四川省内江市在全国首创开展了企业工资集体协商等级评价工作，共评出A级企业141户，B级企业394户，C级企业192户，对推进全市企业普遍建立工资集体协商制度、签订工资集体协议、促进职工收入正常增长、确保企业和谐可持续发展起到了有力的促进作用。2012年，协调劳动关系三方（4家）共同制定发布了修订后的《内江市企业工资集体协商工作等级评价实施办法》，于2012年1月1日起正式实施。企业工资集体协商工作等级评价主要内容包括有6个方面：一是机制建设。企业工会组织健全，企业和企业家按照要求加入相关协会组织，建立了平等协商集体合同制度和职工代表大会制度。二是工资集体协议内容。工资集体协议内容符合行业和企业实际，职工工资增长与企业效益、当地和行业工资水平协调一致；结合企业实际，把劳动定额和计件单价等职工工资构成要素纳入协商内容。三是工资集体协商程序。工资集体协商程序完整，要约回复及时，协商代表产生符合规定，协商过程真实全面，协议草案经过职代会（职工大会）审议表决。四是工资集体协议审查。工资集体协商的正式协议须及时报送人力资源社会保障部门审查，同时报送总工会备案并向职工公示。五是工资集体协议履行。工资集体协议的条款全面履行。六是职工满意度测评。由企业工会组织对本企业工资集体协商工作进行职工满意度测评，企业所在地总工会也可以对企业工资集体协商工作进行职工满意度测评，评定结果应优先使用。企业工资集体协商工作等级评定分为A、B、C 3个等级。评为A级的企业要注重巩固，在协商制度化、长效化上下功夫，力求在工资增长上有新突破；评为B级的企业要注重提升，推动其在1～2年进入A级行列；评定为C级的企业要注重转化，采取领导定点联系、指导员驻点指导等措施，促进转化升级。因拖欠职工工资、职工要求增加工资、改善劳动条件而引发集体停工事件的企业不予评级。未达到A级的企业，不得评为协调劳动关系三方（4家）省级以上各类先进，其负责人不得评为省级以上劳动模范、五一劳动奖章等；未达到B级的企业，不得评为三方（4家）市、县级各类先进，其负责人不得评为市级劳动模范、五一劳动奖章等。

一些地区工会重点对所属地方工会和当地企业设置了推动集体协商工作的评价考核指标。如，安徽省马鞍山市总工会对各县、区、系统工会和大公司、直管企业工会分别确定了考核内容，前者主要考核党政重视、措施得力、制度完善和成效明显，后者主要考察职工方代表产生合规性、对协商代表的培训、主动向企业方发出工资集体协商要约、建立履约监督检查制度等15项；贵州省遵义市总工会制定了工资集体协商工作考核奖励办法，对各工会的目标任务完成情况、推进工作的具体措施进行评估和排名，并对应实施奖励办法。

（三）以重点行业建制扩大覆盖面

2003年，国家首次提出了开展区域性行业性集体协商、签订区域性行业性集体合同试点的要求。之后，在一系列法规、政策和文件的指导下，各地结合实际情况加大了对区域性、行业性工资集体协商的指导和服务。同时，通过选择一些重点行业着力推进有特色的工资集体协商，有力地促进了工资集体协商工作的覆盖面和实效性。

2012年，各地在这方面重点开展的工作主要有：

北京市发布了《关于促进北京市保安服务行业劳动关系和谐稳定的意见》，在保安服务行业全面推行工资集体协商，要求各保安服务公司与职工方通过平等协商，就保安员劳动报酬、工作时间、休息休假、劳动安全卫生、保险福利等事项订立集体合同，保证保安员工工资无拖欠，并促进保安员工资合理增长。保安行业工资集体协商试点工作在通州区进行。

山东省的海员工会与山东省船员服务协会签订了《山东省船员集体协议》，覆盖了398家航运公司、89家航员服务机构和9.2万名海员，是全省覆盖面最广的集体合同。

大连市机械行业协会和大连市机械重工工会分别代表企业方和职工方签订了《大连市机械行业工资专项集体合同》。合同覆盖了行业内183家企业、12万余名职工，辐射全市规模以上企业1 480家、职工39万余人。合同的核心内容是经双方协商确定的机械行业中16个技术工种的最低工资标准。这项举措对防止企业间人力资本恶性竞争、技术人员无序流动，切实维护职工特别是低收入群体的劳动权益将起到积极作用。继机械行业之后，大连市高新区软件行业也签订了首份针对高学历、高素质、高技能白领群体，覆盖589家企业、10万余名职工的工资专项集体合同。

沈阳市签订的餐饮行业工资专项集体合同使全市20万名餐饮从业人员在协商确定工资中受益，也使全市2.1万户餐饮企业用工有了底气。我国公交行业首个行业性工资集体合同也在沈阳诞生。根据这份合同，驾驶员、修理工和调度员等主要工种的岗位最低工资标准在现有基础上分别上调45.6%、36.4%和31.8%，工资年度涨幅不低于15%。

《2012年度武汉经济技术开发区工资专项集体合同》的签订，覆盖了武汉市经济技术开发区1 000多家企业、近13万名员工。合同约定，用人单位制定、调整涉及工资分配制度等职工权益的方案，应听取工会意见，须经职工代表大会或职工大会审议通过后实施。根据合同，开发区内用人单位2012年最低工资标准为每月1 300元，这比当前武汉市中心城区最低工资标准每月1 100元高18.8%，合同还确立了工资增长机制。用人单位2012年度职工工资1 300～1 500元的增长不低于10%；1 500～2 000元的增长不低于9%，2 000～2 500元的增长不低于7%，2 500元的增长不低于5%。武汉市餐饮行业续签了2012年工资专项集体合同，并确定全行业工资增长不低于9%的目标。

武汉市还依托行业主管部门和街道社区，在板材等行业开展工资集体协商。桥口区民营医院行业通过协商约定的行业最低工资标准高出全市标准350元，企业职工工资增长不低于本单位利润的10%，是湖北省首个职工工资增长直接与企业利润挂钩的工资协商协议。湖北省黄石市、孝感市、潜江市3地分别在特殊钢、出租汽车和服装加工行业签订了专项合同。湖北省还积极探索在民办医院、民办学校、注册会计事业所等各类社会组织中推行工资协商制度。

海南省的酒店与餐饮行业签订的第二次工资专项集体合同，是省内覆盖面最大、参与职工最多、工资幅度上浮最快的集体合同。

浙江省温岭市在羊毛衫等行业取得先行经验的基础上，已有帽业、水泵、轴承、注塑等近10个行业开展了集体协商。

此外，山东省营口市虎庄镇行业性工资集体协商、沈阳市建筑工地“1+N”集体合同、大连市“楼宇”小行业集群协商等也取得了突破性的进展。

（四）以机制创新提高实效性

针对工资集体协商建制中出现的种种问题，各地积极探索破题的思路，以机制创新提高实效性，取得了一些突破。

北京市明确了协调劳动关系三方在推进集体协商方面的职责分工：各级工会要积极行使要约权，充分发挥工资集体协商指导员队伍作用，主动提出协商要约。对集体合同和工资协议的签订和履约情况进行指导监督，促进企业规范协商程序，提高协商质量。要掌握签订集体合同和工资集体协商工作的进展情况，每季度末向市总工会汇报；企业联合会/企业家协会、工商业联合会等企业代表组织要积极引导各类企业开展工资集体协商。加强基层企业组织和行业协（商）会组织建设，加大对企业经营者的宣传引导和培训力度，提高企业社会责任意识；人力资源社会保障部门负责做好政策解答、协调指导服务、审查备案、监察执法、调解仲裁等工作。要不断完善集体合同和工资集体协议的审查备案工作流程。同时，对于在集体协商过程中发生劳动争议，当事人申请调解的，由人力资源社会保障部门负责会同有关部门进行协调处理，因履行集体合同或工资集体协议而发生的争议，当事人协商解决不成的，可依法向劳动争议仲裁委员会申请仲裁。

2012 年 5 月 1 日，《江苏省工会劳动法律监督条例》正式施行。该条例的颁布施行，使江苏省成为继广东省之后第 2 个对工会实施劳动法律监督专门立法的省份。该条例对工会劳动法律监督组织的设立、劳动法律监督的主要内容和程序、监督的相关支持以及违反该条例规定需要承担的相应法律责任等都做了明确规定，使江苏省各级工会组织实施劳动法律监督有法可依。

苏州市因地因企推进工资集体协商制度建设，要求至 2012 年年末职工 50 人以上单独建立工会组织的企业普遍建立工资集体协商；职工 50 人以下企业通过扩大推进区域、行业工资集体合同予以有效覆盖。开展工资集体协商的企业，原则上一线职工工资年增长幅度不低于企业职工平均年增长幅度，职工劳动报酬增长不低于本地区居民收入倍增计划确定的时序目标要求。推动所有单独建立工会的基层工会开展工资集体协商要约，对“拒不应约”的单位，限期责令改正，逾期不改的依法予以行政处罚。对“协商谈不成”的单位，协调劳动关系三方组织采用进企调研、约谈等方式做好宣传、指导和服务工作。

大连市自2011年起建立了工资集体协商动态普查制度。进行实名制普查，统一建立电子台账，季度更新、定期通报，实现了对工资集体协商工作的动态管理。

各地还在进一步巩固提高建制率的基础上，把工作重心转移到规范工资集体协商程序、完善协商内容、提高协商实效上来，进一步加大工资集体协商的推进力度。例如，北京市为保证集体合同的有效履行，要求各单位应完善企业民主管理制度，健全职工代表大会，建立职工代表巡视制度和集体合同履约情况向职代会报告制度，确保依法履行协商程序，遵守协商备案制度，落实协议规定；苏州市对“签约后不履行”的单位，将该企业工资集体合同履行情况纳入劳动保障监察书面审查内容和企业劳动保障守法诚信档案，加大监督检查力度，对违法、违约行为及时督促整改。

从近年来行业工资集体合同执行的结果看，也取得了一些令人满意的效果。例如，2011年武汉市餐饮行业启动工资集体协商形成了“武汉样本”。对2011年签订的餐饮行业工资专项集体合同落实情况的评估结果表明，绝大多数企业实现了营业收入与职工工资同步增长。经过一年运作，84%的职工对此感到满意，94%的职工工资高于最低工资标准，基本消灭了“地板工资”，社保缴纳率由21%提高到62%，职工流动率由8%降至4%。

在浙江省温岭市，已经有羊毛衫、帽业、水泵、轴承、注塑等近10个行业开展了集体协商制度。自开展工资集体协商以后的5年来，没有发生一起工资拖欠事件。

三、各地工资集体协商立法的主要特点

当前有河北省、天津市、无锡市、新疆维吾尔自治区、湖南省、云南省、乌鲁木齐市、内蒙古自治区8个省（区、市）的人大颁布了工资集体协商专项立法。这8部立法既有共同的规定，也有特定要求，主要表现在以下8个方面：

1. 在主要内容框架方面，8部立法都对协商代表、协商内容和协商程序以及协议（或集体合同）进行了规范，除首个立法的河北省外，各地区都规

定了工资集体协商的法律责任。无锡市、湖南省和云南省还对行业性、区域性工资集体协商单独列出章节，做出规定；云南省有专门一章规定了监督和救济的内容；无锡市“协商保障”一章中特别明确，企业通过工资集体协商确定的职工工资支出，符合国家税法法律法规有关合理工资薪金规定的，可在企业所得税前据实扣除。

2. 关于集体合同中约定的劳动报酬的一般约束条款。各地区都明确要求不得低于当地人民政府规定的最低标准，内蒙古自治区、乌鲁木齐市还明确要求，一线职工工资增长幅度应当高于企业职工平均工资增长幅度。

3. 关于职工方协商代表的产生。各地区都规定要经职工代表大会或者职工大会选举产生，尚未建立职工代表大会或者职工大会制度，要经半数以上职工同意。湖南省、内蒙古自治区的条例特别指出，工会工作人员不得担任企业方的协商代表，企业负责人、出资人、人力资源社会保障部门负责人不得担任职工方的协商代表；湖南省特别规定职工方协商代表中一线岗位职工的代表比例不得低于50％，并详细规定了不得解除劳动合同的例外情形。

4. 关于女职工代表的要求。多数地区规定女职工人数达到总人数一定比例，就应当至少有1名女职工协商代表，具体比例天津市规定为1/3，无锡市、乌鲁木齐市规定为30％或者女职工有25人以上；新疆维吾尔自治区、湖南省规定为10％以上；云南省规定企业有工会女职工委员会的，应当有女职工代表；内蒙古自治区规定，女职工和少数民族职工较多的企业，职工协商代表中应当有女职工和少数民族职工的代表。

5. 关于劳务派遣工的内容。湖南省规定企业有劳务派遣用工形式的，职工方协商应当听取被派遣劳动者的意见；无锡市规定劳务派遣工可以作为协商代表参加用工单位的工资集体协商；云南省规定使用劳务派遣工较多的用工企业，职工应当有劳务派遣工协商代表。

6. 关于协商的内容。各地区一般都要求协商双方应当就工资制度、工资标准、工资支付办法、职工年度平均水平及其增减幅度的调整、计时计件单价、劳动定额标准、加班加点工资、医疗期待遇及带薪休假期间的工资待遇、奖金及津补贴等分配办法等开展协商。无锡市、新疆维吾尔自治区的条例还要求应当就一线职工工资收入及其调整幅度进行协商，内蒙古自治区还要求就企业特殊工时制度的实施办法进行协商。湖南省、内蒙古自治区规定，职工方和企业方协商确定的劳动定额标准，应当是本企业80%以上的职工在法定时间或者劳动合同约定的时间内能够完成的工作量，天津市和无锡市的规定为90%以上。

7. 在协商确定工资总额应考虑的因素方面。各地普遍规定应当综合考虑地区、行业、企业的人工成本，企业劳产率和经济效益、城镇居民消费价格指数、工资指导线、劳动力市场工资指导价位、上年度本企业职工工资总额和职工平均工资水平等情况，乌鲁木齐市的条例规定还应考虑本企业一线职工平均工资水平与高级管理人员平均工资水平的比例，无锡市的条例要求考虑本企业一线职工平均工资水平与企业平均工资水平的比例，内蒙古自治区的条例规定要考虑国有资产的保值增值。

8. 关于协商双方的法律责任方面。各地区一般规定，一方提出协商要求，另一方拒绝协商或者拖延答复的、不提供与工资集体协商有关信息和资料的、企业不向协商代表提供开展工资集体协商所必需的工作条件和工作时间的、阻碍开展工资集体协商的，都要承担法律责任。云南省和内蒙古自治区特别规定，拒不履行生效的工资专项集体合同的，也应承担法律责任。违反相关规定的处罚方式，各地有所差别。无锡市规定逾期不改的，处以1万元以上3万元以下罚款，并可以对企业法定代表人或者主要负责人及其他直接责任人员处以1 000元以上2 000元以下罚款；乌鲁木齐市规定逾期不改的，处以2 000元以上2万元以下罚款，并可以对法定代表人处以1 000元以上5 000元以下罚款；云南省的处罚标准为5 000元以上2万元以下，同时还规定，对违反条例规定拒绝开展工资集体协商的企业，政府及有关部门3年内不受理其在经营方面的评优评先申请，不授予其文明单位等荣誉称号，人力资源社会保障行政部门将其列为不良企业，记入信用档案，通过媒体向社会公开，并对其劳动保障执法年审不予通过，企业的经营者3年内不得参评劳动模范或优秀企业家。新疆的条例也有类似规定。

四、典型地区工资集体协商工作经验

（一）南京市：破题“总部经济”工资协商建制

500强企业普遍实行总部经济管理模式，组织形式和法人治理结构多样化，具有跨地区、跨行业设立和经营等特点。南京市共有世界500强企业256

家，分别来自12个国家和地区。总部在南京的只有3家，其他大部分企业规模普遍较小，其中有22家企业职工人数在20人以下，多为销售联系点或售后服务点。有的分支机构没有法人资格，有的企业管控严格。这些都制约着工资集体协商制度的建立，部分企业工资集体协商的质量和规范程度不高。

积极推动世界500强在华投资企业普遍开展工资集体协商工作，既是工作的重点，也是工作的难点。这些企业普遍开展工资集体协商，具有示范效应大、带动力强等特点。当然，在具体工作中，也客观存在着“组织形式多样、区域分布多地、管理层级多元、隶属关系复杂、用工方式特殊”等诸多现实困难与严峻挑战。但是，推动这些企业普遍开展工资集体协商的有利因素和有利条件，如这些企业普遍具有守法意识强的特点，所以要加大依法推进的力度；这些企业的母公司普遍都有开展工资集体协商的实践，所以要加大比较借鉴的力度；这些企业的管理理念比较先进、管理水平比较高，所以要加大规范推进的力度；这些企业普遍都希望与所在地的人力资源社会保障、工会等有关部门和单位融洽关系，所以要加大联合推进的力度；这些企业普遍具有跨区域的特点，所以要加大协调推进的力度。

南京市协调劳动关系三方委员会整合资源，合力推进，强化宣传，启动要约，创新思路，破解难题，推进世界500强企业工资集体协商工作。经过努力，这些企业中，有84家企业建立了工会或分工会组织，60家企业经过劳资双方协商，签订了工资集体合同，合同包括劳动报酬、工作时间、休息休假、劳动安全卫生、职业培训、保险福利等众多事项。55家企业签订了工资专项协议。一部分企业既签订工资集体合同，也签订了工资专项协议。西门子数控（南京）有限公司自2009年开始，利用内部监督执法的契机，经总部批准和授权，逐年开展集体协商和签订《集体合同》和《工资集体合同》等专项协议。而肯德基、麦当劳、南大富士通等4家世界500强在南京市投资企业也签订了集体协商承诺书，承诺在2012年12月签订《集体合同》和《工资专项合同》。

南京市协调劳动关系三方委员会为具有“总部经济”管理特征的企业建立工资协商制度摸索了路径。在下一步的工作中，将对于总部不在南京市的世界500强企业，要约见企业总部或区域负责人，集中向其在南京市的分支机构发出书面要约；要求总部已经签订工资集体协议的企业，要进一步指导南京的分支机构进行二次协商，签订补充工资协议；对于规模较小的世界500

强投资企业，则可通过行业、区域、楼宇等多种方式予以覆盖。

（二）锦湖轮胎：2012年工资集体协商趁热打铁，圆满收官

作为世界500强企业之一，锦湖轮胎公司曾经因不同意组建工会，多年不给职工增加工资而导致劳资双方关系紧张，并一度给企业生产带来影响。经过各级工会组织及政府相关部门及时介入，组织开展工资集体协商工作，2011年6月该公司签订了工资集体合同，使职工工资平均增长800元左右，增长幅度接近38%。同时在长春市总工会的帮助指导下，锦湖轮胎（长春）有限公司于2011年9月成立了工会。经过上年的工资集体协商，职工对2012年的工资增长十分关注，所以新一年的工资集体协商的效果，不但影响工会在职工中的威信，更可能影响职工的情绪和企业的和谐稳定。

2012年5月，在长春市总工会的指导下，公司工会以2011年度吉林省工资增长指导线为依据，参考锦湖轮胎南京市、天津市工厂的工资标准，在广泛征求职工意见的基础上，制定了工资增长的基本目标，并于5月初向企业方发出要约，要求就2012年工资增长进行协商。由于当年上半年全球经济形势的影响，公司经营效益较同期有一定幅度的下降，企业方工资增长的承受能力有限，最初双方分歧较大。于是从5月开始，工会每个周三都与企业方进行一次工资协商，经过近3个月、十几轮的协商，最终确定了2012年度工资增长幅度为13%，一般岗位职工工资平均增长537元，现场岗位职工工资平均增长346元，现场岗位职工工资增长后，在除去地区差额的情况下，已经与该公司南京市、天津市工厂的同岗位职工资持平。

两年来的工资集体协商使锦湖轮胎（长春）有限公司的职工工资累计增长了1 200元，累计增幅达到57%，超过2011年吉林省平均工资水平43%，长春市平均工资水平18%。

工资集体协商的开展，对企业和职工是一个双赢的选择。以质检科为例，在开展工资集体协商前，职工的离职率为25%，实行工资协商后，一年来只有2个人离职，不足3%，足足下降了8倍，人员的稳定，为企业节省了培训成本，间接提高了企业的效益。

通过两年来的工资集体协商，企业和职工都认识到集体协商是预防和化解劳资矛盾的良好方式，也是职工依托工会维护自身权益的重要手段，工资集体协商使企业职工双双受益。

五、国外集体谈判实践对我国的启示

西方国家集体谈判制度的兴起和发展具有显著的自发性特征。集体谈判机制是劳资双方在现实经济利益的要求下自发产生的，是劳资双方在几百年的对峙中发展、总结出来的最适用的纠纷解决办法。而我国集体协商集体合同制度的建立和发展过程不同于西方。在我国特殊的政治、经济、社会环境中发展起来的集体协商集体合同制度，逐步形成了富有特色的实现路径和工作模式。尽管如此，西方国家上百年集体谈判的发展历程中所积累的经验和做法，对促进我国集体协商集体合同制度的建设亦有可资借鉴之处。针对我国当前集体协商建制工作中面临的问题，可从以下5个方面进行讨论和分析：

(一）订立集体谈判的专项立法

通过立法对集体谈判的地位、内容、程序以及集体劳动争议的处理作出规定是建立集体谈判机制的前提和条件，也是各国的通行做法。从立法形式上看，主要有4种类型：一是制定单项法律法规，阐明集体谈判的相关内容、规程和规范，如德国的《劳资协议法》；二是在劳动法典等基本法中设置集体合同专章（篇），这是集体合同立法的主要形式，如《俄罗斯联邦劳动法》《美国国家劳动关系法》；三是在工会法中进行规定，如《哥伦比亚工会法》、日本的《工会法》；四是在宪法中明确集体谈判（协商）的法律地位和主体权利义务，如在德国、日本、意大利、葡萄牙、前南斯拉夫、菲律宾、委内瑞拉等国的宪法中，都有关于集体合同的规定。从总的发展趋势看，单项集体合同法规逐渐增多，立法的内容日臻丰富，总体上都对集体合同的内容、形式、期限、效力、程序等作出规定。

借鉴各国经验，我国应规划、研究《集体协商和集体合同法》专项立法，全面规范开展集体协商与签订集体合同的行为。集体合同是集体协商工作最终成果的体现，如果集体协商不规范，集体合同就难以实现应有的效果，所以集体协商与集体合同两个方面都是立法应规范的内容。《集体协商和集体合同法》应对协商双方的权利义务、集体协商的组织实施、集体合同的效力、集体协商争议的处理等各方面作出规定。这是目前推进集体协商集体合同工作的迫切需要。

（二）明确企业进行集体谈判的义务和责任

一些国家对谈判的责任，实际上主要是雇主的责任，做出了明确、详细的规定。如美国就确认了开展集体谈判的法律责任。其《劳资关系法》第九章第一条规定，雇主和工会“务必诚恳地”进行谈判；从程序上，要求雇主或其代表在双方同意的时间、地点以及正常的谈判间歇与工会代表进行谈判；雇主必须就达成合同做出真正的努力，不能逃避其应该承担的责任。

在欧洲国家中，瑞典和法国在法律中明确规定了雇主对于谈判所必须承担的责任。例如，瑞典 1976 年颁布的《共同决定法》中规定，单个企业的雇主不但有责任响应工会提出的协商要求，而且在对有关雇佣、关闭生产设施、工作分配等制度进行调整之前，必须与工会进行协商；法国 1982 年《奥罗法》首次规定了雇主每个年度都有开展协商谈判的义务。该规定适用于用工人数在 10 人以上的企业。该法案还规定在行业一级，某项集体合同所覆盖的全部企业必须每年进行一次有关工资问题的协商，至少每 5 年进行一次劳动/岗位等级分类的协商；德国虽然没有规定强制性的义务，但是其法律规定，股东投入的资本与职工投入劳动力，即人力资本具有同等的生产要素投入者地位，职工不是资本的雇佣者而是合伙人。因而，工资不仅仅是劳动的报酬，还应当是劳动的利润。劳动者分享企业收益是合法的要求。

当前我国企业“不愿谈”是一个突出的问题，要解决这个问题，可重点从两方面入手：一是要规定劳动者和企业双方都有发出协商要约的权利和响应对方要约的义务；二是要引入对“不当劳动行为”的规定，禁止企业雇主以违反劳动法律原则的手段来干涉、限制员工保护自身利益的行为。

（三）规定雇主提供必要信息的义务

在谈判过程中，企业的生产经营状况、财务状况、工资分配情况是工会开展谈判的有力基础。信息数据不充分或者欠缺将使工会在谈判中陷于被动，因而有些国家的法律要求雇主向工会提供信息和资料。如美国、英国、法国、瑞典、巴西和韩国都在法律中保障劳动者或工会获得与谈判相应信息的权利。美国国家劳动关系委员会和法院规定，工会有权获得有助于其在谈判准备、申诉和协议执行过程中了解实际情况的任何资料，如产量、销售额、原材料成本和营业费用变动情况等。雇主必须在集体谈判发生的全过程中承担向工会提供资料的责任。而且，美国国家劳动关系委员会认为，如果某个雇主不及时地向工会提供有关资料就等于拒绝谈判，要承担相应的法律责任。

劳动者与企业方的信息不对称，也是导致我国劳动者在集体协商中广泛存在“不会谈”问题的一个重要原因，在相关法律规定中明确企业提供信息的义务能够使工会方提出的协商要求更加合理、符合企业经营实际。当然，基于对企业经营秘密的尊重，与之相对应地，参与协商的各方对于相关信息都要承担保密的义务。

（四）研究探索扩展集体合同效力的方式

一些国家工会的组织率并不高，但是集体谈判的覆盖率却相当高，其中一个重要原因就是集体合同的效力可以“扩展”或“放大”。法国就非常有代表性。在法国，集体合同有效范围的问题通常是通过广泛采用的扩展程序决定的。在劳动部与国家集体谈判委员会协商一致并发布执行的命令后，某一行业的集体合同就可以扩展至该行业内未参加集体谈判的或非雇主组织成员的企业。除了扩展程序之外，法国劳动部还有“放大程序”作为选择。通过这个程序，劳动部可以将某一集体合同运用到没有工会或工会资格没有被认可的地区、行业或企业，使该集体合同的执行范围超出其原有的行业或地域。

在德国，如果集体合同已由劳动部门宣布为具有普遍效力，则不受集体合同约束的雇员也可以直接要求得到集体合同规定的劳动条件。美国、韩国、日本、巴西、印度、乌拉圭都有类似的扩展条款，使谈判形成的集体合同经过一定的申请和审批程序，从工会会员扩展到非工会会员，或从参加谈判的企业扩展到未直接参加谈判的企业。斯洛文尼亚、奥地利等国通过这种扩展程序，使集体合同的覆盖率几乎达到100%。

在我国，引入这种扩展机制可以有效解决绝大多数中小企业在开展集体协商方面的问题。但是根据，其他国家的经验，对于扩展机制的适用范围、程序、条件、审批机构也应有严格的规定。一般来说，集体合同的扩展应当由签署双方中的任一方申请，并且必须经一定机构的批准。如德国经济和劳工部可以将行业集体合同的约束力扩展至签署合同的行业或地区的全部企业，但是，这种权力必须得到一个由各方面社会伙伴代表等同的委员会的批准，而且必须符合两个标准：一是必须符合公共利益，二是已经受集体合同约束的企业必须已经雇用了相关行业的50%以上的雇员。在德国，工资条款很少被扩展至非谈判企业。日本规定，一个工厂常规雇佣的同职业职工（包括职员和各工种的生产工人）如有 3/4 适用一个集体合同，该工厂所雇佣的其他同职业职工也适用该集体合同。一个工厂经常雇佣的同职业职工大部分适用一个集体合同时，劳动大臣或都道府县的知事可根据该集体合同双方或一方当事人的申请和劳动委员会的决议，规定该地区其他职业职工及其雇主亦适用该集体合同。劳动委员会在作上述决议时，如认为该集体合同有不当之处，可加以修改。

我国在推动建立区域性、行业性集体协商制度的过程中，规定适当的"扩展"程序和要求，不仅有助于解决中小企业劳资双方难以组织化的问题，还能有效地提高集体合同的覆盖率和效力。

（五）确立政府在集体协商制度建设中的积极作用

从西方国家对集体谈判的认识和实践发展中可以看出，集体谈判作为市场经济国家最重要的劳动关系调整方式，只和市场经济体制相联系，不因意识形态和政治体制的不同而改变，这是伴随工业化市场经济进程的一般性、原则性、共性的规律，其存在和发展具有客观的必然性。因而，各国政府在这一过程中所扮演的角色具有相似性。如，多数国家采取"干预性支持"的原则，强调政府在立法、监督、指导及争议处理方面的突出作用。美国、德国政府同工会和雇主协会等部门或团体，通过各种渠道和方式收集工资和物价方面的各种信息、数据或资料，进行加工整理和分析，然后分类编纂出版或在报刊上公开发表，供劳资双方谈判工资时参考。这种方式是以公众舆论的力量来影响工资和物价的增长率，比较温和、松散，效果较弱。而在西班牙、法国和德国，政府有时采用与税收挂钩的方式影响集体谈判的结果。

不同国家政府关注的重点和对集体谈判的干预程度有很大的差别，即使是在同一个国家，政府的作用在不同时期亦有差别。各国政府主要根据不同的经济、社会问题，采取不同的方针、政策和行动。政府干预集体谈判/协商的程度是需要加强还是削弱，应根据该国劳动关系的实际状况确定。如，美国不仅颁布各种法律来规定集体谈判的议题、程序，确认谈判主体，而且还单独成立了劳动关系委员会，在法律允许的范围内，直接干预谈判，这是其他西方国家所没有的；在荷兰，如集体谈判发生紧急情况，总理有权干涉；而在挪威和丹麦，国会不仅可以对集体谈判的程序进行干涉，而且有权最终决定集体合同。

自20世纪80年代以来，处于后工业社会的发达资本主义国家纷纷减少了政府对劳动关系的干预。比如，德国逐步废除了一批劳动法规，并提倡由劳资双方自由约定，政府不进行干预；瑞典长期以来形成了独立性很强的工会和雇主，很少依赖政府干涉劳动管理问题。但这是与其发展的环境有关的，即雇主和工会组织比较成熟，用于调整劳动关系的手段趋于完备，立法体系不断完善，劳资争端的解决途径趋于制度化、法律化，劳资关系从利益冲突型转为利益协调型，三方格局已经形成，而且社会保障水平较高。这些都为劳资关系的稳定创造了有利条件，也是政府放松管制的前提。

但是对于多数发展中国家，当前劳动法改革尚未完成。政府作为劳动法律关系中的不可或缺的主体，在集体劳动中负有作为的义务，即国家必须采取措施以保障劳动者集体团结权的实现。政府应行使劳动行政管理权，规范雇主行为，以消除对劳动者的侵害。此外，日益增加的贫困和失业，以及大量存在的没有工会组织、不受保护的非正规部门，使得发展中国家政府在协调劳动关系中的作用不但没有削弱，反而有增强的趋势。

从具体措施手段看，许多国家和地区都实行了集体合同备案制度，作为政府监控集体谈判制度运行的基本要求。德国、澳大利亚、韩国、俄罗斯、美国、泰国和中国台湾都要求集体合同签署后应当报送相关政府部门备案。

在我国，由于劳动力市场还不规范，劳资双方主体发育程度均不高，劳资自治还不具备条件。所以，现阶段，为促进和实现劳动关系和谐，政府的作用不是削弱，而是要加强。

第六章 工资指导线

我国工资指导线制度改革试点最早开始于1994年，1997年在总结试点经验基础上，原劳动部制定并公布了《试点地区工资指导线制度试行办法》（劳部发［1997］27号）。截至目前，除西藏自治区外，全国各省、自治区、直辖市都已经颁布了工资增长指导线试行办法[①]。北京市、上海市、内蒙古自治区、天津市等地颁布行业工资指导线。2012年，全国有24个地区发布了工资指导线[②]。本章将对2012年工资指导线的发布情况进行汇总、分析和横向、纵向比较，提炼出各地政策的新变化和新特征，并对进一步完善工资指导线制度、促进其发挥指导和调控作用提出对策、建议。

一、2012年工资指导线基本情况

2012年，除西藏自治区、黑龙江省、江苏省、浙江省、安徽省、湖北省、重庆市外，其余24个省（区、市）均发布了工资指导线。表6—1汇总整理了2011年和2012年各地工资指导线情况。

在2012年发布工资指导线的24个地区中，工资基准线大多在11.5%～17%之间，警戒线在16%～23%之间，下线在0或负增长至7%之间。其中，基准线相对集中在15%（包括吉林省、甘肃省、河北省、陕西省、山东省、山西省、河南省、贵州省8地）和13%（包括江西省、湖南省、四川省、云南省、福建省和广西壮族自治区6地）。最高的是海南省，达到17%。最低的是北京市，为11.5%，比2011年提高了1个百分点。辽宁省、青海省、上海

① 资料来源：《2008年度人力资源和社会保障事业发展统计公报》。另外，截至2008年年底，全国100多个大中城市还发布了劳动力市场工资指导价位，部分城市建立了行业人工成本信息制度。

② 西藏自治区尚未建立工资指导线制度。黑龙江省不发布全省工资指导线，由各地市自行发布。2012年，浙江省、江苏省、安徽省、重庆市、河北省5省（市）未发布工资指导线。

表 6—1　　　　2011 年、2012 年各地工资指导线汇总

	2012 年各地工资指导线情况				2011 年各地工资指导线情况			
地区	警戒线	基准线	下线	颁布时间	警戒线	基准线	下线	
北京	16.5%	11.5%	4.5%	2012 年 6 月	15.5%	10.5%	5.0%	2011 年 6 月
天津	22.0%	16.0%	7.0%	2012 年 4 月	22.0%	16.0%	7.0%	2011 年 3 月
河北	23.0%	15.0%	5.5%	2012 年 5 月	25.0%	18.0%	8.0%	2011 年 4 月
山西	22.0%	15.0%	4.0%	2012 年 4 月	28.0%	16.0%	4.0%	2011 年 4 月
内蒙古	18.0%	14.0%	4.0%	2012 年 9 月	21.0%	16.0%	5.0%	2011 年 9 月
辽宁	19.0%	12.0%	5.0%	2012 年 8 月	19.0%	12.0%	5.0%	2011 年 5 月
吉林	20.0%	15.0%	7.0%	2012 年 10 月	20.0%	15.0%	8.0%	2011 年 5 月
黑龙江					由各地市发布			
上海	16.0%	12.0%	5.0%	2012 年 5 月	18.0%	13.0%	6.0%	2011 年 6 月
江苏	未公布				不设警戒线	13%～15%	6%～8%	2011 年 6 月
浙江	未公布				不设警戒线	14.0%	5.0%	2011 年 8 月
安徽	未公布				18.0%	13.0%	4.0%	2011 年 8 月
福建	18%	13.0%	4.0%	2012 年 9 月	实际增幅 15%	实际增幅 10.5%	实际增幅 0	2011 年 5 月
江西	18.0%	13.0%	6.0%	2012 年 6 月	19.0%	14.0%	4.0%	2011 年 8 月
山东	22.0%	15.0%	6.0%	2012 年 2 月	23.0%	15.0%	6.5%	2011 年 6 月
河南	—	15.0%	4.0%	2012 年 8 月	—	16.0%	4.0%	2011 年 8 月
湖北	未公布							
湖南	20.0%	13.0%	5.0%	2012 年 11 月	20.0%	15.0%	6.0%	2011 年 9 月
广东	17.0%	12.0%	4.0%		20.0%	15.0%	5.0%	2011 年 10 月
广西	22.0%	13.0%	0	2012 年 10 月	23.0%	13.0%	0	2011 年 10 月
海南	19.0%	17.0%	0 或负增长		20.0%	18.0%	0 或负增长	2011 年 8 月
重庆	未公布				暂不设定	12.0%	0～5%	2011 年 11 月
四川	20.0%	13.0%	5.0%	2012 年 3 月				
贵州	20.0%	15.0%	3.0%		22.0%	17.0%	3.0%	2011 年 7 月
云南	20.0%	13.0%	4.0%	2012 年 7 月	20.0%	13.0%	4.0%	2011 年 5 月
西藏	未建立工资指导线制度							
陕西	19.0%	15.0%	5.0%	2012 年 6 月	20.0%	15.0%	5.0%	2011 年 5 月

续表

2012 年各地工资指导线情况					2011 年各地工资指导线情况			
地区	警戒线	基准线	下线	颁布时间	警戒线	基准线	下线	
甘肃	19.0%	15.0%	7.0%	2012 年 8 月	18.0%	14.0%	6.0%	2011 年 8 月
青海	19.0%	12.0%	5.0%	2012 年 6 月	20.0%	13.0%	5.0%	2011 年 7 月
宁夏	17.0%	14.0%	0 或负增长	2012 年 4 月	17.0%	14.0%	0 或负增长	2011 年 3 月
新疆	20.0%	16.0%	6.0%	2012 年 3 月	20.0%	16.0%	6.0%	2011 年 5 月

市、广东省 4 地的基准线为 12%。

警戒线主要集中在 19%（包括陕西省、海南省、甘肃省、辽宁省、青海省 5 地）和 20%（包括新疆维吾尔自治区、吉林省、贵州省、湖南省、四川省、云南省 6 地）。警戒线高于 20%的，有天津市、山东省、河北省、山西省、广西壮族自治区 5 个省（区、市），警戒线最低的是北京市、上海市和广东省 3 个最发达地区。

工资指导线下线主要集中在 4%（包括山西省、河南省、云南省、内蒙古自治区、福建省、广东省，北京市 4.5%）和 5%（包括陕西省、湖南省、四川省、辽宁省、青海省、上海市 6 地）。天津市、吉林省、甘肃省的工资指导线下线达到 7%。明确将下线确定为 0 或负增长的，有海南省、广西壮族自治区和宁夏回族自治区，做法与上年保持一致。

从发布时间看，在 2012 年上半年（包括 6 月份）发布工资指导线的有 12 个地区，占 50%，其余的均在下半年发布。发布最早的山东省（2 月）、四川省（3 月）和新疆维吾尔自治区（3 月），发布最晚的是湖南省（11 月）。

二、2012 年各地工资指导线政策新变化、新特征

通过数据对比分析，我们发现与 2011 年相比，2012 年各地工资指导线政策出现了明显的新趋势和新特点。

（一）工资指导线水平整体持平或下调

以基准线为例，与 2011 年相比，主动下调 2012 年工资指导线基准线的

有 11 个省（区、市），占 23 个省（区、市）[①] 的 47.8%。其中下调幅度较大的有河北省（3 个百分点）、广东省（3 个百分点）、贵州省（2 个百分点）、内蒙古自治区（2 个百分点）和湖南省（2 个百分点），其余 6 个省（区、市）则下调了 1 个百分点。基准线与 2011 年持平的有 9 个省（区、市），占 39.1%。仅有北京市、甘肃省两地比上年基准线上调了 1 个百分点。从基准线看，各地对 2012 年企业效益增长和工资提高的期望值普遍回落。

从警戒线来看下调趋势则更加明显。12 个省（区、市）主动下调了工资指导线的警戒线。其中，下调幅度较大的依次是山西省（6 个百分点）、河北省（3 个百分点）、广东省（3 个百分点）和内蒙古自治区（3 个百分点），其余 8 个省（区、市）则分别下调 1～2 个百分点。警戒线与 2011 年持平的有 8 个省（区、市）。警戒线上调的有北京市（1 个百分点）和甘肃省（1 个百分点）[②]。警戒线反映了地方政府对本地区效益较好企业工资增幅的预期。2012 年，半数以上的地区下调了警戒线，反映出对宏观经济和企业效益增长持谨慎判断。

从工资指导线的下线来看，与上年持平的有 12 个省（区、市）（含 0 或负增长），下调的有 8 个省（区、市），其中河北省降幅达到 2.5 个百分点。江西省和甘肃省上调了工资指导线下线，上调幅度分别为 2% 和 1%[③]。工资指导线下线一般反映了地方政府对本地区物价涨幅的预判，或者是对低收入者工资最低增幅的期望值。

总体来看，2012 年各地工资指导线政策都比较谨慎，表现出“稳中有降”的基调。

（二）工资指导线区间有所收缩

2012 年 20 个地区（不含下线为 0 或负增长，或未设定上线的个地区）工资指导线区间（即下线到警戒线之间的空间）均值为 14.3 个百分点，而 2011 年均值为 14.8 个百分点，整体有所收缩（如图 6—1 所示）。

与 2011 年相比，2012 年工资指导线政策区间有所收缩的有 9 个地区，占

① 四川省 2011 年没有公布工资指导线，因此纵向不可比，因此数据可比的只有 23 个省（区、市），下同。

② 福建省 2011 年按实际工资增长幅度公布工资指导线，而 2012 年按货币工资增长幅度公布，不可比。

③ 同上。

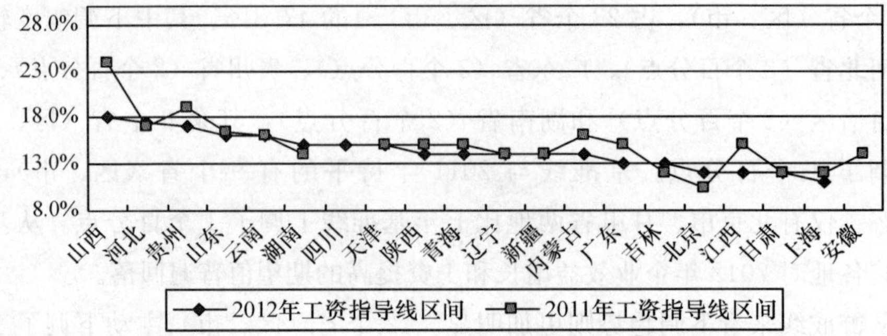

图 6—1 2011—2012 年各地工资指导线区间变动情况

可比 18 个地区①的半数。其中收缩幅度最大的是山西省，工资增长下线到警戒线的区间收缩了 6 个百分点；其次是江西省，收缩了 3 个百分点；再次是广东省、内蒙古自治区、贵州省，分别收缩了 2 个百分点；而陕西省、青海省和上海市增则收缩 1 个百分点；山东省收缩 0.5 个百分点。

与 2011 年相比，2012 年工资指导线政策区间有所扩大的只有 4 个地区，仅占可比 18 个地区的 22%，其中包括北京市（1.5 个百分点）、湖北省（1 个百分点）、吉林省（1 个百分点）和河北省（0.5 个百分点）。其余 5 个地区（包括天津市、新疆维吾尔自治区、甘肃省、辽宁省、云南省）2012 年工资指导线政策区间与 2011 年持平。

工资指导线下线与警戒线之间的工资增长区间，既反映了地方政府对企业效益差距的预测，也反映了政府对工资增长差距的调控意图。2012 年工资指导线规定的增资幅度区间比 2011 年有所收缩，既说明对经济增长和企业效益的谨慎判断，同时也反映了各地对缩小工资增长差距的调控意图加强。

（三）工资指导线的地区间差异逐步缩小

从中长期趋势看，2009 年受国际金融危机影响，各地暂停公布或下调工资指导线，此后连续两年普遍出现了不同幅度的提高，2012 年又有所回落。从平均值看，2009 年发布工资指导线地区基准线的均值为 10.8%，2010 年和 2011 年分别上升为 13.1%和 14.5%②，到 2012 年回落为 13.9%。按 2010—2012 年连续 3 年综合排名情况看，工资指导线基准线水平持续保持较高水平、

① 包括 2011 年和 2012 年连续公布工资指导线的地区，其中下线不能为 0 或负增长、警戒线不能为“不设上限”。另福建省因前后两年指导线政策口径有所调整，因而也被剔除在外。

② 不含福建，2011 年其工资指导线口径与其他地区不可比。

排名靠前的依次是河北省、海南省、天津市、贵州省、新疆维吾尔自治区、山西省等地；基准线水平持续保持较低水平、排名靠后的包括福建省、北京市、上海市等较发达地区，同时也包括青海省、辽宁省等工资基础较低、增长缓慢的地区（见表6—2和图6—2）。

经历了2008年、2009年两年低迷后，2010年各地工资指导线基准线均有所提升，但提升幅度不一，2011年基准线最高地区（河北省18%）与最低地区（北京市10.5%）之间相差了7.5个百分点，2012年这一差距缩小为5.5个百分点（海南省17%与北京市11.5%）。各地工资指导线的差距在缩小，政府工资调控政策逐步趋近。原来基准线持续保持较高水平的在2012年出现回调，最有代表性的是河北省。2009年工资指导线基准线14%、2010年和2011年达到18%，一直排名首位（见表6—2和图6—2），2012年下调为15%；其工资指导线警戒线也从25%回调为23%。原来基准线持续保持较低水平的地区则出现上调，最具代表性的地区是北京市。北京市工资基准线从10.5%提到11.5%，提高了1个百分点，横向相比依然最低。

表6—2　　2009—2012年工资指导线基准线排名情况

（按4年平均值从高到低）

地区	2009年基准线	2010年基准线	2011年基准线	2012年基准线
河北	14.0%	18.0%	18.0%	15.0%
海南	13.0%	15.0%	18.0%	17.0%
天津	15.0%	15.0%	16.0%	16.0%
贵州	13.0%	14.0%	17.0%	15.0%
新疆	无	14.0%	16.0%	16.0%
山西	12.0%	15.0%	16.0%	15.0%
河南	11.0%	15.0%	16.0%	15.0%
内蒙古	13.0%	15.0%	16.0%	14.0%
山东	9.0%	15.0%	15.0%	15.0%
陕西	10.0%	15.0%	15.0%	15.0%
吉林	11.0%	13.0%	15.0%	15.0%
甘肃	11.0%	14.0%	14.0%	15.0%
湖南	8.0%	13.0%	15.0%	13.0%
四川	13.0%	14.0%	无	13.0%
宁夏	无	12.0%	14.0%	14.0%

续表

地区	2009年基准线	2010年基准线	2011年基准线	2012年基准线
浙江	9.0%	12.0%	14.0%	无
江西	无	12.0%	14.0%	13.0%
江苏	无	11%	14%	无
湖北	9.0%	13.0%	无	无
广东	7.0%	12.0%	15.0%	12.0%
广西	无	12.0%	13.0%	13.0%
云南	8.0%	12.0%	13.0%	13.0%
安徽	无	12.0%	13.0%	无
辽宁	10.0%	12.0%	12.0%	12.0%
上海	无	11.0%	13.0%	12.0%
重庆	13.0%	无	12.0%	无
青海	9.0%	10.0%	13.0%	12.0%
北京	9.3%	11.0%	10.5%	11.5%
福建	无	9.0%	实际增长10.5%	13.0%
平均值	10.8%	13.1%	14.4%	13.9%

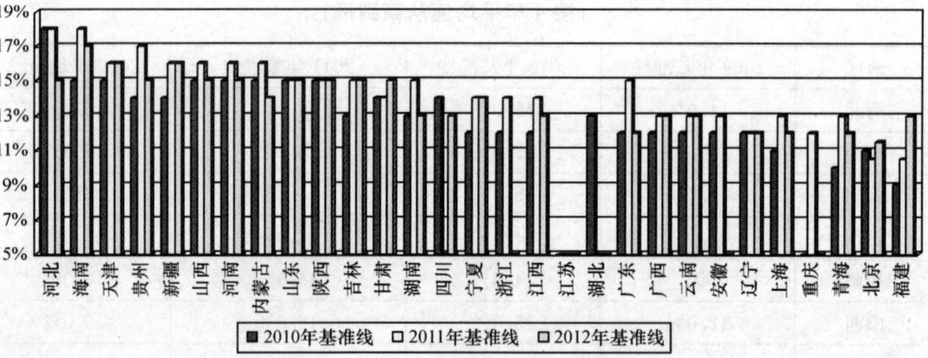

图6—2 2010—2012年各地工资指导线基准线排名情况

（四）行业工资指导线范围进一步扩大

从行业工资指导线政策来看，2012年北京市、内蒙古自治区、天津市等地继续颁布部分行业工资指导线。其中，北京市由2011年的14个细分行业增加到17个细分行业，增加了道路运输业、出版业两个竞争性行业，同时将原来的零售业拆分成百货零售和超市零售两个细分行业。北京市行业工资指导线较具特色，采用分段线性函数形式，将工资增长幅度与人均销售收入挂钩，根据大量经验数据测算。2012 年，内蒙古自治区连续第 2 年发布采矿业、制造业、建筑业、交通运输、仓储及邮政业等 13 个行业工资指导线。2012 年，天津市除继续公布住宿和餐饮业（10.5%）、居民服务和其他服务业（13.5%）、租赁和商务服务业（20%）的行业工资指导线基准线外，将行业工资指导线进一步扩大到水利、环境和公共设施管理业（18.5%）以及批发和零售业（19%）。同时这，5 个行业工资指导线的警戒线、下线依然执行全市统一标准，即 22%和 7%。

2012 年，河北省首次选择了冶金、煤炭、建材、港口，4 个主导行业测算了行业工资指导线，作为非正式发布数据，供企业参考。其中，冶金行业工资增长警戒线 15%、基准线 9.5%、下线 5.5%，煤炭行业工资增长警戒线 25%、基准线 17%、下线 8%，建材行业工资增长警戒线 20%、基准线 15%、下线 6%，港口行业工资增长警戒线 18%、基准线 12%、下线 6%。

三、工资指导线与相关指标比较

为全面分析工资指导线的科学性与合理性，一般将其与职工货币工资增长率、物价增长率和劳产率进行比较。

（一）工资指导线与职工货币工资增长情况

工资指导线是政府调控工资的重要政策手段之一，对企业确定增资方案发挥重要的引导作用。工资指导线作为指导当年企业工资增长的政策导向，必须充分考虑职工工资上年增长情况。表 6—3 和图 6—3 将 2011 年职工货币工资增长情况与 2011 年以及 2012 年工资指导线进行比较分析。

表 6—3　　　　工资指导线与 2011 年职工货币工资增长

	2011 年城镇单位就业人员货币工资增长率	2011 年工资指导线		2012 年工资指导线
		警戒线	基准线	基准线
北京	15.8%	15.5%	10.5%	11.5%
天津	8.1%	22.0%	16.0%	16.0%
河北	12.3%	25.0%	18.0%	15.0%
山西	18.7%	28.0%	16.0%	15.0%
内蒙古	16.8%	21.0%	16.0%	14.0%
辽宁	10.8%	19.0%	12.0%	12.0%
吉林	15.9%	20.0%	15.0%	15.0%

续表

	2011年城镇单位就业人员货币工资增长率	2011年工资指导线		2012年工资指导线
		警戒线	基准线	基准线
上海	14.3%	18.0%	13.0%	12.0%
江苏	14.4%	不设警戒线	13—15%	—
浙江	11.1%	不设警戒线	14.0%	—
安徽	18.0%	18.0%	13.0%	—
福建	19.3%	实际增长15%	实际增长10.5%，倒算货币增长16%	13.0%
江西	17.2%	19.0%	14.0%	13.0%
山东	12.9%	23.0%	15.0%	15.0%
河南	12.8%	不设警戒线	16.0%	15.0%
湖南	16.6%	20.0%	15.0%	13.0%
广东	11.4%	20.0%	15.0%	12.0%
广西	7.7%	23.0%	13.0%	13.0%
海南	17.8%	20.0%	18.0%	17.0%
重庆	13.5%	不设警戒线	12.0%	—
贵州	18.6%	22.0%	17.0%	15.0%
云南	16.5%	20.0%	13.0%	13.0%
陕西	14.3%	20.0%	15.0%	15.0%
甘肃	10.3%	18.0%	14.0%	15.0%
青海	14.5%	20.0%	13.0%	12.0%
宁夏	14.9%	17.0%	14.0%	14.0%
新疆	19.5%	20.0%	16.0%	16.0%

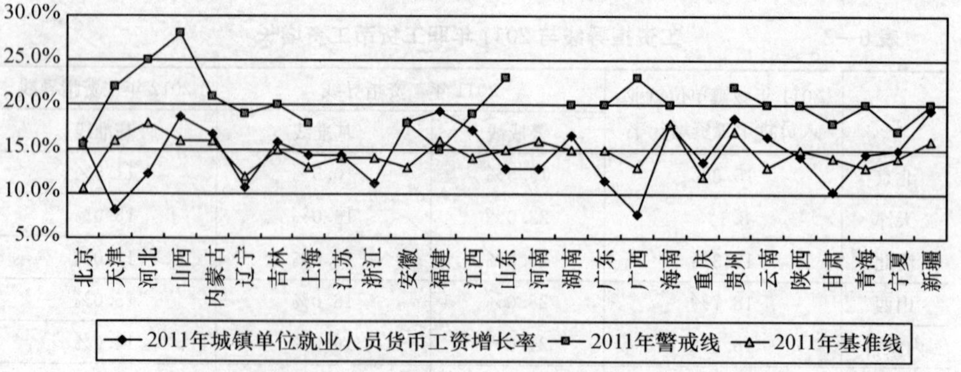

图6—3 2011年工资指导线与职工货币工资增长率拟合情况

1. 部分地区工资指导线与职工货币工资增长水平接近

如图 6—3 所示，内蒙古自治区、辽宁省、吉林省、上海市、江苏省、湖南省、海南省、贵州省、陕西省、宁夏回族自治区 2011 年的工资指导线基准线与当年职工货币工资增长指数拟合度较高，货币工资增长率与基准线的差别不超过后者±10%。其中，海南省、贵州省、内蒙古自治区等地的工资指导线基准线虽然相对较高，但与职工货币工资增长速度比较接近。2012 年，这些地区中有 4 个地区保持了工资指导线基准线持平，而内蒙古自治区、湖南省、海南省、上海市和贵州省在对 2012 年整体形势预判的基础上还是下调工资基准线 1～2 个百分点。

2. 少数地区工资指导线明显高于职工货币工资增长水平

少数地区制定的工资指导线明显高于本地区职工货币工资上年增长幅度。例如，天津市 2011 年职工货币工资增长 8.1%，仅相当于 2011 年工资指导线基准线（16%）的 50%左右，2012 年其基准线未作调整。又如，河北省 2011 年职工货币工资增长（12.3%），仅相当于当年工资指导线基准线（18%）的 68%，差距相对于 2010 年（职工货币工资增长 13.2%，工作指导线基准线 15%）进一步扩大。2012 年，河北省主动将工资指导线基准线下调了 3 个百分点。又如，广西壮族自治区 2011 年职工货币工资增长 7.7%，仅相当于当年工资指导线基准线（13%）的 59%，2012 年该地区工资指导线基准线未作调整。

3. 少数地区工资指导线明显低于职工货币工资增长水平

以北京市和福建省为例，北京市 2011 年职工货币工资涨幅 15.8%，高于同年工资增长基准线（10.5%）5 个百分点左右，前者相当于后者的 1.5 倍；福建省 2011 年职工货币工资增长达到 19.3%，即使剔除物价因素影响，职工货币工资实际增长依然达到 13.6%，而其工资指导线政策在 2010 年、2011 年连续两年维持较低水平，2011 年职工货币工资增长幅度相当于工资指导线基准线（实际增长 10.5%）的 1.3 倍。2012 年，北京市和福建省都适当调高了其工资指导线。

（二）工资指导线与物价涨幅

政府公布的工资指导线应当充分考虑地区物价变动对劳动者基本生活的影响。在实际操作中，各地在制定年工资指导线时都要依据上年已经公布的物价指数以及对下年物价上涨的预判。表 6—4 将 2010 年、2011 年工资指导线与 2010 年各地物价指数进行了比较。

表 6—4　　各地工资指导线下线与物价涨幅

地区	2011 年物价增长率（%）	2011 年物价涨幅与工资指导线下线对比		2012 年工资指导线下线
		2011 年下线	工资指导线下线对应的实际工资增幅	
重庆	5.3%	0~5%		未公布
江苏	5.3%	7.0%	1.59%	未公布
浙江	5.4%	5.0%	−0.36%	未公布
安徽	5.6%	4.0%	−1.48%	未公布
海南	6.1%	0 或负增长	—	0 或负增长
宁夏	6.3%	0 或负增长	—	0 或负增长
吉林	5.2%	8.0%	2.62%	7.0%
天津	4.9%	7.0%	2.05%	7.0%
甘肃	5.9%	6.0%	0.13%	7.0%
山东	5.0%	6.5%	1.41%	6.0%
新疆	5.9%	6.0%	0.05%	6.0%
江西	5.2%	4.0%	−1.19%	6.0%
河北	5.7%	8.0%	2.18%	5.5%
上海	5.2%	6.0%	0.78%	5.0%
湖南	5.5%	6.0%	0.45%	5.0%
辽宁	5.2%	5.0%	−0.16%	5.0%
陕西	5.7%	5.0%	−0.67%	5.0%
青海	6.1%	5.0%	−1.07%	5.0%
北京	5.6%	5.0%	−0.60%	4.5%
内蒙古	5.6%	5.0%	−0.55%	4.0%
广东	5.3%	5.0%	−0.30%	4.0%
山西	5.2%	4.0%	−1.15%	4.0%
河南	5.6%	4.0%	−1.54%	4.0%
云南	4.9%	4.0%	−0.82%	4.0%
贵州	5.1%	3.0%	−2.04%	3.0%
广西	5.9%	0.0%	−5.58%	0.0%

注：1. 江苏省 2011 年工资指导线下线为 6%~8%，取其均值，按 7%处理。

2. 福建省 2011 年公布实际工资增长的工资指导线下线为 0，不可比，已做剔除。

3. 本表不包括西藏自治区、黑龙江省。

4. 本表不包括湖北省、四川省这两个 2011 年没有公布工资指导线的地区。

2011年，我国物价水平高企，各地物价涨幅普遍在5%～6.3%之间。从表6—4和图6—4看，2011年有将近40%的地区公布的工资指导线下线明显低于当年的物价实际涨幅。其中，除了直接以“0或负增长”作为下线的海南省、宁夏回族自治区、重庆市、广西壮族自治区4个地区外，还包括安徽省、青海省、江西省、山西省、河南省、贵州省6个地区，这些地区的工资指导线一般为4%或5%，比物价涨幅低1个百分点以上。而工资指导线下线明显高于当年的物价实际涨幅的有吉林省、天津市、河北省、江苏省、山东省等地区。这些地区2011年工资指导线下线均高于6.5%。

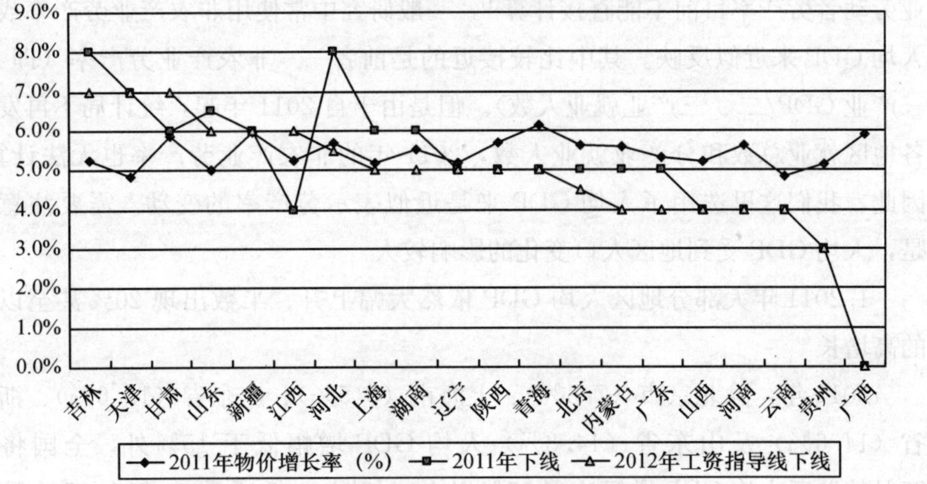

图6—4 各地工资指导线下线与物价涨幅对比

从2012年公布的工资指导线下线看，绝大多数地区选择了与上年持平（12个地区）或略有下调（8个地区），其中河北省降幅达到2.5个百分点。只有江西省和甘肃省上调了工资指导线下线，上调幅度分别为2%和1%。2012年，海南省、宁夏回族自治区、广西壮族自治区依然以“0增长”和“0或负增长”作工资增长下线。这种情况表明，多数地区认为本地区2012年的物价涨幅将出现回落。

（三）工资指导线与地区劳产率

西方新古典经济学的边际生产力工资理论和均衡价格工资论认为，工资是由劳动的供给与需求共同决定的。其中决定需求价格的是劳动的边际生产力，而决定供给价格的是劳动力的生产成本和劳动的闲暇效用。当然，这些理论需要在完全竞争市场、封闭经济、信息对称等严格的假设条件下才能成立，偏离现实生活较远。后来现代经济学的制度学派又提出国家政策、工会力量、劳动力市场分割等非市场因素也会影响工资水平。但不可否认，工资与劳动生产率具有一定的内在联系。下面，我们将各地工资指导线与其名义社会劳产率的增长情况进行对比。

劳动生产率用人均名义GDP表示，名义社会劳产率的增长情况选用人均GDP来表示。根据《关于印发〈试点地区工资指导线制度试行办法〉的通知》（劳部发［1997］27号）规定，“工资指导线适用于试点地区城镇各类企业”，与工资指导线口径完全对应的是反映城镇企业劳动者的劳动生产率。城镇企业劳动者劳产率目前不能直接计算①，一般研究中常使用非农产业劳产率或者人均GDP来近似反映。其中比较接近的是前者——非农产业劳产率（即二、三产业GDP/二、三产业就业人数）。但是由于自2011年起，统计局不再发布各地区就业总数和分产业就业人数，2011年的非农产业劳产率也无法计算。因此，我们这里选用了人均GDP来是近似表示劳产率的变动。需要注意的是，人均GDP受到地区人口变化的影响较大。

1.2011年大部分地区人均GDP依然大幅上升、半数出现20%甚至以上的高增长

2011年，除北京市（7.5%）、上海市（8.5%）、广东省（13.6%）、浙江省（14.6%）及山东省（14.8%）人均GDP增幅低于15%外，全国将近85%的地区人均GDP增幅达到15%以上（如图6—5所示）。其中15个地区增幅超过了20%，最高的是安徽省（25.5%）和广西壮族自治区（25.3%）。GDP和名义社会劳产率的快速增长也成为各地进一步提高2011年工资指导线的重要依据之一。事实上，近年来我国各地区GDP总量和人均GDP持续保持较快增长。发达地区整体增长相对落后且增速保持平稳，而原来起点较低的欠发达地区增速则较快。这种现象，虽然不能完全排除“GDP挂帅”理念的影响，但仍然能够在一定程度上验证了“在缺乏技术或管理创新前提下，粗放型经济增长速度会逐渐放缓”的论点。

2. 多数地区工资指导线低于人均GDP增长

数据显示（见表6—5和图6—6），大部分地区2011年人均GDP增长幅

① 目前我国GDP核算只区分三大产业，不区分城乡，无法单独核算城镇GDP，更无法从中分解出城镇企业劳动者创造的GDP。

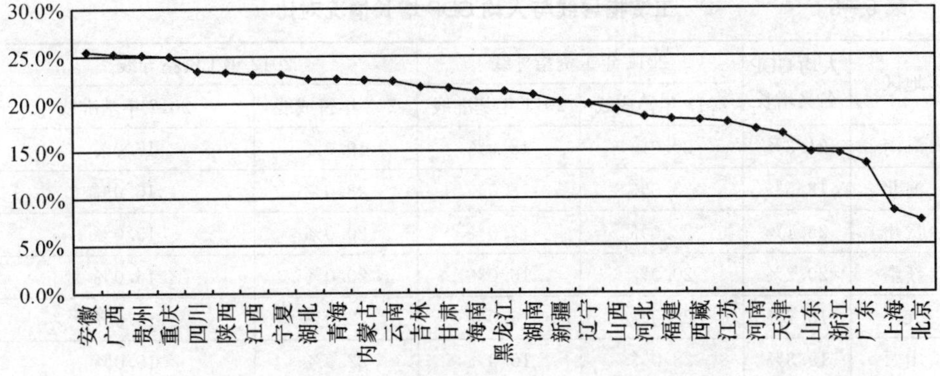

图 6—5　2011 年各地人均 GDP 比上年增长情况

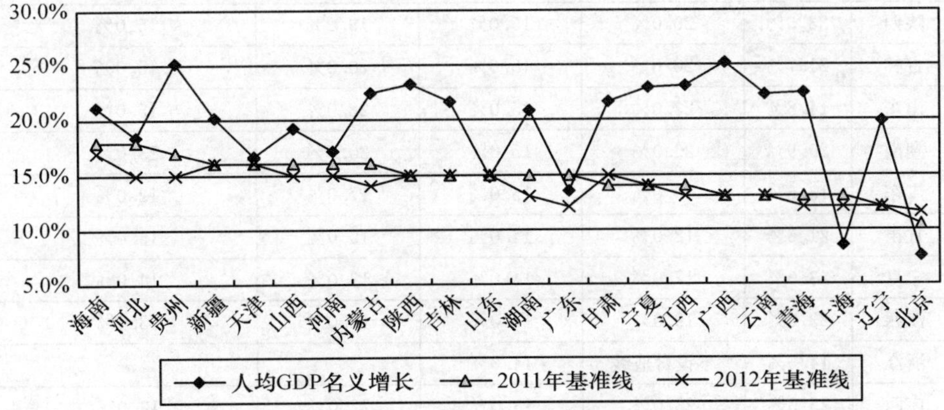

图 6—6　工资指导线与人均 GDP 增长情况的比较

度明显高于工资指导线基准线①，甚至高于警戒线。这些地区包括贵州省、内蒙古自治区、吉林省、湖南省、甘肃省、宁夏回族自治区、江西省、广西壮族自治区、云南省、青海省、陕西省、安徽省、重庆市等。这些地区也都是2011 年人均 GDP 增幅达到 20%及以上的地区。安徽省 2011 年工资指导线基准为 13%，警戒线 18%；同年人均 GDP 名义增幅均达到 25.5%，人均 GDP 增幅不仅高于基准线 12 个百分点，甚至高出警戒线 7 个百分点。广西壮族自治区 2011 年工资指导线基准也是 13%，但警戒线为 23%；同年人均 GDP 名义增幅均 25.3%，人均 GDP 增幅高于基准线 12 个百分点，高出警戒线 2 个百分点。江西省 2011 年工资指导线基准为 14%，警戒线 19%；而同年人均

① 前者高出后者 30%及以上。

表 6—5　　工资指导线与人均 GDP 增长情况对比

地区	人均 GDP 名义增长	2011 年工资指导线		2012 年工资指导线	
		2011 年警戒线	2011 年基准线	202 年警戒线	2012 年基准线
海南	21.3%	20.0%	18.0%	19.0%	17.0%
河北	18.5%	25.0%	18.0%	23.0%	15.0%
贵州	25.1%	22.0%	17.0%	20.0%	15.0%
新疆	20.2%	20.0%	16.0%	20.0%	16.0%
天津	16.7%	22.0%	16.0%	22.0%	16.0%
山西	19.3%	28.0%	16.0%	22.0%	15.0%
河南	17.2%	不设警戒线	16.0%	不设警戒线	15.0%
内蒙古	22.4%	21.0%	16.0%	18.0%	14.0%
陕西	23.3%	20.0%	15.0%	19.0%	15.0%
吉林	21.7%	20.0%	15.0%	20.0%	15.0%
山东	14.8%	23.0%	15.0%	22.0%	15.0%
湖南	20.9%	20.0%	15.0%	20.0%	13.0%
广东	13.6%	20.0%	15.0%	17.0%	12.0%
甘肃	21.6%	18.0%	14.0%	19.0%	15.0%
宁夏	23.0%	17.0%	14.0%	17.0%	14.0%
江西	23.0%	19.0%	14.0%	18.0%	13.0%
浙江	14.6%	不设警戒线	14.0%	—	—
广西	25.3%	23.0%	13.0%	22.0%	13.0%
云南	22.3%	20.0%	13.0%	20.0%	13.0%
青海	22.5%	20.0%	13.0%	19.0%	12.0%
上海	8.5%	18.0%	13.0%	16.0%	12.0%
安徽	25.5%	18.0%	13.0%	—	—
辽宁	19.8%	19.0%	12.0%	19.0%	12.0%
重庆	25.0%	不设警戒线	12.0%	—	—
北京	7.5%	15.5%	10.5%	16.5%	11.5%
福建	18.3%	实际增长 15%	实际增长 10.5%	18%	13.0%
江苏	17.9%	不设警戒线	13%～15%	—	—
四川	23.4%	—	—	20.0%	13.0%
湖北	22.5%	—	—	—	—
黑龙江	21.2%	—	—	—	—
西藏	18.1%	—	—	—	—

GDP 名义增幅 23%，人均 GDP 增幅高于基准线 9 个百分点，也高出警戒线 5 个百分点。

2012 年在上面提及的 13 个地区中，有 5 个地区（陕西省、吉林省、广西壮族自治区、云南省、宁夏回族自治区）选择了维持 2011 年工资指导线基准线不变；有 5 个地区（内蒙古自治区、江西省、湖南省、贵州省、青海省）选择了下调工资指导线基准线；还有安徽省、重庆市两地尚未公布 2012 年工资指导线，只有甘肃上调了工资指导线基准线 1 个百分点。在上年人均 GDP 增长如此迅猛的背景下，依然维持或下调工资指导线，主要是基于对宏观经济增长放缓的判断。

3. 部分地区工资指导线基准线接近人均 GDP 增长

从数据上看，海南省、河北省、天津市、山西省、河南省、山东省、广东省、浙江省等地区 2011 年工资指导线基准线与当年人均 GDP 增幅契合度较高。其中，海南省、河北省、天津市、山西省、河南省、浙江省的人均 GDP 增长略高于工资指导线基准线，而山东省和广东省则反之。特别是河北省、天津市、河南省、山东省等地，两者之间误差不超过 8%。

2012 年这些地区中，除浙江省未公布 2012 年工资指导线外，只有山东省、天津市工资指导线基准线与上年持平，其余地区均主动下调了工资指导线基准线，河北省和广东省的下调幅度达到 3 个百分点。

此外，北京市、上海市等少数地区 2011 年工资指导线基准线水平明显高于当年人均 GDP 的名义增长。北京市 2011 年工资指导线基准线 10.5%，横向对比处于较低水平；但其当年人均 GDP 仅比上年增长 7.5%，明显低于基准线。2012 年，北京市上调了工资指导线基准线 1 个百分点。上海市 2011 年工资指导线基准线 13%，当年人均 GDP 仅比上年增长 8.5%，后者也明显低于前者。2012 年，上海市主动下调工资指导线基准线 1 个百分点。我们在前面已经强调过，使用人均 GDP 反映社会劳产率会受到人口变动因素较大影响。仔细分析就会发现北京市、上海市人均 GDP 增幅较低，这是由于这两个地区人口在 2009—2011 年间出现了较大幅度增长，吃掉了 GDP 的增长。其中，北京市 2011 年年底人口数比 2009 年年底数增加了 264 万，增加了 15%。而上海市 2011 年年底人口数比 2009 年年底数增加了 137 万，增加了 6.2%。其余广东省、山东省、浙江省、河北省等地区的人口总量虽然也有明显增加，但由于人口基数大，人口增长率并不高，对人均GDP的负面影响不明显。

四、存在问题与原因分析

我们对24个地区发布的工资指导线政策文件进行了仔细梳理，发现存在一些比较突出的问题。

（一）对工资增长过快企业的“限高”政策差异明显

不少地区对于垄断企业或工资偏高、增长过快企业的增资幅度都进行明确限定，但具体做法存在很大差异。主要体现在3个方面。

1. 判定工资偏高的标准有松有紧。在判定工资偏高的标准上就有不同，反映不同地区对于判定企业工资水平差距是否过大的标准上存在较大差异。对于工资水平是否偏高的标准，多数地方都采用按所在地区职工工资的一定倍数进行划分的方法。其中大部分地区（包括陕西省、天津市、江西省、湖南省、河北省）以“本地在岗职工平均工资3倍”作为偏高的标准，少数地区采用2倍（如上海市）或2.5倍（四川省）标准，也有部分地区没有提出明确的标准、仅作定性描述，青海省规定“对部分工资水平过高、增长过快的企业，其工资增长幅度原则不高于预警线（上线）”，山西省规定“垄断企业工资增长幅度原则上不得突破基准线。”

2. 设定工资增长的“天花板”有高有低。目前的做法包括：（1）第一种做法是严格限定“零增长”。如四川省2012年规定，“国有企业工资水平已达到本地区上年度在岗职工平均工资2.5倍及以上的，要适度调控其工资水平，原则上不应再增加工资。”（2）第二种做法是将天花板设定为工资指导线下线。江西省2012年规定，“对国有企业工资水平已达到所在设区市上年度在岗职工平均工资3倍及以上的，人力资源社会保障行政部门和国有资产监管部门要适度调控其工资水平，原则上应按下线控制其工资增长”。河北省2012年规定，“企业职工工资水平高于全省平均工资3倍以上的”“应参照工资指导线下线安排工资增长”。（3）第三种做法是按基准线控制。如2012年陕西省规定，“企业上年度人均工资在全省企业平均水平3倍及以上的，人均工资增幅不得突破工资增长指导线基准线”。山西省则规定，“垄断企业工资增长幅度原则上不得突破基准线”。天津市2012年规定，“在全市企业平均水平3倍及以上的，人均劳动报酬增幅原则上不得突破工资指导线基准线”。广西壮族自治区 2012 年规定，“对工资水平偏高、工资增长过快的国有企业，其工资增长必须根据有关政策从严制定，一般不得超过基准线”。（4）第四种做法是将工资指导线的警戒线作为工资增长过快企业增资的天花板。2012 年北京市规定，“国有及国有控股企业职工工资增长幅度一般不得突破警戒线（预警线）”。如青海省 2012 年规定，“对工资水平过高、工资增长幅度过快的企业，要适当控制其工资增长幅度，原则上不超过 19%的预警线（警戒线）”。陕西省 2012 年工资指导线文件规定，“企业上年度人均工资在全省企业平均水平 3 倍及以上的，人均工资增幅不得突破工资增长指导线基准线”。湖南省 2012 年规定，“对现有工资水平已超过所在地在岗职工平均工资 3 倍的企业，可在不低于下线和警戒线区间内协商确定工资增长幅度”。新疆维吾尔自治区延续 2011 年的实施意见，即“对当年经济效益增长较快，工资水平偏低以及现有工资水平已超过所在地在岗职工平均工资 3 倍的企业，可在下线和警戒线区间内协商确定工资增长幅度”。青海省 2012 年则简单规定“对部分工资水平过高、增长过快的企业，其工资增长幅度原则不高于预警线（警戒线）”。（5）第五种做法是将增长区间规定得更细，即针对工资水平处于不同区间的企业分别设定工资增长警戒线。河南省在 2012 年工资指导线政策中规定，“在岗职工平均工资相当于本省上年全部职工平均工资 150%～200%的，确定工资增长幅度时不得突破基准线；在岗职工平均工资超过本省上年全部职工平均工资 200%的，确定工资增长幅度时不得突破基准线的 80%；在岗职工工资水平高于本省上年全部职工平均工资 300%的，可低于工资指导线下线安排工资增长”。

3.“限高”政策的适用范围有宽有窄。有些地区将“限高”政策仅限于国有企业或垄断企业（通常也是国企），如广西壮族自治区、山西省、江西省、北京市、四川省等地。有些地区则适用于各类企业，如天津市、山西省、青海省、陕西省、河南省、河北省等地。

（二）各地对于工资增长能否低于“下线”的规定不一

在 2012 年各地出台的工资指导线政策中，有海南省、宁夏回族自治区和广西壮族自治区 3 个地区明确提出了“以零或者负增长”作为工资指导线的下线。其他地区都在文件中规定了大于零的工资增长下线。那么这个“下线”是不是不可以突破的呢？在市场经济条件下，劳动者工资水平受到宏观经济形势、物价、劳动力市场等因素，特别是受所在企业的经营和盈利状况影响会出现波动，有时候甚至出现是零增长和负增长，这是市场规律带来的必然结果。因此工资指导线“下线”只是指导性和建议性的。但在制定和发布工资指导线的实践中各地做法存在较大不同。

——有的地区直接规定工资可以“零或负增长”。北京市规定，“对于经营亏损、职工工资发放出现困难的企业，经与工会或职工代表协商，工资可以零增长或负增长，但支付给劳动者的工资不得低于本市最低工资标准”。山西省规定，“企业确因生产经营困难、不能按照工资指导线范围安排职工工资增长的，可低于工资指导线下线（含零增长或负增长）确定工资水平，但要依法经过必要的民主程序协商确定，且企业支付给在法定工作时间内提供了正常劳动职工的工资不得低于当地最低工资标准”。

——有的地区则规定生产经营困难的企业，职工工资可以“零增长”。四川省规定“持续经营亏损的企业，其职工工资可以是零增长”。上海市规定，“生产经营困难、亏损的企业，经职工代表大会（或全体职工大会）讨论通过后，也可以零增长”。

——有的地区则在文件中暗示可以突破下线。天津市规定，“不能按工资指导线安排劳动报酬增长的企业，应向职工说明原因”。江西省规定，“因生产经营持续亏损，增加职工工资确有困难的企业，应通过征求工会意见或交由职工（代表）大会讨论等民主程序，向职工说明情况”。其暗含的意思是满足条件的困难企业、经必要程序工资可以零增长或负增长。

通过比较分析，我们发现，无论是否在文件中明文规定，各地都认可生产经营持续亏损、增加工资确有困难的企业，在履行必要程序、符合法律规定的前提下可以突破“下线”，执行“零增长或负增长”。

（三）“保低”“提低”措施存在差异

在工资指导线文件中保护低收入劳动者工资权益、引导提高其工资水平，通行的做法有两种：一是“对于效益较差、不能按工资指导线下线安排职工增资或者零增长的，必须经过民主程序协商确定或向职工说明情况”。包括北京市、上海市、天津市、山西省等很多地区有此类规定。同时还有一种做法是规定“对于提供了正常劳动的劳动者支付的工资不得低于最低工资标准”。这两种做法主要从合法、合规角度出发，是对低收入劳动者工资权益的基本保护措施。

还有些地区在文件中明确提出向低工资群体倾斜的政策导向。如上海市2012年规定，“企业在确定工资增长时，应当着力提高工资水平偏低的生产服务一线岗位人员工资水平，一线职工工资增长幅度应当不低于本企业职工工资的平均增长幅度”。北京市2012年规定，“各类企业在确定本企业工资增长时，应当着力提高工资水平偏低的生产一线及技术工人岗位人员工资水平。对工资水平低于上年全市职工平均工资60%或两年未增资的上述岗位人员要予以倾斜，其工资增幅应当高于本企业中层以上管理人员平均工资增长幅度。生产一线及技术工人岗位人员平均工资水平不增长的企业，经营者和管理层工资不得增长”。江西省则规定，“应合理提高企业职工，特别是一线职工和农民工的工资收入水平，工资增长应向关键岗位、艰苦岗位、一线岗位倾斜，切实维护职工的劳动报酬权益”。

（四）行业工资指导线思路不统一

从目前已经发布行业工资指导线的几个地区来看，差异不仅表现在发布形式的不同①，更表现在处理行业指导线与地区指导线之间，以及行业与行业之间的关系上。

在处理行业工资指导线与地区指导线之间的关系上，有两种做法。一种做法是行业指导线服从于地区统一工资指导线。内蒙古自治区和天津市都采取了这种做法。如内蒙古自治区2012年规定的地区统一指导线下线为4%，基准线14%，警戒线18%，而同年公布的13个行业工资指导线虽然基准线在11%～16%之间、警戒线在13%～18%之间波动，但下线均为4%，警戒线也未超过地区警戒线18%。如天津市2012年公布的5大行业工资指导线只有基准线在10.5%～20%之间波动，而警戒线和下线仍然执行全市统一标准，即22%和7%。另外一种做法是行业指导线可以突破地区指导线。河北省2012年地区工资指导线下线为8%，基准线为18%，警戒线25%，与其他地区相比相对较高。而事实上，河北省2012年尝试公布的4大行业工资指导线分别为：冶金行业的警戒线为15%，基准线9.5%，下线5.5%；煤炭行业的警戒线为25%，基准线17%，下线8%；建材行业的警戒线为20%，基准线15%，下线6%；港口行业的警戒线为18%，基准线12%，下线6%。这4大

① 北京市采用分段线性函数，而其他地区采用增长率水平。

行业工资指导线不仅基准线都低于地区统一规定，而且行业指导线下线也突破了地区的统一下线（见表6—6）。

表6—6　　行业指导线与地区指导线关系

	特点	代表地区	地区指导线	行业指导线
第一种做法	行业指导线服从于地区指导线	内蒙古	下线4%，基准线14%，警戒线18%	基准线在11%～16%，警戒线在13%～18%，下线均为4%
		天津	下线7%，基准线16%，警戒线22%	基准线在10.5%～20%，下线均为7%，警戒线22%
第二种做法	行业指导线突破地区指导线	河北	下线8%，基准线18%，警戒线25%	下线5.5%～8%，基准线9.5%～17%，警戒线15%～25%

在处理行业与行业之间的工资增长关系上也有不同思路。以居民服务与其他服务业为例，天津市2012年行业工资指导线基准线为13.5%，低于16%的地区基准线；而内蒙古自治区2012年行业基准线为15%，高于14%的地区基准线。再以住宿和餐饮业为例则差别更明显。天津市2012年住宿和餐饮业工资增长基准线为10.5%，低于地区基准线（17%）6.5个百分点；而内蒙古自治区住宿和餐饮业工资增长基准线为15%，甚至还高于14%的地区基准线（见表6—7）。虽然在多个行业中，住宿和餐饮业的行业基准线都处于较低水平，但内蒙古自治区选择其高于地区基准线增长，主要基于提高劳动密集行业工资的考虑；而天津市则选择明显低于地区基准线，则主要出于该行业的盈利增长和工资支付能力的考虑。这种差异，一方面反映了同一行业在不同地区之间的差异，同时也反映了不同地区对劳动密集型行业工资指导线的思路上的不同。

表6—7　　行业间工资指导线的差异

	地区基准线	批发和零售业基准线	居民服务与其他服务业基准线	住宿和餐饮业基准线
内蒙古	14%	16%	15%	15%
天津	16%	19%	13.5%	10.5%

（五）缺乏国家层面的顶层设计和统一导向是最主要原因

我国工资指导线制度是从部分地方试点逐步推开的，目前最高效力的文件还是1997年原劳动部发布的试行办法，立法层次较低，有些内容相对于经济发展也明显滞后。目前，地方的试点实践积累了相当的经验，但在国家层面却一直没有出台更新、更高层次的政策文件，由此带来了两方面影响。

一是缺乏顶层设计和明确导向，政策难以形成合力。各地区工资指导线政策在“限高”“提低”、行业工资关系等方面的差异，固然有反映地区差异的合理因素，但更重要的原因还是缺乏国家层面的统一政策导向。工资政策缺乏顶层设计，导向不明确，地区工资政策之间存在差异，不仅很难有效贯彻国家有关初次分配原则，难以将增长、就业、物价等宏观调控目标落实到工资分配领域，而且还容易引起由于政策原因造成的地区间、企业间的分配不公。

二是不能从宏观和全局角度平衡地区间的工资关系。目前，各地区在确定工资指导线，主要着眼于本地区的人均GDP增长、物价指数以及原有工资水平高低等因素，缺乏国家层面的综合平衡，也未将全国在岗职工工资过去增长因素作为地区工资指导线的决定因素进行考虑。单纯从各地区角度而言，这种制度安排有一定合理性。但从全国工资分配宏观调控的角度而言，仅考虑地区因素，则难以对地区之间的工资增长、工资差距以及劳动报酬占比差距较大等情况进行统筹考虑和平衡。

五、工资指导线展望与对策建议

2013年国内外经济形势不容乐观，扩大内需、转变经济增长方式以及收入分配制度改革任务依然艰巨。基于对宏观经济的判断，我们预计2013年各地工资线政策依然会比较审慎。由于行业工资指导线的科学性和针对性受到更多的重视与认可，除国家将适时探索发布重点行业工资指导线外，进行行业工资指导线试点的地区还会进一步扩大。针对我国的工资指导线政策，提出三项具体建议：

（一）提高对工资指导线的宏观调控职能的认识

缩小差距、规范分配秩序，不能仅仅依赖再分配环节来扭转初次分配造成的不公，更要从初次分配、工资分配的基础入手。起点公平，过程公平，才能形成最终分配结果的公平。工资分配是初次分配的重要一环，更是劳动报酬分配的主要组成部分。在当前资本市场不健全、资本要素收入分配调控机制严重缺失的背景下，工资分配的宏观调控不能袖手旁观，应当有所作为。

关于工资调控职能，我们首先想到的是最低工资标准，过去的工作重点也落在完善和强化最低工资标准上，往往忽视了工资指导线的作用。这主要因为最低工资标准立法层次较高，具有法律强制力，而且对保护低工资群体工资权益，提高低工资群体工资水平有直接的影响。

事实上，政府制定与发布工资指导线，是将国家的宏观经济发展指标与企业微观分配行为有效连接起来，全面体现国家对于工资分配差距的调控意图，是弥补市场机制缺陷、引导企业合理分配，预防或扭转工资分配不公的重要调控工具。与最低工资标准主要保护低收入群体权益不同，工资指导线适用范围覆盖各类企业及其劳动者，能够用以引导地区间、行业间、群体间工资分配关系，是最能够全面反映国家对工资分配调控意图的重要工具。相对政府发布劳动力市场价位和人工成本信息而言，工资指导线制度则更宏观、更具强制力，对企业工资分配工作也更具现实指导意义和可操作性。

当然，提高对工资指导线重要程度的认识，并不是要将其作为一项强制性的调控手段，也不是简单地提高工资指导线的法律效力。在市场经济条件下，工资指导线仍然是一项引导性的政策。虽然不具有法律强制力，但作为国家促进企业合理分配工资的导引性文件，工资指导线能够连接宏观与微观、连接发展与分配，所以作为在工资分配领域落实重大分配原则，调控行业、地区、群体间分配关系的重要手段。相对于其他工资调控工具，工资指导线政策具有覆盖范围最广、指导意义最强、反映国家调控意图最全面、承载信息量最大、对国企有强制力、对社会有相当示范作用的优点，应当作为工资宏观调控的重要工具加以重视和充分利用，与最低工资标准等其他调控工具功能互补，发挥“1＋1＞2”的协同效应。

（二）健全和完善国家层面的导引机制，做好顶层设计

工资指导线制度应当作为国家调控工资分配意图的载体，体现国家对工资分配关系的顶层设计，提高其战略性、针对性和有效性。

1. 探索建立国家层面的工资指导线导引或评估机制

探索在国家层面建立工资指导线导引或评估机制，明确并贯彻统一的政策导向。最好的做法是“国家先行发布导引、地方细化”。“国家导引”原则上每1～2年发布一次，是与当年经济形势、经济目标相一致的，对工资分配关系进行的顶层设计。针对不同时期的经济景气、国内外环境和社会矛盾，

工资分配关系的调控方针可以适时调整。

“国家导引”的主要内容应包括：（1）与宏观经济目标协调的工资增长目标设计，即与国家经济增长、就业、物价等宏观经济景气相适应的总体增资幅度空间；（2）行业间的分配关系设计，包括不同行业，尤其是垄断行业与劳动密集型行业的工资增幅空间；（3）地区间的分配关系设计，主要是不同地区的工资增幅空间；（4）“限高”和“提低”政策设计，包括对垄断性国有企业或工资增长过快国有企业的工资增长的“限高”政策，对低工资群体的“保低”“提低”措施等；（5）遇极端情况，甚至可以出台“工资冻结”等特殊工资政策。

鉴于数据量大、基础工作困难，起始阶段，建议从建立国家统一评估机制做起。即国家对上年各地区的最低工资、工资指导线和国企工资总额管理等政策情况（也可以单独针对工资指导线）进行评价，包括调控政策幅度与地区物价、劳产率、社平工资等相关指标关系是否合理，不同调控政策之间是否相互衔接，地区间在调资幅度或频率的横向比较情况等，总结地区在政策制定方法、程序、调控手段方面的经验与教训。

2. 适时提高工资指导线的立法层次

在国家评估与导引机制基础上，结合地方经验，适时出台《工资指导线办法》，确立工资指导线重要的调控工具地位，提高制度的法律效力。《工资指导线办法》属于部门规章层次，规定工资指导线的定位、功能、方法和实施原则，一经颁布，较长时期有效。而“国家导引”每年发布一次，是与当年经济形势、经济目标相一致的，对工资分配关系进行的顶层设计。

同时要借鉴有些地方的经验，在制定工资指导线时认真履行三方会商机制，以劳动、工会、企联、工商联名义联合发文，或者以地方政府名义发文，提高政策文件的执行效力。

（三）探索重点行业工资指导线，处理好行业与地区的关系

探索重点行业的工资指导线的关键，一是选择好重点行业，二是处理好行业工资指导线与地区指导线的关系。

1. 选择垄断和劳动密集型行业的代表性细分行业入手

垄断行业和劳动密集型行业，是工资分配格局的高、低两端，社会关注度高、问题也比较集中。可以参照工资排名、就业人数、国企职工占比、地

区分布、创利差异、数据基础等情况，从中选择有代表性的细分行业探索重点行业工资指导线。起步阶段，细分行业的选择，既要考虑代表性，又要考虑工资调控政策对行业的实际影响力，还要考虑该行业所涉及企业和劳动者的范围，既要形成影响，又不能造成太大震动。

2. 处理好行业性指导线与地方指导线的关系

行业指导线是“线”，规范行业之间的分配关系；地区指导线是“面”，主要引导本地区内的企业增资行为，影响地区之间的工资增长相对速度。两者相辅相成，共同调控工资分配格局。重点行业应当具有鲜明的行业特征，制定和发布行业工资指导线要充分考虑该行业比较集中地区的经验和意见，要能涵盖地区间差异。国家层面发布的重点行业工资指导线，充分体现国家对行业工资分配关系的调控意图。一般说来，在企业工资分配的实践中会更充分地参考重点行业工资指导线的要求。

在工资分配调控中还有很多的理论问题需要进一步探讨，包括在工资调控中如何贯彻党和国家确定的收入分配调控目标与原则；如何实现“提低、扩中和限高”；如何理解和实现“劳动报酬增长与劳动生产率提高同步”；如何将收入分配的根本原则与当前现实有效结合；在经济下行和通货膨胀的双重压力下，如何确立现阶段工资调控的目标。只有依靠相关部门和地方政府共同反思，在实践中摸索经验，共同回答这些问题，才能确立当前和未来一段时期工资调控的目标与方针，从全局角度和国家层面有效发挥工资指导线的重要作用。

第七章
最低工资

2012 年，我国国民经济和社会发展实现稳中有进。各地顺应经济平稳增长的需要以及劳动力市场的变化，先后调整了最低工资标准，对保障低收入群体的生活水平和普通劳动者权益发挥了积极作用。

一、2012 年最低工资标准情况

2012 年，在经济增长有所放缓的背景下，全国共有 25 个省（区、市）调整了最低工资标准，平均增幅达 20.2%。无论是调整的范围还是幅度，都与 2011 年基本持平。不考虑是否包含员工个人缴纳社会保险的前提下，2012 年月最低工资标准最高值为深圳市 1 500 元（见表 7—1），小时最低工资标准最高值为北京市 14 元（见表 7—2）。

表 7—1　　2012 年全国各地区月最低工资标准　　单位：元

地区	标准实行日期	月最低工资标准					
		第一档	第二档	第三档	第四档	第五档	第六档
北京	2012.01.01	1 260					
天津	2012.04.01	1 310					
河北	2012.12.01	1 320	1 260	1 150	1 040		
山西	2012.04.01	1 125	1 035	945	855		
内蒙古	2012.11.01	1 200	1 100	1 000	900		
辽宁	2011.07.01	1 100	900	780			
吉林	2012.10.01	1 150	1 050	950			
黑龙江	2012.12.01	1 160	1 050	900	850		
上海	2012.04.01	1 450					
江苏	2012.06.01	1 320	1 100	950			

续表

地区	标准实行日期	月最低工资标准					
		第一档	第二档	第三档	第四档	第五档	第六档
浙江	2011.04.01	1310	1 160	1 060	950		
安徽	2011.07.01	1 010	900	800	750	720	680
福建	2012.07.01	1 200	1 050	930	830		
江西	2012.01.01	8 70	800	730	670	610	
山东	2012.03.01	1 240	1 100	950			
河南	2011.10.01	1 080	950	820			
湖北	2011.12.01	1 100	900	750			
湖南	2012.07.01	1 160	1 050	950	870		
广东	2011.03.01	1 300	1 100	950	850		
其中：深圳	2012.02.01	1 500					
广西	2012.01.01	1 000	870	780	690		
海南	2012.07.01	1 050	950	900			
重庆	2012.05.01	1 050	950				
四川	2012.01.01	1 050	960	880	800		
贵州	2011.09.01	930	830	740			
云南	2012.05.01	1 100	980	830			
西藏	2012.09.01	1 200	1 150				
陕西	2012.01.01	1 000	910	850	790		
甘肃	2012.04.01	980	940	900	860		
青海	2012.12.01	1 070	1 060	1 050			
宁夏	2012.04.01	1 100	1 020	950			
新疆	2012.06.01	1 340	1 140	1 060	980		

表 7—2　　2012 年全国各地区小时最低工资标准　　单位：元

地区	标准实行日期	小时最低工资标准					
		第一档	第二档	第三档	第四档	第五档	第六档
北京	2012.01.01	14					
天津	2012.04.01	13.1					
河北	2012.12.01	13	12	11	10		
山西	2012.04.01	12.3	11.3	10.4	9.4		
内蒙古	2012.11.01	10.2	9.3	8.5	7.6		
辽宁	2011.07.01	11	8.5	7.5			
吉林	2012.10.01	10	9	8			

续表

地区	标准实行日期	小时最低工资标准					
		第一档	第二档	第三档	第四档	第五档	第六档
黑龙江	2012.12.01	11	9	8.5	8		
上海	2012.04.01	12.5					
江苏	2012.06.01	11.5	9.6	8.3			
浙江	2011.04.01	10.7	9.5	8.6	7.7		
安徽	2011.07.01	10.6	9.4	8.4	7.8	7.5	7.1
福建	2012.07.01	12.7	11.1	9.8	8.8		
江西	2012.01.01	8.7	8.0	7.3	6.7	6.1	
山东	2012.03.01	13	11	10			
河南	2011.10.01	10.2	8.9	7.7			
湖北	2011.12.01	10	8.5	7			
湖南	2012.07.01	11.5	10.5	9.5	9		
广东	2011.03.01	12.5	10.5	9.3	8.3		
其中：深圳	2012.02.01	13.3					
广西	2012.01.01	8.5	7.5	6.5	6		
海南	2012.07.01	9.2	8.3	7.9			
重庆	2012.05.01	10.5	9.5				
四川	2012.01.01	11	10	9.3	8.4		
贵州	2011.09.01	10	9	8			
云南	2012.05.01	10	9	8			
西藏	2012.09.01	11	10.5				
陕西	2012.01.01	10	9.1	8.5	7.9		
甘肃	2012.04.01	10.3	10	9.5	9.1		
青海	2012.12.01	10.8	10.7	10.6			
宁夏	2012.04.01	11	10	9			
新疆	2012.06.01	11.6	9.6	8.8	8		

二、2012年最低工资标准调整情况评述

（一）与宏观经济发展和不同类型企业效益状况基本相适应

2012年，国民经济依然保持了平稳发展，比上年增长7.8%。全年公共财政收入117 210亿元，比上年增加13 335亿元，增长12.8%；其中，税收

收入100 601亿元，增加10 862亿元，增长12.1%；全年规模以上企业全国具有资质等级的总承包和专业承包建筑业企业实现利润4 818亿元，增长15.6%。这些都为最低工资标准的较快增长提供了坚实的基础。

2012年，全国规模以上工业企业实现利润55 578亿元，同比增长5.3%。总体来看，规模以上工业企业实现利润情况不太理想，但是这一数据更多是受到国有及国有控股企业的影响。2012年，在规模以上工业企业中，国有及国有控股企业实现利润14 163亿元，同比下降5.1%；外商及港澳台商投资企业实现利润12 688亿元，同比下降4.1%；集体企业实现利润819亿元，同比增长7.5%；股份制企业实现利润32 867亿元，同比增长7.2%；私营企业实现主营业务收入282 636亿元，同比增长17.5%；私营企业实现利润18 172亿元，同比增长20%。这其中，与最低工资标准调整关系较为密切的私营企业无论是主营业务收入还是实现利润，其表现均较好，有力地支撑了最低工资标准较大幅度的提升。

（二）与东、中、西部地区不同区域经济社会发展状况基本相适应

2012年，全国规模以上工业增加值按可比价格计算比上年增长10.0%，分地区[①]看，东部地区增加值比上年增长8.8%，中部地区增长11.3%，西部地区增长12.6%，这就说明中、西部地区经济社会发展速度更快。

最低工资标准的调整，匹配了这一区域经济社会发展的状况。2012年，东部地区11个省（市，含深圳市）共有32个最低工资标准档次，月最低工资标准平均值为1 104元，与2011年东部地区同样32个最低工资标准档次，月最低工资标准平均值998元相比，最低工资标准平均增加了106元，平均增幅为10.62%；中部地区8个省份2012年共有32个最低工资标准档次，月最低工资标准平均值为914元，与2011年中部地区36个最低工资标准档次，月最低工资标准平均值811元相比，最低工资标准增加了103元，平均增幅为12.7%[②]；西部地区12个省（区、市）2012年共有40个最低工资标准档

① 东部地区包括北京市、天津市、河北省、辽宁省、上海市、江苏省、浙江省、福建省、山东省、广东省、海南省11个省（市）；中部地区包括山西省、吉林省、黑龙江省、安徽省、江西省、河南省、湖北省、湖南省8个省；西部地区包括内蒙古自治区、广西壮族自治区、重庆市、四川省、贵州省、云南省、西藏自治区、陕西省、甘肃省、青海省、宁夏回族自治区、新疆维吾尔自治区12个省（市、自治区）。

② 由于档次数量及适用地区发生了变化，这一简单计算不太严谨，但是因为适用劳动者数量数据难以获取，因此采用此种方法，其对整体判断仍然具有说服力。下同。

次，月最低工资标准平均值为 975 元，与 2011 年西部地区 42 个最低工资标准档次，月最低工资标准平均值 818 元相比，最低工资标准增加了 157 元，平均增幅为 19.19%（见表 7—3）。西部地区无论从最低工资标准调整的绝对增加值还是从调整幅度来看，都是调整最快的。同时，东、中、西各地区内部的最低工资标准差距也较大，最高值最低值之间甚至相差 1 倍左右，也匹配了各地区内部经济社会发展差异较大的实际状况。

表 7—3　　东、中、西部地区最低工资标准调整比较　　单位：元

地区	省市数量	最低工资标准档次数		最低工资标准平均值		最低工资标准最高值		最低工资标准最低值		最低工资标准平均值增加额	最低工资标准平均值增幅
		2012	2011	2012	2011	2012	2011	2012	2011		
东部	11	32	32	1 104	998	1 500	1 320	780	680	106	10.62%
中部	8	32	36	914	811	1 160	1 100	610	500	103	12.7%
西部	12	40	42	975	818	1 340	1 160	690	565	157	19.19%

（三）与劳动力市场价位变动基本相适应

随着我国社会主义市场经济体制的逐步完善，市场在工资决定中发挥了基础性的作用。随着普通劳动力短缺这一劳动力市场的变化，普通劳动者对工资议价能力逐步提升，最低工资的调整顺应了这一变化，与劳动力市场价位变动基本相适应。

从全体劳动者工资收入增长来看，2012 年，全国城镇非私营单位就业人员年平均工资 46 769 元，扣除物价因素，实际增长 9.0%；全国城镇私营单位就业人员年平均工资 28 752 元，扣除物价因素，实际增长 14.0%。同时，2012 年，全国有 23 个省（区、市）发布了工资指导线，基准线提高幅度多在 14%以上。这说明了劳动力市场整体价位提升较快。

从不同地区就业人员工资收入价位来看，2012 年城镇非私营单位就业人员年平均工资由高到低排列是东部、西部、中部和东北①，分别为 53 444 元、41 959 元、40 110 元和 39 245 元，同比名义增长率从高到低依次为西部 13.1%、东北 12.8%、中部 12.3%和东部 10.9%；城镇私营单位就业人员年平均工资由高到低依次是东部、西部、东北和中部，分别为 31 579 元、

① 将按照东、中、西部划分时，划分为东部的辽宁省，以及划分为中部的吉林省和黑龙江省均划为东北部，其他省份不变。

26 252 元、25 162 元和 23 761 元，同比名义增长率从高到低依次为东部 17.8%、西部 17.7%、中部 14.9%和东北 14.3%（见表 7—4）。东、中、西部最低工资标准的增幅基本适应了不同地区就业人员劳动力市场价位的变动情况。

表 7—4　　2012 年城镇私营单位分地区就业人员年平均工资

地区	2011 年（元）	2012 年（元）	名义增长率（%）
合计	24 556	28 752	17.1
东部	26 800	31 579	17.8
中部	20 677	23 761	14.9
西部	22 313	26 252	17.7
东北	22 020	25 162	14.3

从居民收入增长来看，2012 年，城镇居民人均总收入 26 959 元，其中，人均可支配收入 24 565 元，比上年增加 2 755 元，增长 12.6%。在城镇居民人均总收入的 4 个构成要素中，人均工资性收入 17 336 元，增长 12.5%。这就说明，居民收入中工资性收入的增速较快。

从与最低工资关系较为密切的农民工工资收入水平来看，2012 年年末，外出农民工人均月收入水平为 2 290 元，比上年提高 241 元，增长 11.8%；并且东、中、西部地区农民工工资收入水平趋同，东部地区务工的农民工月收入水平为 2 286 元，中部地区务工的农民工月收入水平为 2 257 元，西部地区务工的农民工月收入水平为 2 226 元。这就说明农民工工资收入增幅尽管相比 2011 年有一定回落，但是其整体增速也相对较快，同时也从侧面印证了西部最低工资标准调整较快，最低工资标准平均水平超过中部，逐步接近东部地区具有一定的合理性。

（四）与“十二五”规划要求基本相适应

“十二五”规划纲要提出，要努力提高居民收入在国民收入分配中的比重，提高劳动报酬在初次分配中的比重；努力实现居民收入增长和经济发展同步，劳动报酬增长和劳动生产率提高同步。同时，“十二五”规划纲要明确规定，“十二五”期间最低工资标准年均增长 13%以上，绝大多数地区最低工资标准达到当地城镇从业人员平均工资的 40%以上。

2012 年，全国 31 个省（区、市）共有 104 个最低工资标准档次，最低工资平均值为996元；2011年全国共有110个最低工资标准档次，最低工资标准平均值为868元。2012年相比2011年，按照档次标准简单计算的月最低工资标准平均值增加了128元，增幅达到14.75%，超过了年均增长13%以上的“十二五”规划要求。

同时，2012年最低工资标准增幅达到14.75%，扣除物价因素，全年最低工资标准增幅为11.84%；而2012年全国城镇非私营单位就业人员年平均工资46 769元，扣除物价因素，实际增长9.0%；全国城镇私营单位就业人员年平均工资28 752元，扣除物价因素，实际增长14.0%。总体来看，由于增速不同，最低工资标准相当于城镇非私营单位就业人员平均工资的比例有所提升，但是相当于城镇全体从业人员平均工资的比例甚至有所下降[①]。

三、需要关注的几个问题

（一）对企业承受能力的挑战值得关注

最低工资标准调整通过影响用人单位人工成本支出对企业经营发展产生影响。总体来看，对于职工工资在当地最低工资标准附近的企业和行业影响较大，对于工资收入水平远远高于当地最低工资标准、效益较好的行业和企业影响较小。最低工资标准提升对于劳动密集型行业，对于小型企业影响较大。纺织业、服装鞋帽制造业、建筑业等大多数劳动密集型行业和小型企业，由于资本有机构成的差异，工资和人工成本占总成本的比重相对偏高，利润水平较低，在这些企业，其薪酬结构大多为固定工资或固定岗位工资外加一部分奖金或加班费，而相当部分企业的固定工资即为最低工资标准，这就决定了最低工资标准调升对其影响较大。

以工业企业为例，2012年全国规模以上工业企业实现利润55 578亿元，同比增长5.3%。这其中，前11个月，全国规模以上工业企业实现利润46 625亿元，同比增长仅3.0%，而1—9月份为同比下降1.8%。而我们的最低工资标准调整大多在9月份之前，其对工资收入水平在最低工资标准附近波动的行业影响较大，同时通过其示范效应，其对企业承受能力的挑战值得关注。

① 私营单位就业人员多于非私营单位就业人员，同时私营单位就业人员平均工资增幅快于最低工资标准增幅。

以城镇私营单位就业人员平均工资增长为例，2012年，受到最低工资调整影响较大的第一产业农、林、牧、渔业，其GDP增速仅为4.5%，但是其工资名义增长率达到14.3%，与最低工资标准的平均增幅相当；第二产业的GDP增速仅为8.1%，但是其工资名义增长率均在18%以上；第三产业中的批发和零售业，交通运输、仓储和邮政业，住宿和餐饮业，其GDP增速分别为11.9%、7.0%、7.8%，但是其工资名义增长率达到19.5%、8.5%、14.6%（见表7—5）。也就是说受到最低工资标准调整影响较大的行业，其工资名义增长率与最低工资标准增幅相当甚至更快，最低工资标准调整所带来的示范引导作用或者强化作用①，对于企业承受能力的挑战值得关注。

表7—5　2012年城镇私营单位部分行业就业人员年平均工资与全行业GDP增速比较

行业	2011年工资（元）	2012年工资（元）	全行业国内生产总值增速②（%）	工资名义增长率（%）
总计	24 556	28 752	7.8	17.1
第一产业			4.5	14.3
农、林、牧、渔业	19 223	21 973	4.5	14.3
第二产业			8.1	
采矿业	25 519	29 684		16.3
制造业	24 138	28 215	7.9	16.9
电力、热力、燃气及水生产和供应业	22 091	25 478		15.3
建筑业	26 108	30 911	9.3	18.4
第三产业			8.1	
批发和零售业	22 791	27 233	11.9	19.5
交通运输、仓储和邮政业	25 949	28 159	7.0	8.5
住宿和餐饮业	20 882	23 933	7.8	14.6
房地产业	27 017	30 778	3.8	13.9

（二）普通劳动者共享经济社会发展成果是否充分值得关注

一般而言，最低工资标准与最低生活保障标准、失业保险金标准、居民

① 一方面，最低工资调整可能引导了相关行业的工资水平提升，此时调整最低工资标准发挥了引导示范作用；另一方面，相关行业市场工资价位水平已经发生较大变化，最低工资调整顺应了这一变化，此时调整最低工资标准发挥了强化确认作用。

② 增速按不变价计算。

消费价格指数的匹配性值得关注。随着近些年各省市在确定相关保障标准时统筹考虑，最低工资标准与最低生活保障标准、失业保险金标准、居民消费价格指数的匹配总体较好。

过去10来年，绝大部分省份最低工资标准与最低生活保障标准之间的关系较为协调，从促进劳动者主动就业的角度出发，最低工资标准大多高于考虑当地劳动者负担水平的低保标准；整体上看，从2004—2012年，没有一个省份的最低工资标准增幅落后于居民消费价格指数增幅，最低工资标准能够消除通货膨胀带来的影响；由于同处人力资源社会保障部门，最低工资标准与失业保险金标准的协调性也不断增强。

但是，近几年来各省份适用最低工资标准相当于前一年职工平均工资比例有所下降，普通劳动者共享经济社会发展成果不够充分。以省会城市为例，1994年，我国绝大多数省会城市最低工资标准相当于社会平均工资的比例均在40%左右。此后，一些地区调整不及时或提高幅度低于经济发展和社会平均工资增长速度，导致最低工资标准偏低，相当于社会平均工资的比例有所下降。2004年，各省会城市适用最低工资标准相当于前一年职工平均工资的比例平均为34%左右；2012年这一平均比例下降到31%左右，其间更曾下降到30%以下。这就说明，普通劳动者没有能够与“在岗职工”同样享受到经济社会发展的成果，没有做到“同步增长”。当然，这里有一个社会平均工资数据是否真实可靠的问题，目前看，由于原有统计制度遗漏统计了近一半的工薪劳动者，造成如果以“在岗职工平均工资”作为各地社会平均工资，将会有较大的失真性，因此，最低工资标准与社会平均工资比例关系也不尽准确。尽管两者之间的关系不能就比例论比例，更不能简单判断某一比例为较为合适的比例关系，但比例的下降、相对差距的拉大仍然需要引起注意。

个别城市最低工资标准相当于职工平均工资比例下降较快。其中太原市从2004年最低工资标准占在岗职工平均工资的比例49%左右下降至2012年的30%左右，下降了19个百分点；南宁市从2004年最低工资标准占在岗职工平均工资的比例42%左右下降至2012年的30%左右，下降了12个百分点（见表7—6）。尽管这些城市2004年的比例关系不一定为合理的比例关系，但是从比例变化而言，这一下降还是至少说明这些城市在最低工资标准制定和调整上存在着不协调、不一致的地方。

表 7—6 2004—2012 年省会城市最低工资标准占职工平均工资比例①变化②

城市	2004 年最低工资标准	2003 年在岗职工平均工资	2004 年最低工资相当于在岗职工平均工资比例	2012 年最低工资标准	2011 年在岗职工平均工资	2012 年最低工资相当于在岗职工平均工资比例	2012 年最低工资占职工平均工资比例相比 2004 年增加百分比
北京	545	2 109.36	25.84%	1 260	6 319.55	19.94%	−5.90%
天津	530	1 554.03	34.10%	1 310	4 636.36	28.25%	−5.85%
石家庄	520	1 025.51	50.71%	1 320	2 927.65	45.09%	−5.62%
太原	520	1 056.58	49.22%	1 125	3 739.02	30.09%	−19.13%
呼和浩特	420	1 176.36	35.70%	1 200	3 566.41	33.65%	−2.06%
沈阳	380	1 246.76	30.48%	1 100	3 813.04	28.85%	−1.63%
长春	310	1 155.86	26.82%	1 150	3 455.93	33.28%	6.46%
哈尔滨	390	1 037.61	37.59%	1 160	3 037.49	38.19%	0.60%
上海	635	2 275.38	27.91%	1 450	6 419.27	22.59%	−5.32%
南京	620	1 849.18	33.53%	1 320	4 559.32	28.95%	−4.58%
杭州	620	2 055.57	30.16%	1 310	4 534.04	28.89%	−1.27%
合肥	410	1 158.43	35.39%	1 010	3 786.85	26.67%	−8.72%
福州	450	1 254.4	35.87%	1 200	3 520.01	34.09%	−1.78%
南昌	360	1 159.4	31.05%	870	3 318.02	26.22%	−4.83%
济南	410	1 335.54	30.70%	1 240	3 667.04	33.81%	3.12%
郑州	380	1 128.17	33.68%	1 080	2 979.63	36.25%	2.56%
武汉	400	1 144.15	34.96%	1 100	3 803.64	28.92%	−6.04%
长沙	400	1 415.62	28.26%	1 160	3 707.93	31.28%	3.03%
广州	684	2 400.4	28.50%	1 300	4 789.47	27.14%	−1.35%
南宁	460	1 097.62	41.91%	1 000	3 343.24	29.91%	−12.00%
海口	400	1 234.92	32.39%	1 050	3 171.65	33.11%	0.72%
重庆	400	1 036.63	38.59%	1 050	3 336.83	31.47%	−7.12%
成都	450	1 272.87	35.35%	1 050	3 530.27	29.74%	−5.61%
贵阳	400	1 015.09	39.41%	930	3 222.75	28.86%	−10.55%
昆明	470	1 187.92	39.56%	1 100	3 470.44	31.70%	−7.87%

① 由于北京市、上海市等个别城市最低工资标准不包含个人社保缴费，各城市最低工资标准的内涵有所不同，因此在进行此比例横向之间比较时须谨慎。

② “在岗职工平均工资”来源于 2004 年、2012 年《中国统计年鉴》和《中国劳动统计年鉴》。

续表

城市	2004年最低工资标准	2003年在岗职工平均工资	2004年最低工资相当于在岗职工平均工资比例	2012年最低工资标准	2011年在岗职工平均工资	2012年最低工资相当于在岗职工平均工资比例	2012年最低工资占职工平均工资比例相比2004年增加百分比
拉萨	495	—	—	1 200	4 645.03	25.83%	—
西安	320	1 125.4	28.43%	1 000	3 473.23	28.79%	0.36%
兰州	340	1 124.05	30.25%	980	3 247.34	30.18%	−0.07%
西宁	370	1 219.11	30.35%	1 070	3 203.59	33.40%	3.05%
银川	350	1 124.76	31.12%	1 100	4 161.52	26.43%	−4.69%
乌鲁木齐	480	1 375.78	34.89%	1 340	3 931.48	34.08%	−0.81%

需要注意的是，一般而言，每个地区均有适用于最低工资标准的普通劳动者，最低工资标准受到的最大影响来自于各地的消费物价水平，但是各个地区人力资源结构、产业结构差异较大，不同的产业结构、不同的人力资源结构对于职工平均工资的影响较大，进而影响最低工资与职工平均工资的比例关系。这在一定程度上可以解释相对发达地区最低工资标准相当于职工平均工资的比例一般较低这一现象，但在普通劳动者工资增长缓慢，普通劳动者共享经济社会发展成果不够充分这一大环境判断下，也须合理使用这一比例关系，为普通劳动者提高收入提供保障。

（三）调整节奏的适时适度问题值得关注

《最低工资规定》要求每两年至少调整一次，其核心是要求最低工资标准的调整应该较为及时，不仅仅简单地按照“每两年至少调整一次”的要求进行调整，并且在影响最低工资标准的主要影响因素发生较大变动时，应该及时进行调整①。对最低工资影响最大的是通货膨胀，通货膨胀直接影响最低工资的实际购买力，最低工资标准一旦确定便会很快过时，如果不及时调整，则等于没有最低工资的保护，从而影响最低工资维持劳动力生产与再生产的设计初衷。此外，随着经济增长和社会平均工资的增长，最低工资标准也应该相应提高，以使得最低工资标准适用人员共享经济社会发展成果。如果社

① 一般而言，最低工资标准的调整方式主要有两种，一是按照统一时间点或者时间段进行调整，二是按照影响最低工资标准决定的主要影响因素或者几个因素发生显著变化进行调整。值得注意的是，前者本质上也是按照主要因素发生较大变化进行调整，最终影响到调整幅度的大小。

会平均工资收入日渐提高，而最低工资标准并未提高，则也会令其原本具有的效能大打折扣。除了以上两个主要应考虑的因素外，社会各阶层的收入对比也很重要，这主要是指与失业者、养老金领取者的收入相比较，当养老金进行较大幅度调整时，最低工资标准一般也应进行及时的调整。

最低工资标准调整要适度，要体现有尊严的劳动的要求，顺应劳动力市场供求关系、企业劳动生产率和社会平均工资的提高程度。尽管最低工资标准属于国家宏观调控范畴，但是这种宏观调控也需要把握适度性，顺应市场的要求。首先，最低工资标准需要考虑企业支付能力。最低工资标准最终需由企业支付，因此影响因素的一个重要方面是确定和调整最低工资标准应考虑到企业主要是劳动密集型企业，尤其是其部分或者大部分岗位工资水平稍高于或者相当于最低工资标准的企业的支付能力，与这些企业的支付能力相适应。近两年，最低工资标准调整频率加快、调整幅度较大，引发了不同意见。目前，较为一致的观点认为现有的最低工资标准尚未对企业发展产生明显的影响，但是最低工资标准的调整需要考虑其对于企业效益的影响。其次，最低工资标准需要考虑到劳动力市场供求状况。最低工资标准与市场供求形成的劳动力价格有着较大关系。市场竞争自然形成的适用于低等级劳动者的工资标准与政府确定的最低工资标准如果相差过大，可能会存在问题。在这一点上，也是对于最低工资标准存在争议的地方。目前，较为一致的观点是现有的最低工资标准尚未对失业产生明显的影响，所以最低工资标准的适当提高，能更好地保障劳动者的生活需要，维护社会公平和稳定。但是，如果不把握适度性原则的话，最低工资标准也可能对失业逐渐产生影响。此外，适度的最低工资标准还要求在调整最低工资标准时要考虑社会平均工资水平，以使得最低工资标准的确定能够在与社会平均工资标准的对比过程中保持恰当的比例关系，一定程度上实现低工资劳动者分享社会发展的成果，使得低端劳动者逐步实现体面劳动。

按照适时适度的标准来分析，2012 年部分省份最低工资标准的调整与居民消费价格指数、劳动力市场价位、企业效益、社会平均工资等指标的变动不相匹配，有些省份的调整时间既与相关数据不相匹配，也与本省的常规相违背，相关指标发生较大变动不调，快到“两年”期限“硬性”调整幅度较大，调整时间和幅度由“长官意志”决定，周边省份“相互攀比”确定，这一问题需要引起关注。

四、我国最低工资制度展望与建议

2013年年初，国务院批转的《深化收入分配制度改革若干意见》明确提出，要根据经济发展、物价变动等因素，适时调整最低工资标准，到2015年绝大多数地区最低工资标准达到当地城镇从业人员平均工资的40%以上。同时，“十二五”规划纲要明确提出收入增速不低于经济增速，在实施中要努力实现和经济发展同步。这意味着，“收入增速”有了某种“硬性”限制。这其中将“完善最低工资制度，逐步提高最低工资标准”作为重要内容之一，在改善民生的十大行动措施中，最低工资标准年均增长13%以上也作为其中一项，这为未来几年最低工资标准的较快幅度调整定下了总体基调。此外，通胀压力与结构性“招工难”同时出现，顺应广大人民群众增长工资的新期望，最低工资标准调整将保持较快幅度。

另一方面，有关方面越来越认识到，最低工资标准既不是越高越好，也不是越低越好，需要针对不同情况决定最低工资标准是否提高和提高多少，切实把握好最低工资标准的适度性。既要使最低工资标准水平能够保障劳动者及其赡养人口的基本生活以及逐步提升的体面劳动程度的需要，又不会危及企业承受力，不会对社会就业产生负面影响。同时，由于各地的实际状况有所不同，最低工资标准年均增长13%以上，最低工资标准达到当地城镇单位从业人员平均工资的40%以上，这一“十二五”目标在各地实现的难度也就有所不同。各地区“十一五”期间最低工资标准调整的节奏和幅度有所不同，这就导致“十二五”期间能否实现13%这一目标的难易程度有所不同；各地区由于人力资源结构、产业结构等原因，导致从业人员平均工资可能较高或较低，最低工资标准占从业人员平均工资40%这一比例实现的难度也差异较大。

总体来看，最近几年各地区将会进一步把握劳动者权益和企业承受能力之间的平衡，合理把握最低工资标准的调整节奏和调整幅度。为此，建议如下：

（一）提高最低工资的立法层次

目前，随着最低工资制度发挥作用日益增大，最低工资制度的立法层次需要进一步提高。最低工资立法层次的提高要求进一步完善关于最低工资法律责任的规定，可以借鉴韩国等国家关于违反最低工资的处罚措施，加大对于违反最低工资规定的惩处；要进一步加大政府监督力度，创新监督办法，切实履行其监管职能，保证最低工资制度的落实。

最低工资立法层次的提高，要兼顾解决其实施以来存在的一些问题。比如对包食宿、季节性生产等如何适用最低工资标准将可能设置明确的例外规定；又如对计件工资制、提成工资制等特殊工资形式的劳动者的最低工资保障制度，将可能做出明确规定；再如对“劳动者在法定时间内提供了正常劳动前提下”，这一最低工资标准的“正常劳动”前提将可能给以操作性解释，等等。这样将使得最低工资制度既容易实施，又能平衡各方的利益。

同时，最低工资立法层次的提高，将在法律层面进一步明确行业最低工资的定位。国务院2013年批转的《关于深化收入分配制度改革的若干意见》，明确要求“研究发布部分行业最低工资标准”，最低工资标准体系的构成将更加丰富。

（二）完善最低工资标准的内涵

对于最低工资标准是否应该包括个人缴纳社保等相关费用，目前有着不同看法。因为种种原因，目前北京市、上海市等地最低工资标准不包含个人缴纳社保费用，其他省市均包括个人缴纳社保费用。

标准不统一给规划目标的实现以及省份之间的评估比较带来不便。“十二五”规划目标中的最低工资标准年均增长13%以及最低工资标准占从业人员平均工资40%左右这一目标，如果最低工资标准的内涵构成不同，将不便判断是否达到这一目标；同时，各个省份之间同样的最低工资标准，其包含的内容有所不同，也不利于各省份之间的评估比较。考虑到包含个人缴纳社保等相关费用不会带来对劳动者权益的损害，在当前背景下，不包含个人缴纳社保费用，反而有可能损害劳动者的社保权益。考虑到包含个人缴纳社保等相关费用更加符合“工资”的一般内涵，建议进一步明确最低工资标准的内涵。为便于衔接比较，可考虑将最低工资标准统一明确为包含劳动者个人缴纳的社会保险费，同时在最低工资标准中可将社保个人缴费最低额单列。

（三）建立最低工资标准评价机制

最低工资制度实施以来，特别是2004年《最低工资规定》实施以来，面对不断变化的经济社会发展状况，最低工资制度在多大程度上实现了预期目标，最低工资政策对于保障劳动者权益、兼顾企业承受能力等方面的效果如何，需要进行评价。同时，近些年来，最低工资标准调整频率加快、幅度较大，其作用和社会影响日益增强，其科学性、合理性如何需要通过评估来进行检验，加快推进评估工作也有利于进一步加强对各省市最低工资标准制定工作的指导。

要通过开展最低工资标准评估，进一步发挥人力资源和社会保障部对于最低工资标准调整的指导作用，带动各地进一步完善最低工资标准制定程序，促使各地保持最低工资标准的适度增长。建议首先要把最低工资标准评估框架搭建起来，通过抓紧成立国家层面最低工资委员会或委托第三方，将最低工资标准评估先运行起来，通过运行来解决最低工资标准科学合理的问题，通过运行来解决最低工资标准评估框架不断完善、契合国情、切合实际的问题。

第八章
企业人工成本

人工成本水平包括人工成本绝对水平和相对水平两个部分，是衡量企业市场竞争力的重要指标，也是影响宏观经济发展的重要因素。近几年，伴随我国企业工资水平持续两位数的增长态势，整体人工成本水平也在持续攀升。一方面，无论人工成本绝对水平上升，还是部分行业企业劳动分配率和人事费用率的适度上升，都对提高初次分配中的劳动报酬比重产生一定的积极影响。另一方面，在劳动生产率上升较为缓慢的部分行业企业，其市场竞争力受到一定程度削弱。企业在劳动生产率上升的空间难以吸收，企业现有利润水平又难以抵消，企业靠物耗成本降低也不能包容，企业所凭借的产品及服务的价格或技术优势已经越来越不明显的情况下，必须在生产经营和管理方式上寻求变革，相应做出进与退、生与死的战略抉择。因此，近年来各类企业和政府部门都更加关注企业人工成本水平的变动状况，并以此作为微观决策和宏观调控的重要依据。

一、2010—2011 年我国部分省市人工成本变动情况分析

（一）2010—2011 年我国部分省市人工成本水平增长情况

为进一步准确统计各类企业的薪酬水平及分配状况，人力资源社会保障部门正在开展企业薪酬试调查工作，并将原来人工成本统计方式加以改进，纳入新的企业薪酬调查工作范围。在现有工作方式方法出现较大变动的情况下，部分以前每年发布行业人工成本信息的城市和地区目前处于暂停公布信息状态。因此，本期报告只能选择部分未暂停发布信息且有代表性的城市所公布的有关数据进行分析，并尽可能与原来的分析方式与分析结果保持必要衔接。

本期报告选取的5个省（市）是在原来选取的6个省（市）基础上对个别城市进行了替换，同样包括了东、中、西部不同城市或地区。从这5个省（市）新的一年工资水平和人工成本水平增长情况（见表8—1）看，既表现出了与以往相同的特点，也表现出一些新的变化。

表8—1　2010—2011年5省（市）工资及人工成本水平增长情况

城市	职工平均工资（元）		人均人工成本（元）		工资增长率（%）		人工成本增长率（%）	
	2010	2011	2010	2011	2010	2011	2010	2011
上海	46 757	51 968	101 222	102 335	9.27	11.14	19.71	1.10
沈阳	41 899	45 306	53 939	52 529	8.61	8.13	−14.47	−2.61
大连	44 617	49 730	61 541	67 433	15.09	11.46	7.86	9.57
青海	37 182	42 493	63 835	69 570	10.79	14.28	14.43	8.98
柳州	37 278	38 229	55 368	45 951	10.80	2.55	21.53	−17.01

说明：

1. 本表数据根据各省（市）发布的年度工资和人工成本数据整理。
2. 工资和人工成本水平及增长率均为名义增长率，未剔除物价变动因素。
3. 上海市工资统计口径为全市职工总体工资水平，其他城市为在岗职工工资水平。

1. 我国区域间工资水平和人工成本水平两个方面的差距依旧保持继续扩大的现象

从2011年职工工资水平看，5省（市）中最高的仍然是上海市（尽管该市已经用全市职工工资水平替换了原来的在岗职工工资水平，出现了工资水平明显降低现象），最低的是广西壮族自治区柳州市。在这5省（市）当中，2010年工资最高的上海市是工资最低的青海省的1.26倍；2011年工资最高的上海市是工资最低的柳州市的1.36倍。从2011年人工成本水平看，5省（市）中最高的仍然是上海市，最低的是柳州市。在5省（市）中，2010年人工成本最高的上海市是人工成本最低的沈阳市的1.88倍；2011年人工成本最高的上海市则是人工成本最低的柳州市的2.23倍。当然，这与柳州市人工成本水平在新的一年里不但没有提升反而降低有关，但这确实与工资变动相同及以前工资和人工成本水平变化趋势相同，由此看来并非偶然现象。

2. 几个省（市）工资水平增长速度与人工成本水平增长速度仍不协调，而且人工成本水平下降已经不是个别地区的现象

根据表8—1，2011年上海市职工工资增长11.14%，但同期人工成本水平只增长1.1%，工资增长率高于人工成本增长率10个百分点，与其上一年

度工资增长率低于人工成本增长率10个百分点正好相反。2011年沈阳市职工工资增长率仍然在8%以上，但由于同期人工成本调查统计的样本数进一步增加，人工成本水平仍然呈现出2.61%的负增长，与其上一年度的情况完全相同，只是人工成本水平继续降低幅度比上个年度小了一些。2011年大连市人工成本水平增长速度继续延续了上一年度低于工资增长的态势，只是两者之间增长率的差距比2010年有所缩小。2011年青海省改变了上一年度人工成本水平增长速度高于工资水平增长速度的状况，人工成本水平增长速度反而低于工资水平增长速度5.3个百分点。2011年柳州市人工成本水平增长也一改2010年大幅高于工资水平增长状况，虽然当年工资水平只增长了2.55%，但其人工成本水平突然降低了10.69%，两年间人工成本水平呈现出了大起大落的状态。上述5省（市）人工成本水平增长与工资水平增长速度虽然不大协调，但在2011年有一点是共同的，就是人工成本水平增长速度全部低于本地区的工资增长速度。同时，可以看到沈阳市和柳州市的人工成本水平都是负增长，尽管两者原因不大相同。

（二）部分地区主要行业人工成本水平增长情况

各地区人工成本水平及其增长幅度是由纳入统计调查范围的不同行业的人工成本水平及其增长幅度决定的，进一步说是各地区经济发展战略及其不同产业的经济发展水平决定的。因此，各地区不同行业的人工成本水平及其增长幅度既体现出特定行业发展特征，也体现出不同区域经济的发展特征。

从4城市制造业人工成本水平及增长情况看，北京市2011年只呈现出微弱的增长，远远低于本市职工工资水平的增长幅度。上海市2011年制造业人工成本水平增长12.89%，略高于当年该市职工工资增长速度。沈阳市2011年制造业人工成本水平出现近16%的大幅下降，实属调查统计样本增加后的不正常状态。更加不正常的状态出现在柳州市2011年制造业人工成本增长方面，竟然比上一年度大幅下降了近65%，即由2010年的49 316元降低到2011年的17 341元（见表8—2），这样的数据令人无法相信。沈阳市和柳州市都是比较典型的工业城市，制造业在区域经济发展中的地位举足轻重，如果不能提高统计调查数据的准确性，就不能较好地进行人工成本监控指导。

从4城市电力、燃气和水的生产供应业人工成本水平及增长情况看，只有北京市出现了18.74%的大幅上升（见表8—2），上海市、沈阳市和柳州市在2011年都出现不同程度的降低。该行业国有单位密集，垄断性强，工资和人工成本水平相对较高，生产经营运行比较平稳，不应当出现人工成本水平大起大落的情况。

从4城市建筑业人工成本水平及增长情况看，北京市、上海市和柳州市呈现出不同程度的下降，只有沈阳市略有上升（见表8—2）。北京市、上海市和沈阳市建筑业人工成本在2010年都上升较快，2011年出现不同程度的回落也在所难免。

从4城市交通运输、仓储和邮政业人工成本水平及增长情况看，北京市、上海市和柳州市均呈现不同程度上升，其中柳州市上升幅度过大，很不正常。相反，沈阳市该行业2011年人工成本水平出现20.56%下降也不正常（见表8—2）。

从4城市信息传输、计算机服务和软件业人工成本水平及增长情况看，北京市和上海市都是上升的，但沈阳市和柳州市却都是下降的，而且下降的幅度都很大。北京市和上海市2010年该行业人工成本水平略有下降，2011年有所上升是正常波动。该行业是知识密集型行业，但竞争较为激烈，易受市场波动影响，在正常情况下，也不应出现像沈阳市那样连续两年大幅下降的情况，更不应出现像柳州市那样一年下降近50%的情况（见表8—2）。

表8—2　　2010—2011年4城市9行业人工成本水平及增长情况

地区/行业	2010年平均人工成本（元）	2011年平均人工成本（元）	年增长率（%）
北京	—	—	—
制造业	74 312	75 004	0.93
电力、燃气和水的供应业	90 861	107 885	18.74
建筑业	89 111	74 514	−16.38
交通运输、仓储和邮政业	66 592	71 968	8.07
信息传输、计算机服务和软件业	87 766	102 887	17.23
批发和零售业	63 535	64 967	2.25
住宿和餐饮业	49 213	55 941	13.67
金融业	199 360	147 904	−25.81
房地产业	67 560	85 590	26.69
上海	101 222	102 335	1.10

续表

地区/行业	2010 年平均人工成本（元）	2011 年平均人工成本（元）	年增长率（%）
制造业	102 401	115 603	12.89
电力、燃气和水的供应业	172 034	156 023	−9.31
建筑业	108 121	107 123	−0.92
交通运输、仓储和邮政业	80 429	84 566	5.14
信息传输、计算机服务和软件业	146 591	159 640	8.90
批发和零售业	72 199	74 011	2.51
住宿和餐饮业	55 099	54 048	−1.91
金融业	238 467	258 981	8.60
房地产业	76 022	79 655	4.78
沈阳	**53 939**	**52 529**	**−2.61**
制造业	61 008	51 275	−15.95
电力、燃气和水的供应业	71 240	67 619	−5.08
建筑业	47 345	48 272	1.96
交通运输、仓储和邮政业	78 047	61 997	−20.56
信息传输、计算机服务和软件业	64 806	50 799	−21.61
批发和零售业	35 931	44 079	22.68
住宿和餐饮业	38 737	46 765	20.72
金融业	119 622	161 277	34.82
房地产业	60 375	64 953	7.58
柳州	**55 368**	**45 951**	**−17.01**
制造业	49 316	17 341	−64.84
电力、燃气和水的供应业	75 948	48 651	−35.94
建筑业	59 376	30 364	−48.86
交通运输、仓储和邮政业	59 630	85 300	43.05
信息传输、计算机服务和软件业	55 831	29 039	−47.99
批发和零售业	49 968	74 875	49.85
住宿和餐饮业	29 275	27 036	−7.65
金融业	108 779	114 516	5.27
房地产业	81 485	89 796	10.20

说明：

1. 本表根据各城市统计发布的行业人工成本年度抽样调查数据进行整理。

2. 本表在各城市统计发布的行业人工成本数据中只选取了 9 个有代表性和可比性较强的、按国民经济大行业分类的行业人工成本数据。

3. 由于部分省（市）行业人工抽样调查方式方法仍不规范，本表中数据的准确性和可比性还有待提高。

从4城市批发和零售业人工成本水平及增长情况看，4个城市该行业人工成本水平均有不同程度上升，但柳州市2011年上升幅度接近50%（见表8—2），实属不正常现象。在批发和零售业中，批发业职工薪酬水平较高，但零售业则一般属于职工薪酬水平较低的行业。如果调查样本出现偏差，容易出现数据不稳定结果。但从本年度总体情况看，批发和零售业人工成本水平稳定上升应是正常现象。

从4城市住宿和餐饮业人工成本水平及增长情况看，北京市和沈阳市2011年上升较快，而上海市和柳州市2011年则出现了下降状态（见表8—2）。这与上一年度所选5城市该行业人工成本均有所上升情况不同。住宿和餐饮业均为职工薪酬水平较低的行业，连续出现人工成本水平大幅上升不大可能，也难以为继。

从4城市金融业人工成本水平及增长情况看，2011年除北京市该行业人工成本水平出现较大幅度下降外，上海市、沈阳市和柳州市均出现不同程度的上升，其中沈阳市上升幅度较大（见表8—2）。但不管如何变化，4个城市金融业的人工成本水平都持续保持了行业第一的位置，而且远远高于其他行业水平。

从4城市房地产人工成本水平及增长情况看，2011年4个城市该行业人工成本水平均呈现不同程度上升状态（见表8—2）。这说明，虽然近几年国家和各地区均加大了对房地产市场的调控力度，但对于房地产业的成本利润空间影响不大，该行业人工成本仍然维持了上一年度普遍上升的态势。

（三）不同类型企业人工成本水平增长状况——以上海市为例

我国企业除行业性差异，还有不同所有制和规模上的差异。不同企业间的这些差异也往往反映在人工成本方面。正如2011年度报告所描述的那样，这些人工成本方面的差异是很明显的，一般是由不同企业的经营理念、经营地位、经营条件和环境等方面的差异造成的。本期报告我们仍以在企业人工成本信息统计发布方面比较全面细致的上海市为例进行分析。

1.2011年上海市不同所有制企业人工成本水平增长情况分析

与2010年情况完全不同，上海市不同所有制企业人工成本变动出现了许多值得关注的新情况和新特点。这些情况和特点可以表明，未来企业人工成本水平及其增长的差异化和不确定性越来越明显。

从全行业企业角度分析，上海市2011年各类企业平均人工成本水平仅上升1.1%（见表8—3），与上年度增长19.71%相比形成明显反差。尽管人工成本总体水平上升幅度很小，但各类企业在增长速度上的差异仍然较大。2011年，上海市国有企业人工成本水平是各类企业中上升最快的，因此从2010年的第2位又重新回到第1位。同年，集体企业、港澳台投资企业、外商投资企业人工成本水平均出现不同程度降低，私营企业人工成本水平则略有上升（见表8—3）。与2010年情况完全不同的是，上一年度各类企业人工成本水平全部呈现不同程度的上升，国有企业增速最低；在2011年，各类企业人工成本水平增长出现明显分化，国有企业增速较高，其他类型企业出现减速或人工成本水平明显降低。

表8—3　　上海市不同所有制企业人工成本水平增长情况

	2010年（元）	2011年（元）	年增长幅度（%）
全行业企业	**101 222**	**102 335**	**1.10**
国有企业	105 546	120 684	14.34
集体企业	69 542	62 424	−10.24
港澳台投资企业	71 581	70 630	−1.33
外商投资企业	111 773	101 211	−9.45%
私营企业	54 034	55 545	2.80
制造业企业	**102 401**	**115 603**	**12.89**
国有企业	114 576	114 786	0.18
集体企业	54 753	65 758	20.10
港澳台投资企业	84 725	89 976	6.20
外商投资企业	107 424	148 956	38.66
私营企业	51 571	56 890	10.31

说明：本表根据上海市发布的当年人工成本统计数据加工计算。

从制造业企业角度分析，出现了人工成本水平与全行业人工成本水平变动基本相反的新情况。根据表8—3，各类制造业企业人工成本水平均有所上升，但国有制造业企业人工成本水平上升幅度却是最小的，外商投资企业和集体企业上升幅度很大。显然，国有企业人工成本水平大幅攀升的行业不在制造业行业企业范围，应是在市场竞争程度相对较低的行业企业。在非国有企业那里，人工成本水平上升最快的制造业企业则是原来人工成本水平已经较高的外商投资制造业企业，明显表现出这类制造业企业的竞争强势，否则这是不可想象，也是难以为继的。人工成本水平相对较低的集体和私营制造业企业也有不同程度的上升，由此看来，制造业企业人工成本的持续上升可能成为不可避免的长期趋势。

2. 2011 年上海市不同规模企业人工成本水平增长情况分析

与 2010 年不同的是，受全行业人工成本水平上升缓慢的影响，2011 年上海市不同规模企业人工成本水平上升速度均比较缓慢。但是，从全行业不同规模企业角度分析，大、中、小型企业依旧保持了上一年度增速递增的状况，即小企业人工成本水平上升幅度大于大、中型企业。在不同规模的制造业企业中，尽管 2011 年上海市制造业企业人工成本水平总体上升了 10%以上，但大、中、小型制造业企业各自的增长率均在 1%以下（见表 8—4），令人难以解释这种增速差异到底是怎么形成的。2011 年，上海市又进行了一项很有意义的工作，即从原来的小企业中进一步区分小型企业和微型企业进行统计调查。因此，如果不是数据错误或其他因素的干扰，上述不同规模制造业企业人工成本水平的增速差只能是微型企业（但是微型企业在调查样本中的比重又不可能如此之大）人工成本水平的较快增长造成的。

表 8—4　　上海市不同规模企业人工成本水平增长情况

	2010 年（元）	2011 年（元）	年增长幅度（%）
全行业企业	101 222	102 335	1.10
大型	119 661	119 832	0.14
中型	99 142	99 836	0.70
小型	75 566	77 652	2.76
微型		65 231	
制造业企业	102 401	115 603	12.89
大型	137 607	138 562	0.69
中型	85 881	86 231	0.41
小型	64 992	65 231	0.37
微型		74 321	

说明：本表根据上海市发布的当年人工成本统计数据加工计算。

（四）部分工种人工成本水平增长状况——以建筑业为例

不同区域、不同行业、不同所有制、不同规模企业的人工成本水平只能代表企业职工人工成本水平的平均状态，其内部不同职工的薪酬水平或人工成本差异是不能体现出来的，而企业职工之间的薪酬水平或企业不同职工的人工成本支出差异又是比较大的。对企业而言，人均人工成本水平只能代表企业每使用一名职工所需支付的成本，但具体到不同岗位或工种方面所使用的职工，企业对其所支付的人工成本水平差异是比较大的。因此，在可能的情况下，统计分析不同岗位或工种的人工成本是必要的，但这样做也会面临许多困难，如企业许多项目的人工成本支出很难具体量化到每个岗位上，我们只能借助那些能够直接量化的人工成本项目分析不同岗位或工种的人工成本水平。这种不同岗位或工种的人工成本支出水平也可以视为其市场工资价位的进一步延伸。

我们发现建筑行业对不同工种人工成本支出一直比较关注，相关机构近些年一直对我国30个左右的省会城市主要建筑工种人工成本支出水平进行调查统计，这使我们能从中观察分析这类工种人工成本水平及增长情况。

根据表8—5反映的18个建筑业工种人工成本水平及年均增长情况，我们发现，尽管直到现在这些工种的人工成本水平或由其反映出的薪酬水平并不高，与全国外出农民工的平均月收入水平大体相当，但其增长速度确实较快，近几年绝大多数工种的月人工成本水平年均增长速度均超过了20%，大大高于全国职工工资的增长速度。虽然从事这类工种工作的职工在社会上属于低工资群体，但是这些工种又大多属于技术工种，劳动者需具备一定的技术操作能力，根据目前的政策导向及劳动力市场供求关系变化状况，可以判断这类劳动者的薪酬或人工成本水平的上升势头比较明显，而且这与目前很多地区已经出现的普通技术工人工资较快增长趋势是基本一致的。

表8—5　全国省会城市建筑业主要工种人工成本水平及增长情况

工种	2009年（元）	2010年（元）	2011年（元）	年均增速（%）
建筑、装饰普工	1 159	1 403	1 781	23.97
木工（模板工）	1 682	2 104	2 634	25.15
钢筋工	1 563	1 925	2 379	23.37
混凝土工	1 382	1 675	2 128	24.09
架子工	1 604	1 962	2 423	22.90
砌筑工（砖瓦工）	1 604	2 029	2 510	25.09

续表

工种	2009 年（元）	2010 年（元）	2011 年（元）	年均增速（%）
抹灰工（一般抹灰）	1 600	2 007	2 482	24.55
抹灰、镶贴工	1 757	2 189	2 698	23.92
装饰 木工	1 830	2 258	2 774	23.12
防水工	1 420	1 726	2 143	22.84
油漆工	1 499	1 878	2 288	23.55
管工	1 489	1 784	2 209	21.80
电工	1 536	1 837	2 272	21.63
通风工	1 458	1 735	2 206	23.00
电焊工	1 599	1 965	2 412	22.82
起重工	1 476	1 819	2 090	18.98
玻璃工	1 449	1 747	2 116	20.84
金属制品安装工	1 487	1 824	2 162	20.57

说明：建筑工种人工成本项目包括基本工资、工资性补贴、生产工人辅助工资、职工福利费、生产工人劳动保护费。

二、人工成本结构变动状况分析

（一）部分地区人工成本各项构成变动状况

按照目前人工成本调查统计规则，在人工成本总体构成中包括从业人员劳动报酬、社会保险费用、职工福利费用、职工教育费用、劳动保护费用、职工住房费用、其他人工成本 7 个项目。从这 7 个项目在人工成本中所占比重方面进行分析，不仅可以从中观察企业人工成本现有结构的整体稳定性，而且可以从中观察各个人工成本项目年度变动与人工成本水平年度变动之间的协调关系，以及从业人员劳动报酬（实际上主要是职工工资）水平的年度变动与其他项目年度变动之间的协调关系。

根据表 8—6，可以看出各省（市）企业人工成本的整体结构明显存在一些共性，即各个项目的比重大小基本一致，没有明显区别，只有贵阳市的从业人员劳动报酬比重比其他几个省（市）略高一些，社会保险费用比重略低一些。各省（市）人工成本的整体结构在年度间是基本稳定的，主要是各个项目比重大小的整体排序保持了基本稳定，只是个别省（市）在职工住房费用与其他人工成本比重的大小排序上出现了暂时的排序性变化，但又很快恢复到原来状况。实际上，人工成本各个项目数据在年度间变动的一个明显特点是，波动性变化较多，持续性变化较少。根据表 8—6 中的数值，3 年间持续性变动幅度相对最大的项目，一个是上海市的其他人工成本项目，从 2009 年占人工成本的 2.6%逐步上升到 2011 年的 5.8%，即项目比重上升了 1.23 倍；另一个是大连市的职工住房费用项目，从 2009 年占人工成本的 8.2%逐步下降到 2011 年的 4.1%，即项目比重下降了 1 倍。

表 8—6　　部分城市 2009—2011 年人工成本结构表　　单位：%

上海	劳动报酬	社会保险费用	职工福利费用	职工教育费用	劳动保护费用	职工住房费用	其他人工成本
2009	68.3	19.2	4.0	0.8	1.3	3.8	2.6
2010	67.0	19.9	3.6	0.8	1.3	4.3	3.1
2011	65.9	18.1	3.9	0.8	1.0	4.5	5.8
大连	劳动报酬	社会保险费用	职工福利费用	职工教育费用	劳动保护费用	职工住房费用	其他人工成本
2009	61.1	15.6	4.1	2.1	1.2	8.2	7.7
2010	65.2	16.5	8.1	0.8	2.9	5.2	1.3
2011	65.7	14.2	5.6	0.6	1.1	4.1	8.7
沈阳	劳动报酬	社会保险费用	职工福利费用	职工教育费用	劳动保护费用	职工住房费用	其他人工成本
2009	62.1	20.8	5.7	0.8	1.1	5.8	3.6
2010	62.5	18.9	6.6	0.8	0.9	5.2	4.6
2011	64.2	22.5	4.6	0.5	0.5	4.4	3.4
贵阳	劳动报酬	社会保险费用	职工福利费用	职工教育费用	劳动保护费用	职工住房费用	其他人工成本
2009	68.3	14.1	5.2	0.7	1.3	5.5	4.8
2010	70.2	14.7	4.7	0.8	1.1	5.6	3.0
2011							
青海	劳动报酬	社会保险费用	职工福利费用	职工教育费用	劳动保护费用	职工住房费用	其他人工成本
2009	66.3	19.6					
2010	68.9	15.9	5.8	0.9	0.9	3.9	3.7
2011	64.7	17.3					

续表

柳州	劳动报酬	社会保险费用	职工福利费用	职工教育费用	劳动保护费用	职工住房费用	其他人工成本
2009							
2010	65.3	17.2	7.4	1.2	1.9	3.9	3.1
2011	65.8	16.9	5.6	1.3	2.1	5.1	3.2

说明：根据各省（市）公开发布人工成本数据整理。

（二）不同类型企业人工成本各项构成变动状况——以上海市为例

以上海市为例，可以比较准确地观察到不同所有制企业人工成本结构的典型特征及其变动状况。根据表8—7，国有企业人工成本结构的典型特征是从业人员劳动报酬比重是各类企业中最低的（尽管其人工成本绝对水平较高），但其他项目的比重一般都高于其他所有制类型的企业，特别是社会保险费用和住房费用，在各类所有制企业中无论是从水平上还是人工成本的比重上都是各类企业中最高的。与国有企业人工成本结构状况完全相反的是私营企业。上海市私营企业从业人员劳动报酬占人工成本比重一直在80%左右波动，高于国有企业近20个百分点。但上海市私营企业人工成本的其他项目比重几乎都是各类企业中最低的。尽管私营企业工资水平较低，但企业投入的人工成本绝大多数都在工资方面，企业在职工的社会保险、福利待遇、教育培训、劳动保护等方面的投入明显偏低。特别是私营企业对职工教育培训和劳动保护方面投入不足，这不仅会制约企业的持续发展，也容易产生一些社会问题。

以上海市为例，集体企业、港澳台商企业和外商投资企业的人工成本总体结构处于国有企业和私营企业两者之间。从业人员劳动报酬的比重略高于国有企业，但明显低于私营企业（大约比私营企业低10个百分点）。其他如社会保险等项目的比重虽然略低于国有企业，但又明显高于私营企业。外商投资企业在职工教育培训方面的人工成本投入较多，与国有企业几乎不相上下，显示出这类企业对职工技能素质和持续性发展的重视程度较高。

（三）部分地区不同行业人工成本占比变动状况

人工成本占总成本的比重只是一个企业全部成本投入的结构性指标，并不是人工成本的投入产出指标，无法表示人工成本投入的实际效果或收益回报。在企业总成本和总收益结构相对不变的情况下，人工成本占总成本比重

表 8—7　　上海市不同所有制企业 2009—2011 年人工成本结构表　　单位：%

国有企业	劳动报酬	社会保险费用	职工福利费用	职工教育费用	劳动保护费用	住房费用	其他
2009	64.9	21.1	3.7	0.8	1.4	4.8	3.3
2010	62.1	19.2	4.2	0.8	1.3	4.4	8.0
2011	62.6	19.2	4.3	0.8	1.1	5.0	7.0
集体企业	劳动报酬	社会保险费用	职工福利费用	职工教育费用	劳动保护费用	住房费用	其他
2009	68.6	19.0	3.8	0.5	1.0	3.5	3.6
2010	63.9	21.6	4.6	0.4	1.3	3.0	5.2
2011	64.5	19.1	5.3	0.5	1.7	3.1	5.8
港澳台企业	劳动报酬	社会保险费用	职工福利费用	职工教育费用	劳动保护费用	住房费用	其他
2009	68.9	17.9	4.3	0.6	1.3	3.1	3.9
2010	67.3	16.7	3.8	0.6	1.1	3.1	7.4
2011	72.2	15.6	3.6	0.4	0.9	3.3	4.0
外商投资企业	劳动报酬	社会保险费用	职工福利费用	职工教育费用	劳动保护费用	住房费用	其他
2009	69.8	18.3	3.6	0.7	1.1	3.9	2.6
2010	65.2	18.3	4.0	1.0	1.1	3.5	6.9
2011	68.3	16.6	3.7	0.8	0.7	3.4	6.5
私营企业	劳动报酬	社会保险费用	职工福利费用	职工教育费用	劳动保护费用	住房费用	其他
2009	82.0	10.8	2.8	0.4	0.5	1.4	2.1
2010	80.1	12.4	2.6	0.3	0.5	0.8	3.3
2011	79.5	13.4	2.4	0.3	0.7	1.2	2.5

说明：本表根据上海市公开发布人工成本数据加工整理。

一般是越低越好，因为这样有利于使企业单位人工成本投入取得更好的收益回报。但是，在企业总成本水平相对降低的情况下，人工成本占总成本比重即使有所上升，也可能使人工成本的投入产出效果取得明显提升。因此，对这个指标需要具体问题具体分析。

在我国经济发展现阶段，经济持续较快增长已经受到资源、环境等瓶颈的制约，国际、国内市场上的资源价格总体上讲是涨多降少，企业物耗成本大都处于一种上升状态，影响企业效益水平的提高。在这种情况下，企业人工成本占总成本比重的提高，对企业而言肯定是在物耗成本上升之外的另一大挑战。可以说，能否稳定人工成本占比是摆在企业面前的一个重大课题。

人工成本占总成本比重具有特别鲜明的行业特征，不同行业之间数据差别较大。表 8—8 只表示了北京市、上海市和沈阳市 3 个城市 9 个大行业的人工成本占比及年度变动状况，尽管不利于同行业企业间的人工成本占比水平比较，但可以集中显示各城市各大行业的人工成本占比的变动趋势。根据表8—8，2010—2011年间，3个城市9大行业人工成本占比总体上是升多降少，表现出多数行业企业都承受了一定程度的人工成本上升压力。以北京市为例，2011年只有电力、燃气和水的供应业、建筑业两个行业人工成本占比有所下降，其他行业都有不同程度上升。其中，信息传输、计算机服务和软件业，金融业，交通运输、仓储和邮政业3个行业上升幅度较大，在5个百分点以上。以上海市为例，2011年电力、燃气和水的供应业，信息传输、计算机服务和软件业，批发和零售业，房地产业4个行业人工成本占比有所下降，其他5个行业则有所上升，金融业、住宿和餐饮业两个行业上升幅度较大，分别上升了16.8和6.5个百分点。以沈阳市为例，2011年电力、燃气和水的供应业，建筑业两个行业人工成本占比有所下降，其他行业均有所上升，其中以住宿和餐饮业上升幅度最大，上升了近6个百分点。

表8—8　　　　3个城市9大行业人工成本占总成本比重情况表

地区/行业	2010年（%）	2011年（%）	变动幅度（%）
北京			
制造业	5.21	6.06	0.85
电力、燃气和水的供应业	10.32	8.08	−2.24
建筑业	6.96	4.19	−2.77
交通运输、仓储和邮政业	24.60	29.74	5.14
信息传输、计算机服务和软件业	5.23	13.90	8.67
批发和零售业	4.59	4.69	0.10
住宿和餐饮业	24.14	28.96	4.82
金融业	6.93	13.10	6.17
房地产业	7.14	9.05	1.91
上海			
制造业	5.50	5.70	0.20
电力、燃气和水的供应业	6.10	5.10	−1.00
建筑业	6.40	9.20	2.80
交通运输、仓储和邮政业	25.60	27.50	1.90
信息传输、计算机服务和软件业	12.70	12.50	−0.20
批发和零售业	4.60	1.10	−3.50

续表

地区/行业	2010年（%）	2011年（%）	变动幅度（%）
住宿和餐饮业	26.20	32.70	6.50
金融业	15.80	32.60	16.80
房地产业	15.00	11.60	−3.40
沈阳			
制造业	7.4	8.0	0.57
电力、燃气和水的供应业	13.3	7.9	−5.39
建筑业	5.1	4.9	−0.16
交通运输、仓储和邮政业	7.8	8.4	0.57
信息传输、计算机服务和软件业	12.3	16.6	4.28
批发和零售业	3.5	5.2	1.66
住宿和餐饮业	14.2	20.1	5.89
金融业	19.9	24.7	4.82
房地产业	1.4	1.8	0.44

说明：本表根据各省（市）公开发布人工成本数据整理。

综合分析上述3个城市9个行业人工成本占比的上升情况，2011年3个城市均呈上升趋势的有制造业、住宿和餐饮业、金融业3个行业。制造业上升幅度很小，均不超过1个百分点，但影响面比其他行业都大；住宿和餐饮业上升明显（在4.8～6.5个百分点之间），对企业经营和效益影响较大；金融业处于行业高端，垄断性和营利性强，2011年全行业利润增长超过35%，尽管人工成本增长快，人工成本的比重也有较大幅度上升，但该行业对于人工成本上升的内部消化能力比其他行业要强很多。

（四）不同类型制造业企业人工成本占比变动状况——以北京市、上海市为例

以制造业为标杆，可以发现北京市、上海市及其他一些地区制造业人工成本占总成本比重的指标数据在年度间变动微弱，2011年均出现小幅上升。但是对北京市、上海市不同所有制制造业企业进行观察，该指标数据不仅变动幅度明显加大，而且变动方向也很不一致。2011年，北京市只有国有制造业企业人工成本占比上升且幅度较大，集体企业和三资企业当年均呈现不同程度的降低（见表8—9）。当年，上海市国有、港澳台商投资和外商投资制造业企业的人工成本占比都呈现不同程度上升，其中港澳台商投资企业上升幅

度较大（上升了近8个百分点，见表8—9）。

表8—9 北京市、上海市不同所有制制造业企业人工成本占比变动情况

地区/企业类型	2010年（%）	2011年（%）	变动幅度（%）
北京	5.21	6.06	0.85
国有企业	3.36	6.73	3.37
集体企业	17.88	15.59	−2.29
三资企业	4.92	4.40	−0.52
上海	5.5	5.7	0.20
国有企业	9	11.2	2.20
集体企业	16.6	14	−2.60
港澳台商投资企业	4.9	12.8	7.90
外商投资企业	4.4	6.9	2.50
私营企业	11	9	−2.00

说明：本表根据北京市和上海市公开发布人工成本数据整理。

同样是制造业企业，北京市和上海市除了集体企业的人工成本占比比较接近外，其他类型企业均有明显差异。上海市国有制造业企业的人工成本占比甚至高于北京市同类企业66%；综合来看，三资企业的人工成本占比也是上海市高一些。这与不同地区制造业内部的具体行业分布有关，并不能说明哪个地区的制造业人工成本投入产出效果较好。尽管北京市和上海市集体制造业企业人工成本占比都有所下降，但现有水平仍然偏高，同样不能说明劳动密集型特征极为明显的集体企业所承受的人工成本压力有所减轻。这还要看不同行业企业人工成本最终的投入产出效果。

三、人工成本投入产出指标变动状况分析

人工成本投入产出指标主要包括人事费用率指标、劳动分配率指标和人工成本利润率指标。这3项指标可以分别从不同角度衡量人工成本的投入产出效果。

（一）部分地区不同行业人事费用率变动状况

人事费用率指标是多数地区目前普遍使用的人工成本投入产出指标。通过该指标可以观察不同行业企业人均人工成本水平与销售额计算的劳动生产率之间的相互关系及其变动状况。在其他条件不变的情况下，人事费用率降

低可以说明每单位人工成本投入创造的销售额更高；相反则说明每单位人工成本投入所创造的销售额降低。

以 2009 年数据为标杆，2011 年北京市 9 个行业中有 6 个行业人事费用率降低，有 3 个行业人事费用率上升。在人事费用率降低的行业中，制造业，电力、燃气和水的供应业，金融业 3 个行业保持了两年连续降低状态，但没有一个行业出现两年连续上升的，一般都是保持 3 年的上下波动状态。其中，金融业人事费用率两年来的下降幅度很大，达到近 26 个百分点（见表 8—10）。

表 8—10　　4 城市 9 大行业人事费用率情况表

地区/行业	2009 年（%）	2011 年（%）	变动幅度（%）
北京	—	—	—
制造业	8.10	6.07	−2.03
电力、燃气和水的供应业	9.58	7.46	−2.12
建筑业	5.99	6.09	0.10
交通运输、仓储和邮政业	33.56	29.32	−4.24
信息传输、计算机服务和软件业	23.09	14.79	−8.30
批发和零售业	5.22	3.85	−1.37
住宿和餐饮业	23.75	24.69	0.94
金融业	29.51	3.57	−25.94
房地产业	6.39	7.73	1.34
上海			
制造业	5.25	5.01	−0.24
电力、燃气和水的供应业	4.34	3.77	−0.57
建筑业	4.46	8.85	4.39
交通运输、仓储和邮政业	12.15	18.05	5.90
信息传输、计算机服务和软件业	9.38	10.45	1.07
批发和零售业	1.62	1.88	0.26
住宿和餐饮业	25.91	23.98	−1.93
金融业	9.72	10.30	0.58
房地产业	7.51	7.14	−0.37
沈阳			
制造业	8.37	7.6	−0.77
电力、燃气和水的供应业	24.30	6.7	−17.60

续表

地区/行业	2009年（%）	2011年（%）	变动幅度（%）
建筑业	6.55	4.6	−1.95
交通运输、仓储和邮政业	6.17	6.5	0.33
信息传输、计算机服务和软件业	4.05	11.5	7.45
批发和零售业	4.55	4.9	0.35
住宿和餐饮业	8.25	15.1	6.85
金融业	17.90	13.6	−4.30
房地产业	2.22	1.5	−0.72
长沙			
制造业	6.00	7.1	1.10
电力、燃气和水的供应业	16.30	12.1	−4.20
建筑业	5.90	7.9	2.00
交通运输、仓储和邮政业	15.00	17.6	2.60
信息传输、计算机服务和软件业	6.50	27.4	20.90
批发和零售业	5.00	3.9	−1.10
住宿和餐饮业	17.90	23.7	5.80
金融业	8.40	17.7	9.30
房地产业	2.61	2.3	−0.31

说明：本表根据各城市发布的人工成本统计数据加工整理。

2011年上海市9个行业中有4个行业人事费用率降低，有5个行业人事费用率上升。在人事费用率降低的行业中，只有住宿和餐饮业保持了连续两年降低状态；在人事费用率上升的行业中，只有建筑业保持了连续两年上升状态。

2011年沈阳市9个行业中有5个行业人事费用率降低，有4个行业人事费用率上升。在人事费用率降低的行业中，建筑业、金融业和房地产业3个行业保持了连续两年降低状态；在人事费用率上升的行业中，只有住宿和餐饮业保持两年连续上升状态。

2011年长沙市9个行业中有3个行业人事费用率降低，有5个行业人事费用率上升。其中，信息传输、计算机服务和软件业的人事费用率两年上升了近21个百分点。

通过对表8—10的分析，可以发现上述4个城市之间制造业行业企业的人事费用率是最接近、最稳定的，而且多数城市这两年也是有所降低的。

（二）制造业不同行业劳动分配率变动分析——以北京市、上海市为例

劳动分配率指标是部分地区目前使用的衡量人工成本投入产出水平的指标。从理论上分析，该指标可以最直接、方便、准确地用来判断一个行业企业的人工成本适度水平和竞争能力。其根本原因在于，通过该指标可以观察不同行业企业人均人工成本水平与按新创造价值计算的劳动生产率之间的相互关系及其变动状况。在其他条件不变的情况下，劳动分配的降低有利于各行业企业每单位人工成本投入创造更多的新增价值；相反则说明各行业企业每单位人工成本投入所创造的新增价格有降低的可能。当然，要做出更为准确的判断，还需要进一步观察各行业企业增加值率的变化趋向和变动幅度。

在北京市、上海市都统计公布人工成本数据的25个制造业内部行业中，2011年劳动分配率数据变动呈现如下一些特点：

首先，北京市有10个行业的劳动分配率有不同程度降低，有15个行业的劳动分配率有不同程度上升；上海市只有5个行业的劳动分配率不同程度降低，但有多达20个行业劳动分配率呈现出不同程度上升（见表8—11）。值得关注的是，虽然2011年两市制造业总体人事费用率都略有降低，但受其他多种因素影响，制造业内部多数行业企业的劳动分配率水平处于上升状态，人事费用率和劳动分配率的反向变化状态越来越明显，多数行业企业的人工成本压力正在逐步增大。

表8—11　　北京市、上海市制造业行业劳动分配率情况表

地区/行业	2010年（%）	2011年（%）	变动幅度（%）
北京			
农副食品加工业	47.62	65.43	17.81
食品制造业	53.63	36.95	−16.68
饮料制造业	37.87	30.65	−7.22
纺织业	76.03	71.17	−4.86
纺织服装、鞋、帽制造业	70.52	68.22	−2.30
皮革、毛皮、羽毛（绒）及其制品	56.08	68.78	12.70
木材加工及木、竹、藤、棕、草制品业	52.00	74.17	22.17
家具制造业	33.07	40.92	7.85
造纸及纸制品业	9.64	9.26	−0.38

续表

地区/行业	2010年（%）	2011年（%）	变动幅度（%）
印刷业和记录媒介的复制	50.81	69.67	18.86
化学原料及化学制品制造业	31.30	32.24	0.94
医药制造业	29.37	39.60	10.23
化学纤维制造业	46.90	70.87	23.97
橡胶制品业	72.68	56.39	−16.29
塑料制品业	70.20	47.95	−22.25
非金属矿物制品业	30.34	38.22	7.88
黑色金属冶炼及压延加工业	57.58	37.40	−20.18
金属制品业	28.81	36.75	7.94
通用设备制造业	35.93	38.45	2.52
专用设备制造业	35.40	46.23	10.83
交通运输设备制造业	13.94	15.74	1.80
电气机械及器材制造业	36.39	47.12	10.73
通信设备、计算机及其他电子设备制造业	65.08	43.85	−21.23
仪器仪表及文化、办公用机械制造业	69.98	66.30	−3.68
工艺品及其他制造业	32.33	63.02	30.69
上海			
农副食品加工业	56.90	642.20	585.30
食品制造业	37.60	153.60	116.00
饮料制造业	29.20	53.60	24.40
纺织业	75.60	82.40	6.80
纺织服装、鞋、帽制造业	84.10	51.70	−32.40
皮革、毛皮、羽毛（绒）及其制品	51.20	31.40	−19.80
木材加工及木、竹、藤、棕、草制品业	36.70	65.70	29.00
家具制造业	89.50	57.10	−32.40
造纸及纸制品业	62.90	85.50	22.60
印刷业和记录媒介的复制	37.00	51.70	14.70
化学原料及化学制品制造业	32.20	57.10	24.90
医药制造业	50.60	55.60	5.00
化学纤维制造业	50.60	67.30	16.70
橡胶制品业	47.30	72.40	25.10
塑料制品业	34.00	36.60	2.60

续表

地区/行业	2010年（%）	2011年（%）	变动幅度（%）
非金属矿物制品业	19.10	67.90	48.80
黑色金属冶炼及压延加工业	14.60	32.90	18.30
金属制品业	36.90	34.40	−2.50
通用设备制造业	37.00	39.40	2.40
专用设备制造业	57.30	64.30	7.00
交通运输设备制造业	18.60	127.90	109.30
电气机械及器材制造业	26.30	38.10	11.80
通信设备、计算机及其他电子设备制造业	30.40	40.70	10.30
仪器仪表及文化、办公用机械制造业	67.80	71.90	4.10
工艺品及其他制造业	47.90	31.40	−16.50

说明：本表根据两城市公布数据及均纳入统计范围的各制造业行业数据整理。

其次，北京市和上海市劳动分配率降低的行业企业基本上没有共同性。比如，上海市劳动劳动分配率降低的5个制造业行业中只有1个行业与北京市是相同的，其他则都不相同。这表明劳动分配率降低的行业在其他地区并不具有普遍性。

最后，两个城市很多行业劳动分配率的年度波动幅度过大，有些是生产经营和分配行为导致的，但很多明显是统计方式本身存在问题或统计数据出现了明显差错所导致的。比如，2011年上海市农副食品加工业和食品制造业的劳动分配率竟然分别达到642.2%和153.6%，这是一个企业无法维持生存的、令人难以想象的高度。此外，两城市很多行业的劳动分配率一年间的波动幅度超过20甚至30个百分点，如果不是统计上有问题，这同样是令人难以想象的。

（三）制造业不同行业人工成本利润率变动分析——以上海市为例

人工成本利润率指标是部分地区目前使用的衡量人工成本投入产出最终成果的指标。从理论上分析，该指标既可以反映单位人工成本投入所能够带来的利润水平，也可以据此判断在企业新创造价值中职工薪酬与企业利润的分配比例是否合理适度。从企业经营的角度讲，人工成本利润率越高越好；从劳动者获得合理劳动报酬的角度看，人工成本利润率的上升不应以牺牲劳动报酬的正常增长为代价。

根据表8—12，在上海市27个制造业行业中，2011年人工成本利润率高于200%的行业有3个，与上一年度相同，但行业不同；人工成本利润率在100%～200%之间的行业有7个，与上一年度相同；人工成本利润率在50%～100%之间的行业有11个，比上一年度多4个行业；人工成本利润率低于50%的行业有6个，比上一年度减少4个。2011年人工成本利润率上升的行业有13个，下降的行业有14个，几乎各占一半。值得注意的是，绝大多数人工成本利润率上升的行业往往是人工成本利润率原有水平并不高的行业，原有水平高的行业却在2011年呈现出大幅下降的局面。再有一个明显的特点是，2011年上海市劳动密集行业的人工成本利润率大都能够保持相对稳定，变动不大；多数资本密集型行业的人工成本利润率却出现了不同程度的下降。是什么原因造成这种现象，值得人们关注，这种现象易削弱资本密集型企业的竞争力，对促进国内企业转型升级也不利。

表8—12　　上海市制造业行业人工成本利润率情况表

行业	2010年（%）	2011年（%）	变动幅度（%）
农副食品加工业	18	34	16
食品制造业	63	61	−2
饮料制造业	79	77	−2
纺织业	27	48	21
纺织服装、鞋、帽制造业	21	76	55
皮革、毛皮、羽毛（绒）及其制品	127	265	138
木材加工及木、竹、藤、棕、草制品业	39	32	−7
家具制造业	23	108	85
造纸及纸制品业	2	183	181
印刷业和记录媒介的复制	107	76	−31
文教体育用品制造业	21	265	244
石油加工炼焦及燃料加工业	232	108	−124
化学原料及化学制品制造业	133	109	−24
医药制造业	92	88	−4
化学纤维制造业	130	35	−95
橡胶制品业	94	61	−33
塑料制品业	27	63	36
非金属矿物制品业	611	26	−585

续表

行业	2010年（%）	2011年（%）	变动幅度（%）
黑色金属冶炼及压延加工业	199	142	−57
金属制品业	90	156	66
通用设备制造业	84	112	28
专用设备制造业	40	38	−2
交通运输设备制造业	278	68	−210
电气机械及器材制造业	186	95	−91
通信设备、计算机及其他电子设备制造业	50	75	25
仪器仪表及文化、办公用机械制造业	31	51	20
工艺品及其他制造业	154	265	111

说明：本表根据上海市公布的制造业人工成本数据整理。

第九章
上市公司薪酬分配

本章主要利用沪、深上市公司 2013 年 6 月 30 日前披露的数据（深圳国泰安信息技术有限公司提供的 CSMAR 数据库），力求准确、客观地反映不同所有制类型、不同行业上市公司职工和高管的平均薪酬水平。

截至 2012 年年底，我国沪、深上市公司合计 2 494 家，较 2011 年新增 152 家，沪、深两市总市值 23.04 万亿元，总市值占当年国内生产总值的 44.36%，中国股市总市值居全球第 2 位，仅次于美国[①]。

一、职工薪酬分配总体情况

(一) 职工薪酬评价样本

以 2012 年度中国内地上市公司有关数据为依据，以沪、深 A 股上市公司为初始样本进行筛选。样本选择遵循以下标准：(1) 剔除部分数据缺失的样本，缺失的数据主要包括职工人数未披露、职工或高管薪酬总额未披露等。(2) 只包括处于正常经营情况的上市公司，不包括暂停上市公司、中止上市公司。(3) 样本上市公司覆盖所有按照中国证券监督管理委员会 CSRC 分类标准所涉及的 13 个行业门类。截至 2013 年 6 月 30 日，进行上述筛选后，共选择 2 430 家 A 股上市公司（占 97.4%）进行分析。

本章中职工薪酬总额采用数据为上市公司年报“现金流量表”中的“支

① 中国证券监督管理委员会. 中国证券监督管理委员会年报 2012 [M]. 北京：中国财政经济出版社，2013. 6。本章中上市公司数据仅包括 A 股上市公司。

付给职工以及为职工支付的现金”[①]，并将该数值与年报“资产负债表”中“应付职工薪酬”[②] 一项进行对比修正。

（二）职工薪酬分配总体情况评价

截至2012年6月30日，统计的A股2 430家上市公司职工总数15 744 502人（含高管37 655人，其中领取薪酬高管22 159人），上市公司为他们支付的薪酬总额为16 919.1亿元（其中高管薪酬总额113.0亿元），平均每位职工的薪酬[③]为10.7万元，比2011年的8.2万元名义增长30.5%（由于2011年上市公司职工平均薪酬采用的“应付职工薪酬”口径，因此，与2012年度采用的“支付给职工以及为职工支付的现金”不完全可比）。与国家统计局公布的2012年全国城镇非私营单位在岗职工年平均工资47 593元相比，我国上市公司职工平均薪酬是全国平均水平的2.2倍（上年度为1.9倍）。

2012年，上市公司中职工薪酬排名前50名的上市公司数据见表9—1。其中，拥有101名员工的安信信托（股票代码600816）的职工平均薪酬最高，人均薪酬高达91.30万元（见表9—1，该公司在职工人数增加42人后，职工平均薪酬与上年度的92.37万元基本持平）。该公司是我国第一批股份制金融机构，并且是最早一批金融类上市公司。职工薪酬排名第2位的渤海租赁（股票代码000415）职工平均薪酬也较高，为64.46万元。前50名中职工平均薪酬最低的是天伦置业，人均薪酬23.11万元，是2 430家上市公司职工平均薪酬的2.16倍。

从行业情况看，金融业（银行、证券、保险信托）依然是职工平均薪酬最高的行业，职工平均薪酬最高的前50家上市公司中接近半数（22家）为金融类上市公司，其次是房地产开发类企业（12家）。

① 上市公司年报中披露的“支付给职工以及为职工支付的现金”是指：上市公司实际支付给职工，以及为职工支付的现金，包括本期实际支付给职工的工资、奖金、各种津贴和补贴等，以及为职工支付的养老保险、失业保险、补充养老保险、住房公积金，支付给职工的住房困难补助，支付的离、退休人员的费用等。不包括支付给在建工程人员的工资。由于此处我们采用上市公司的合并报表数据，而上市公司提供的员工人数有时与合并报表不匹配，因此，使用该项指标计算的职工平均工资相对偏高。

② 上市公司年报中披露的“职工薪酬”是指为获取职工提供的服务而给予各种形式的报酬以及其他相关支出，包括职工工资、奖金、津贴和补贴、职工福利费，企业为职工支付的养老等5项社会保险费、住房公积金、工会经费和职工教育经费，解除劳动关系的补偿，各种非货币性福利等相关支出。有些研究人员认为利用资产负债表中“应付职工薪酬”来计算上市公司的职工平均工资较为合理，但有些研究人员认为利用现金流量表中“支付给职工以及为职工支付的现金”更加合理。作者认为，这两种方式都有缺陷，为此对计算出的职工薪酬数据出现极值的，即利用两种数据进行比较折算。

③ 不包含公司高管薪酬。

表 9—1　　2012 年 2 430 家上市公司职工平均薪酬前 50 名数据

公司简称	职工工资总额（元）	职工人数（人）	职工人均薪酬（元）
安信信托	92 214 653	101	913 016
渤海租赁	115 379 036	179	644 576
陕国投 A	85 270 657	173	492 894
华域汽车	3 821 492 814	8 006	477 329
中信证券	4 548 634 604	10 452	435 193
华远地产	138 815 342	338	410 696
浦发银行	14 029 000 000	35 784	392 047
招商银行	21 996 000 000	59 340	370 677
浦东金桥	47 307 384	133	355 695
中工国际	246 581 435	723	341 053
民生银行	16 475 000 000	49 227	334 674
中信银行	13 718 000 000	41 365	331 633
北京银行	2 730 649 000	8 259	330 627
国兴地产	22 346 567	68	328 626
宁波银行	1 717 731 000	5 329	322 336
海通证券	2 312 491 389	7 248	319 052
平安银行	7 176 205 000	24 251	295 914
光大银行	9 423 000 000	31 968	294 764
华夏银行	6 768 094 745	22 991	294 380
万通地产	169 950 542	583	291 510
南京银行	1 395 481 000	4 848	287 847
中海油服	3 713 339 023	12 991	285 839
沙河股份	49 245 183	173	284 654
中信海直	274 076 403	967	283 430
中南建设	1 730 847 275	6 388	270 953
国金证券	536 164 418	1 982	270 517
兴业证券	985 225 663	3 683	267 506
国电南瑞	705 988 667	2 650	266 411
宝信软件	950 546 935	3 587	264 998
西南证券	519 513 676	1 970	263 713
兴业银行	11 195 000 000	42 561	263 034

续表

公司简称	职工工资总额（元）	职工人数（人）	职工人均薪酬（元）
深振业 A	76 198 249	290	262 753
招商轮船	375 252 854	1 454	258 083
深赛格	76 878 139	300	256 260
天房发展	107 678 202	421	255 768
亚厦股份	987 553 757	3 888	254 000
铁汉生态	210 449 028	843	249 643
中航投资	439 302 421	1 772	247 913
太平洋	247 237 968	1 023	241 679
东吴证券	493 725 301	2 051	240 724
申通地铁	4 325 119	18	240 284
深南电 A	76 737 938	321	239 059
广宇发展	3 328 669	140	238 062
深圳能源	805 534 671	3 402	236 783
银基发展	15 979 838	68	234 998
绵世股份	32 094 874	137	234 269
山西证券	465 303 339	1 992	233 586
中弘股份	109 104 497	470	232 137
华泰证券	1 789 759 612	7 733	231 444
天伦置业	9 706 560	42	231 109

二、上市公司 2012 年分行业薪酬分配情况

与 2011 年分行业职工平均薪酬分布情况相比，2012 年，金融业职工平均薪酬高达 20.85 万元，仍远高于其他 12 个行业，职工平均薪酬最低的是农、林、牧、渔业，仅为 3.57 万元。除社会服务业平均薪酬略有下降外，其他 12 个行业上市公司职工平均薪酬较 2011 年均有所增长（见表 9—2、图 9—1）。

现根据表 9—2 对 13 个大行业的上市公司的职工薪酬水平进行具体分析。

（一）农、林、牧、渔业

在统计分析的 2 430 家上市公司中，所属行业为农、林、牧、渔业的共 45 家，占总数的 1.85%左右。该行业职工平均薪酬水平为 3.57 万元，其中，民和股份（畜牧业）职工平均薪酬最高，为 11.22 万元；武昌鱼（渔业）职工平均薪酬最低，仅为 1.23 万元。

表 9—2　2012 年 2 430 家不同行业上市公司职工平均薪酬水平

行业代码	行业	数量（家）	职工平均薪酬最大值（万元）	职工平均薪酬最小值（万元）	2011 年行业职工平均薪酬水平（万元）	2012 年行业职工平均薪酬水平（万元）
A	农、林、牧、渔业	45	11.22	1.23	3.31	3.57
B	采掘业	61	28.58	3.32	10.25	12.11
C	制造业	1 470	47.73	1.69	6.40	7.23
D	水电煤气业	74	23.91	3.46	9.87	11.39
E	建筑业	49	34.11	2.21	9.26	11.04
F	交通运输、仓储业	77	28.34	2.65	8.41	12.55
G	信息技术业	196	26.64	1.39	10.38	10.90
H	批发和零售贸易业	124	22.09	1.98	5.24	6.23
I	金融业	41	91.30	10.91	10.73	20.85
J	房地产业	127	41.07	1.81	7.52	9.44
K	社会服务业	81	64.46	1.44	6.38	6.16
L	传播与文化产业	35	20.13	3.82	6.75	8.12
M	综合类	50	24.79	3.82	5.62	6.73
	平均				8.20	10.70

注：2011 年分行业职工平均薪酬根据 2 032 家上市公司数据整理计算，详见《中国薪酬发展报告（2011 年）》第十一章。2012 年为根据国泰安 2 430 家上市公司的 CSMAR 数据整理计算，由于样本不完全一致，因此 2012 年与 2011 年分行业薪酬数据不具有完全可比性。

（二）采掘业

在统计分析的 2 430 家上市公司中，所属行业为采掘业的共 61 家，占总数的 2.51%左右。该行业职工平均薪酬水平为 12.11 万元，其中，中海油服（采掘服务业）职工平均薪酬最高，为 28.58 万元；永泰能源（煤炭采选业）职工平均薪酬最低，仅为 3.32 万元。

（三）制造业

在统计分析的 2 430 家上市公司中，所属行业为制造业的共 1 470 家，占总数的 60.49%左右。制造业职工平均薪酬为 7.23 万元，比上年度的 6.40 万元提高 12.9%。其中，华域汽车职工平均薪酬最高，为 47.73 万元；而金谷源（有色金属冶炼及压延加工业）的职工平均薪酬最低，仅为 1.69 万元。

（四）水电煤气业

在统计分析的2 430家上市公司中，所属行业为水电煤气业的共74家，占总数的3.05%左右。该行业职工平均薪酬水平为11.39万元，其中，深南电A职工平均薪酬水平最高，为23.91万元；江泉实业职工平均薪酬水平最低，仅为3.46万元。

（五）建筑业

在统计分析的2 430家上市公司中，所属行业为建筑业的共49家，占总数的2.02%左右。该行业职工平均薪酬水平为11.04万元，其中，中工国际（土木工程建筑业）职工平均薪酬最高，为34.11万元；国创能源（装修装饰业）职工平均薪酬最低，仅为2.21万元。

（六）交通运输、仓储业

在统计分析的2 430家上市公司中，所属行业为交通运输、仓储业的共77家，占总数的3.17%左右。该行业职工平均薪酬水平为12.55万元，其中，中信海直职工平均薪酬最高，为28.34万元；而江西长运职工平均薪酬最低，仅为2.65万元。

（七）信息技术业

在统计分析的2 430家上市公司中，所属行业为信息技术业的共196家，占总数的8.07%左右。该行业职工平均薪酬水平为10.90万元，其中，国电南瑞职工平均薪酬最高，为26.64万元；鹏博士职工平均薪酬最低，仅为1.39万元。

（八）批发和零售贸易业

在统计分析的2 430家上市公司中，所属行业为批发和零售贸易业的共124家，占总数的5.10%左右。该行业职工平均薪酬水平为6.23万元，其中，益民集团职工平均薪酬最高，为22.09万元；秋林集团职工平均薪酬最低，仅为1.98万元。

（九）金融业

在统计分析的2 430家上市公司中，所属行业为金融业的共41家，占总数的1.69%左右。该行业职工平均薪酬水平为20.85万元，比上年度的10.73万元提高94.3%。其中，安信信托职工平均薪酬最高，为91.30万元；新华保险职工平均薪酬最低，仅为10.91万元。

（十）房地产业

在统计分析的 2 430 家上市公司中，所属行业为房地产业的共 127 家，占总数的 5.23%左右。该行业职工平均薪酬水平为 9.44 万元，其中，华远地产职工平均薪酬最高，为 41.07 万元；东方银星职工平均薪酬最低，仅为 1.81 万元。

（十一）社会服务业

在统计分析的 2 430 家上市公司中，所属行业为社会服务业的共 81 家，占总数的 3.33%左右。该行业职工平均薪酬水平为 6.16 万元，其中，渤海租赁（租赁服务业）职工平均薪酬最高，为 64.46 万元；大众公用职工平均薪酬最低，仅为 1.44 万元。

（十二）传播与文化产业

在统计分析的 2 430 家上市公司中，所属行业为传播与文化产业的共 35 家，占总数的 1.44%左右。该行业职工平均薪酬水平为 8.12 万元，其中，天威视讯职工平均薪酬最高，为 20.13 万元；万鸿集团职工平均薪酬最低，仅为 3.82 万元。

（十三）综合类

在统计分析的 2 430 家上市公司中，所属行业为综合类的共 50 家，占总数的 2.06%左右。该行业职工平均薪酬水平为 6.73 万元，其中，中航投资职工平均薪酬最高，为 24.79 万元；西安宏盛职工平均薪酬最低，仅为 3.82 万元。

从表 9—2 可以看出，2012 年，上市公司中职工平均薪酬最高的仍然为金融业，为 20.85 万元，约为全部上市公司职工平均薪酬 10.70 万元的 1.95 倍，约是上市公司中职工薪酬最低的农、林、牧、渔业 3.57 万元的 5.84 倍，可见行业差距仍明显，如图 9—1 所示。

三、上市公司 2012 年分所有制薪酬分配情况

2012 年 2 430 家 A 股上市公司中，国有控股公司为 996 家，占 40.99%左右，非国有控股公司为 1 434 家，占 59.01%左右。从所有制来比较，国有控股上市公司的职工平均薪酬为 11.80 万元（其中，中央企业控股的上市公司职工平均薪酬为 13.59 万元），非国有控股上市公司为 7.81 万元。前者高出后者 51.1%，相差约 4 万元，差距较上年度显著扩大（见表 9—3）。

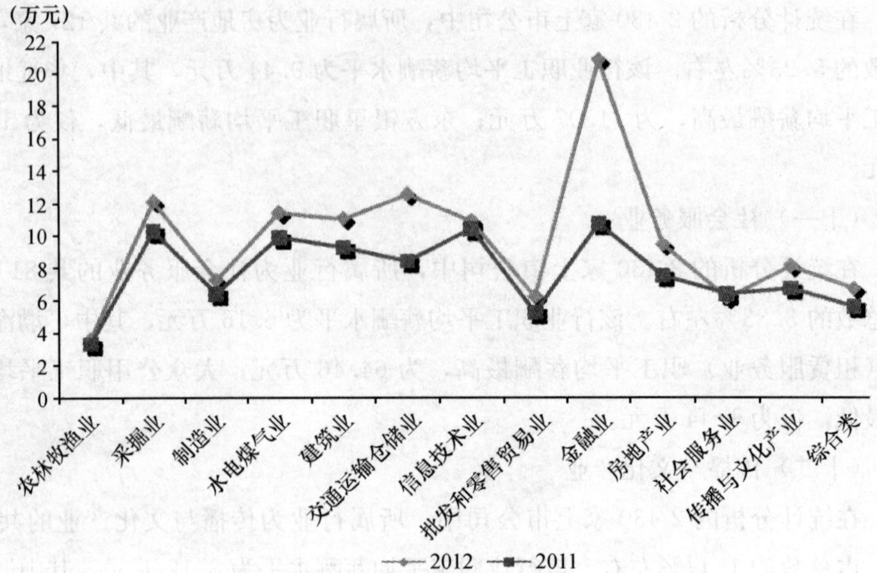

图 9—1　2012 年 13 个大行业上市公司职工平均薪酬比较

表 9—3　　　2011 年两种控股所有制上市公司职工平均薪酬水平

	所有制性质	数量（家）	职工平均薪酬最大值（万元）	职工平均薪酬最小值（万元）	企业平均薪酬水平（万元）
2012	国有控股公司	996	49.29	1.57	11.80
	其中：中央企业	346	43.52	1.99	13.59
	地方国有控股	650	49.29	1.57	8.88
	非国有公司	1 434	91.30	1.23	7.81
	国有控股公司/非国有公司职工平均薪酬（倍数）				1.51
2011	国有控股公司	901	68.06	1.81	8.55
	非国有公司	1 131	92.37	1.63	7.07
	国有控股公司/非国有公司职工平均薪酬（倍数）				1.21

注：根据统一规定，若实际控股人为国务院国资委或地方国资委、地方政府其他部门、国有控股公司、教育部下属高等院校，则定义为国有控股；如果上市公司实际控股人是自然人家族、若干自然人、某个团体（如职工持股会）、外资或其他非国有法人，则上市公司定义为私有控股。

资料来源：2012 年根据国泰安 CSMAR 数据整理计算；2011 年根据 2 032 家 A 股上市公司年报统计整理。表中中央企业指由中央企业整体上市或其所属控股上市公司，以及中央部门所控股的上市公司。

从我国上市公司分行业薪酬水平的数据分析来看，职工平均薪酬水平最高的 5 个行业依次为金融业，交通运输、仓储业，采掘业，水电煤气业，建筑业，上市公司中共有 302 家企业涉及这 5 个行业（见表 9—4），其中国有控股公司 221 家，占总数的 73.2%；而非国有控股公司有 81 家，占总数的 26.8%。这些行业除建筑业外，都是涉及行政垄断或受到政府严格管制的行业，这表明国有控股公司对某些行业的垄断优势是造成上市公司中两种所有制性质的企业职工平均薪酬差距较大的重要原因之一。

表 9—4　　2012 年不同所有制上市公司分行业职工平均薪酬水平

行业代码	行业	数量（家）	国有控股企业数量（家）	非国有控股企业数量（家）	国有控股职工平均薪酬（万元）	非国有控股职工平均薪酬（万元）
A	农、林、牧、渔业	45	20	25	10.55	4.96
B	采掘业	61	42	19	12.19	3.19
C	制造业	1 470	494	976	8.29	5.84
D	水电煤气业	74	64	10	11.55	5.91
E	建筑业	49	25	24	11.00	11.89
F	交通运输、仓储业	77	64	13	12.67	7.84
G	信息技术业	196	49	147	11.52	10.08
H	批发和零售贸易业	124	67	57	6.26	6.19
I	金融业	41	26	15	20.57	22.43
J	房地产业	127	55	72	9.87	9.09
K	社会服务业	81	36	45	6.99	4.73
L	传播与文化产业	35	24	11	8.39	6.66
M	综合类	50	30	20	6.50	8.17
	合计	2 430	996	1 434	11.80	7.81

按行业划分来看，在 13 个行业分类中，有 10 个行业国有控股上市公司职工平均薪酬水平高于非国有控股公司，这 10 个行业职工平均薪酬高出的程度分别为：农、林、牧、渔业 5.59 万元，采掘业 9 万元，制造业 2.45 万元，水电煤气业 5.64 万元，交通运输、仓储业 4.83 万元，信息技术业 1.44 万元，批发和零售贸易业 0.07 万元，房地产业 0.78 万元，社会服务业 2.26 万元，传播与文化产业 1.73 万元。

非国有控股公司的职工平均薪酬水平高于国有控股公司的有 3 个行业，高出的程度分别为：金融业 1.86 万元、建筑业 0.89 万元、综合类 1.67 万元。

2012 年，金融业的职工薪酬中非国有控股公司仍高于国有控股公司，但与上年度相比，差距在显著缩小。

四、上市公司 2012 年度高管薪酬分配情况

以 2 430 家上市公司高管薪酬为分析对象，对 2012 年度上市公司高管薪酬做以下分析：

（一）上市公司高管薪酬整体水平及前 50 名基本情况

1. 在 2 430 家上市公司中，2012 年度高管薪酬整体水平为 51.0 万元（上市公司领取薪酬高管总数为 22 159 人，薪酬总额为 113 亿元），绝对数值比 2011 年分析的 2 032 家上市公司高管平均薪酬 47.1 万元高出 3.9 万元，增长了 8.28%，低于 2012 年上市公司职工平均薪酬的增长幅度，也低于 2012 年全国城镇非私营单位就业人员年平均工资增速。

2. 2012 年度 2 430 家上市公司中高管平均薪酬排名前 50 位（见表 9—5）的上市公司中，最高的万科公司 816 万元（高于 2011 年最高值广发证券的 509 万元，提高了 60%），最低的是浦发银行，为 177 万元（高于 2011 年最低值齐翔腾达的 167 万元），最高是最低的 4.6 倍（2011 年最高是最低的 3 倍），可见 2012 年上市公司高管平均薪酬中处于前列的高管薪酬呈现继续较快增长态势。

表 9—5　2012 年 2 430 家中国上市公司高管平均薪酬前 50 名数据

公司简称	高管薪酬总额（元）	领薪高管人数（人）	高管人均薪酬（元）
万科 A	106 090 000	13	8 160 769
平安银行	63 470 000	15	4 231 333
雅戈尔	23 048 100	6	3 841 350
紫金矿业	52 048 700	14	3 717 764
民生银行	65 651 900	18	3 647 328
华发股份	39 318 070	11	3 574 370
长园集团	10 530 800	3	3 510 267
用友软件	52 235 000	15	3 482 333
方大特钢	48 340 600	14	3 452 900
金地集团	37 720 000	11	3 429 091
华远地产	29 416 400	9	3 268 489

续表

公司简称	高管薪酬总额（元）	领薪高管人数（人）	高管人均薪酬（元）
中集集团	35 610 000	11	3 237 273
格力电器	15 960 000	5	3 192 000
兴业银行	41 256 000	13	3 173 538
天士力	22 741 600	8	2 842 700
广发证券	35 811 264	13	2 754 713
中国平安	57 521 300	21	2 739 110
中国国贸	16 080 000	6	2 680 000
华联矿业	15 898 100	6	2 649 683
金科股份	31 087 600	12	2 590 633
美的电器	12 600 000	5	2 520 000
德赛电池	7 523 600	3	2 507 867
招商银行	37 116 800	15	2 474 453
金融街	44 070 000	18	2 448 333
中信证券	36 182 123	15	2 412 142
万通地产	16 861 100	7	2 408 729
浙江东方	18 997 800	8	2 374 725
大商股份	18 850 000	8	2 356 250
长江证券	20 563 600	9	2 284 844
中国太保	33 482 000	15	2 232 133
保利地产	26 542 400	12	2 211 867
新华保险	34 121 500	16	2 132 594
中信银行	25 462 700	12	2 121 892
比亚迪	30 891 874	15	2 059 458
招商证券	22 633 400	11	2 057 582
TCL 集团	18 297 900	9	2 033 100
中航飞机	5 982 500	3	1 994 167
上海莱士	19 828 518	10	1 982 852
物产中大	27 521 200	14	1 965 800
西南证券	17 527 600	9	1 947 511
欧亚集团	15 528 700	8	1 941 088
招商地产	22 884 800	12	1 907 067
苏泊尔	11 367 040	6	1 894 507

续表

公司简称	高管薪酬总额（元）	领薪高管人数（人）	高管人均薪酬（元）
长城开发	20 342 300	11	1 849 300
国金证券	14 698 600	8	1 837 325
华泰证券	21 995 500	12	1 832 958
复星医药	28 631 800	16	1 789 488
世联地产	16 090 213	9	1 787 801
东吴证券	14 250 000	8	1 781 250
浦发银行	23 074 300	13	1 774 946

资料来源：根据国泰安公司 CSMAR 的 2 430 家 A 股上市公司数据整理计算。高管薪酬总额是指上市公司董事、监事及高管年薪总额（不含独立董事），领薪高管人数是指上市公司的董事、监事、高管人数之和减去未领取薪酬的董事、监事及高管人数以及独立董事人数。

（二）高管薪酬整体水平与 2011 年相比变动情况

1. 与 2011 年排位比较（见表 9—6、表 9—7）中可以看出，2012 年 A 股上市公司高管薪酬排行前 10 名排位有以下显著特点：

（1）2012 年排名前 10 名的高管集中在房地产业 6 名（其中，万科公司 1 家有 5 名高管进入前 10 名）、制造业 2 名、有色金属矿采选业 1 名、证券业 1 名。而 2011 年度排名前 10 名的高管集中在金融业（银行、保险、证券）6 名、房地产业 2 名、信息技术业 1 名、制造业 1 名。

（2）与 2011 年相比，除排名第 1 位的高管薪酬较上年度略有下降外，其余 2012 年度第 2～10 名高管平均薪酬均有较大幅度提高，增速为 26.1%～80.2%，特别是 2012 年第 10 名比上年度第 10 名提高了 42.2%。这表明部分上市公司高管薪酬仍然快速增长。

2. 上市公司 2012 年不同公司高管之间薪酬差距依旧很大，2 430 家上市公司高管薪酬水平最低的仅为 4.53 万元，与最高薪酬相差有 345 倍之多，差距仍然较大。

（三）高管薪酬的行业差异

1. 高管平均薪酬行业排名前 5 位与上年度基本一致。2012 年 2 430 家上市公司中，高管平均薪酬排位前 5 位（见表 9—8）的行业分别是：金融业、房地产业、采掘业、批发和零售贸易业、传播与文化产业（传媒、互联网、网络游戏等）。而 2011 年 2 032 家上市公司中，高管平均薪酬排位在前 5 位的行业分别是：金融业、房地产业、批发和零售贸易业、采掘业、传播与文化

表 9—6　2012 年 2 430 家上市公司高管最高薪酬前 10 名薪酬及其职位

排名	所在公司	所处行业	担任职务	2012 年年薪（万元）
1	万科 A	房地产	董事会主席	1 560
2	方大特钢	制造业	董事长、党委书记	1 516.7
3	万科 A	房地产	董事、总裁	1 368
4	中集集团	制造业	董事，总裁	998
5	万科 A	房地产	执行副总裁	875
6	万科 A	房地产	监事会主席	863
7	紫金矿业	有色金属矿采选业	董事长	847.73
8	华远地产	房地产	董事长	836.35
9	万科 A	房地产	执行副总裁	825
10	中信证券	证券业	副董事长、执行董事、执行委员会委员	802.95

资料来源：根据国泰安 CSMAR 的 A 股上市公司数据整理。

表 9—7　2011 年 2 032 家上市公司高管最高薪酬前 10 名薪酬及其职位

排名	所在公司	所处行业	担任职务	2011 年年薪（万元）
1	中信证券	证券	副董事长、执行董事	1 600.73
2	深发展 A	银行	执行董事、行长	869.00
3	长城开发	信息技术	总裁、董事	759.31
4	万科 A	房地产	董事、总裁	747.00
5	华远地产	房地产	董事、总经理	691.66
6	民生银行	银行	行长、董事	684.48
7	中国太保	保险	财务负责人、常务副总裁	658.60
8	中集集团	制造业	总裁、董事	596.22
9	广发证券	证券	总经理	580.82
10	中国银行	银行	信贷风险总监	564.80

资料来源：根据 2 032 家 A 股上市公司 2011 年报统计整理。详见《中国薪酬发展报告（2011）》第十一章。其中第 1 名根据国泰安 CSMAR 数据作为修正。

产业。与 2011 年相比，高管平均薪酬行业分布的主要变化：一是排名前 5 位的行业没有变化，但排名位次略有不同，采掘业 2012 年超越了批发和零售贸易业；二是排名前 2 位的金融业与房地产业的差距显著缩小，2012 年两行业高管平均薪酬差距为 75.84 万元，而 2011 年差距为 118.03 万元。

2. 高管平均薪酬的行业差距继续缩小。2012 年，所有行业中金融业高管薪酬平均水平最高，42 家样本公司平均每家高管人均薪酬 165.19 万元（低于

表 9—8　2012 年不同行业上市公司（2 430 家）高管薪酬水平分析

行业	数量（家）	高管人均薪酬最大值（万元）	高管人均薪酬最小值（万元）	2011 年行业平均薪酬水平（万元）	2012 年行业平均薪酬水平（万元）
农、林、牧、渔业	45	71.84	7.89	29.04	29.14
采掘业	61	371.78	6.40	55.33	61.14
制造业	1 470	384.14	4.53	38.87	43.18
水电煤气业	74	116.82	11.97	38.31	44.32
建筑业	49	116.29	6.92	48.27	53.49
交通运输、仓储业	77	147.96	13.42	46.72	52.99
信息技术业	196	348.23	12.20	44.79	47.06
批发和零售贸易业	124	237.47	6.93	56.07	58.02
金融业	41	423.13	56.73	195.84	165.19
房地产业	127	816.08	6.17	77.81	89.35
社会服务业	81	268.00	14.84	41.73	50.53
传播与文化产业	35	113.85	7.32	52.00	55.64
综合类	50	127.90	9.57	51.05	50.79

资料来源：2012 年数据来自国泰安 CSMAR 数据库整理计算；2011 年数据根据 2 032 家 A 股上市公司 2011 年报统计整理。

2011 年的 195.84 万元，也低于 2010 年 18 家金融业高管平均薪酬 212.47 万元）。高管平均薪酬最低的行业仍然为农、林、牧、渔业，其高管薪酬平均水平为 29.14 万元，与上年基本持平。2012 年，高管平均薪酬最高的行业是最低行业的 5.67 倍，低于 2011 年的 6.74 倍，也低于 2010 年的 7.31 倍。

3. 房地产行业高管平均薪酬继续快速增长。2012 年，在国家严格对房地产行业进行宏观调控的背景下，房地产业继续延续一贯的高薪态势，127 家房地产行业上市公司平均每家高管人均薪酬高达 89.35 万元，比 2011 年的 77.81 万元相比增长了 14.8%。

（四）高管薪酬的所有制差异

1. 国有控股上市公司高管平均薪酬仍高于非国有上市公司，但差距在缩小。2012 年，2 430 家上市公司中国有控股上市公司为 996 家，非国有为 1 434 家（见表 9—9）。国有控股上市公司高管平均薪酬为 56.43 万元（高于 2011 年的 54.67 万元），非国有控股上市高管平均薪酬为 46.97 万元（高于

表 9—9　2012 年不同所有制上市公司（2 430 家）高管平均薪酬水平

所有制性质		数量（家）	高管平均薪酬最大值（万元）	高管平均薪酬最小值（万元）	2012 年高管人均收入（万元）	2011 年高管人均收入（万元）
2012	国有控股公司	996	371.18	4.53	56.43	54.67
	其中：中央企业控股	346	323.73	4.53	62.71	—
	地方国有控股	650	371.78	6.09	53.01	—
	非国有公司	1 434	816.08	5.26	46.97	41.23
所有制性质		数量（家）	高管平均薪酬最大值（万元）	高管平均薪酬最小值（万元）	2011 年高管人均收入（万元）	2010 年高管人均收入（万元）
2011	国有控股公司	901	478.09	5.01	54.67	52.92
	非国有公司	1 131	509.32	4.69	41.23	46.44

2011 年的 41.23 万元），国有控股与非国有之间的高管平均薪酬差距为 9.46 万元，较上年度的 13.44 万元下降了 3.98 万元。

2. 国有控股上市公司中的中央企业控股上市高管平均薪酬高于地方国有控股上市公司。2012 年，2 430 家上市公司中国有控股上市公司为 996 家，其中中央企业控股上市公司 346 家、地方国有控股 650 家（见表 9—9）。中央企业控股上市公司高管平均薪酬为 62.71 万元，地方国有控股上市高管平均薪酬为 53.01 万元，前者是后者的 1.18 倍。

（五）高管的股权激励等中长期激励问题

2012 年，沪、深 2 494 家上市公司中有 253 家采用了股票期权（stock option）、限制性股票（restricted stock）和股票增值权（appreciation rights）等股权激励形式对高管进行激励（见表 9—10），占全部上市公司的 10.1%，其中 27 家同时使用两种激励方式（主要为股票期权和限制性股票组合，少数为股票期权和股票增值权组合），1 家同时使用 3 种激励方式（三五互联）。与上年度相比，股权激励的范围显著扩大、激励强度显著提高。在全部 253 家使用股权激励的上市公司主要为创业板（79 家）和中小板上市公司（109 家），占 74.3%。

2012 年，上市公司对高管实施股权激励主要有 3 种形式：股票期权、限制性股票、股票增值权。253 家实施股权激励的上市公司中，有 133 家单独使用股票期权方式、88家单独使用限制性股票方式、4家使用股票增值权方式（见表9—10），另有28家组合使用3种激励方式。

表9—10　2012年253家上市公司高管股权激励方式一览表

激励方式（O=股票期权；R=限制性股票；A=股票增值权）	公司数量（家）
O	133
R	88
A	4
O、R	24
O、A	3
O、R、A	1
合计	253

五、2011年高管薪酬分配中存在的主要问题

（一）高管薪酬与职工薪酬的差距问题

2012年，2 430家上市公司中高管平均薪酬为51.0万元，职工平均薪酬为10.7万元，两者倍数为4.77倍，比上年度的5.74倍有所降低，但考虑到高管的中长期激励收益以及高管持股，高管薪酬与职工平均薪酬之间的差距仍然值得关注。

（二）科学合理确定高管薪酬问题

影响高管薪酬的因素很多，从理论和实践的角度来说，要科学合理确定高管薪酬至少应考虑以下5方面因素：

1. 高管薪酬水平应充分体现出高管的管理要素贡献。高管对上市公司的贡献是复杂劳动，是“企业家”管理要素的创造性贡献，这种管理要素的贡献应充分体现出生产要素按贡献分配的指导思想。民营上市公司通过高薪、股权激励等中长期激励来体现对高管的管理要素贡献；对于国有控股上市公司，由于高管选任方式不是完全的市场选聘，因此高管的管理要素尚未充分体现，但国有控股上市公司高管中也存在一定程度的管理要素，对此也应根据实际情况采取合适方式加以激励。

2. 符合激励强度原则。如果上市公司高管对其所在企业经营业绩的影响越大，激励强度就应越大；反之亦然。因此，对于竞争程度激烈的上市公司，应给予其高管较强的激励。

3. 高管的短期激励、中长期激励之间应相互平衡，突出中长期激励。高管的贡献往往不是短期能体现的，其决策和努力对经营业绩的影响既需要一个过程，又在相当长的时期内持续发挥作用。因此，高管的薪酬激励应充分体现中长期激励，使高管更多着眼于企业的长期持续健康发展。

4. 高管薪酬要能够充分满足高管群体的“体面劳动”要求。高管群体也存在一个“体面劳动”问题，而且高管群体的“体面劳动”要求的标准、层次等要远高于普通劳动者，其吃、穿、住、行、人际交往、持续学习等的消费也远高于普通职工，因此高管的薪酬激励要基本适应其这些方面的要求。

5. 高管薪酬水平确定要在充分激励高管与控制企业内部差距之间进行充分权衡。薪酬越高表明激励力度越大。在工资总额确定的情况下，对高管的激励力度越大，意味着必须同时减少对普通劳动者的激励力度，反之亦然。但是，企业经营业绩取决于高管、普通职工两个群体的共同努力，因此，高管薪酬水平确定的目的，是确保薪酬激励对高管和普通劳动者两个群体的激励效果最大化，要在充分激励高管与控制企业内部差距之间进行充分权衡。

第十章
工资指导价位

2012年，我国有25个省会城市（包括直辖市，下同）发布了人力资源市场工资指导价位。在25个发布城市中，经过分析处理，本章总计采用了18个城市价位数据，其中，东部地区7个，中部地区4个，西部地区7个。通过对各省会城市发布的人力资源市场工资价位数据的分析和整理，可以看出2012年人力资源市场工资指导价位又有一些新的变化。现将有关情况综述如下。

一、2012年我国工资指导价位总体特点

（一）绝大多数职业（工种）的工资指导价位呈现增长态势

由于各省会城市发布的职业（工种）人力资源市场工资指导价位数量不一，在各地区发布的市场工资指导价位中，我们从金融、交通运输、批发零售、旅游服务、餐饮、建筑、房地产、采掘、制造等行业中选取了90个代表性职业（工种）。其中，管理职业（工种）12个，占全部职业（工种）的13.3%；工程技术人员13个，占全部职业（工种）的14.4%；经济、金融及行政业务人员12个，占全部职业（工种）的13.3%；各类生产服务人员53个，占全部职业（工种）的58.9%。

表10—1的数据显示，在90个代表职业（工种）中，有85个职业（工

种）2012年工资指导价位水平[①]比2011年有所增长，占全部职业（工种）的94.4%。下降的有5个职业（工种）。2012年，90个职业（工种）的指导价位平均值为40 536元，比上年增长11.3%。其中，增长幅度最高的是采购经理，其水平由2011年的61 287元增加到2012年的80 439元，比上年增长31.2 %；其次是企业董事，工资指导价位水平比上年增长27.2 %。在90个职业（工种）中，年平均增长率超过20%的职业（工种）有9个，占90个职业（工种）的10%。除了采购经理和企业董事外，增长率超过20%的职业（工种）还有仪器仪表装配工（增长率为25.3%）、生产或经营经理（增长率为24.6%）、保险推销员（增长率为23.9%）、基础件装配工（增长率为23%）、机械工程技术人员（增长率为22.8%）、餐厅经理（增长率为20.7%）、统计人员（增长率为20.5%）。2012年工资指导价位较上年增长在10%～20%区间的职业（工种）有37个，包括管理岗位、技术岗位和生产服务岗位等各个类别，其中，管理岗位有6个，工程技术岗位5个，职能部门专业人员5个，生产服务岗位有21个。

表10—1　　　　2012年工资价位比上年增长幅度表

按增长率排序	标准职位	2012年发布此职位价位的城市个数	2011年发布价位的平均值（元）	2012年发布价位的平均值（元）	2012年价位平均值比上年增长率（%）
1	采购经理	17	61 287	80 439	31.2
2	企业董事	16	95 716	121 757	27.2
3	仪器仪表装配工	10	23 650	29 627	25.3
4	生产或经营经理	18	68 275	85 069	24.6
5	保险推销员	10	55 313	68 505	23.9
6	基础件装配工	10	23 781	29 247	23.0
7	机械工程技术人员	16	42 853	52 606	22.8
8	餐厅经理	15	38 424	46 364	20.7

① 由于各地区发布的工资指导价位大多区分为高位数、中位数、低位数、平均数等多个数据，如无特别说明，本文在数据处理时采用以下原则：a. 各地区工资指导价位有平均数的，则本文采用平均数数据。其中，对于平均数按照企业规模又区分为A和B两个档次的，则取两个档次相加的平均值。b. 无平均数但有中位数的，则采用中位数数据。c. 对于按职称区分高、中、低的，用综合价位的中位数。d. 按照分行业发布，同一职位存在多个行业数据的，以制造业作为代表数据；制造业没有的，则采用其他行业数据。

续表

按增长率排序	标准职位	2012年发布此职位价位的城市个数	2011年发布价位的平均值（元）	2012年发布价位的平均值（元）	2012年价位平均值比上年增长率（%）
9	统计人员	17	29 516	35 579	20.5
10	出纳	12	30 584	36 666	19.9
11	审计人员	17	42 641	51 037	19.7
12	研究和开发经理	17	73 889	88 289	19.5
13	保洁员	15	18 418	21 876	18.8
14	餐厅服务员	14	19 331	22 927	18.6
15	裁剪工	12	21 060	24 972	18.6
16	中式面点师	14	27 706	32 822	18.5
17	汽车客运服务员	13	23 836	28 142	18.1
18	财务经理	16	71 351	84 226	18.0
19	人事经理	17	66 763	78 754	18.0
20	包装工	15	21 969	25 846	17.6
21	电气元件及设备装配工	10	24 934	29 325	17.6
22	行政经理	16	61 662	71 687	16.3
23	企业经理（厂长）	16	89 532	103 667	15.8
24	电工	12	26 202	30 329	15.7
25	印前处理工	12	25 084	29 009	15.6
26	纺纱人员	10	20 980	24 071	14.7
27	仪器仪表修理工	14	27 373	31 353	14.5
28	秘书	13	34 740	39 766	14.5
29	缝纫工	14	20 728	23 726	14.5
30	常用电机检修工	11	28 929	32 924	13.8
31	建筑工程技术人员	16	35 728	40 635	13.7
32	客房经理	15	36 465	41 391	13.5
33	理货员	12	20 729	23 467	13.2
34	收银员	15	22 001	24 871	13.0
35	仪器仪表工程技术人员	12	40 787	46 038	12.9
36	前厅服务员	14	21 146	23 858	12.8
37	会计人员	17	35 124	39 561	12.6
38	电气工程技术人员	16	46 498	52 305	12.5

续表

按增长率排序	标准职位	2012年发布此职位价位的城市个数	2011年发布价位的平均值（元）	2012年发布价位的平均值（元）	2012年价位平均值比上年增长率（%）
39	打字员	14	22 996	25 687	11.7
40	简单体力劳动工	15	20 216	22 580	11.7
41	计算机网络技术人员	14	44 963	49 951	11.1
42	客房服务员	14	18 682	20 651	10.5
43	铸造工	13	29 275	32 346	10.5
44	刨插工	16	28 649	31 649	10.5
45	话务员	13	25 568	28 165	10.2
46	电力工程技术人员	15	45 197	49 766	10.1
47	计算机硬件技术人员	11	46 962	51 459	9.6
48	磨工	15	28 096	30 747	9.4
49	印刷操作工	13	27 305	29 877	9.4
50	机修钳工	14	30 835	33 736	9.4
51	电子工程技术人员	15	42 904	46 897	9.3
52	检验员	17	25 861	28 221	9.1
53	钻床工	15	28 784	31 310	8.8
54	医药工程技术人员	10	40 069	43 502	8.6
55	化工工程技术人员	15	37 046	40 203	8.5
56	塑料制品加工工	11	22 693	24 533	8.1
57	镗工	12	34 010	36 702	7.9
58	计量员	16	27 982	30 189	7.9
59	营业员	16	24 325	26 178	7.6
60	部件装配工	10	30 128	32 414	7.6
61	汽车修理工	14	28 153	30 264	7.5
62	铣工	15	31 070	33 399	7.5
63	冲压工	13	27 623	29 600	7.2
64	计算机软件技术人员	14	52 009	55 650	7.0
65	销售和营销经理	16	80 334	85 955	7.0
66	化工产品生产工	16	29 604	31 671	7.0
67	保安员	16	21 167	22 644	7.0
68	冶金工程技术人员	11	43 385	46 401	7.0

续表

按增长率排序	标准职位	2012年发布此职位价位的城市个数	2011年发布价位的平均值（元）	2012年发布价位的平均值（元）	2012年价位平均值比上年增长率（%）
69	汽车驾驶员	13	31 659	33 775	6.7
70	保险理赔员	11	41 490	44 259	6.7
71	餐具清洗保管员	10	17 571	18 699	6.4
72	焊工	15	30 706	32 676	6.4
73	金属热处理工	13	30 665	32 362	5.5
74	印后制作工	11	23 917	25 166	5.2
75	收发员	10	24 412	25 665	5.1
76	维修电工	14	28 243	29 616	4.9
77	车工	16	30 452	31 847	4.6
78	锻造工	15	31 073	32 264	3.8
79	装配钳工	14	30 718	31 844	3.7
80	涂装工	12	29 729	30 797	3.6
81	广告和公关经理	15	66 032	68 068	3.1
82	混凝土工	11	26 279	26 868	2.2
83	剪切工	12	31 321	31 656	1.1
84	（工具）钳工	11	32 615	32 850	0.7
85	冷作钣金加工工	13	30 591	30 771	0.6
86	起重装卸机械驾驶员	15	32 759	32 576	−0.6
87	经济计划人员	14	42 797	42 299	−1.2
88	房地产开发业务人员	11	45 587	43 087	−5.5
89	银行信贷员	9	91 046	84 360	−7.3
90	通信工程技术人员	12	57 695	51 674	−10.4

数据来源：根据2011年度和2012年度各地区发布的工资指导价位数据整理。

总的看，在总计46个工资价位年增长速度超过10%的职业中，管理、技术职位有23个，占50%；生产服务岗位为23个，占50%。由于在全部90个代表性职业（工种）中，生产服务岗位占58.9%，因此，可以说，在工资价位水平增长较快职业中，管理、技术人员略占优势。

在90个代表性职业（工种）中，总计有39个职业（工种）的年工资水平比上年增长率低于10%。其中，管理、技术职业（工种）有10个，占

25.6%；生产服务职业（工种）有29个，占74.4%。表明提高生产一线工人工资增长水平的任务仍然比较艰巨。

2012年，在90个代表性职业（工种）中，尚有起重装卸机械驾驶员、经济计划人员、房地产开发业务人员、银行信贷员、通信工程技术人员5个职业（工种）的工资指导价位为负增长，占90个职业（工种）的5.6%。其中，下降幅度最大的是通信工程技术人员，比上年下降了10.4%；其次是银行信贷员和房地产开发业务人员，分别下降了7.3%、5.5%，表明金融行业和房地产行业部分人员收入过快增长得到了一定程度的抑制。

（二）管理、技术类职业指导价位水平较高，简单体力劳动者指导价位水平大多在低位

从2012年发布的90个代表性职业（工种）的指导价位工资水平看，指导价位年薪水平在5万元以上的职业（工种）有18个，占90个代表性职业（工种）的20%。从工资价位水平较高职业类别看，主要为企业高层和中层管理人员，2012年工资水平排名前10位职业分别是企业董事、企业经理（厂长）、研究和开发经理、销售和营销经理、生产或经营经理、银行信贷员、财务经理、采购经理、人事经理、行政经理（见表10—2）。

表10—2　　2012年发布的高薪职业（工种）

按水平排序	职类	标准职位	2012年发布价位的平均值（元）
1	管理职位	企业董事	121 757
2	管理职位	企业经理（厂长）	103 667
3	管理职位	研究和开发经理	88 289
4	管理职位	销售和营销经理	85 955
5	管理职位	生产或经营经理	85 069
6	金融业务人员	银行信贷员	84 360
7	管理职位	财务经理	84 226
8	管理职位	采购经理	80 439
9	管理职位	人事经理	78 754
10	管理职位	行政经理	71 687
11	金融业务人员	保险推销员	68 505
12	管理职位	广告和公关经理	68 068

续表

按水平排序	职类	标准职位	2012年发布价位的平均值（元）
13	工程技术人员	计算机软件技术人员	55 650
14	工程技术人员	机械工程技术人员	52 606
15	工程技术人员	电气工程技术人员	52 305
16	工程技术人员	通信工程技术人员	51 674
17	工程技术人员	计算机硬件技术人员	51 459
18	*经济业务人员	审计人员	51 037

在90个代表性职业（工种）中，月工资收入低于2 000元的职业（工种）有9个，占代表性职业（工种）的10%，主要是工作内容技术含量低，岗位技能水平要求不高，劳动力供给相对充足，同时也是就业人数比较多的职位（工种），包括餐具清洗保管员、客房服务员、保洁员、简单体力劳动工、保安员、餐厅服务员、理货员、缝纫工、前厅服务员（见表10—3）。

表10—3　　2012年发布的低薪职业（工种）

按水平排序	职类	标准职位	2012年发布价位的平均值（元）
1	*餐饮服务人员	餐具清洗保管员	18 699
2	*饭店旅游娱乐服务员	客房服务员	20 651
3	*社会和居民服务人员	保洁员	21 876
4	*其他体力操作工人	简单体力劳动工	22 580
5	*安全保卫和消防人员	保安员	22 644
6	*餐饮服务人员	餐厅服务员	22 927
7	*仓储人员	理货员	23 467
8	*裁剪缝纫毛皮革制作工	缝纫工	23 726
9	*饭店旅游娱乐服务员	前厅服务员	23 858

从职业间工资水平差距看，2012年，指导价位年薪水平最高的企业董事是年薪水平最低的餐具清洗保管员职业的6.51倍，而2011年两者的倍数为5.45倍，说明2012年职业最高与最低工资间差距有所扩大。

（三）同一职业（工种）不同地区间差距有高有低

由于各省会城市（含直辖市）之间的居民消费物价水平、人均受教育年限水平、单位经济效益水平、单位工资支付能力、城市整体软、硬件环境等影响因素的差异，同一职业（工种）在不同地区间存在一定的差距是合理的，关键是要适度。从 2012 年各地区向社会发布的工资指导价位数据看，在 90 个代表性职业（工种）中，有 80 个职业（工种）地区间差距在 6 倍以下，占代表性职业（工种）的 88.9%。但也有 7 个职业（工种）地区间差距比较大，倍数在 10 倍以上。同一职业（工种）在不同地区之间差距最大的是采购经理。在上海市，机械制造行业采购经理指导价位年薪平均数为 475 923 元①，而在青海省西宁市，采购经理年薪平均数仅为 32 496 元，前者是后者的 14.6 倍。排在第 2 位的是人事经理，在上海市，机械制造行业的人力资源经理指导价位年薪平均数为 413 528 元②，而在新疆维吾尔自治区乌鲁木齐市，人事经理年薪平均数仅为 29 760 元，前者是后者的 13.9 倍。从表 10—4 可以看出，同一职业（工种）在不同地区之间差距大的，还有销售和营销经理、研究和开发经理、生产或经营经理、财务经理、企业董事。总的看，各省会城市之间工资指导价位水平差距大的职业（工种）主要是个人能力对工作业绩影响比较大的一些岗位，例如采购经理、销售和营销经理。这些职位，如果能够给单位接来一个大单，能够取得市场上关键客户的信任，企业效益则可以获得明显的增长，使企业在激烈的市场竞争中立于不败之地。因此，企业

表 10—4　　不同地区 2012 年发布的职位工资价位比较表

（倍数在 10 倍以上职业/工种）

序号	职类	标准职位	2012 年发布价位最大值（元）	2012 年发布价位最小值（元）	最大值为最小值的倍数
1	管理职位	采购经理	475 923	32 496	14.6
2	管理职位	人事经理	413 528	29 760	13.9
3	管理职位	销售和营销经理	448 947	36 144	12.4
4	管理职位	研究和开发经理	350 974	28 776	12.2
5	管理职位	生产或经营经理	386 395	32 470	11.9
6	管理职位	财务经理	410 016	36 084	11.4
7	管理职位	企业董事	398 295	39 156	10.2

① 2012 年上海市采购经理工资指导价位区分为 A、B 两个档次，此处取两个档次平均数的平均值。

② 2012 年上海市人力资源经理工资指导价位区分为 A、B 两个档次，此处取两个档次平均数的平均值。

大多将这些职业人员的个人收入与所创业绩紧密挂钩，从而拉开了不同人员之间的收入差距。同时，也要看到，东部沿海地区在吸引人才方面具有明显的优势，这将会进一步加剧中、西部地区高级优秀人才向东部的流动，使西部地区在人才竞争中处于劣势。

地区间倍数在3倍以下的职业（工种）总计有31个，占90个代表性职业（工种）的34.4%。这部分职业（工种）除了计算机硬件技术人员外，其他30个职业（工种）均为企业生产一线工种。其中，地区之间差距最小的是餐具清洗保管员。2012年，餐具清洗保管员岗位工资指导价位最高的是北京市，工资指导价位年薪平均数为26 143元；最低值是长春市，工资指导价位年薪平均数为13 800元，最高的北京市是最低的长春市的1.9倍（见表10—5）。从表10—4和表10—5可看出，管理、技术类职业（工种）地区间差距一般来说比较大，生产服务行业中的一线普通劳动者，地区间差距相对较小。

表10—5　　不同地区2012年发布的职位工资价位比较表

（倍数在3倍以下职业/工种）

序号	职类	标准职位	2012年发布价位最大值（元）	2012年发布价位最小值（元）	最大值为最小值的倍数
1	＊行政办公人员	打字员	48 281	16 560	2.9
2	工程技术人员	计算机硬件技术人员	92 329	31 764	2.9
3	＊机械制造加工工	冲压工	47 290	16 361	2.9
4	＊工程施工人员	电工	51 060	17 988	2.8
5	＊购销人员	营业员	49 140	17 760	2.8
6	＊驾驶员运输设备操作员	起重装卸机械驾驶员	51 555	18 720	2.8
7	＊餐饮服务人员	餐厅服务员	42 901	15 588	2.8
8	＊仓储人员	理货员	41 745	15 600	2.7
9	＊工程施工人员	混凝土工	42 986	16 068	2.7
10	＊机电产品装配人员	（工具）钳工	59 761	22 402	2.7
11	＊机电产品装配人员	部件装配工	51 247	19 224	2.7
12	＊其他体力操作工人	简单体力劳动工	37 729	14 400	2.6
13	＊制版印刷人员	印前处理工	45 917	17 580	2.6
14	＊制版印刷人员	印刷操作工	44 605	17 340	2.6

续表

序号	职类	标准职位	2012 年发布价位最大值（元）	2012 年发布价位最小值（元）	最大值为最小值的倍数
15	*其他体力操作工人	包装工	42 955	16 776	2.6
16	*纺织针织印染工	纺纱人员	41 027	16 032	2.6
17	*机电产品装配人员	电气元件及设备装配工	51 084	20 220	2.5
18	*检验、计量人员	检验员	44 195	17 736	2.5
19	*社会和居民服务人员	保洁员	35 211	14 280	2.5
20	*机械制造加工工	车工	46 146	18 912	2.4
21	*饭店旅游娱乐服务员	前厅服务员	39 651	16 608	2.4
22	*裁剪缝纫毛皮革制作工	缝纫工	33 398	14 600	2.3
23	*机电产品装配人员	基础件装配工	40 794	18 252	2.2
24	*安全保卫和消防人员	保安员	37 194	16 814	2.2
25	*橡胶塑料制品生产人员	塑料制品加工工	37 888	17 316	2.2
26	*电力设备装运检修工	常用电机检修工	44 511	20 568	2.2
27	*裁剪缝纫毛皮革制作工	裁剪工	34 978	16 188	2.2
28	*饭店旅游娱乐服务员	客房服务员	34 970	16 428	2.1
29	*制版印刷人员	印后制作工	35 520	16 860	2.1
30	*运输服务人员	汽车客运服务员	38 490	20 280	1.9
31	*餐饮服务人员	餐具清洗保管员	26 143	13 800	1.9

（四）行业间工资差距比较明显

由于根据 2012 年度管理职业（工种）的指导价位数据难以区分行业间工资差距，因此，我们通过技术和生产服务职业（工种）岗位的分析，对不同行业之间工资差距进行比较。从表 10—6 可以看，2012 年在 26 个代表性职业（工种）中，薪酬水平最高的是银行信贷员，其次是保险推销员，再次是计算机软件技术人员、机械工程技术人员、电气工程技术人员等专业技术人员。工资价位水平比较低的主要是餐具清洗保管员、客房服务员、保安员、餐厅服务员等第三产业中的服务人员。2012 年，最高的银行信贷员的工资指导价位是餐具清洗保管员的 4.51 倍，与 2011 年的 5.18 倍相比，差距有所缩小。总的看，由于各行业劳动强度与工作环境不同，各职业对上岗人员的技术要求也不尽相同，因此，行业间有一些工资差距是合理的，但从表 10—6 中可以看出，处于垄断行业的职业（工种）工资指导价位水平明显高于其他劳动条件、劳动强度、劳动责任、能力要求等相近的竞争性行业职业（工种）。

表 10—6　　2012 年不同行业间工资价位差距情况表

按 2012 年水平排序	标准职位	2011 年发布价位的平均值（元）	2011 年发布价位平均值系数（以最低值为 1）	2012 年发布价位的平均值（元）	2012 年发布价位平均值系数（以最低值为 1）	2013 年价位水平排序
1	银行信贷员	91 046	5.18	84 360	4.51	0
2	保险推销员	55 313	3.15	68 505	3.66	1
3	计算机软件技术人员	52 009	2.96	55 650	2.98	1
4	机械工程技术人员	42 853	2.44	52 606	2.81	8
5	电气工程技术人员	46 498	2.65	52 305	2.80	1
6	通信工程技术人员	57 695	3.28	51 674	2.76	−4
7	计算机硬件技术人员	46 962	2.67	51 459	2.75	−2
8	计算机网络技术人员	44 963	2.56	49 951	2.67	1
9	电力工程技术人员	45 197	2.57	49 766	2.66	−1
10	电子工程技术人员	42 904	2.44	46 897	2.51	1
11	冶金工程技术人员	43 385	2.47	46 401	2.48	−1
12	仪器仪表工程技术人员	40 787	2.32	46 038	2.46	2
13	保险理赔员	41 490	2.36	44 259	2.37	0
14	医药工程技术人员	40 069	2.28	43 502	2.33	1
15	房地产开发业务人员	45 587	2.59	43 087	2.30	−8
16	建筑工程技术人员	35 728	2.03	40 635	2.17	1
17	化工工程技术人员	37 046	2.11	40 203	2.15	−1
18	汽车驾驶员	31 659	1.80	33 775	1.81	0
19	中式面点师	27 706	1.58	32 822	1.76	1
20	车工	30 452	1.73	31 847	1.70	−1
21	裁剪工	21 060	1.20	24 972	1.34	2
22	前厅服务员	21 146	1.20	23 858	1.28	0
23	餐厅服务员	19 331	1.10	22 927	1.23	1
24	保安员	21 167	1.20	22 644	1.21	−3
25	客房服务员	18 682	1.06	20 651	1.10	0
26	餐具清洗保管员	17 571	1.00	18 699	1.00	0

（五）地区间高管薪酬水平差距进一步拉大

企业高级经营管理人员是一个特殊的群体，其作用发挥如何直接决定了企业的总体竞争能力，影响着企业的生死存亡，各地区均把薪酬分配作为调动企业高管积极性的一个重要手段。由于经济发展水平、所处行业、企业支付能力、企业效益、企业规模、企业文化等不同，各地区高管薪酬水平高低不一，差异较大。与 2011 年度相比，2012 年度企业董事和企业经理间工资指导价位差距均有所缩小。2009 年，企业董事最高的广州市工资指导价位平均数为 157 388 元，最低的石家庄市企业董事仅为 32 436 元，最高是最低的 4.9 倍。2010 年，企业董事最高的北京市工资指导价位平均数为 355 774 元，最低的兰州市企业董事仅为 36 515 元，最高是最低的 9.7 倍。2011 年，企业董事最高的北京市工资指导价位平均数增加到 402 742 元，最低的兰州市企业董事为 36 652 元，最高与最低之间倍数则扩大到 11 倍。2012 年，企业董事最高的北京市工资指导价位平均数比上年有所下降，下调到 398 295 元，而最低的西宁市企业董事为 39 156 元，最高与最低之间倍数缩小到 10.2 倍（见表 10—7）。

表 10—7　　　　各地区企业董事职业年薪差距　　　　（单位：元/年）

序号	地区	2009 年	2010 年	地区	2011 年	地区	2012 年
1	北京		355 774	北京	402 742	北京	398 295
2	广州	157 388	168 838	广州	213 465	广州	255 154
3	石家庄	32 436	135 386	乌鲁木齐	206 760	乌鲁木齐	221 280
4	天津	99 747	101 844	重庆	88 800	济南	129 900
5	沈阳	81 359	94 989	贵阳	80 400	南昌	124 892
6	西安	70 437	75 691	成都	73 590	昆明	107 390
7	贵阳	60 480	72 240	长沙	72 980	重庆	93 600
8	长沙	64 890	69 500	银川	71 252	银川	81 492
9	成都	53 760	66 450	合肥	71 000	长春	81 000
10	长春	57 900	61 664	沈阳	69 001	杭州	80 122
11	济南	53 408	61 420	济南	68 790	长沙	76 800
12	南昌	58 920	58 191	南京	67 334	合肥	71 000
13	南京	52 700	56 958	南昌	66 203	兰州	69 879
14	西宁	37 500	50 916	长春	61 668	沈阳	63 658
15	合肥	45 800	50 800	西安	60 000	南宁	54 492

续表

序号	地区	2009 年	2010 年	地区	2011 年	地区	2012 年
16	南宁	46 320	50 520	杭州	54 457	西宁	39 156
17	郑州	45 249	49 615	南宁	51 600		
18	杭州	39 727	45 548	昆明	49 308		
19	昆明	42 705	42 850	西宁	37 032		
20	银川	85 123	41 476	兰州	36 652		
21	兰州	36 515	36 515				
最高是最低倍数		4.9	9.7		11		10.2

注：此表数据为各地区发布价位的平均值或中位值。

而企业经理（厂长）薪酬，2009 年发布的指导价位水平最高的是北京市，平均数为 209 710 元，最低是海口市，平均数为 22 800 元，北京市企业经理（厂长）工资指导价位平均数为海口市的 9.2 倍。2010 年，企业经理（厂长）工资指导价位水平最高的仍是北京市，平均数达到 378 126 元，最低是哈尔滨市，平均数为 25 529 元，北京市企业经理（厂长）工资指导价位平均数为哈尔滨市的 14.8 倍。到 2011 年，企业经理（厂长）工资指导价位水平最高的仍是北京市，平均数达到 398 125 元，最低是海口市，平均数为 29 640 元，北京市企业经理（厂长）工资指导价位平均数为海口市的 13.4 倍，差距略有缩小。2012 年，企业经理（厂长）工资指导价位水平最高的仍是北京市，平均数比上年有所下降，为 362 810 元，最低是西宁市，平均数为 41 112 元，北京市企业经理（厂长）工资指导价位平均数为海口市的 8.8 倍，倍数差距比上年明显缩小（见表 10—8）。

表 10—8　各地区企业经理（厂长）职业年薪差距　（单位：元/年）

序号	地区	2009 年	2010 年	地区	2011 年	地区	2012 年
1	北京	209 710	378 126	北京	398 125	北京	362 810
2	广州	187 108	193 427	广州	238 819	广州	291 251
3	天津	134 829	150 300	福州	96 960	南昌	112 294
4	沈阳	106 279	120 098	西安	79 090	福州	106 560
5	石家庄	40 944	89 976	成都	77 000	杭州	85 324
6	乌鲁木齐	79 200	85 560	沈阳	69 763	昆明	82 445
7	西安	67 768	81 366	济南	68 991	济南	78 832

续表

序号	地区	2009 年	2010 年	地区	2011 年	地区	2012 年
8	成都	69 668	77 670	长沙	66 200	长沙	69 800
9	福州	69 132	73 280	银川	62 680	长春	68 004
10	长沙	63 030	63 030	贵阳	60 000	银川	65 976
11	济南	53 565	61 599	南京	58 267	南宁	65 436
12	南京	44 124	57 107	杭州	56 266	兰州	61 442
13	贵阳	48 120	55 440	南宁	56 160	合肥	60 000
14	南宁	47 520	54 360	合肥	54 500	重庆	56 400
15	杭州	40 439	54 204	重庆	49 200	沈阳	50 984
16	武汉	48 840	53 280	长春	48 792	西宁	41 112
17	银川	71 823	52 486	兰州	43 821		
18	合肥	42 400	48 700	昆明	41 910		
19	长春	44 208	47 082	西宁	40 176		
20	兰州	32 706	42 868	南昌	40 156		
21	西宁	34 140	42 624	海口	29 640		
22	重庆	62 400	42 000				
23	郑州	39 601	40 620				
24	南昌	35 223	38 745				
25	昆明	27 798	27 987				
26	海口	22 800	25 800				
27	哈尔滨	23 208	25 529				
最高是最低倍数		9.2	14.8		13.4		8.8

注：此表数据为各地区发布价位的平均值或中位值。

二、各省会城市发布的职业（工种）工资指导价位存在的问题

人力资源市场工资指导价位制度是全国各大中城市按照国家统一要求，经过多年探索建立起来的，反映了我国各行业职业（工种）的分配关系真实情况。从目前各省会城市公布的工资指导价位数据看，我国各职业（工种）的薪酬分配还存在以下一些问题：

（一）部分职业（工种）工资水平仍然较低

从各省会城市发布的工资指导价位看，虽然弱势群体工资收入水平有了较大幅度的上涨，但仍有部分职业（工种）工资水平较低，部分人群薪酬待

遇还维持在当地最低工资水平附近。如北京市2012年发布的服务、生产人员部分职业工资指导价位中，营业员、收银员、收发员、打字员、医药商品购销员、保鲜员、中餐烹饪工、会议服务员等职业（工种）工资指导价位最低数每月水平都在1 500元以下；而停车场收费管理员职业（工种）最低数为1 200元/月，导游职业（工种）工资价位最低数为1 250元/月，均在北京市当年最低工资标准值附近。浙江省杭州市2012年公布了239个职业（工种）价位，其中有56个职业（工种）价位最低值低于1 572元/月。这些职业（工种）的工资指导价位水平虽然比当地最低工资标准稍高一些，但相对于不断上涨的居民消费物价和居高不下的房价来说，其水平仍然比较低，仅能维持自身的简单再生产。从部分地区发布的一些职业（工种）工资指导价位最低值来看，部分职业（工种）工资水平偏低状况在短时期内难以改变。

（二）部分行业职业（工种）工资收入偏高

从各省会城市公布的职业（工种）薪酬价位看，部分行业如金融、电力等企业的一些职业（工种），与其他行业劳动强度、工作条件等相近职业（工种）价位水平相比较，明显偏高。如：北京市银行信贷员年薪高位数可达到244 726元，广州市银行信贷员和银行储蓄员年薪高位数分别为222 349元和173 161元，铁路信号工年薪高位数为111 964元。应当说，这些岗位人员的薪酬水平比较高与行业垄断或行业特许经营密切相关。

（三）同地区同一职位最高值与最低值间的工资价位差距大

从各地区2012年发布的工资指导价位数据看，一些城市部分职业（工种）工资价位最高值与最低值间的差距大。北京市行政业务人员高位数为361 240元/年，低位数仅为20 147元/年，高位数是低位数的17.9倍。北京市出纳高位数为167 290元/年，低位数为20 590元/年，高位数是低位数的8.1倍。在广州市，总会计师高位数为688 389元/年，低位数仅为18 000元/年，高位数是低位数的38.2倍。沈阳市企业职能部门经理或主管高位数为178 782元/年，低位数为17 471元/年，高位数是低位数的10.2倍。对于一些职位，不同规模不同行业不同效益企业之间拉开一些差距是合理的，也是市场经济的客观要求，但如果同城市同职位工资价位最高值与最低值间的差距过大，则有悖于社会公平原则。

三、我国企业工资增长趋势与展望

目前，我国经济面临不稳定的国际经济环境，外需不振状况短期内将很难改变，经济形势将更为复杂多变。总体看，在经济增长放缓的条件下，企业将面临更大的挑战，保持各职业（工种）工资水平较快增长的难度增大。在这种情况下，新的一年，职工工资增长也将面临更多的不确定性。

（一）普通生产一线工人收入增长幅度将趋缓

受国际金融危机影响，我国经济开始进入一个紧缩期。受到部分企业效益下滑影响，预计 2013 年各类职业（工种）岗位人员的工资增长速度步伐将明显放慢，特别是普通生产一线工人的收入，在近几年的较快增长后，2013 年增长幅度将趋缓。

（二）垄断行业人员薪酬增长将会放缓，工资分配关系有望改善

2013 年 2 月 3 日，国务院批转了发展和改革委员会、财政部、人力资源和社会保障部制定的《关于深化收入分配制度改革的若干意见》，其中明确提出要“加强国有企业高管薪酬管理，对部分过高收入行业的国有及国有控股企业严格实行企业工资总额和工资水平双重调控政策，逐步缩小行业工资收入差距”。有关部门将根据国务院指导意见制定相关实施办法，进一步规范垄断行业工资管理，预计垄断行业人员薪酬增长幅度将会放缓，行业之间工资差距有望继续缩小。

（三）不同行业间工资增长将发生分化

据国家统计局统计，2012 年，在 41 个工业大类行业中，29 个行业利润同比增长，11 个行业同比下降。从行业看，钢铁、建材、光伏太阳能、风电、船舶、纺织、电子信息等行业经营困难，部分行业甚至处于整体亏损的边缘。从目前的形势看，2013 年将会继续延续上一年的情形，即行业之间的效益将继续发生分化，过去那种各行业同时受益于经济总量增长的情形将难以出现。因此，工资增长也会具有明显的行业特征。2013 年一季度，企业景气指数较高的行业主要有信息传输软件和信息技术服务业、建筑业、电力、热力、燃气及水生产和供应业，医药、烟草、饮料、食品、仪器仪表、汽车等行业，这些行业职工工资预计将保持较高的增长率，而石油加工等行业则景气度比较低，预计工资调整幅度将比较小。

（四）不同职业（工种）间工资增长将进一步分化

在市场经济体制下，人才供求关系是决定各职业（工种）工资水平增长速度快与慢的一个重要因素。我国目前正处于城镇化、工业化和经济发展转型的重要时期，新兴产业和战略性产业对人才的需求将会不断增长，这些产业、行业人才将会出现供不应求状况，必将推动这些产业行业内一些人才短缺职业（工种）工资的快速增长。

第十一章
毕业生起点薪酬综合分析

过去几年里，我们一直跟踪研究毕业生的起点薪酬问题，分别对 2010 年和 2011 年的大学毕业生起点薪酬做了分析。2012 年我们在问卷调查[①]的基础上，重点研究并回答了以下问题：一是当前我国各学历毕业生的起点薪酬水平和差距有多大；二是有哪些因素影响了不同学历毕业生的起点薪酬；三是政府在提供毕业生起点薪酬公共信息服务方面该如何发挥作用。

一、2012 年我国不同学历毕业生起点薪酬比较

根据调查，2012 年各学历层次毕业生起点薪酬平均值为 2 708.06 元，中位值 2 500 元，最大值和最小值分别为 15 000 元和 1 000 元，毕业生起点薪酬整体呈正偏态分布，即多数毕业生的起点薪酬位于平均值以下，起点薪酬低于 3 000 元的毕业生累计占 78.6%（如图 11—1 所示）。

分学历来看，初中学历毕业生起点薪酬平均为 2 268 元，高中毕业生平均起薪约为 2 280 元，专科毕业生起薪均值为 2 322 元，本科和研究生起点薪酬分别为 2 541 元和 4 252 元（见表 11—1）。

横向比较来看，研究生的起薪水平比其他学历群体高（见表 11—2），初、高中起点薪酬水平接近，与专科和本科毕业生起点薪酬的差距较小，本科毕业生的起薪仍高于专科和初、高中毕业生，但优势已不明显。结合麦可思研究院编著的《2012 年中国大学生就业报告》的数据，发现本科生与专科生间

① 问卷发放和收集具体情况为：发放问卷总数 1 546 份（其中，电子问卷 1 228 份，纸质问卷 318 份），回收样本总数 1 523 份，回收率为 98.5%，回收的问卷中有效样本 1 427 个，问卷有效率约为 93.7%。问卷发放对象涵盖除西藏自治区、宁夏回族自治区、香港特别行政区、澳门特别行政区和台湾省外的 30 个省、区、市以及部分国家。

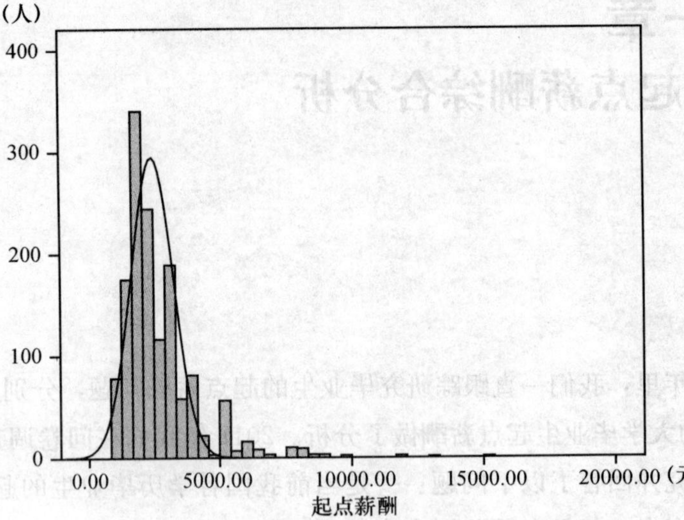

图 11—1　2012 年毕业生起点薪酬总体分布情况

的起薪有趋同现象。①

表 11—1　　2012 年我国各学历毕业生起点薪酬水平比较　　(单位：元/月)

薪酬指标	初中	高中	专科	本科	研究生
平均值	2 268.06	2 279.58	2 322.49	2 540.91	4 252.27
75 分位值	2 500.00	2 800.00	2 700.00	3 000.00	5 000.00
中位值	2 300.00	2 200.00	2 100.00	2 245.00	4 000.00
25 分位值	1 925.00	1 800.00	1 800.00	1 800.00	3 000.00
最大值	3 200.00	5 240.00	6 000.00	15 000.00	13 000.00
最小值	1 200.00	1 200.00	1 345.00	1 000.00	1 000.00
众数	2 500.00	1 800.00	1 800.00	2 000.00	3 000.00

(一) 分地区毕业生起点薪酬

本文按照省级行政区域收集了各学历毕业生起点薪酬数据，并按照地区进行统计分类，将全国划分为 7 个地区，分别是东北地区，包含黑龙江省、吉林省、辽宁省 3 个省；华北地区，含北京市、天津市、河北省、河南省和山西省 5 个省、市；华中地区，包含湖北省、湖南省、安徽省和江西省 4 个

① 根据麦可思研究院编著的《2012 年中国大学生就业报告》的数据统计，2011 年大学毕业生起点薪酬平均为 2 766 元，高职高专毕业生起点薪酬 2 482 元。

表 11—2　　2012 年各学历毕业生起点薪酬区间分布情况

起薪水平	初中比例	高中比例	专科比例	本科比例	研究生比例
1 500 元以下（含）	5.00%	24.82%	41.98%	24.53%	5.57%
1 500～2 000 元（含）	5.00%	16.79%	29.25%	26.30%	7.22%
2 000～2 500 元（含）	22.50%	12.41%	9.43%	16.00%	5.25%
2 500～3 000 元（含）	25.00%	16.06%	7.55%	15.51%	27.32%
3 000～3 500 元（含）	24.17%	14.60%	3.77%	4.86%	4.64%
3 500～4 000 元（含）	9.17%	9.49%	4.72%	5.69%	10.82%
4 000 元以上	9.16%	5.83%	3.30%	7.11%	39.18%

省；华东地区，含上海市、江苏省、浙江省和山东省 4 个省、市；华南地区，指广东省、广西壮族自治区、福建省、海南省和台湾省 4 个省、区；西南地区，包含重庆市、四川省、云南省和贵州省 4 个省、市；西北地区，涵盖西藏自治区、新疆维吾尔自治区、陕西省、甘肃省、宁夏回族自治区、内蒙古自治区和青海省 7 个省、区。其中，调查未包含香港、澳门特别行政区和台湾省，西藏自治区和宁夏回族自治区则未获得相关数据。

调查数据显示（见表 11—3），按地区横向比较，华北地区起点薪酬水平高于其他地区，华中地区起点薪酬水平最低，华东和华南地区毕业生起点薪酬接近，西南和西北地区毕业生起点薪酬水平接近，东部沿海经济发达地区起点薪酬水平仍具有显著优势。①

表 11—3　　2012 年分地区毕业生起点薪酬调查数据　　（单位：元/月）

地区分类	平均数	25 分位值	中位数	75 分位值	众数
东北地区	2 772.27	1 800.00	2 200.00	3 000.00	2 000.00
华北地区	3 162.67	1 895.00	2 690.00	4 000.00	3 000.00
华中地区	2 373.69	1 500.00	2 000.00	3 000.00	2 000.00
华东地区	2 617.93	1 900.00	2 500.00	3 000.00	2 000.00
华南地区	2 654.43	1 900.00	2 500.00	3 000.00	2 500.00
西南地区	2 418.41	1 700.00	2 100.00	2 800.00	20 00.00[a]
西北地区	2 422.90	1 750.00	2 100.00	3 000.00	2 000.00

① 麦可思研究院编著的《2012 年中国大学生就业报告》的数据也表明各地区间的起点薪酬差异有缩小趋势，但华南地区、华东地区和华北地区在本科毕业生起点薪酬方面仍然具有一定优势，西北地区、中部地区和东北地区的人均起点薪酬仍低于沿海发达地区。

分学历来看，高中毕业生群体中，华东和华中地区起薪最高，分别为2 546元和2 554元；东北地区最低，为1 700元。专科毕业生中，西北地区毕业生起薪最高，为2 524元；东北地区最低，约为1 850元。华南地区的本科毕业生平均起薪水平最高（2 728元），其次是华北地区（2 618元），西南地区起薪水平最低（2 081元）。研究生学历群体中，西南地区起薪最高，约为5 212元；华中地区最低，约为2 799元（见表11—4）。总体观察，研究生学历群体内部薪酬差距较大（1.86倍），专科和本科学历群体内部薪酬差距较小，分别为1.36倍和1.31倍。

表11—4　2012年我国分地区各学历毕业生起点薪酬比较　（单位：元/月）

地区类型	高中	专科	本科	研究生
东北地区	1 700	1 850	2 570	4 583
华北地区	1 800	2 306	2 618	4 500
华东地区	2 546	2 098	2 550	4 343
华中地区	2 554	2 227	2 306	2 799
华南地区	2 267	2 506	2 728	4 270
西南地区	2 367	2 410	2 081	5 212
西北地区	2 050	2 524	2 225	4 375

（二）分行业毕业生起点薪酬

按照国家统计局2012年行业分类标准，我们分别收集了农、林、牧、渔业等19个行业大类的毕业生起点薪酬数据，从行业起薪平均值来看，租赁和商务服务业毕业生起点薪酬最高（4 225元），居民服务、修理和其他服务业毕业生起点薪酬最低（2 100元），科学研究和技术服务业，金融业，电力、热力、燃气及水生产和供应业，信息传输、软件和信息技术服务业等行业毕业生平均起薪在3 000元以上（如图11—2所示），这些毕业生起薪较高的行业基本也是社会平均薪酬较高的行业。毕业生起薪的行业差距为2.01倍，小于2012年我国行业间平均工资差距（4.48倍）。

分学历来看，在包含高中学历毕业生的分行业样本中，租赁和商务服务业毕业生起薪最高，约为2 500元，是起薪最低的农、林、牧、渔业高中毕业生起薪的1.74倍。专科毕业生中，从事文化、体育和娱乐业的毕业生起薪最高（2 800元）；水利、环境和公共设施管理业，采矿业两个行业的毕业生起薪最低（1 600元），最高和最低起薪相差1.75倍。本科学历毕业生中，起薪

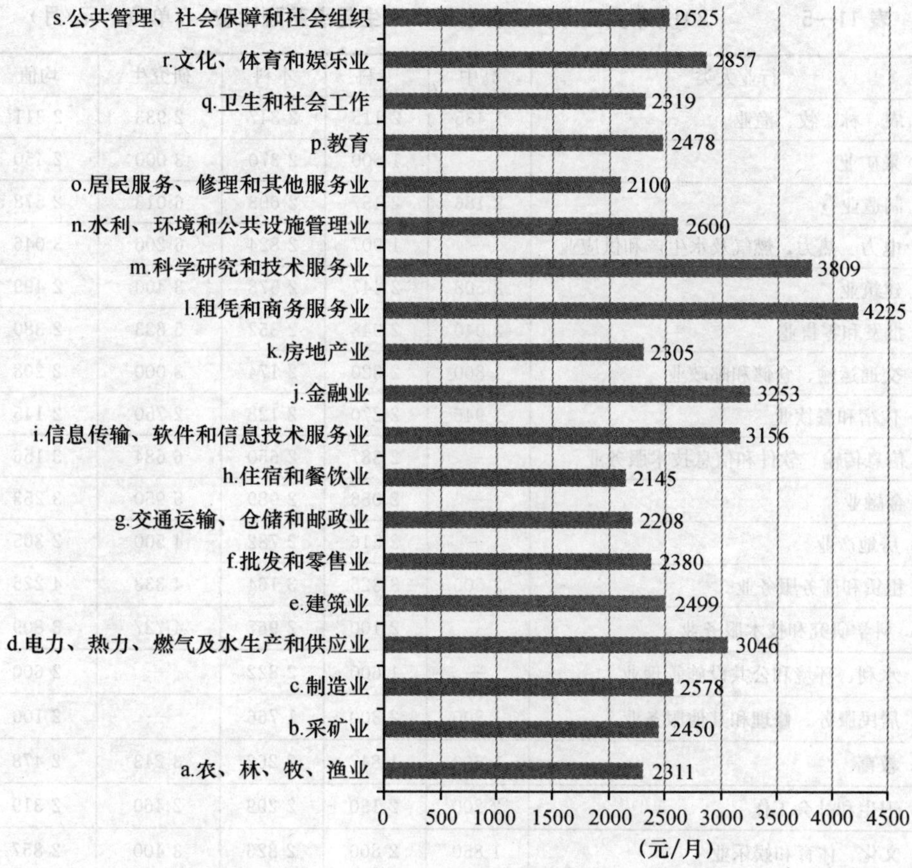

图 11—2 2012 年我国分行业毕业生起点薪酬比较

较高的行业是租赁和商务服务业（3 164 元）、金融业（2 989 元）、科学研究和技术服务业（2 967 元）；起薪较低的行业是居民服务、修理和服务业（1 766 元），行业间起薪差距为 1.79 倍。研究生学历群体中，起薪最高的 3 个行业分别是信息传输、软件和信息技术服务业（6 684 元），电力、热力、燃气及水生产和供应业（6 200 元），制造业（6 013 元）；起薪最低的是卫生和社会工作（2 460 元），行业间薪酬差距为 2.72 倍（见表 11—5）。研究生学历群体在各行业间起薪差距较大，专科和本科毕业生的行业起薪差距相对较小。

（三）分专业毕业生起点薪酬

依据国家教育部最新的本科专业目录，我们收集了各专业大类的各学历毕业生起点薪酬。各专业大类毕业生起薪平均水平分别为：哲学专业 1 600 元、经济学专业 2 708 元、法学专业 3 021 元、教育学专业 2 263 元、文学专

表 11—5　2012 年我国分行业各学历毕业生起点薪酬比较　（单位：元/月）

行业大类	高中	专科	本科	研究生	均值
a. 农、林、牧、渔业	1 435	2 115	2 347	2 933	2 311
b. 采矿业	—	1 600	2 370	3 000	2 450
c. 制造业	2 186	2 457	2 603	6 013	2 578
d. 电力、热力、燃气及水生产和供应业	—	1 907	2 824	6 200	3 046
e. 建筑业	2 508	2 447	2 578	3 400	2 499
f. 批发和零售业	2 040	2 048	2 352	5 633	2 380
g. 交通运输、仓储和邮政业	1 800	2 320	2 174	3 000	2 208
h. 住宿和餐饮业	1 946	2 270	2 128	2 750	2 145
i. 信息传输、软件和信息技术服务业	—	2 387	2 650	6 684	3 156
j. 金融业	—	2 056	2 989	5 950	3 253
k. 房地产业	—	2 516	2 782	4 500	2 305
l. 租赁和商务服务业	2 500	3 326	3 164	4 333	4 225
m. 科学研究和技术服务业	—	2 100	2 967	4 727	3 809
n. 水利、环境和公共设施管理业	—	1 600	2 822	—	2 600
o. 居民服务、修理和其他服务业	1 800	2 300	1 766	—	2 100
p. 教育	1 600	1 847	2 262	3 243	2 478
q. 卫生和社会工作	2 200	2 150	2 299	2 460	2 319
r. 文化、体育和娱乐业	1 850	2 800	2 826	3 400	2 857
s. 公共管理和社会组织	1 750	2 250	2 176	3 592	2 525

业 2 518 元、历史学专业 1 871 元、理学专业 2 834 元、工学专业 2 812 元、农学专业 2 703 元、医学专业 2 636 元、管理学专业 2 825 元、军事学专业 2 667 元（如图 11—3 所示）。

法学、理学、工学、管理学、经济学等专业大类毕业生起点薪酬排在前列，哲学、历史学、教育学等专业毕业生起点薪酬水平较低。总体来看，自然科学和社会科学的毕业生起点薪酬整体高于人文学科毕业生。由于毕业生所学专业对其所从事的职业和行业有一定影响，因此，各专业起薪比较中也在一定程度上反映了不同职业间的起点薪酬水平。

从各学历毕业生分专业起点薪酬的具体比较来看，专科毕业生中，管理学、农学和理学毕业生起点薪酬排在前 3 位；历史学专业毕业生起薪最低。本科毕业生中，法学、理学、经济学和医学专业毕业生起点薪酬排名较高；

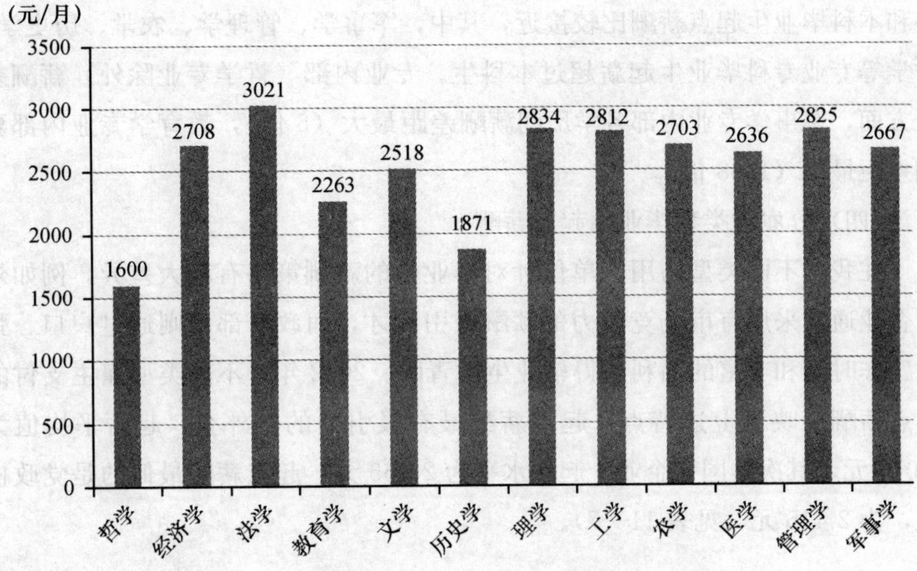

图 11—3　2012 年我国分专业大类毕业生起点薪酬比较

军事学毕业生起薪水平最低。研究生群体中（不含哲学专业），农学、军事学、工学等专业毕业生起薪较高；历史学毕业生起薪垫底（见表 11—6）。

表 11—6　　2012 年我国分专业各学历毕业生起点薪酬比较　（单位：元/月）

专业大类	专科	本科	研究生	均值
哲学	2 000	1 400	—	1 600
经济学	2 084	2 640	4 279	2 708
法学	1 933	2 744	4 102	3 021
教育学	1 960	2 088	3 305	2 263
文学	1 988	2 556	3 475	2 518
历史学	1 800	1 250	3 000	1 871
理学	2 325	2 705	4 791	2 834
工学	2 275	2 556	5 746	2 812
农学	2 400	2 030	7 750	2 703
医学	2 066	2 619	4 312	2 636
管理学	2 422	2 340	3 819	2 825
军事学	2 000	1 000	5 000	2 667

分专业比较来看，研究生在各专业大类中起薪都是最高的，而且在农学、军事学、工学、理学等专业中体现尤为明显。在除法学外的其他专业中，专

科和本科毕业生起点薪酬比较接近，其中，军事学、管理学、农学、历史学、哲学等专业专科毕业生起薪超过本科生。专业内部（哲学专业除外）薪酬差距方面，军事学专业内部各学历间薪酬差距最大（5 倍），教育学专业内部薪酬差距最小（1.68 倍）。

（四）分雇主类型毕业生起点薪酬

在我国不同类型的用人单位针对毕业生的薪酬策略有较大差异，例如外资企业通常采用有市场竞争力的薪酬吸引人才，而政府部门则通过户口、弹性工作时间和丰富的福利赢得毕业生的青睐。2012 年，不同类型雇主支付的起点薪酬反映了上述特点，起点薪酬最有吸引力的是外企，起薪平均值为 3 079 元，其次是国有企业，起薪水平为 2 965 元，起点薪酬最低的是党政机关，为 2 415 元（见表 11—7）。

表 11—7　　2012 年分所有制各学历毕业生起点薪酬比较　（单位：元/月）

雇主类型	高中	专科	本科	研究生	均值
党政机关	1 900	1 600	2 268	3 170	2 415
国有企业	2 569	2 300	2 873	5 566	2 965
外资企业	2 393	2 590	2 749	6 130	3 079
民营企业	2 188	2 316	2 386	3 616	2 445
事业单位	1 750	1 886	2 329	3 596	2 578

分学历来看，高中毕业生中进入国有企业的起薪最高，进入事业单位的毕业生起薪较低；专科生毕业生中进入外企的起薪最高，党政机关的起薪则较低；本科生和研究生中进入外企和国企的起薪较高。分雇主类型比较可以发现，具有研究生学历的新进职工在起点薪酬具有明显优势，尽管起薪一般是由岗位决定的，但可以认为学历越高，进入的岗位等级越高，进而岗位工资也越高。以党政机关和事业单位为例，由于政府财政支出方面的严格规定，起薪高低一般是职务或者岗位层级的反映，其他因素影响程度有限，因此各学历间起薪的差异更多是由岗位差异造成的。综合雇主类型和学历的交叉分析可以发现，市场竞争越充分的组织类型，显性起点薪酬越高，在各类组织中学历越高，起薪越高。

（五）分学历教育投资回报率比较

研究不同学历毕业生的起点薪酬，其实质在于回答不同受教育程度者初次进入劳动力市场时的工资差异问题，各学历毕业生初次就业的工资由劳动力市场供求关系、劳动力成本以及劳动生产率等因素决定，但不同于一般工资决定规律的是，各学历毕业生由于教育投资水平的不同，对人力资本投资回报有不同的预期，实际教育投资收益率也有明显区别。长期来看，“年龄—收入曲线”表明高学历者的总体货币收益高于低学历者；但从短期看，是否可以认为“学历越高，起薪越高”呢？

目前，国内研究教育投资回报率的方法仍以明塞尔方程法为主，可以用方程（公式 1）表示经典的明塞尔方程形式：

$$\mathrm{Ln}(SAL)=a+bSCH+cEXP+dEXP^2+u \quad \text{（公式 1）}$$

其中，Ln（SAL）表示毕业生职业生涯初期的薪酬；SCH 表示毕业生受教育年限；EXP 为工作年限；EXP^2 为工作年限的平方项（表示个人收入与工作年限之间的非线性关系）；u 为随机扰动项；b 表示教育投资回报率，含义是劳动者多受一年教育时个人收入的变化率；c 和 d 分别表示工作年限和工作年限的平方项对个人收入的影响。

在明塞尔方程的经典形式中，受教育年限 SCH 是一个连续型变量，为了分析不同学历所带来的教育投资回报率差异，需要用一系列代表不同教育程度的虚拟变量代替 SCH，通过虚拟变量的系数来表示虚拟变量代表的教育程度与省略变量（基准类别变量）之间的教育投资回报率差异。具体的回归方程表达式如下：

$$\mathrm{Ln}(SAL)=a+b_i\sum EDU_i+cEXP+dEXP^2+u \quad \text{（公式 2）}$$

其中，$\sum EDU_i$ 和 b_i 分别表示不同的受教育程度以及相应的教育收益率，基准变量为初中。利用回归结果，可以计算出各级学历的教育投资回报率。计算公式为：

$$RTE_i=EXP(b_i)-1 \quad \text{（公式 3）}$$

公式 3 中 RTE_i 代表第 i 级学历教育收益率，b_i 为回归系数。由于各回归系数是一个相对概念，是指和初中学历的收益相比较的收益率，因此需要通过该公式转换得到各学历教育回报率。

本文对各学历教育投资回报率估算的数据来源于起点薪酬问卷调查，在分析中为了满足回归方程的要求，对部分数据进行了删除调整，所使用数据的统计特征见表 11—8。

表 11—8　　2012 年各学历毕业生起点薪酬样本数据描述

a）样本学历分布

		频率	百分比	有效百分比	累积百分比
有效	a. 高中（含普通高中、职业高中、中等专业学校和技工学校）	107	7.5	7.5	7.5
	b. 专科（含高等职业学校和高等专科学校）	210	14.7	14.7	22.2
	c. 本科	844	59.1	59.1	81.4
	d. 硕士研究生	165	11.6	11.6	92.9
	e. 博士研究生	29	2.0	2.0	95.0
	f. 初中及以下	72	5.0	5.0	100.0
	合计	1 427	100.0	100.0	

b）样本受教育年限分布

		频率	百分比	有效百分比	累积百分比
有效	9	72	5.0	5.0	5.0
	12	107	7.5	7.5	12.5
	15	210	14.7	14.7	27.3
	16	844	59.1	59.1	86.4
	19	165	11.6	11.6	98.0
	22	29	2.0	2.0	100.0
	合计	1427	100.0	100.0	

c）分学历起点薪酬情况

学历	均值	N	标准差	中值
a. 高中（含普通高中、职业高中、中等专业学校和技工学校）	2 279.579 4	107	682.713 83	2 200.000 0
b. 专科（含高等职业学校和高等专科学校）	2 322.490 5	210	770.480 98	2 100.000 0
c. 本科	2 540.907 6	844	1 245.803 83	2 245.000 0
d. 硕士研究生	4 193.884 8	165	2 066.954 72	3 700.000 0
e. 博士研究生	4 584.482 8	29	2 331.810 43	4 000.000 0
f. 初中及以下	2 268.055 6	72	491.211 89	2 300.000 0
总计	2 708.062 4	1 427	1 427.693 95	2 500.000 0

为了分析各学历毕业生的平均年初始教育投资回报率，我们首先将全部

有效样本代入方程（公式2），得到回归结果如下：

$$\text{Ln}(SAL)=7.104+0.048SCH-0.016EXP+0.001EXP^2$$

（公式4）

在回归结果中，受教育年限的系数是0.048，表明受教育年限每增加一年，起点薪酬平均增加4.8%，这一结果低于近年来国内其他学者的研究结果，体现了各学历毕业生在职业生涯初期，初始教育回报率差距并不大。工作年限和工作年限的平方项分别为−0.06和0.001，与明塞尔方程通常的结论并不一致，表明工作年限在起点薪酬问题上不是很好的解释变量，这一结果有以下经济学含义，即参加工作越早的毕业生，名义起点薪酬越低。这一结果不能说明现在的毕业生比过去毕业生能力更强，而只能说明通货膨胀影响了名义工资的变化。一个消除这一影响的办法是参考物价指数对历年的起薪进行调整，从而比较不同时点同一学历的实际起薪水平，但从模型的经济意义来看这一处理没有必要，因为工作经验与起点薪酬的关系很微弱，甚至可以不考虑工作经验的影响，这一结果也符合常识。一般来说，在明塞尔方程中，收入会随着工作年限的增加先上升后下降，而这一规律在毕业生职业生涯的最初阶段基本不起作用。因此，在分别估算各学历毕业生初始教育投资回报率过程中，我们对明塞尔方程进行修正，不再考虑工作经验的影响。

为了估测各学历间初始教育投资回报率的差异，我们以初中为基准学历，在消除工作经验影响的基础上引入虚拟变量，将明塞尔方程修正为：

$$\text{Ln}(SAL)=a+b_1S_1+b_2S_2+b_3S_3+b_4S_4+b_5S_5+u \quad \text{（公式5）}$$

其中，S_1、S_2、S_3、S_4和S_5分别代表高中、专科、本科、硕士研究生和博士研究生的学历水平，b_1、b_2、b_3、b_4和b_5分别表示各学历相对初中学历的初始教育投资回报率。各学历虚拟变量表示如下：高中学历=1，其他学历=0；专科学历=1，其他学历=0；本科学历=1，其他学历=0；硕士研究生学历=1，其他学历=0；博士研究生学历=1，其他学历=0。方程（公式5）回归结果如下：

$$\text{Ln}(SAL)=7.701-0.009S_1+0.004S_2+0.045S_3+0.529S_4+0.612S_5$$

（公式6）

根据表11—9，方程、各项系数分别通过F检验和T检验，在0.05的水平上统计显著。

表 11—9　　公式 6 回归方程和系数检验结果

a）方差与标准差[1]

模型	R	R 方	调整 R 方	标准估计的误差
1	.406[a]	.165	.162	.398 620 56

b）Anova[2]

模型		平方和	Df	均方	F	Sig.
1	回归	44.479	5	8.896	55.984	.000[a]
	残差	225.795	1 421	.159		
	总计	270.273	1 426			

c）各变量系数回归结果[2]

模型		非标准化系数		标准系数	T	Sig.
		B	标准 误差	试用版		
1	（常量）	7.701	.047		163.932	.000
	高中虚拟	−.009	.061	−.006	−.154	.878
	专科虚拟	.004	.054	.003	.068	.946
	本科虚拟	.045	.049	.050	.913	.361
	硕士虚拟	.529	.056	.389	9.395	.000
	博士虚拟	.612	.088	.198	6.976	.000

注：1. 预测变量：（常量），博士虚拟，高中虚拟，硕士虚拟，专科虚拟，本科虚拟。
2. 因变量：起点薪酬的对数。

回归结果表明，以初中为基准学历的初始教育投资回报率比较发现，增加高中学历不仅不会提高起点薪酬，反而会导致初始教育回报率的下降，其中原因在于相比初中毕业参加工作的劳动力，高中教育增加了机会成本，而高中学历在能力信号方面也基本没有作用，因此，投资高中教育回报最低。结合我国国情来看，高中阶段一般是职业教育和高等教育的准备，相当一部分毕业生不会进入劳动力市场，因此这一结果也可以解释人们上大学的行为。专科和本科以上学历有正的回报率，而且随着学历提高而增加，其中，专科和本科学历初始教育投资回报率与初中学历差距较小，研究生学历回报率则十分显著。

结合公式 3 可以得出各学历初始教育回报率及年均值，换算后的各学历毕业生初始教育回报率参见表 11—10。

表 11—10　2012 年我国不同学历毕业生初始教育投资回报率比较

学历层次	高中	专科	本科	硕士研究生	博士研究生
初始教育投资回报率（RTE）	−0.009 0	0.004 0	0.046 0	0.697 2	0.844 1

二、我国不同学历毕业生起点薪酬的影响因素分析

（一）毕业生起点薪酬影响因素的理论分析

1. 青年就业市场的供求关系。毕业生起点薪酬宏观上看是青年劳动力市场工资定价的结果，其决定机制符合一般均衡理论，当毕业生供大于求时，起点薪酬走低，反之则提高。20 世纪初我国高等教育扩张以来，大学毕业生供给快速增加，使得社会上出现大学生“零薪酬”就业等现象，而很多技校、高职高专毕业生顺应了企业技工缺口大的需求，起点薪酬有显著提高，这都是青年就业市场供求结构变化的结果。另外，经济周期对劳动力市场的影响也可以通过毕业生起薪变化来体现，例如，2008 年全球金融危机期间，我国高校毕业生起点薪酬有显著下降，而随着 2009 年以来的经济复苏，毕业生起点薪酬又开始显著回升。

2. 劳动力市场结构因素。供求关系从宏观上决定了毕业生工资水平，从中观角度看，劳动力市场的行业、地区、所有制等结构对毕业生起薪有更直接的影响。在其他条件相同的情况下，进入高薪酬行业（如金融、IT、能源、科学技术服务）的毕业生起薪也高，在北京市、上海市、广州市等沿海发达地区就业的毕业生起薪一般高于中、西部地区，在外资企业、国有企业工作的毕业生起薪一般高于民营企业和党政机关、事业单位等。

3. 雇主经营状况和薪酬策略。从微观角度看，影响毕业生起薪最直接的是雇主的营业收入、利润水平、岗位设置以及薪酬策略等因素，例如依据谈判工资理论，企业的边际收益决定了毕业生起薪的上限，边际成本决定了毕业生起薪的下限。雇主的薪酬策略决定了毕业生起薪在组织中的整体水平，一些企业为了吸引人才采取高于市场价位的薪酬，相应的毕业生起薪也较高。另外，毕业生个体的起薪一般由其所在岗位决定，岗位价值及其薪级决定了个体的起薪。

4. 毕业生的人力资本特征。人力资本理论从教育、培训、医疗保健、迁移等投资收益角度解释了个人收入差距的原因，根据筛选理论，人力资本水

平（如学历）也代表了毕业生的素质能力。虽然毕业生起薪是由劳动力市场、雇主及岗位等外部因素决定的，但雇主在选拔雇员时主要依据求职者的外貌、性别、学历、学习成绩、毕业学校知名度、实习经历、社会关系等人力资本特征，因此，毕业生的人力资本特征是决定起薪水平的重要因素。

5. 毕业生与用人单位的匹配过程。个人特征、企业特征以及劳动力市场特征只是影响起薪的一个可能区域，理论上区域内的任何一个薪酬水平都可能是毕业生的起薪。但是，最后的起薪还要取决于供求双方的搜寻行为，比如求职者的搜寻时间、搜寻强度、保留工资变化，用人单位的搜寻强度、搜寻策略、工资谈判等。因此，劳动力市场的各类交易费用也影响了毕业生起点薪酬的水平。

总体而言，影响毕业生起点薪酬的因素涉及劳动力市场、毕业生个人特征、用人单位薪酬制度以及地区法律环境等诸多方面，本章重点关注人力资本特征对起点薪酬的影响。

（二）毕业生起点薪酬影响因素的实证分析

依据抽样调查数据，下面对理论分析中所涉及的影响毕业生起点薪酬的“性别”“专业”“学校类型”“工作地点”“所属行业”“所属单位性质”“家庭所在地”等变量进行相关分析，目的在于判断上述因素对各学历毕业生起薪的影响程度。由于这些因素都是定性变量，因此自变量设定为虚拟变量，因变量仍为对数化的起点薪酬。自变量赋值情况如下：

1. 性别：男＝1，女＝0。

2. 专业：自然科学＝1，人文社会科学＝0。

3. 学校类型：重点＝1，普通＝0。

4. 工作地点：东部地区＝1，中、西部地区＝0。

5. 所属行业：第二产业＝1，第三产业＝0。

6. 所属单位性质：城镇国有＝1，城镇私有＝0。

7. 家庭所在地：城市＝1，农村＝0。

其中，“自然科学”包含理学、工学、农学和医学4个专业类型；“人文社会科学”包含哲学、经济学、法学、教育学、文学、历史学、管理学和军事学。“学校类型”只针对本科及以上学历群体，“重点”是指“211工程”高校（含“985工程”高校）；“普通”是指普通本科、独立学院和高职高专院校。工作地点中的“东部地区”涵盖北京市、上海市、天津市、辽宁省、山东省、江苏省、浙江省、福建省和广东省等东部沿海省、市；“中、西部地区”则指除香港、澳门特别行政区和台湾省外的其他省、市。所属行业中，由于所调查的毕业生中第一产业人数较少，因此分为“第二产业”和“第三产业”。所属单位性质中的“城镇国有”也包含党政机关和事业单位；“城镇私营”包含外资企业和民营企业。家庭所在地主要分为“城市”和“农村”，希望能通过这一因素反映起薪中的代际和城乡差别。

使用调查获得的数据，运用SPSS相关分析分别得到初、高中，专科，本科和研究生学历层次中，上述因素与起点薪酬的皮尔森（Pearson）相关关系见表11—11。

表11—11　　2012年各学历毕业生起点薪酬影响因素相关性比较

学历		对数化起薪	性别	专业	学校类型	工作地点	所属行业	所属单位性质	家庭所在地
初、高中	Pearson 相关性	1	.130	.193**	—	.127	.247**	.001	—.247**
	显著性（双侧）		.083	.010	—	.089	.001	.990	.001
	N	179	179	179	—	179	179	179	179
专科	Pearson 相关性	1	—.043	.135	—	.043	.099	—.163*	—.231**
	显著性（双侧）		.533	.051	—	.538	.151	.018	.001
	N	210	210	210	—	210	210	210	210
本科	Pearson 相关性	1	.068*	.071*	.197**	.218**	.032	.024	.008
	显著性（双侧）		.048	.040	.000	.000	.352	.484	.816
	N	844	844	844	844	844	844	844	844
研究生	Pearson 相关性	1	.052	—.055	.305**	.167*	—.021	—.319**	.064
	显著性（双侧）		.469	.443	.000	.020	.771	.000	.379
	N	194	194	194	194	194	194	194	194

注：**. 在.01水平（双侧）上显著相关。
*. 在0.05水平（双侧）上显著相关。

由表11—11得知，对初、高中毕业生而言，专业、所属行业和家庭所在地对起薪影响显著；对专科生来说，所属单位性质、家庭所在地影响较显著；对本科生而言，性别、专业、学校类型和工作地点等因素较为重要；研究生方面，学校类型、工作地点和所属单位性质对起薪影响较大。

三、建立全国毕业生起点薪酬调查监测体系的建议

（一）建立全国毕业生起点薪酬调查监测体系的意义

建立全国毕业生起点薪酬调查监测体系的必要性体现为3个方面，主要表现在：

1. 市场主体发布毕业生起点薪酬信息存在问题。目前，国内有一些咨询机构在发布毕业生起点薪酬信息。这些信息对指导企业确定薪酬策略，促进毕业生就业方面起到了一定作用，但通过市场发布起薪信息也存在诸多问题：（1）咨询机构由于经费、人力等方面的局限，起点薪酬调查的范围小、渠道窄、样本单一，往往只涉及部分地区和行业，不具有规模性和权威性，因此在全国范围内的指导意义不强。（2）由市场发布的起薪信息大多以产品形式出现，客户使用需要付费，这种营利性一方面限制了使用者范围，另一方面也会影响信息的客观真实性。（3）各发布机构间的统计口径不规范，信息缺少连续性和及时性，常给信息使用者带来一定困难。

2. 政府在毕业生起点薪酬信息服务中存在问题。目前，我国各地区政府部门发布的工资指导价位中包含毕业生起点薪酬信息，但其中也存在诸多问题：（1）只提供了毕业生分职业的起点薪酬，缺少分行业、分专业和分学历等更全面的价位信息。（2）各地区间起薪发布的口径不一致，缺少中央层面的统筹规范，地区间的信息发布缺乏衔接和联动。如对比2010年广州市和北京市两地的毕业生工资指导价位发现，广州市公布的起薪信息涵盖了180多个职业类型，而北京市只涉及113个职业，而且未提供起薪平均数。（3）部分地区仍未形成工资指导价位发布制度，政府在毕业生起点薪酬服务方面处于"缺位"状态。

3. 建立全国毕业生起点薪酬调查体系具有重要意义。具体体现为：（1）将有助于政府部门掌握毕业生就业市场基本信息，更好地为高校毕业生提供就业服务，从而为提高毕业生就业质量，出台相关政策措施提供科学依据。（2）将有助于企业了解行业和地区的毕业生薪资水平，从而为企业制定招聘策略、薪酬策略甚至人才战略提供依据。（3）将有助于各类毕业生了解市场薪酬信息，合理形成薪酬预期，更好地适应市场和用人单位的需求，提高人力资源配置效率。（4）将有助于高校合理判断市场对人才的需求，从而

科学设置招生计划、课程及提供就业指导等，提高人才培养效能。（5）将有助于为广大家庭和教育投资机构提供价格信号，促进社会增加人力资本投资，提高整个国家的人力资本水平。

基于以上存在的现实问题和必要性，我们拟从政府基本公共服务的角度，建议我国建立全国毕业生起点薪酬调查监测体系，并对相关配套措施等提出政策建议。

（二）建立全国毕业生起点薪酬调查监测体系的构想

全国毕业生起点薪酬调查监测体系是指由中央政府定期组织开展的、覆盖全国的、针对各类毕业生起点薪酬和用人单位劳动力成本支出的统计、调查、分析、信息发布和监测等工作的一系列标准和规程。该制度可以是国家级薪酬调查体系的一部分，也可以是由多个部门联合发起的专项薪酬监测体系。

建立国家毕业生薪酬监测制度的目的是为劳动力市场提供毕业生起点薪酬信息服务，为规范用人单位工资分配关系，促进毕业生就业，监测和评估劳动关系以及科研工作提供依据。①

考虑到单独设立薪酬监测体系的成本，我们建议该体系在国家薪酬调查制度框架内运行，对与毕业生起点薪酬调查和监测有关的内容做特别说明，具体体系构建情况如下：

1. 主管部门

人力资源和社会保障部、教育部、国家统计局和全国总工会等部门相关司局。

2. 调查监测对象

起薪调查的对象主要包括各类企业、机关事业单位和社会团体等组织中新入职的应届毕业生，其中调查以国有企业、民营企业和外资企业中的新进毕业生为重点。

监测对象主要是企事业单位入职 5 年以内，年龄在 40 岁以下职工的薪酬动态情况。

3. 起薪调查监测的内容

① 本定义参考人力资源和社会保障部劳动工资研究所研究员王霞的《建立国家薪酬调查制度的总体构想》一文。

（1）企业基本信息。由被调查单位填写，内容包括：法人单位名称（以《企业法人营业执照》为准）、法人代码（以组织机构代码证为准）、法人代表、企业所在地及代码、单位隶属关系、行业类别、企业规模、登记注册类型、企业员工人数、主要财务指标（如销售收入、利润总额、成本费用等）、企业人工成本信息等。

（2）企业从业人员劳动报酬信息。按照国家统计局“从业人员劳动报酬口径”，由企业人力资源部、财务部等部门提供数据，具体内容包括工资总额、平均工资、起点薪酬、福利费用、教育经费、保险费用、劳动保护费用、住房费用及其他人工成本。

（3）新进职工基本信息。包括职工代码、性别、出生年月、学历、参加工作时间、职业（以《国家职业分类大典》为准）、岗位、职称、用工形式、周/日工作小时数、起点薪酬、全年工资收入、月基本工资、月绩效工资、津补贴、奖金、加班费等。

4. 起点薪酬数据的获取和分析

由于我国已经建立起国家薪酬调查制度，各地也具备了工资指导价位统计的基础，因此毕业生起点薪酬数据可以在全国起点薪酬调查中获得。毕业生起点薪酬的分析方面需要组织专门力量，例如建议由有经济学、统计学、教育学和社会学等背景的专业人士进行分析，撰写相关报告。

5. 起点薪酬的发布

毕业生起点薪酬发布是政府提供基本信息服务的关键环节，建议由人力资源和社会保障部牵头完成毕业生起点薪酬报告的发布工作，在每年的第二季度部门新闻发布会中发布报告，或专门召开毕业生起点薪酬报告发布会，宣传起薪调查结果，形成年度、季度毕业生起薪定期发布机制。

同时可以借鉴统计年鉴的形式，将毕业生起点薪酬作为薪酬发展报告、人才报告或者劳动力市场报告的一部分，或者单独形成报告出版发行。其中，对地区、学历和职业等公共信息可供社会网上免费查询，对涉及企业个性化的数据需求可提供收费定制报告。

6. 起薪调查发布时间

起薪调查建议从企业财务年终结算前（如第四季度）开始，至次年 4 月回收调查表，主管部门在第二季度开始统计分析工作，并于年中（6—7 月）

正式发布统计报告。

7. 经费来源

毕业生起点薪酬调查监测是一项长期活动，应有一定的财政经费支持，建议将其纳入国家薪酬调查预算，或单独对其实行预算管理由国家财政部门予以经费保障。财政经费支出主要用于人员组织与培训、软件开发与管理、聘请专业人员数据分析、差旅调研、专家论证以及信息发布等方面。

另外，可以通过调查结果的商业运用获取一部分非盈利收入，如提供专业定制服务和发行年度报告刊物等，以作为活动经费的补充，但该部分收入不作为利润分红，只服务于体系建设和可持续发展。

8. 方法与技术保障

起薪调查可以采用抽取样本企业，发放调查软件，企业自行填报为主的方法进行。通过在“企业薪酬调查项目”中设置毕业生起薪相关内容，或设计开发专项调查软件，结合人力资源和社会保障部已有统计渠道，通过网络和数据库收集管理调查结果。

9. 与其他统计体系的关联

全国毕业生起点薪酬调查不是孤立的信息系统，而是国家薪酬调查体系的一部分，与国家统计局的劳动统计报表制度也互为关联，同时，与地方政府开展的劳动力市场工资指导价位和人工成本信息发布制度等也构成互补关系。

探索篇

第十二章
建立农民工合理流动和工资分配的新秩序

农民工是我国改革开放和现代化进程及农村劳动力转移过程中涌现出来的特殊社会群体，为我国现代化建设做出了重大贡献，已成为经济建设的生力军。他们亦工亦农，流动性大，其数量之多、影响之大绝无仅有，同时，农民工进城务工也带来了一系列需要研究解决的体制和社会管理问题。当前，我国正面临着转变经济发展方式的重要时期，我们不仅要研究解决好关乎农民工切身利益的各种问题，还要重视发挥政府的调节作用，统筹兼顾引导农民工合理流动，着力建设工资分配长效机制，建立农民工合理流动和工资分配的新秩序。

一、当前农民工流动的特点和趋势

改革开放以来，我国农民工流动从离土不离乡开始，发展到离土又离乡，并逐步融入城镇的阶段。农民工规模也不断扩大，根据国家统计局数据，2008 年农民工数量达 22 542 万人；在世界金融危机发生的 2009 年又增加了 436 万人，达 22 978 万人；2011 年全国农民工总量达到 25 278 万人，其中，外出农民工 15 863 万人，其规模举世罕见。农民工流动情况错综复杂，从宏观到微观角度看各具特点。

（一）农民工流动基本特点

农民工外出打工主要是实现就业和增加收入。早期农民工外出打工具有无序或盲目甚至一窝蜂式流动的特点，目前农民工流动受市场调节的影响正在增加。近几年来，国家统计局、人力资源和社会保障部高度重视开展对农民工有关情况数据的调查，国家统计局每年发布农民工调查监测报告。从全国范围看，农民工流动出现了初步扭转“一江春水向东流”的新情况，东部沿海地区农民工数量继续增加，但是相对中、西部用工的比重正在下降。

1. 从输出地看，中、西部地区农民工人数增长快于东部地区。2011 年，东部地区农民工 10 790 万人，比上年增加 323 万人，增长 3.1%，东部地区农民工占农民工总量的 42.7%；中部地区农民工 7 942 万人，比上年增加 323 万人，增长 4.2%，中部地区农民工占农民工总量的 31.4%；西部地区农民工 6 546 万人，比上年增加 409 万人，增长 6.7%，西部地区农民工占农民工总量的 25.9%。

2. 从农民工的就业地区来看，在中、西部地区务工的农民工增长较快，中、西部地区对农民工的吸纳能力进一步增强。2011 年，在东部地区务工的农民工 16 537 万人，比上年增加 324 万人，增长 2.0%，占农民工总量的 65.4%，比上年降低 1.5 个百分点；在中部地区务工的农民工 4 438 万人，比上年增加 334 万人，增长 8.1%，占农民工总量的 17.6%，比上年提高 0.7 个百分点；在西部地区务工的农民工 4 215 万人，比上年增加 370 万人，增长 9.6%，占农民工总量的 16.7%，比上年提高 0.8 个百分点。分省看，就业地区主要分布在广东省、浙江省、江苏省、山东省等地，这 4 个省吸纳的农民工占全国农民工总数的近一半。

3. 在长三角和珠三角地区务工的农民工比重继续下降。在长三角地区务工的农民工为 5 828 万人，比上年增加 18 万人，增长 0.3%；在珠三角地区务工的农民工为 5 072 万人，比上年增加 7.4 万人，增长 0.1%，在长三角和珠三角地区务工的农民工增加数量和增幅均明显低于上年水平。在长三角和珠三角地区务工的农民工分别占全国农民工的 23.1%和 20.1%，分别比上年下降 0.9 和 0.8 个百分点。

4. 农民工从业仍以制造业、建筑业和服务业为主，从事建筑业的比重明显提高。在农民工中，从事制造业的比重最大，占 36.0%；其次是建筑业，占 17.7%；服务业占 12.2%；批发、零售业占 10.1%；交通运输、仓储和邮政业占 6.6%；住宿、餐饮业占 5.3%。从近几年调查数据看，变化较明显的是建筑业，农民工从事建筑业的比重在逐年递增，从 2008 年的 13.8%上升到 17.7%；从事制造业的比重则趋于下降。

5. 农民工的就业态势正在发生从“供过于求”转向“总量过剩、结构短缺”的变化。农村劳动力仍然源源不断地从农业转移出来，个别地区和企业出现了季节性招工难现象。

（二）典型调查地区农民工流动特点

2013年，为调查当前农民工整体情况，我们组成农民工问题研究课题组，分别赴广东省、江苏省、重庆市对农民工流动和工资问题进行调研。三省、市农民工跨区域、城市流动规模有所收缩，但流动性仍然较大。

1. 广东省农民工流动的特点：一是省内劳动力增多，外省劳动力减少。截至2011年年底，本省劳动力与2008年同期相比增加了216万人，外省劳动力减少了108万人。二是东、西、北地区新增就业人数增加，珠三角地区新增就业人数减少。2011年全年，东、西、北地区新增就业68.2万人，与2008年相比增加10%；珠三角新增就业108.9万人，与2008年相比下降了20.2%。

2. 重庆市农民工流动的特点：一是农民工有组织输出率逐步提高。农村劳动力转移初期，农民工大多通过“亲带亲，邻帮邻”的方式输出到外地务工。近年来，一部分农民工通过公共就业服务机构、劳务经纪人和培训公司等多种方式有组织地输出。重庆市农民工已经在全国各地形成了188个稳定的劳务基地，目前全市有组织输出的农民工已经占全部外出农民工的46%。二是农民工返乡创业数量增多。近年来，大批农民工携带资金、技术、项目等返回重庆市创业。2008年，市政府出台了引导和鼓励农民工返乡创业的意见。2011年，全市返乡创业企业达到32万户，吸纳就业人数147万人，返乡创业者大多数是个体和私营企业，带动就业作用明显。据调查，平均每个创业者可带动至少5人就业。三是新生代农民工外出打工意愿强烈。全市约有60%的新生代农民工在市外打工。在本地企业务工的农民工中，新生代农民工占80%。四是产业升级引导更多外地农民工入渝。东部发达地区劳动密集型企业和跨国企业内迁带动本地劳动力需求，工资水平也与东部沿海地区拉近，原来外出打工人员返乡，本市就地就业人数和外地来渝打工人数增多。

3. 江苏省农民工流动的特点：从总体上看，农民工流动的特点是以本地就业为主，出省务工为辅。2011年，农民工调查数据显示，586万人选择留在省内务工，占外出劳动力的77.2%；省外就业173万人，占22.8%。农民工输入方面，44.9%来自苏中和苏北地区，超过21.4%来自安徽省，另有6%和4.8%来自河南省和四川省。

（三）农民工流动趋势

农民工流动趋势已经初步显现端倪，根据有关资料分析，对今后一个时期农民工流动基本趋势有如下认识：一是当前和今后一个时期农民工数量还会继续增加。有关研究数据表明，全国农业富余劳动力仍然有1.2亿人左右，这些富余劳动力还会以农民工形式转移出来，过程将延续近20年，但是其人数规模增长势头会逐渐放缓。二是东部沿海地区仍然是吸纳劳动力的重要区域，但中、西部地区吸纳劳动力能力会增强。三是大城市仍然是农民工向往的地方，但中、小城市的竞争力会进一步增强，特别是随着党中央“三农”政策的贯彻落实，小城镇加快发展，具备了吸纳劳动力的巨大潜力。四是农民工在城镇定居的数量会增多，特别是随着我国城镇化进程的加快，农民转变为市民的数量会大增。五是农民工进厂后的二次流动会更加频繁。农民工特别是新生代农民工，实现自身价值的愿望逐步提高，变换工作岗位的次数会增加。六是农民工进城务工和回乡创业的双向流动会增加。据此，政府要因势利导，维持合理的流动秩序。

二、影响农民工流动的因素分析

影响农民工流动的因素本质上是由经济规律决定的。农村人口向城镇转移，农业劳动力向非农产业转移，这是我国经济社会发展过程的客观规律。农业现代化劳动生产率的提高产生了富余劳动力，城镇化率的提高增加了对劳动力的需求，这是农业劳动力转移的基础，城乡差别是这个转移的经济动因。从我国农民工流动情况分析，影响农民工流动的因素具体表现是多方面的，工资差距是农民工流动的基础性因素，同时还有个人、社会、企业的因素以及经济和非经济的因素。

（一）工资差距对农民工流动的影响

根据国家统计部门的数据，经过对工资差距与农民工流动相关性进行分析表明，工资差距与农民工流动在宏观方面存在一定的相关性。

1. 地区工资差距对农民工流动的影响

（1）我国地区工资差距具有以下特点：一是工资差距扩大但近几年差距呈逐渐缩小的趋势。1990年，我国地区最高工资是最低工资的1.84倍，最高工资与最低工资相差1 449元；2001年，地区工资差距扩大到2.75倍，绝对额相差高达13 865元；2001年以后，地区间工资差距的绝对额虽不断扩大，但相对差距逐渐缩小。2001—2011年，地区间平均工资水平高低倍数大体在2.4～2.6之间（只有2008年地区职工平均工资高低倍数为2.71）。2011年，地区间职工平均工资高低相差44 289元，高低倍数为2.41倍。二是东部地区工资水平明显高于中、西部地区，但近几年中、西部地区工资增速快于东部地区。以中部地区工资水平为1，东部、中部、西部地区工资水平之比：2006年为1.43、1.00、1.06；2011年缩小为1.35、1.00、1.06。三是地区间平均工资水平排名顺序变化不大，但地区间工资水平增速变化较大。1995—2011年，职工平均工资水平排在前6位的地区都是东部地区，排在后6位的大多是中、西部地区。工资增速排名，1995—2000年，职工平均工资增速排在前4位的均为东部地区，排在后5位的都是中、西部地区；而到2006—2011年，职工平均工资增速排在前5位的均为西部地区，而广东省、浙江省两个东部省份工资增速排在后6位。

（2）我国地区工资差距与农民工的流动密切相关，主要表现在以下几个方面：一是工资水平高的东部地区，吸引了大量的农民工。2011年，在东部地区务工的农民工占农民工总量的65.4%，而在中、西部地区务工的农民工只占34.6%。二是工资增速高的地区，吸纳农民工的能力增强。2008—2011年，职工年平均工资水平增速中部地区为13.20%，西部地区为13.10%，而东部地区仅为11%。同期，中、西部地区农民工增量超过东部地区，年平均增幅分别为5.4%和6.9%，而东部地区仅为2.7%。这表明中、西部地区平均工资水平快速增长，增强了中、西部地区对农民工的吸纳能力。三是工资水平相对下降的珠三角地区吸引农民工的能力正在削弱。珠三角和长三角地区是农民工主要吸纳地。2011年，珠三角地区职工年平均工资水平为45 060元，低于长三角地区职工年平均工资水平的51 844元，也低于东部地区的47 436元。珠三角地区工资水平逐渐失去优势，导致其吸引农民工的能力正在削弱。2008年，珠三角地区农民工总量4 236万人，比长三角地区的3 054万人多出1 182万人；而到了2011年，珠三角地区农民工总量5 072万人，比在长三角地区务工的农民工总量5 828万人少了756万人。

2. 企业工资差距对农民工流动的影响

课题组在广东省、江苏省、重庆市三地进行问卷抽样调查，样本中有多达60.2%的农民工在务工期间变换过工作；其中，有14.4%的人变换过1次工作，22.8%的人变换过2次工作，23.1%的人变换过3次及以上的工作。在流动的农民工中，有55.7%的人是跨城市流动。由此可见，农民工流动频率较为频繁。在问卷所列14项流动原因中，“因为找到了工资更高的地方”而换工作的人数占23.9%，排在第5位，表明工资收入差距不是影响农民工个体流动的首要因素。但调查样本中换过工作后工资有不同程度提高的人数占96.52%，表明工资差距虽然不是农民工流动首要因素，但它仍然是影响农民工流动的基础性因素。

农民工就业的制造业，建筑业，服务业，交通运输、仓储和邮政业，批发、零售业和住宿、餐饮业等行业均为劳动密集型的低工资行业，除交通运输、仓储和邮政业的工资水平在行业排序中略靠前外，其他几个行业工资水平行业排名落后，并且位次变化不大。这表明适合农民工就业的工作岗位有一定的局限性，农民工流动追求较高的工资收入，会受到这个局限性的制约。

（二）农民工流动的其他影响因素

1. 个人因素。根据课题组对广东省、江苏省和重庆市农民工的问卷抽样调查，其流动原因：一是区域因素，希望就地就近就业，占33%。二是学习及发展需要，占24%。三是对收入不满意，占19%。四是转换工作环境，占12%。五是自主创业，占5%。六是其他原因，占7%。由于受地区政策影响，许多农民工愿意回乡就业。工资福利待遇、企业管理文化及个人发展空间，仍然是农民工流动的重要原因。不过对新生代农民工来说，工作环境、娱乐条件、工作新鲜感等往往成为影响流动的重要因素。

2. 企业因素。调查中发现，企业农民工流失率差别很大，究其原因除了行业特性外，主要是与企业的工资福利待遇和管理文化密切相关。企业方面存在的问题：一是许多企业侵害劳动者权益的情况依然存在，表现为没有依法与符合资格的职工签订无固定期限劳动合同，少缴纳或不缴纳各项社会保险，不依法设置劳动保护设施等，企业用工管理制度和观念落后。二是部分企业还抱有“强资本、弱劳工”的用工观念，认为劳动报酬、工作时间、劳动保护和社会保险等劳动规定完全由企业董事会和管理层决定，不想打破单方面决定工资的格局，集体协商和民主意识薄弱，劳动者不能共享企业发展成果；有的还恶意拖欠工资，因此农民工流失率增大。三是有的企业工作条件差、工作时间长、职业安全隐患多、企业人文关怀不到位，难以满足农民工自我发展的诉求，工作满意度较低，农民工往往用脚投票，导致其就业稳定性差。反之，企业的工资福利待遇合理，管理制度科学，重视人性关怀，农民工流失率就比较低，如广州市银裕彩印有限公司、常州市永明机械有限公司、重庆和平药房责任有限公司的农民工年流失率只有2%～10%。

3. 社会因素。一方面，农民工是城市中的弱势群体，与城市居民相比，他们在职业选择、社会保障方面还存在较大差距。特别是定居问题难以解决，子女上学困难，受到户籍制度束缚、社会保障不平等等因素影响，融入城市困难，对城市认同感和归属感越来越弱，导致农民工从城市回流到农村。以常州市为例，全市120万名农民工，其中集中解决居住问题的人数约60万人，其他将近一半农民工仍面临居住问题。由于大部分农民工收入微薄，难以承受城市的高房价，从而阻碍了其安居乐业的积极性，这也成为农民工难以融入城市、不断流动和个别地区“民工荒”的重要原因。另一方面，由于互联网普及、各地劳务交流平台的建立，就业信息得以快速传递，进一步促进了农民工的流动。

4. 宏观经济布局和产业结构调整因素。根据对三省、市农民工流动情况分析，近年区域经济协调发展和产业转移升级，牵引农民工流动比较明显。特别是广东省农民工流动近年受到地区经济发展和产业转移升级因素的影响最大。随着全国各地，特别是长三角、京津唐等地区近年来经济迅猛发展，创造了大量就业机会，吸引了部分在粤农民工分流或回乡就业、创业。近年来，广东省加快了产业转移升级，同时也带动了劳动力转移，明显出现“人随产业转移”现象。产业升级对劳动力素质技能提出了新的要求，用工需求结构的变化也推动了异地务工人员流动变化。

三、农民工流动就业和工资分配存在的问题

（一）农民工流动就业存在的问题

农民工为我国经济发展特别是沿海地区改革开放和经济发展提供了源源不断的劳动大军。维持农民工一定的流动性，一是有利于满足企业按照市场机制实行灵活用工的需求（招之能来，挥之能去）；二是符合农村劳动力“农闲务工，农忙务农”的特点，实现一、二、三产业劳动力相互调剂；三是有利于统一人力资源市场的形成，打破地区和行业分割；四是有利于劳动力市

场平均价格的形成，农民工通过自由流动打破不同地区、企业之间劳动力供求关系，使工资反映人力资本这一基本市场经济原则在农民工身上得到应有体现，实现其合理的工资诉求。但是农民工流动性过大，不仅会给社会管理带了许多问题，也导致企业熟练工人的大量流失，增加了招工和培训成本，同时也不利于农民工个人职业生涯的发展。当前，农民工流动出现的主要问题是跨区域流动规模过大、“跳槽”频繁、用工企业农民工流失率高、企业招工难和农民工就业难时有发生。

1. 农民工跨区域流动规模过大。2011 年，全国农民工总量达到 25 278 万人，其中，外出农民工 15 863 万人，在外出农民工中，在省外务工的农民工 7 473 万人，占外出农民工总量的 47.1%。大规模跨区域流动的农民工会带来许多问题，如城市管理、交通等社会管理问题，同时会造成区域经济畸形发展问题，长期外出农民工也容易出现子女教育、赡养老人等家庭问题。

2. 农民工“跳槽”频繁。根据课题组对广东省的调查，农民工外出打工以来，换过工作的占 50.5%，其中换过 2 次工作的占 31%，换过 3 次工作的占 41.5%。在 2010 年上半年统计中，换过工作的占了 39.4%，其中一线普工和技术工人的流动性比较高。数据显示，打工以来，53.35%的普工换过工作，47.1%的技工换过工作。从换工次数来看，普工平均 2.35 次，技工平均 2.65 次。

从东莞市情况看，2012 年 3 月，我们对东莞市 16 个镇街中的 105 家企业进行的蓝领薪酬问卷调查结果显示：换过 1～2 份工作的求职者为 60%，换过 3～5 份工作的为 22%。近年来，农民工从第二产业向第三产业流动比较明显。东莞市大力推动产业结构转型升级，三次产业结构不断优化，市内用工总量不变的情况下，三次产业用工结构由 2008 年的 0.1%、78.9%和 21%变化为 2011 年的 0.1%、68.4%和 31.5%，劳动力产业间转移较为显著。从近年来用工状况看，农民工从工资待遇较低的企业向工资待遇较高的企业流动现象普遍，用工缺口都集中在工资待遇较差的劳动密集型企业。

据广东省调查，农民工流动“跳槽”的途径主要有以下 6 方面：一是用人单位直接招工，占 40.5%；二是亲友介绍，占 35.7%；三是通过人才市场或职业介绍所，占 12%；四是网络招聘，占 5.1%；五是通过劳务派遣公司，占 3.6%；六是学校分配或介绍，占 2.8%。这表明社会关系网络在农民工求职中仍然发挥主要作用，而用人单位直接招工等途径在求职中的作用也越来越大。

3. 用工企业农民工流失率高。根据调研组对广东省、江苏省和重庆市近百户企业调研情况看，企业员工流失率普遍较高，部分企业畸高，但也有部分企业员工流失率比较低。

广东省东莞市抽样调查的30户企业中，大部分企业员工年流失率在20%～60%之间，有几户企业员工年流失率甚至达到100%以上，有两户企业员工年流失率不到20%，两户企业员工年流失率不到10%。企业员工流失有以下特点：一是一般流水线上的普工、保安、送货员等岗位流动性较大；二是一年以内员工流动率较大，一般在40%以上，一年以后流动率明显降低；三是国有企业农民工流动率较低；四是工资制度较为合理的企业农民工流动率相对较低。

江苏省常州市抽样调查的30户企业中，各企业农民工流失率差异较大。制造业企业农民工年度流失率，低的只有5%、10%、20%，高的达50%、100%。餐饮业企业农民工年度流失率，低的只有2%、10%，高的达90%。纺织服装业企业农民工年度流失率较低，一般为1.5%～3%，高的有30%。建筑业农民工年度流失率较高，如常州一建集团和武进建工集团年度流失率达到80%～90%。

重庆市抽样调查的30户企业中，流失率差异也较大。餐饮业企业农民工年度流失率一般在20%～50%之间。制造业企业农民工年度流失率，低的为17%，高的达70%、100%。建筑业农民工年度流失率，低的为1.4%（重庆建工新型建材有限公司）、6%（重庆建工工业有限公司），高的达30%（重庆建工第三建设有限公司）。零售服务业企业农民工年度流失率差异大，如苏宁电器重庆分公司农民工年度流失率仅为0.48%，而家乐福和重客隆流失率居高不下，前者月度流失率为28%，后者月度流失率为7%。

4. 企业招工难和农民工就业难时有发生。广东省、江苏省、重庆市3个省、市结构性缺工现象仍然存在，尤其是在二、三月份的春节期间，“民工荒”比较突出，根据广东省东莞市情况，春节后大部分企业缺工率达30%，时间持续1～2个月。七、八月份的秋收季节，也会出现招工难现象。同时，农民工求职难、就业渠道不畅问题也依然存在。各地均出现农民工因未就业而滞留的现象。

（二）农民工工资分配存在的问题

农民工主要分布在劳动密集型企业，工资分配制度由用人单位制定，工资报酬水平由用人单位根据招工需求和人力资源市场供求关系确定。企业对农民工实行的工资制度大部分是计件工资、基本工资（计时工资）加加班工资和补贴，有些企业在此工资结构基础上根据各自情况还实行了提成工资、绩效工资、年功工资、奖金、年终分红等。建筑业企业对农民工主要实行计件工资或者定额工资。纺织服装企业对农民工主要实行基本工资加绩效工资。

据广东省总工会的调查数据显示，2010 年广东省农民工月平均收入为 2 015 元，而同年广东省在岗职工月平均工资为 3 363 元，农民工月平均工资占在岗职工月平均工资的 59.9%。

江苏省常州市，2012 年农民工总体工资水平为 2 100～4 000 元，大部分企业对农民工和城镇职工工资分配实行同样的制度标准。建筑业农民工工资水平整体较高，有的工人单月工资在 5 000 元以上。规模小的企业农民工工资水平较低。部分企业的基本工资与当地最低工资标准（市区 1 320 元）持平。

重庆市农民工总体工资水平为 2 000～3 000 元，建筑业农民工工资水平整体较高，有的工人单月工资在 5 000 元以上。很多企业基本工资与重庆市最低工资标准（市区 1 050 元）持平。

农民工工资主要由市场调节，由于市场机制还不成熟，国家法律法规不健全，所以农民工工资分配还存在突出问题，具体表现为：

1. 工资制度还不规范，有相当一部分企业将最低工资作为支付农民工的“标准工资”，随意性大，短期行为明显。根据我们抽样调查的近百户企业和东莞市总工会调查的企业情况看，有相当一部分企业把当地的最低工资，再加上 100 元左右，作为农民工的基本工资，或当作合同约定的工资；有的企业甚至把加班工资和企业福利也计入最低工资当中，这严重侵犯了劳动者依法获得劳动报酬的权益。把最低工资当作农民工的基本工资或合同约定的工资，无法合理体现岗位和劳动贡献的差别，这在一定程度上制约了工资水平的提高。

2. 加班时间过长，加班工资比重过高，劳动定额不规范不合理。据广东省总工会调查数据显示，89.8%的农民工表示有加班，其中 63.2%的农民工表示是自愿加班，希望多挣点工资，23.2％的表示有时自愿有时不是；农民工平均每周工作54小时；73％表示有加班工资，15.5％表示没有加班工资，8.3％的表示没有加班工资但有补休调休；部分企业未依法支付加班工资，或者未对超时加班采取劳动保护措施，导致农民工身体和心理处于长期疲劳状态。据广东省2010年和2011年针对广州市汽配行业，酒店行业，餐饮、住宿业，零售业，物业，纺织服装、鞋业、皮具及电子制造等劳动密集型微利企业的调研调查，农民工月工资水平大多处于2 000～2 500元之间，其中加班工资占30％以上。农民工反映不清楚有什么劳动定额规定，计件工资单价或计时加班工资计算，都是由企业老板说了算，农民工只有通过加班才能挣够起码的收入。

3. 拖欠、克扣工资现象仍然存在，工资支付合法权益得不到有效保障。据广东省不完全统计，仅2011年、2012年两节期间，广东省各级工会联合政府有关部门共为6.36万名职工追讨欠薪1.3亿元，但拖欠、克扣农民工工资的现象还未得到根本遏制。同时部分企业不依法缴纳社会保险，不执行工伤待遇，按最低工资标准支付工伤期间工资，不依法支付生活补贴费用等，职工合法权益受到侵害。

4. 农民工工资水平仍然偏低。近几年，国家连续较高幅度地提高最低工资标准，因此，农民工的工资水平也增长较快。但是总体上看，农民工工资水平仍然偏低。根据广州市调查数据显示，2009和2010年，汽配行业农民工月平均工资年均增长15.76％和11.37％；酒店行业农民工月平均工资年均增长8.87％和5.44％。这表明受经济发展、物价水平和招工难等因素的影响，农民工工资水平也呈上升趋势，但受行业景气程度和企业经济效益影响，不同行业农民工工资上涨幅度存在差距，有的行业农民工工资增幅仍赶不上物价上涨。在调查中大部分农民工反映，受社会保险费和住房公积金缴费逐年增加的影响，农民工实际可支配收入增长放缓，在物价持续上涨的情况下，绝大多数农民工感觉生活压力较大。大部分农民工月平均工资仅为城镇单位在岗职工月平均工资的50％左右，工资水平有待进一步提高。在调查访谈中，绝大部分农民工认为结合市场工资水平和自身能力，工资可以在现有基础上再提高20％～30％。

根据重庆市的调查，劳务派遣工同工不同酬，差别待遇现象仍很突出。

2009 年以来，重庆市农民工工资增长 33.9%，而劳务派遣形式的农民工工资仅增长 0.5%。

5. 农民工工资基本由企业单方面决定，“强资本、弱劳动”特征明显。农民工工资水平和工资调整的幅度，基本是由企业单方面说了算，外资和民营企业中开展工资集体协商的很少。大部分被调查企业未能形成员工工资定期调整机制，仅有 34.78%的企业表示每年调整一次工资。

四、建立农民工合理流动和工资分配新秩序的基本目标和对策建议

（一）建立农民工合理流动和工资分配新秩序的基本目标和思路

建立农民工合理流动和工资分配新秩序，就是要维护农民工在地区、企业、城乡之间合理有序流动并获得公平的劳动报酬，要有利于满足企业对劳动力结构性的需求，有利于农民工职业生涯的发展，有利于促进社会、企业、个人全面发展。这项工作涉及我国经济结构调整和城乡发展一体化等战略性问题，涉及农业富余劳动力转移到第二、三产业的社会经济结构的变革，涉及数亿农村人口生产方式和生活方式的转变，涉及我国城镇化进程和规模的规划。要按照党的十八大报告提出的“加快完善社会主义市场经济体制和加快转变经济发展方式”的总体要求，以及“推进经济结构战略性调整”和“推动城乡发展一体化”的战略措施，更新观念，按照新情况新要求，加强政府的调控和引导作用，要在我国城镇化建设过程、建成小康社会过程中逐步建立农民工合理流动和工资分配的新秩序。

建立农民工合理流动和工资分配新秩序的基本目标：一是跨省和跨区域流动规模适当、比例合理、过程规范有序；二是城乡劳动力需求调剂机制灵活渠道畅通，城市对劳动力需求有保障，农业富余劳动力就业有出路；三是企业劳动力流动率既要满足生产和经营管理的需求又要满足劳动者个人意愿，部分企业劳动力流动率过高的状况得到根本转变；四是企业招聘和农民工求职匹配率提高，基本不出现企业“用工荒”和农民工求职难现象；五是农民工的薪酬分配及支付规范有序，不出现拖欠工资现象，加班工资比例降低；六是工资水平合理增长，实现同工同酬。

实现这个目标必须站在国家发展战略的高度，统筹兼顾，着力建立长效机制。基本思路是：加强政府对农民工流动及工资分配的调控和指导；在国

家经济发展规划方面，要统筹兼顾国家经济发展战略、生产力合理布局、地区均衡发展以及劳动就业的需要，避免劳动力大规模跨区域流动；在人力资源管理方面，要统筹规划城市和农村人力资源开发利用，鼓励劳动人口就近就地就业，农民工大部分在本区域流动，小部分跨区域流动，尽量减少全国范围的大流动；在市场基础建设方面，要加强人力资源市场建设，加强信息化建设，保障农民工流动安全有序；在社会管理和城镇化建设方面，要结合工业化进程和城市建设发展需要，合理规划城市吸纳农民工的数量，并且根据城市基础设施建设和教育、医疗、社保等社会福利规划所能提供的条件，实现安置性就业，鼓励符合条件农民工属地化、市民化；在工资分配方面，要加强政府运用最低工资标准调节农民工流动和工资水平的作用，指导企业建立农民工薪酬分配长效机制、认真履行劳动合同法、开展集体协商，规范企业薪酬分配及支付制度，指导企业根据劳动生产率和经济效益状况合理提高农民工的工资水平，提高劳动报酬所占比重。

（二）对策建议

围绕上述基本目标及思路并结合当前实际情况，对策建议如下：

1. 要把本地区劳动力自给率指标作为国家或者地区编制经济发展规划和投资项目必须考虑的重要因素之一，鼓励就地就近就业。除了部分行业（如：建筑、基础实施等）和职业劳动力需要全国流动，对大部分企业的用工要鼓励其就地就近招收。不支持不鼓励本地区劳动力自给率达不到要求的投资项目通过立项。经济布局和项目投资要统筹兼顾劳动人口分布情况及环境生态保护等因素，在劳动人口密集的地区可以重点发展劳动密集型产业，就地吸纳农民工；在教育程度比较高、人才相对集中的地区要不失时机地进行产业升级，走集约化发展道路。

2. 实施经济均衡发展战略。借鉴国外地区均衡发展成功经验（如德国），增加对经济相对落后并且就业压力比较大地区的投资，实行国家税收优惠和补贴政策，鼓励资本投向落后的中、西部地区，改善投资环境，加快劳动密集型产业向中、西部地区转移，就地吸纳劳动力，减少跨地区流动性。

3. 加强市场基础建设、信息化建设，保障农民工有序流动。加快公共就业服务体系建设，加大对公共服务经费投入，全面提升公共就业服务能力。完善公共就业服务信息网络，加大农民工信息服务建设，为农民工提供及时、准确、真实的用工信息，积极引导农民工合理流动。

4. 改革完善企业劳动用工制度，加强国家监管职能，建设长效机制，构建和谐劳动关系。进一步完善劳动合同制度，加强对劳务派遣用工的规范和管理。加强对企业用工的监管，完善农民工维权“绿色通道”。鼓励企业建立以人为本的人性化管理制度，凝聚人心，稳定员工队伍。

5. 完善社会政策，着力解决农民工迫切需要解决的现实问题。针对农民工的不同需求，明确工作重点，在社会保障、住房、就业、子女入学、社会人文关怀、公共服务等方面有针对性地采取措施，分类解决。结合我国城镇化进程，统筹兼顾城乡发展，统筹兼顾大、中、小城市和小城镇的协调发展，有计划、有步骤地实现农村人口市民化。

6. 加强政府对农民工工资分配的指导，规范分配秩序，完善市场机制。针对当前农民工工资制度混乱、工资分配随意性大、短期行为明显的问题，政府有必要制定指导性文件给予宏观指导。

7. 建立健全农民工工资正常增长机制。首先，要利用最低工资的调节作用，合理提高农民工工资水平。最低工资是国家调节企业工资分配的有效工具，也是推动经济结构调整、产业升级的有效手段。提高最低工资标准，最大的受益者是农民工群体。其次，要加快建立健全工资集体协商机制，就工资分配制度、工资增长幅度、劳动定额、计件单价等内容开展集体协商。

8. 研究解决农民工加班工资问题。调查显示，超过半数以上的农民工需要经常加班，而且加班时间较长，加班工资占全部工资的比例一般均在30%～50%，有的更高。这种状况不正常，损害了劳动者的健康，也是一种资本对劳动的剥削。所以，对劳动时间、劳动定额、标准工资与加班工资的合理比例关系等问题，要尽快研究并提出办法。要有政策措施切实保障劳动者基本权益。

9. 改革完善农民工工资支付保障机制。针对克扣、拖欠农民工工资问题，要治本治标相结合。认真总结各地的成功经验，通过银行、信息化手段，对工资支付全过程监控，形成工资支付预警制度，在源头上解决克扣、拖欠工资问题。规范企业工资支付行为，为农民工办理个人工资账户，实行月薪制，并规范工资发放的时限、方法和标准等，保障农民工付出劳动后能按时足额领取劳动报酬。

第十三章 深化工资收入分配制度改革若干重大问题研究[①]

工资收入分配事关亿万劳动者的切身利益。本文选择以合理调整工资收入分配关系为主线，围绕不同行业之间、不同地区公共部门之间、企业高管与普通劳动者之间、不同身份劳动者之间合理的工资收入分配关系几个重大问题展开研究，为深入推进工资收入分配制度改革建言献策。

一、以合理调整工资收入分配关系为主线开展研究的必要性

党的十八大报告从战略和全局的高度，做出了全面建成小康社会奋斗目标的新部署，为做好包括工资收入分配在内的各项工作指明了方向。十八大报告提出了到2020年，实现国内生产总值和城乡居民人均收入比2010年翻一番的总目标，这一目标体现了加快经济发展方式转变和经济结构调整，把保障和改善民生作为经济发展的出发点和落脚点的指导思想。同时，十八大报告在描画2020年社会建设奋斗目标时明确要求，“收入分配差距缩小”，并鲜明地指出，“共同富裕是中国特色社会主义的根本原则。要坚持社会主义基本经济制度和分配制度，调整国民收入分配格局，加大再分配调节力度，着力解决收入分配差距较大问题，使发展成果更多更公平惠及全体人民，朝共同富裕方向稳步前进”。当前，共同富裕面临的突出矛盾即是收入分配差距日益扩大，具体到工资收入分配领域就是合理的工资收入分配关系尚未形成。如果在现有工资收入分配关系不改变的条件下实现“收入倍增”，最终的结果很可能是差距更大。从这个意义上说，实现合理的工资收入分配关系下的

---

① 该文选自《深化我国工资收入分配制度改革若干重大问题研究——以合理调整工资收入分配关系为主线》课题，课题总负责人苏海南，课题负责人胡宗万，课题组成员包括常风林、肖婷婷、贾东岚、钱诚。

"收入倍增"是贯彻落实十八大精神的应有之义。

以合理调整工资收入分配关系为主线展开工资收入分配制度改革研究是开展顶层设计、明确改革目标的客观要求。当前，包括工资收入分配在内的收入分配制度改革正处于攻坚阶段，各方利益分化较为明显，在如何调整工资收入分配关系上达成共识较为困难。在这种形势下，深入研究和推进顶层设计，在错综复杂的矛盾中抓住主要的、重大的矛盾，统筹考虑各类群体和各相关因素，追根溯源，统揽全局，将决定改革思路正确与否。而合理的工资收入分配关系即是进行工资收入分配制度改革顶层设计中必须回答的重大问题，事关社会公平正义，事关社会和谐稳定。同时，以合理调整工资收入分配关系为主线，有利于进一步明确工资收入分配制度改革的目标。"十二五"规划第三十二章以"合理调整收入分配关系"为标题，通过四节内容阐述了合理调整收入分配关系的基本要求。但是，何为合理的收入分配关系，如何达到合理的收入分配关系等重大问题尚需进一步回答，只有统筹影响工资收入分配关系的种种因素，在顶层设计的基础上明确具体目标，才能更好引导工资收入分配制度改革的推进，保证改革不偏离既定目标。

以合理调整工资收入分配关系为主线展开工资收入分配制度改革研究是满足人民群众对更公平工资收入分配新期待的必要举措。社会公平正义是社会和谐发展的基本要求和目标，也是一个文明社会进步的标志。实现社会公平对工资制度的公平性提出了新的要求。当前，新生代劳动者受教育程度普遍提高，劳动力市场议价能力逐步增强，劳动者维权意识和平等意识不断提升，广大劳动者在要求自身工资更快增长的同时，更加关注工资收入分配的公平性，更加关注地区之间、行业之间、高管与普通劳动者之间、劳务派遣工与正式工之间工资收入分配关系的合理性。同时，不同人员对于工资收入分配公平正义的理解也大不相同。有人认为，市场经济讲竞争，工资收入存在差距是必然的，也是公正的；也有人认为，有差距是正常的，但要具体分析工资收入差距产生的原因是什么；还有人认为，工资收入存在一定的差距是正常的，但超过一定限度就难说公正了。在此背景下，合理的工资收入分配关系的界定正好契合了广大人民群众对更公平工资收入分配的新期待。

以合理调整工资收入分配关系为主线展开工资收入分配制度改革研究是解决当前问题的现实要求。在看到我国收入分配体制改革取得重大成绩的同时，也要看到当前我国收入分配领域还存在不少问题。从分配结果上看，主要是收入分配关系不合理，突出表现为“两个比重”持续下降，城乡、地区、行业、群体之间的收入分配差距持续扩大。具体到工资收入分配领域，近年来，我国劳动报酬占比持续下降；不同行业之间、不同地区公共部门之间、高管和普通劳动者之间、不同身份劳动者之间不合理的工资收入差距整体上也呈拉大趋势，这种不合理已成为制约经济发展方式转变和社会和谐稳定的突出障碍。实现发展成果由人民共享，必须深化工资收入分配制度改革，通过不断完善工资收入分配体制，构建合理的工资收入分配关系，使之既成为经济较快增长的推动力，也成为社会和谐稳定的重要基石。可以说，抓住了合理调整工资收入分配关系这一主线，就抓住了当前工资收入分配制度改革的重点，找到了解决当前问题的切入点。

总而言之，对合理调整收入分配关系、加快解决工资收入分配问题，中央高度重视，群众热切期盼，但社会、学界甚至政府部门认识分歧仍较多，对于不同行业之间、不同地区公共部门之间、高管与普通劳动者之间、不同身份劳动者之间合理的工资收入分配关系的目标以及如何达成等一些老大难问题破题不够，为此，需要就其进一步展开深入研究。

二、关于工资收入分配基本问题的理论思考

（一）工资收入分配改革定位

工资收入分配制度与收入分配体系一样，依附于相应的经济、社会体制以及经济结构，受其制约和影响。当前，我国的企业薪酬制度以现行企业制度为直接基础，现行各类企业的产权制度、法人治理结构及其内部制衡机制、经营管理制度和管理方法等方面的长处和弊端都将决定和影响薪酬制度的科学合理程度及其运行状况；机关、事业单位薪酬分配也受到公共部门资源配置、事权财权匹配、人员编制配备、绩效考核状况等方面的影响和制约；同时，我国各类要素市场发育状况好差，城乡管理体制、资源配置制度是否公平合理，各地对非公有经济发展支持程度，打破垄断措施是否落实，以及我国第一、二、三产业和人力资源结构是否合理，等等，都影响和制约着工资收入分配及其改革。

目前，社会上部分人认为我国收入分配存在的问题主要是财富和收入存

量的分配不公，工资收入分配几乎可以忽略不计，我们认为这种认识不妥。据计算，2011 年全国工薪劳动者工资总量①约为 12 万亿元，约占当年全部劳动报酬总量的 53%，不解决工资收入分配和其他收入流量中存在的问题，整个收入和财富分配包括财富和收入存量分配中存在的问题也无法根本解决。反之，如只安排解决财富和收入存量分配不合理的问题，则存在诸多难点，首先是财富和收入存量的底数难以摸清；其次是即便摸清了底数也难以处理，处理不当还可能影响社会稳定。

（二）合理的工资收入分配关系界定

从理论上讲，合理的工资收入分配关系是在公平处理资本与劳动利益分配关系的前提下，以劳动力、管理、技术等劳动要素分别获得自身应得劳动报酬为基础进行比较的结果。从量化关系上讲，合理的工资收入分配量化比例关系，是对社会主流认识判断不合理的工资分配量化比例关系剔除其中非市场、非劳动因素，同时参考现实中存在的社会主流价值判断比较合理的工资分配量化比例关系，综合这两方面情况得出的量化分析结果。

一般而言，合理的工资收入分配关系是合理的薪酬分配活动的结果，它离不开公平的薪酬分配起点和分配过程，还与良好的薪酬分配基础条件和环境相关。

合理的薪酬分配结果由公平的薪酬分配起点和分配过程所决定。从公平的薪酬分配起点看，主要是应保证各种生产要素拥有者其中重点是工薪劳动者拥有薪酬分配的知情权、参与权、表决权、分享权、保障权等权利。比如，农民工、临时工只要在相同岗位工作就能执行同岗位劳动者的薪酬制度并获得相应的劳动报酬；同时，国有企业在制定提高职工薪酬水平方案时，确保不占用应上缴国家的税费和利润等，均是薪酬分配起点公平的体现。从公平的薪酬分配过程看，主要通过明确工薪劳动者薪酬分配知情权、参与权、表决权、分享权和保障权的实现途径、规则、程序等，使薪酬分配的程序规范、分配环节严谨、分配过程公正公开。比如，初次分配中政府确定和调整税率征收企业税费，应经过全国人大审议；企业制定薪酬分配方案要经过职工代表大会审议，以相关制度和程序来体现工薪劳动者的 5 项权利；二次分配中，

① 即城乡工薪劳动者的全部劳动报酬，包括工薪劳动者从本单位所领取的基本工资、奖金、津贴补贴以及其他工资性收入（含制度外的工资性收入），与薪酬概念的内涵和外延基本相同。

公务员工资收入以企业相当人员的薪酬水平做参考，公益性事业单位工作人员参考相应层级公务员工资水平，同时根据所在地区经济发展情况、居民收入和物价等水平，以公共部门提供公共产品的数量、质量为依据，按照有关规则由有关机构审议确定其工作人员的工资，即是体现了薪酬分配过程公平。

工资收入分配与用人单位体制、人力资源市场乃至经济社会体制、经济结构等方面紧密联系，并受后者制约和影响。因此，公平的薪酬分配起点和分配过程离不开用人单位体制的健全、人力资源市场的完善以及经济社会体制改革和经济结构调整的逐步到位。

（三）工资收入分配中政府和市场的作用和边界

对于工资收入分配中政府与市场的作用和边界问题，我们认为政府既不能“缺位”，也不能“越位”。对此主要应把握三条。第一，各级政府部门要牢固树立正确的工资收入分配社会管理和公共服务的观念。政府部门干预工资收入分配的出发点和立足点，只能是为了公平正义和合理分配，切实保障各种劳动要素获得自己应得劳动报酬或公共部门以及国有企业薪酬分配不损害公共利益才进行干预，而不是为了其他目的。第二，明确管控对象范围和管控边界，正确使用管控手段。首先，政府部门要管控的工资收入分配对象范围应是市场主体自己难以或无法合理分配的事项，其中一类是资方可能出现的对工薪劳动者薪酬侵权事项；另一类是基于国有资产所有权或财政收入使用权需要监管的事项；市场主体不违反法律、政策规定的薪酬分配活动就不应干预。同时，在初次分配主要使用法律、经济和信息手段，只对违规的国有企业使用某些必要的行政手段；在二次分配中对公共部门工资分配主要使用法律政策和行政手段。第三，加强有关公共服务，营造薪酬分配的有利环境。政府部门在做好必要的工资收入分配管控的同时，要加强薪酬分配的公共服务，即通过健全工资指导线、劳动力市场工资价位、人工成本信息发布、薪酬调查和信息发布制度，通过规范公共资源配置，深化户籍制度改革，健全农民工融入城市措施；通过深化财税体制改革、调整税收结构，调整城乡结构、产业结构、所有制结构等，把更多的精力、人力、物力逐步转移到做好相关公共服务，营造各类企业平等竞争及生产经营和薪酬分配的良好环境上来，从而从根本上推动工资收入分配向公平合理的方向发展。

三、关于探索构建合理的薪酬分配量化比例分析框架

（一）合理的薪酬分配量化比例关系的定位

这里所称合理的薪酬分配量化比例关系，是指一系列合理的薪酬分配量化比例的集合，它涉及初次分配中工薪劳动者劳动报酬在各种生产要素报酬总量中所占比重，不同行业之间薪酬分配量化比例，不同所有制之间薪酬分配量化比例，不同部门类别之间薪酬分配量化比例，不同类型企业之间薪酬分配量化比例，不同社会职业之间薪酬分配量化比例，不同岗位层级工薪劳动者之间薪酬分配量化比例，不同地区之间工薪劳动者薪酬分配量化比例，不同身份工薪劳动者之间薪酬分配量化比例，以及用人单位内部各部门之间、各类人员之间薪酬分配量化比例，等等。这里所称合理的薪酬分配量化比例分析框架，是指上述各种薪酬分配量化比例关系中，主要的量化比例及其相互之间的内在有机联系和形成路径等的系统组合。

合理的薪酬分配量化比例关系是以一定时期大多数工薪劳动者和社会主流认识所认可的合理薪酬分配关系定性判断为引导，以各种劳动要素投入产出比例关系或有关因素分析为基础，同时以现行以及历史上国内、国外各种劳动要素通过市场交换所形成的分配比例关系为参考依据，通过纵向和横向比较所确定的一系列量化分析的结果。它不是人为主观预测计算设定的结果，而是对现实中已经发生或可望发生的、被社会主流认识所认可的若干或某种合理的薪酬分配量化比例的归纳和提炼。例如，改革开放以来某个时段的某方面薪酬分配量化比例，当时大多数工薪劳动者和社会主流认识对其没有意见或比较认可，或世界上多数国家或地区已经存在的且所在国家或地区大多数工薪劳动者和社会主流认识对其无反感或比较认可①的薪酬分配量化比例，就是我们所要认可或以此为依据结合现行实际情况稍加调整认可的合理的薪酬分配量化比例。这些合理的薪酬分配量化比例具有民意性、变动性、指导性，不具有强制性。首先，它是一种大多数工薪劳动者和社会主流认识认可的薪酬分配量化比例，具有民意性特点，只有大多数工薪劳动者和社会主流

① 这里所称“大多数工薪劳动者和社会主流认识对其无反感或比较认可”一般可从两个角度判断：一是社会舆论是否对某方面薪酬分配量化比例关系提出异议或对其进行抨击，若没有即可判断其基本合理；对于历史上已发生的情况只能采取此角度判断；二是组织民意调查和专家访问，若多数人没有否定意见即可判断其基本合理。

认识认可才算，广大群众反感和社会舆论大加挞伐的即不能算；其次，它是与不同时期的经济发展水平、工薪劳动者薪酬水平相适应并为其时社会主流认识所认可或所接受的薪酬分配量化比例，具有变动性特点，不同时期经济发展水平、工薪劳动者薪酬水平不同，人们对社会分配公平公正的追求和价值判断不同，其时的薪酬分配量化比例就不同；再次，它是由研究机构发布或知名专家学者提出，被社会主流认识所认可，政府主管部门所肯定和提倡的薪酬分配量化比例，其作用是引导宏观、中观、微观领域中不合理的薪酬分配量化比例关系向合理的薪酬分配量化比例关系发展，具有指导性特点；最后，它不是政府发布的政策、命令，更不是政府下达的薪酬分配指令性计划或指令性比例，只是一种劝导性意见和建议，因而不具有强制性[①]。此四性就是合理的薪酬分配量化比例的定位。

（二）探索明确四方面合理的薪酬分配量化比例

针对当前工资收入分配存在的主要问题，按照先简后繁、先易后难的构建原则，本课题聚焦于构建行业之间、不同地区公共部门人员之间、企业高层经营管理人员与其他工薪劳动者之间、不同身份工薪劳动者之间合理的薪酬分配量化比例关系作为重点，采取纵横比较结果定性判断、建立数学关系模型测量两种方式，结合网易财经问卷调查数据[②]，探索提出当前4方面合理的比例关系。

在纵横数据比较方面，就行业之间合理的薪酬分配量化关系比较了1992—2002年我国行业之间工资分配比例关系与韩国、日本、中国台湾2000—2010年行业工资差距变化情况；就不同地区公共部门之间合理的薪酬比例关系比较了2000年前后不同地区公务员的工资分配差距与2011年美国、英国、日本公共部门之间的工资分配比例关系；就合理的企业高管与其他职工之间薪酬分配比例关系对比了1995—2003年期间我国相关数据，同时比较了2011年我国上市公司中竞争性行业的高管与其他员工的薪酬差距以及日本、韩国、中国台湾地区相关比例关系；就合理的不同身份劳动者工资收入

① 其中，如果涉及国有企业薪酬分配量化比例转换成政策规定，比如国有企业高管薪酬与职工平均薪酬倍数被纳入政策文件作出规定，在这时，该量化比例就具有了强制性。但这类情况会较少出现。

② 课题组通过网易财经就4方面薪酬分配量化比例进行了1.5万多人的调查，其中企业普通员工占51.6%。

分配比例关系比较了农民工和劳务派遣工相关工资数据以及日本、德国、法国劳务派遣工相关数据。

在构建数学模型方面，合理的行业薪酬水平由人均增加值、市场竞争度、人均产出税收负担、人均资本投资率、人力资源素质结构差异度等因素决定；合理的不同地区公共部门工资比例关系由各地区人均 GDP、人均一般财政预算收入、在岗职工平均工资、地区物价水平、人力资源结构差异等因素决定，并在此基础上构建了相应的计算公式；合理的企业高管与其他职工工资收入比例关系由人力资本水平、经营管理责任轻重、市场竞争度高低、所在行业和企业薪酬水平高低、企业高管选拔任用机制差异以及企业高管薪酬决定监管机制强弱等因素决定，同时采用行业对标法、高管理想薪酬模型法、二八原理法等进行了测算。

综合比较和分析、测算，结合网易财经调查结果，可用表 13—1 汇总此 4 方面薪酬分配量化比例关系的现状和当前及今后应达成的理想状况。

四、实现合理的薪酬分配比例关系指导思想、实施步骤及主要措施

（一）指导思想

从当前我国经济社会体制及其结构的大背景出发，围绕中央确立的“收入分配差距缩小”目标，以合理的薪酬分配量化比例关系为参考和引导，针对导致工资收入分配关系不合理的相关因素，深化相关制度改革，在有效发挥市场机制基础性调节作用的同时，加强政府对工资分配的规范、指导、调控和监督，合理调整工资收入分配关系，努力遏制并逐步缩小行业之间、地区之间、企业高管与普通职工之间、不同身份劳动者之间等方面工资收入的不合理差距，促进理顺工资收入分配关系，到 2020 年前实现合理分配关系基础上的工资收入“倍增”。

（二）实施步骤

第一步，到 2015 年，合理调整工资收入分配关系的基本目标是“明确目标、扭转趋势、控制差距”。其基本内涵是：“十二五”期间，要通过对导致当前工资收入分配关系现状的直接原因和深层次原因的分析，加强顶层设计，制定合理的工资收入分配关系的总体目标；要研判宏观经济社会形势，把握工资收入分配的全局，找准扭转不合理工资收入差距拉大这一趋势的切入点，

表 13—1　　4 方面合理的薪酬分配量化比例关系建议表

类别	现状	纵向横向参照数据	网易财经调查结果	模型测算结果	课题组关于合理比例建议
行业	2011 年，按行业门类划分的行业薪酬比为 4.48：1，即 4.48 倍；2010 年，按行业大类划分的行业薪酬分配比例为 11.86：1，即 11.86 倍	纵向：按行业门类划分看，由 1985 年最高收入行业与最低收入行业之比的 1.81 倍，扩大到 2011 年的 4.48 倍；按行业大类划分，最高薪酬行业（证券业）与最低薪酬行业（畜牧业）的平均薪酬水平的差距由 1995 年的 3.87 倍扩大到 2010 年的 11.86 倍 横向：按国际上按行业门类划分的行业薪酬差距一般为 3 倍左右	最高薪酬行业（金融业）与最低薪酬行业（农、林、牧、渔业）合理的薪酬分配差距，75%以上的被调查者认为应为 4 倍及以下	大行业门类合理比例关系为 4.65～2.74 倍之间；采用 Oaxaca-Blinder 分解方法，以非国有金融机构为代表，非国有金融高管薪酬中大约有 28%为不合理部分	当前按行业门类划分的合理的行业薪酬比为 4.2：1，即 4.2 倍；今后应缩小到 3.8 倍左右。按行业大类划分的合理的行业薪酬分配量化比例可设置为 10：1，即 10 倍，今后应缩小到 7 倍左右
不同地区公务员	2011 年，不同地区公务员之间平均工资水平最高的与最低的之间比例 3.4：1	纵向：1991—2000 年，我国公务员地区间工资差距基本都在 3 倍以下 横向：美国、英国、日本、韩国等国家公共部门平均工资差距一般在 2 倍以内。法国等国家更是严格地执行各地区公务员工资完全相同的政策	不同地区同资历同级别公务员之间薪酬差距，65%左右的被调查者认为应为 2 倍及以下	不同地区同资历同级别公务员薪酬差距采用因素决定法计算结果最大为 2.37 倍；均衡理论法计算结果最大为 1.86 倍	当前不同地区公务员工资合理比例为 2.3 倍左右，今后应缩小到 1.8 倍左右

续表

类别	现状	纵向横向参照数据	网易财经调查结果	模型测算结果	课题组关于合理比例建议
高管与普通员工	2010年，中央企业高管平均年薪与央企职工平均工资的倍数为13.39倍	纵向：2002年，中央企业高管平均年薪与央企职工平均工资倍数为9.85倍，2010年扩大到13.39倍；与城镇职工相比，2002年时差距倍数仅为17.78倍，2010年为21.89倍。同时，2011年，上市公司中竞争性行业如制造业、批发和零售贸易等行业高管与职工之间薪酬差距在6～10倍之间 横向：高管与城镇职工（或生产工人）薪酬差距美国平均为41.3倍，英国、法国、德国分别为25.4倍、16倍、13.2倍，瑞士为9.5倍，日本11.6倍，韩国12.5倍，中国台湾14.7倍	65%和74%的被调查者认为，国有企业高管平均薪酬、最高薪酬与社会平均工资的合理倍数关系分别为5倍和10倍及以下	采用公式计算，高管理想薪酬差距为14.58倍	当前合理的国有企业高管平均薪酬与社会平均薪酬比例可设置为12∶1，即12倍；今后应缩小到10倍左右 当前合理的上市公司高管与社会平均工资量化比例可设置为15∶1，即15倍①；今后应缩小到12倍左右
不同身份劳动者	2011年，农民工、劳务派遣工、编制外人员与城镇非私营单位在岗职工平均工资之间薪酬分配量化比例分别约为：0.55∶1、0.56∶1、0.6∶1	横向：日本正式工与非正式工全年工资收入的差距为1.81倍，也即非正式工的薪酬相当于正式工的55%；法国、德国则禁止没有合理理由的不公平待遇，而一些福利或者养老待遇等均没有明文规定，即允许存在差距	—	农民工与城市户籍劳动者的工资差异中，人力资本个人禀赋差异解释了其中的57%，而剩余的43%则属于不可解释部分，即对农民工的身份歧视因素	从最终目标看，应实现同工同酬。 从宏观跟踪监测指标来看，农民工、劳务派遣工、编制外人员与城镇非私营单位在岗职工平均工资之间的监测跟踪指标可设定为：0.65∶1～0.7∶1、0.7∶1～0.8∶1、0.8∶1～0.85∶1②，以促进逐步渐进实现同工同酬

① 这里所称国有企业和上市公司高管薪酬与职工平均工资或社会平均工资量化比例关系是从宏观层面大平均推算的，主要适合大中型企业高管与相关方面薪酬分配量化比例的评估和判断。

② 仅作为宏观层面评估不同身份工薪劳动者薪酬分配关系的量化比例，不作为微观层面实施量化比例。

抓住几个重点问题，着力推进；同时，要控制并适当缩小行业、地区等不合理的工资分配差距，落实对国有企业高管薪酬的监管，启动对非国有上市公司高管薪酬的监管，控制不合理差距拉大；此外，借劳动力市场供求关系的结构性变化，引导用人单位合理提高农民工、临时工、劳务派遣工等普通劳动者的工资水平。

第二步，到2020年，合理调整工资收入分配关系的基本目标是“建成基本定型的有利于形成合理工资收入分配关系的体制机制”。其基本内涵是：“十三五”时期，实施积极的工资收入分配政策，在解决导致不合理的工资收入分配关系存在的深层次问题方面取得重大进展，垄断企业改革、财权事权匹配、同工不同酬等主要的深层次体制矛盾初步得到解决，有利于形成合理工资收入分配关系的新体制、新制度、新机制基本成型，重要的工资收入分配关系得到较好调整和改善，中等工资收入者占比达到40%以上，行业之间、地区之间、群体之间的工资收入分配关系开始向合理化、制度化、稳定化和可持续性方向发展。

第三步，到2020年及以后，合理调整工资收入分配关系的基本目标是“全面理顺工资收入分配关系，形成合理的工资收入分配格局”。其基本内涵是：市场在工资收入分配中的基础性作用得到充分发挥，政府引导调控更加稳健成熟，做大“蛋糕”与分好“蛋糕”的关系更加协调，效率与公平的关系得到更好兼顾，劳动力、资本、技术、管理等要素按贡献参与分配的制度更加健全，劳动报酬增长和劳动生产率的提高更加匹配，“两头小、中间大”橄榄形的工资收入分配格局全面形成，通过工资收入分配关系的调整不断促进整个收入分配关系趋于合理公平，让全体劳动者和居民更好地共享国家经济社会发展的成果，以内需消费主导国家经济的健康、可持续发展。

（三）主要措施

1. 抓紧研究出台深化工资收入分配改革的指导意见

建议这个指导意见定位于全局性与重点性相结合，指导性与政策性相兼顾，长远性与现实性相衔接，同时应把握好目的与手段、工资改革与相关配套以及政府与市场3个关系。

指导意见的整体框架和基本内容可包括八大部分：第一部分建议为“总体目标和基本任务”；第二部分建议为“指导思想和基本原则”；第三部分建

议为“健全制度和机制”；第四部分建议为“着力理顺工资分配关系”；第五部分建议为“健全工资收入分配宏观调控体系”；第六部分建议为“综合配套改革”；第七部分建议为“促进发挥市场机制基础性调节作用”；第八部分建议为“加强组织领导”。

关于指导意见出台的时机和形式，考虑到指导意见制定的复杂性、困难性，需要做两手准备，一是经过研究修改文件已经比较成熟，就可以“红头文件”的形式正式发布；二是鉴于多种因素的影响，文件尚不够成熟或与有关方面难以达成共识，也可以“征求意见稿”“白头文件”的形式下发，以既表明紧跟中央精神推进改革的态度，同时给全国各地以方向性指导，又为下一步修改完善文件留下余地。

2. 调控行业之间不合理的工资分配差距

一是加大信息引导力度，发布行业之间合理的薪酬分配量化比例数据。当前，发布合理的行业之间薪酬分配量化比例数据需要首先发布近些年的实际状况变化情况；同时发布国外可对比国家或者发达国家相类似阶段行业之间薪酬分配量化比例关系的状况；最后，发布当前合理的行业之间工资收入比例关系报告。

二是构建有利于低工资行业普通职工劳动报酬增长的综合调控体系。探索构建低工资行业税费减免与普通员工工资增长的联动机制，对微利、困难企业进行税费减免，同时对该行业中参加了区域性、行业性工资集体协商的所有小微企业先实行税费减免，无须申请审批，将减免环节前置；通过典型扶持，细化工资集体协商内容，重点探索典型行业工资调整测算方法和工资增长机制，增强对于实际工资集体协商的针对性和指导性；通过发布行业劳动定额和计件单价，保障劳动密集型行业普通员工劳动报酬权益；通过综合扶持政策，搭建大、中、小、微企业良好生态链条，引导低工资行业企业加快发展。

三是构建合理确定调整高工资行业劳动报酬水平的体制机制。通过产权制度改革，形成民资、外资等各类资本投资入股、相互制约的多元投资主体，尝试打破垄断，从根本上控高；通过加强定价管理和加大资源税征收及税后利润上缴，从收益源头上控高；通过全口径人工成本的双重调控，改变利润与工资之间的不合理关联，推行工资总额预算管理，从机制上控高；通过纳入经营者考核体系、加强监督检查，从制度上控高。

3. 协调平衡地区之间公共部门工资分配关系

一是明确地区之间公共部门合理工资分配关系的定位。建议将地区之间公共部门工作人员合理的工资分配关系定位为小于地区之间社会平均工资差距，等于或稍高于地区之间购买力的差距。这就要求对公务员法中有关公务员工资和“企业相当人员”工资比较并作为调整依据这一规定，是哪一范围的“企业相当人员”，须做进一步阐释。

二是夯实协调平衡地区之间公共部门工资分配关系的基础。建立各地生活费用指数标准，并据此测算出不同地区的实际购买力差异，为协调平衡提供量化分析依据。

三是规范调整工资结构，加大基本工资所占比重，提升统一性。建议加大公共部门统一工资制度中基本工资所占比重，争取得到50%以上，更好体现公务员统一的职务和级别因素，公益性事业单位工作人员统一的岗位和薪级因素。

四是规范津补贴项目，上收审批权限，减少随意性。在地区津补贴政策统一出台之后，首先建议将津补贴项目及标准审批权力上收至省级人民政府，省级以下地方政府无权自行提高津补贴标准，第二步建议将津补贴项目及标准审批权力上收至中央人民政府（或者全国人大）。

五是健全公共部门工资收入的财政支出平衡调控机制，保障可操作性。加大财政转移和统筹保障力度，结合健全公共部门财政预算制度，在预算中明确各地和全国公共部门工资支出的比例和额度，从根本上杜绝目前少数地区自定津贴、补贴等现象的发生，促进合理的不同地区公共部门工资分配关系的形成。

4. 调控部分企业高管与其他员工不合理工资收入差距

一是建议发布国有企业高管工资收入分配指导意见。在《关于进一步规范中央企业负责人薪酬管理的指导意见》（人社部发〔2009〕105号）的基础上，针对部分中央企业下属企业行政任命的高管薪酬与其央企母公司或控股公司高管薪酬不合理倒挂和地方国有企业高管薪酬无规则可循的现状，有必要发布相关指导意见。

二是形成公开透明的国企高管薪酬决定和形成机制。在决定主体、决定因素、决定内容、兑现时间、决定结果等均需要公开透明，形成规范的决定机制。

三是研究建立信息充分公开的非国企上市公司和非上市国有企业高管薪酬监管办法。首先，可强化高管薪酬决定时的内部制衡机制。其次，健全充分的信息公开制度。

5. 合理调整不同身份工薪劳动者薪酬差距

同工不同酬问题具有历史必然性和复杂性，实现同工同酬具有渐进性。

法规上要健全有利于同工同酬的制度设计，进一步细化是否适用于相同的工资制度作为是否同酬这一判断标准。进一步明确劳动者、用人单位、用工单位三方在同工同酬中的责任。增加相关机构的违法成本，督促实现同工同酬。建立适应农民工、编制外员工、劳务派遣工流动性大特点的会籍管理规则，采用灵活多样的模式组建工会。同时在配套上，要加快推进国有企业用工制度和事业单位人事制度改革。

6. 相关配套改革和外部保障措施

实现合理的工资收入分配关系是一个庞大的系统工程，与经济结构、经济发展方式、经济体制紧密相连，需要标本兼治。治标就是直接调整工资收入分配，包括提高劳动者工资、控制高收入者不合理收入等；治本就是消除导致工资收入分配不合理的体制机制和经济结构问题，当前必须与税制改革、金融改革、价格改革、行政管理体制改革等同时推进，才可以达到协同效应。

第十四章
逐步提高低收入工薪劳动者工资水平研究

低收入群体，尤其是低收入工薪劳动者长期以来工资收入增长缓慢，已经成为社会关注的热点问题，也是老百姓急切希望解决的重点问题。本章围绕提高低收入工薪劳动者工资问题进行研究。内容包括：我国低收入工薪劳动者工资收入现状和特征；低收入群体工资水平偏低的原因分析；提高低收入工薪劳动者工资的相关政策建议，主要是政府减税、企业让利从而促进职工增资。

一、我国低收入工薪劳动者工资水平现状

（一）低收入工薪劳动者的界定

低收入工薪劳动者（Low-income salaried workers）不同于贫困人口（Poor-population）、低收入群体/家庭（Low-income groups/family）和城镇低收入群体（Urban low-income groups）等概念。从外延上来看，低收入群体外延最大，贫困人口和低收入工薪劳动者是其下位概念，二者有一定程度的交叉（如图 14—1 所示）。当前我国低收入群体主要包括农民、城乡困难居民、企业退休人员和低收入工薪劳动者，因此低收入工薪劳动者只是低收入群体的一部分。

定性来看，低收入工薪劳动者主要指企业中工资收入偏低且工资性收入为主要收入来源的在岗职工。本课题的分析单位是企业中的在岗职工，采用的是个人工资收入，而不是家庭收入概念；工资的单位是年工资收入，不是月工资收入，也不含其他类型收入；另外，工资中不包含福利、奖金和津补贴等，是狭义的工资概念。

定量来看，国外相关研究中对低工资群体的界定有很多标准，例如，日

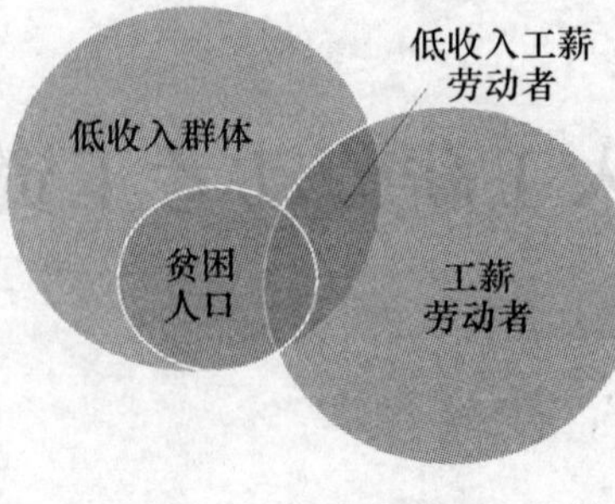

图 14—1　低收入工薪劳动者概念的外延界定

本劳动政策研究所（2009）分别用低于法定最低工资标准和相当于法定最低工资标准的 1.05 倍、1.1 倍和 1.15 倍 4 个标准界定低收入工薪劳动者；欧盟委员会用平均工资的 75%作为衡量低工资群体的标准；国际劳工组织（2010）确定低工资群体为所有劳动者工资中位数 2/3 以下的人群。

本章采用相对值法，界定年均工资低于当地城镇单位在岗职工平均工资 50%的职工为低收入工薪劳动者①，这一群体主要指企业在岗职工，不含公务员、事业单位职工和企业离退休人员。② 目前来看，低收入工薪劳动者主要分布在小型企业和微型企业，其构成人员主要是农民工。根据国家统计局、人力资源和社会保障部、工业和信息化部等部门的数据，我国中小、小微企业从业人员约 2 亿人，占我国全部工薪劳动者总数的 64%，其中约 1.4 亿人为农民工。因此，低收入工薪劳动者主要是指中小企业、小微企业和个体工商户中的以农民工为主体的劳动者。③

（二）低收入工薪劳动者的特征

在我国，低收入工薪劳动者有其相对显著的群体特征，这些特征体现在收入状况、行业和所有制分布、劳动权利行使、受教育程度、消费水平和医疗等方面。具体来看，低收入工薪劳动者呈现出以下特点：

---

① 国家统计局针对城镇单位人员平均工资的统计分为两个口径：一个是城镇单位就业人员平均工资，一个是城镇单位在岗职工平均工资。其中，在岗职工是指在本单位工作并由单位支付工资的人员，以及有工作岗位，但由于学习、病伤产假等原因暂未工作，仍由单位支付工资的人员。本章研究对象主要集中于企业在岗职工中的低工资人群，但在与其他群体比较时会综合考虑收入、就业人员平均工资等指标。

② 按照国际上最低工资标准约占社会平均工资 40%～60%的统计规律，这个标准在一些地区能高出最低工资标准 10%。

③ 中国（海南）改革发展研究院. 收入分配改革的破题之路［M］. 北京：中国经济出版社，2012：44-45。

1. 低收入工薪劳动者的收入特征

（1）收入中工资比例高。从2010年我国不同收入组各项收入比重情况来看，低收入组工资性收入比重约为66.1%；横向比较来看，低收入组的工资性收入比重略高于中高收入组，也超出全国平均水平0.9个百分点。在收入五等分组中，低收入组的经营净收入比重较高，财产性收入比重低。①

表14—1　　2010年全国城镇居民不同收入组各项收入比重状况

收入类别	合计（100%）	低收入组（20%）	中下收入组（20%）	中等收入组（20%）	中上收入组（20%）	高收入组（20%）
工资性收入	65.2%	66.1%	66.9%	66.4%	65.5%	63.4%
经营净收入	8.1%	9.5%	7.4%	6.4%	6.9%	9.7%
财产性收入	2.5%	1.2%	1.1%	1.5%	2.1%	4.1%
转移性收入	24.2%	23.2%	24.5%	25.7%	25.5%	22.8%

资料来源：张东生．中国居民收入分配年度报告（2011）［M］．北京：经济科学出版社，2011：25。

（2）工资水平较低。根据国家统计局的有关数据，2007年和2008年，私营企业职工平均工资仅相当于城镇非私营单位在岗职工的60%和58%，2009年这一比例降至55.6%。② 宋晓梧（2010）的研究表明，初次分配中农民工工资长期被过分压低，2008年长三角、珠三角九城市出口加工企业中，农民工平均工资仅为当地城市职工的40%左右。③ 据广东省总工会的调查数据显示，2010年广东省农民工月平均工资为2 015元，而同年广东省在岗职工月平均工资为3 363元，农民工月平均工资占在岗职工月平均工资的59.9%。

（3）工资增长缓慢。由于工资基数较低，在工资增长同样比例的情况下，低收入工薪劳动者增资绝对量也比其他群体低。根据《2011中国住户调查年鉴》统计，2010年，全国城镇人均工资性收入为13 708元，增长10.7%；农村外出务工人员月均收入1 690元，增长19.3%；同期低收入工薪劳动者工

① 低收入组的一些就业者虽然有城镇户籍，但实际从事的是与农民相同的农、牧、渔业生产，在城镇从事小型个体工商经营的人数也比较多，正是这一原因造成了经营净收入比重较高。低收入组的财产性收入比重是各收入组中最低的，其原因在于低收入者的财产积累极为有限，人均拥有的各类动产和不动产的价值远远低于其他收入组，自然导致其财产性收入比重过低。

② 根据国家统计局近3年《中国统计年鉴》数据整理。

③ 宋晓梧．建立完善的劳动报酬形成机制［M］//迟福林．破题收入分配改革．北京：中国财政经济出版社，2011：93。

资增长 0.1%。

(4) 与其他群体工资差距大。2008 年沪市 A 股国有控股公司高管薪酬均值为 381 686 元，而同年样本企业的职工薪酬平均值为 21 259 元，相差 17.95 倍。[①] 相比企业专业技术人员和中层管理人员，一线职工工资收入也偏低。据全国总工会调查，2008 年被调查企业一线职工月均工资 1 890.9 元，中层以上干部约为 5 859.2 元，二者相差 3.1 倍；20%以上的企业一线职工与中层以上干部工资差距超过 5 倍。

2. 低收入工薪劳动者的分布特征

(1) 我国低收入工薪劳动者主要集中在中小、小微民营私营企业。根据国家工商总局 2010 年年底的数据显示，全国个体私营经济从业总人数超过 1.8 亿人，"十一五"期间累计吸纳就业 6 000 万人，为大量城镇无业人员、农村富余劳动力、高校毕业生和国企分流人员提供了众多就业岗位，也是低收入工薪劳动者就业的主要渠道。[②]

(2) 我国低收入工薪劳动者主要分布在制造业、建筑业、服务业以及农、林、牧、渔等行业。从工资水平来看，低收入工薪劳动者主要分布在劳动密集型和竞争性行业，2010 年低于全国城镇非私营单位在岗职工平均工资水平 (37 147 元) 的行业有 8 个，分别是房地产业，批发和零售业，制造业，居民服务和其他服务业，建筑业，水利、环境和公共设施管理业，住宿和餐饮业以及农、林、牧、渔业，这些行业集中了全部就业人员的 40%以上，也是低收入工薪劳动者集中的行业。

(3) 我国低收入工薪劳动者主要分布在企业生产一线和服务岗位。从企业角度来看，在制造型企业，一线职工比例一般占企业总人数的一半以上。在外向型经济企业、私营企业、劳动密集型中小企业，从业人员主要是各类企业生产一线职工、农民工、劳务派遣工等。另外，国有企业使用的劳务工也属于低收入工薪劳动者范围。根据原劳动和社会保障部 2006 年的五省抽样调查，一线岗位职工工资低于当地职工平均工资 50%的人数占 26.9%，工资水平低于当地最低工资标准 120%的职工人数占 10.3%，低于当地最低工资

① 全国人大财经委专题调研组. 国民收入分配若干问题研究 [M]. 北京：中国财政经济出版社，2010：19—20。

② 全国工商联. 2011 年中国中小企业调研报告 [M]. 北京：中华工商联合出版社，2012：3。

标准的职工人数占 5.4%。[①]

3. 低收入工薪劳动者的劳权特征

相比其他群体，低收入工薪劳动者劳动报酬权益受侵犯问题突出，劳动争议数量较多，社会保障不健全，缺少配套福利。这些主要体现在：

(1)“同工不同酬”现象普遍，尤其是劳务派遣工差别待遇现象仍很突出，以重庆市农民工为例，2009 年以来全市农民工工资增长 33.9%，而劳务派遣形式的农民工工资仅增长 0.5%，劳务派遣工工资与职工平均工资比由 72.8%降低到 56.2%。

(2) 企业拖欠工资、欠薪逃匿仍时有发生。在全国总工会的调查中，2008 年国际金融危机期间约有 14.4%的职工遭遇过工资拖欠，相比 2007 年第六次全国职工普查高出 10.3 个百分点，农民工群体仍是欠薪、逃薪的主要受害者，比例为 12.6%。

(3) 超时劳动、不依法支付加班费问题严重。第六次全国职工队伍状况调查显示，职工平均每周工作 48.76 小时，60.2%的职工周工作时间超过 40 小时。在加班的职工中，只有 55.2%的职工能够按照法律规定领到加班费，25.6%的职工不能足额领到，12%的职工完全领不到加班工资。

(4) 因劳动报酬引发的劳动争议案件增多。据人力资源和社会保障部统计，2009 年前三季度，劳动报酬争议所占各级劳动争议仲裁比例由 2008 年的 32.5%上升到 36.4%。

(5) 社会保障不完善，缺少配套福利。再分配“逆向调节”问题突出。由于社保强制性不足，在城镇就业人员中，养老、医疗保险参保率低，农民工的整体参保水平更低，许多劳务工的社保缴费基数低于工资水平，甚至按最低工资标准计算。

4. 低收入工薪劳动者的消费与投资特征

(1) 生活消费水平低下，消费能力不足。从低收入工薪劳动者家庭消费支出情况来看，2010 年城镇低收入户人均生活消费性支出 7 360 元，为全国平均水平的 54.6%，其中食品消费占生活消费总额的比重（恩格尔系数）为 44.1%，比全国平均水平高 8.5 个百分点；医疗支出 478 元，比全国平均水

---

① 资料来源：苏海南主持的全国人大财经委委托课题《关于我国收入分配现状、问题及原因分析与对策措施建议》第二章。

平（871元）低45%；人均住房支出为114元，也低于全国平均水平。整体来看，低收入工薪劳动者群体应对通货膨胀的压力更大，生活质量受物价上涨影响更明显。①

（2）教育投资不足，受教育程度普遍较低。根据广东省统计局的调查，在广东省100户低收入农村居民家庭的6岁以上成员中，初中文化水平以下就占85.7%，其中，初中文化程度占46.2%，小学文化程度占30.2%，未上学的占8.7%，大专及以上的比例只有3.2%。②一方面，由于低收入家庭成员文化程度不高，掌握专业技能差，从而导致获得高薪职位的机会就越小，收入水平也越低；另一方面，低收入工薪劳动者家庭在子女的教育支出上也低于社会平均水平，容易导致贫困的"代际转移"。③ 教育在收入分配中的作用越来越重要，根据李实（2004）等学者的研究，我国近年来不同受教育程度人群之间的收入差距在扩大，高学历比低学历的教育投资回报率在增加，低学历人群陷入"低收入陷阱"的可能越来越大。

（3）健康状况差，医疗费用大，因病或因残致贫问题突出。由于低收入工薪劳动者家庭收入不高、消费水平低，营养状况差，家庭成员的患病概率往往高于一般家庭。专题调研显示，120户低收入家庭中，28.3%的家庭有疾病或者残疾的成员。而且低收入家庭成员患病后常因无钱治病，致使小病拖成大病、重病，既导致劳动收入减少甚至丧失劳动能力，同时又造成巨大的医疗费用开支，家庭贫困程度进一步加重。

二、低收入工薪劳动者工资水平偏低原因分析

当前我国存在上亿名低收入工薪劳动者，这部分工薪劳动者工资水平偏低有其必然性，也有其不合理性。基于罗尔斯正义原则，我们认为机会平等前提下的工资差异是合理的，例如勤劳程度、天赋、人力资本不同形成的差异。机会不平等前提下的工资差异是不合理的，例如行政垄断、劳动力市场分割和歧视等造成的就业机会不平等、享受公共服务的机会不平等、同工不同酬等。具体来看，制约当前我国低收入工薪劳动者工资水平提高的原因主

---

① 国家统计局. 中国统计年鉴2011（电子版），表10—8。

② 曹新添. 城乡低收入群体生活的现状及解决对策探讨［J］. 广东农业科学. 2010，3：293。

③ 陆学艺. 当代中国社会流动［M］. 北京：社会科学文献出版社，2004：4。

要有以下 8 个方面：

（一）劳动力市场供求关系制约工薪劳动者工资水平提高

劳动力市场供求状况是决定劳动者工资水平的主要因素之一。长期以来，我国劳动力供大于求的状况没有发生根本改变，农村转移劳动力和高校毕业生就业压力仍十分巨大，而每年城镇能解决就业的新增岗位难以满足就业人口需要。同时，我国劳动力结构性矛盾仍很突出，低端劳动力明显过剩，高端劳动力供不应求，这也制约了未来一段时期内以农民工为主的低收入工薪劳动者工资提高。

从近 10 年劳动力市场供求情况来看，截至 2010 年，岗位空缺与求职人数的比率一直小于 1，也就是说工作岗位难以满足劳动者求职需要。2009 年之后，劳动力供求趋势开始出现拐点，求职人数开始少于岗位空缺。从这一角度看，劳动力供大于求的状况得以缓解，有学者指出中国出现“刘易斯拐点”，劳动力无限供给的局面出现改观，但从劳动力供求结构和其他特征观察，得出我国劳动力已经供不应求的结论还为时尚早，由于劳动力供求关系造成的“资强劳弱”的现象仍很突出。

（二）低收入工薪劳动者的劳动生产率及人力资本水平不高

根据国际劳工组织的数据，按照 1990 年不变价格计算的就业人口人均国民生产总值平价（PPP）绝对数，2010 年中国内地的就业人口劳动生产率水平约为美国的 1/6、英国和法国的 1/5、德国、日本、韩国和中国台湾的 1/4，在“金砖国家”中低于俄罗斯、巴西和南非，仅高于印度，与其他发展中国家比，中国内地的就业人口劳动生产率水平也低于泰国，与印度尼西亚水平接近。

根据世界银行的数据，中国内地近 10 年来各层级教育入学率在发展中国家是增长较快的，例如高等教育入学率增长了近 17 个百分点；但横向比较来看，高等教育人口比例远低于美国、法国、日本和韩国等发达国家，也低于泰国和巴西等发展中国家，略高于印度尼西亚，与墨西哥相当。通过比较发现，中国内地劳动力的人力资本水平不高，能够在一定程度上说明占中国就业人口很大比例的低收入工薪劳动者人力资本水平较低。

从几个代表性国家文盲率状况来看，2009 年中国青年文盲率为 0.7%，成年文盲率为 11.2%，总文盲人口约 4 700 多万人，远高于意大利、俄罗斯和波兰等国家，就业人口中较高的文盲率将制约劳动者提高技能水平，增加人力资本投资难度和风险，不利于我国劳动生产率水平的提高，进而阻碍低收入工薪劳动者增加工资收入。

（三）企业工资决定机制难以保障低收入职工工资正常增长

低收入工薪劳动者工资偏低，首先是因为劳动者在分配中议价能力不高，长期处于"强资本、弱劳动"和"资本雇佣劳动"的状态。在市场博弈与政策导向不利于劳动者参与分配的情况下，近年来我国劳动者报酬比重开始出现下降，同时，企业层面很多一线职工反映未能共享企业发展的成果。目前，企业职工工资决定机制不利于低收入职工工资增长，主要体现为：

1. 未能形成正常的职工工资增长机制。对很多企业而言，由于受到融资成本、现金流以及扩大再生产等因素约束，往往要优先权衡投资与分配的关系，因此压缩人工成本的压力会更大，相应的会更多考虑控制劳动者报酬增速。目前，很多私营企业在制定职工薪酬制度时，仍未能与当地物价水平、企业效益增长以及职工素质提升等因素有效衔接，一线职工的工资增长主要还是依据当地最低工资标准的上浮，尤其是当职工感受到工资增速慢于物价增速时，低收入职工"涨工资"的诉求会更加强烈。

2. 薪酬制度未能向一线岗位倾斜。在很多生产制造型企业中，很多职工反映一线生产岗位的工资低于普通管理岗位，甚至低于一些后勤辅助岗位，造成很多一线职工不满。另外，层级间工资差距较大，在有些企业高层管理者、部门主管与一线职工工资差距大，造成很多职工抱怨收入分配不公，强烈要求缩小企业内部薪酬分配差距。

3. 薪酬结构不合理导致一线职工增资困难。在很多实行岗位绩效工资制的企业，针对一线职工的岗位工资标准过低，这一是由于工龄工资标准固化，二是由于将最低工资标准作为岗位工资基数，三是岗位工资比例过低造成绝对值较低。绩效工资方面，由于劳动定额和计件标准制定不合理，标准滞后与单价额度降低现象并存，有些企业甚至用加班费替代绩效工资，再加上绩效考核不科学等因素，导致一线职工绩效工资不足。

（四）中小企业税费负担过重，挤占低收入职工增资空间

1. 中小企业、小微企业税费负担仍偏重。我国中小企业税负过重的现象突出，职工工资提升的空间余地较小。首先是税收征收过高，再加上营业税、

土地使用税、房产税、年终分红、缴纳社会保险金，企业的利润已经很低。其次是税外收费情况严重，面对工商、质检、城管、街道、卫生防疫、环保、交通安全和教育附加等名目繁多的收费，很多中小企业已经不堪重负。

2. 缺少围绕职工增资的税费优惠政策。目前，我国的税收优惠政策，主要侧重于促进带动就业，鼓励开发新技术、新工艺和新产品，推动节能环保等方面，缺少专门针对提高低收入工薪劳动者工资的税费优惠措施。另外，很多一线职工反映，企业缴付的社保费用比例太高，职工工资增长会扩大企业缴纳社保基数，给企业人工成本带来很大压力，希望政府部门研究针对中小企业社保缴费的优惠政策。

3. 当前的税制结构不利于缩小收入差距。首先是个人之间税收负担反差明显，高收入个人税负低于低收入个人税负，形成一定程度上的逆向调节。工资薪金所得是个人所得税收入第一大来源，我国中等收入和部分较低收入者成为纳税主体，而高收入者因其收入渠道多，规避了部分税负。其次是税制结构的不合理拉大了收入差距，货物和劳务税的税负容易转嫁，具有较强的累退性，导致了收入聚集效应。

（五）工会组织程度不高，工资集体协商能力相对较弱

在劳动力市场发育完善的地区，劳动者的工资水平不仅受供求关系、人力资本等因素影响，还要受到劳资双方工资集体谈判的影响。自1949年国际劳工组织通过集体谈判公约以来，工资集体谈判已经成为市场经济国家调整企业工资福利的通行准则，但目前我国的工资集体协商仍不健全。我国一线劳动者工资水平低，很大程度上是因为长期处于弱势地位，工会难以发挥实际作用，主要体现在：中小企业工会和雇主组织的组建率低；企业工会难以切实维护广大职工利益；工资集体协商中劳资双方事实地位不平等；企业工资集体协商执行难；各方对工资集体协商认识不到位。

（六）政府针对“提低”的工资宏观调控功能有待加强

1. 最低工资标准发挥作用不充分。最近几年，我国各地区频繁提高最低工资标准，而且提高幅度较大，对企业一线职工工资增长发挥了一定作用，但总体来说，各地最低工资标准仍普遍较低，最低工资标准仍低于社会平均工资的40%。在很多地区，最低工资标准未能得到有效实行，一些企业把不应包括的收入都算在最低工资范围内，使得职工实际工资收入低于最低工资

标准。很多企业将最低工资作为基础工资，变相将最低工资作为支付给职工工资的一般标准。

2. 我国劳动力市场工资指导价位有待完善。劳动力市场工资指导价位发布时间的滞后，弱化了指导意义。由于企业的工资管理以及支付方式和手段还很不规范，企业非货币化的奖励机制和福利分配等难以量化，相当一部分职工工资外的收入在其劳动报酬中还占一定比重，没有人工成本数据的支撑，工资指导价位作用也难以得到充分发挥。

3. 工资指导线的实际效果有限。我国的工资指导线对引导国有企业、集体企业工资增长有一定作用，但对私营企业往往只有参照意义，在工资集体协商中的作用也有限，而且由于公众常将其与当地物价涨幅作比较，当工资指导线的工资增速低于CPI增速时，对其指导作用的质疑会增多。另外，很多民营企业、个体企业由于受到经济形势、市场竞争和成本上涨等因素的影响，企业生存举步维艰，增资困难，对于工资指导线的执行力不从心。

（七）企业职工基本劳动权益得不到有效保障

企业低收入职工群体工资低除了制度性因素和市场性因素之外，还与我国劳动法律不健全，职工权益不能得到有效保护有关。比较典型的现象是就业受歧视、同工不同酬、拖欠工资、不支付或少支付加班费以及劳动定额和计件工资标准偏低等。

1. 在劳动就业权益方面，首先表现在有的地方还存在一定的就业歧视，特别是农民工进城就业的门槛比较高，农村人口的绝大多数不具备到中高端劳动力市场竞争的能力，无法进入到体制内或者垄断高收入行业。

2. 在劳动报酬权益方面，首先表现在部分劳动者特别是农民工工资被拖欠或克扣，近年来国家针对克扣、拖欠农民工工资的监察力度有所加强，工资拖欠现象明显减少，但在个别地区和行业拖欠工资仍时有发生，解决治理拖欠农民工工资的机制还未根本形成。

3. 在社会保险权益方面，社会保险权益的受损最突出的就是工伤和大病医疗保险尚未覆盖所有农民工。一些中小企业针对不同的社会保险项目，首先缴纳政府监督检查力度较大、企业费用较低的社会保险项目，如工伤保险等，其他社会保险项目能不交则不交。

（八）城乡、地区基本公共服务不均等，阻碍劳动力自由流动在市场经济国家，自由的劳动力流动是解决收入差距问题的主要方式之一，工资价格信号自然会引导劳动力流向收入高的行业和地区，从而熨平过大的收入差距，达到劳动市场的均衡。但是在转轨国家，由于存在诸多影响劳动力自由流动的制度障碍，如户籍政策、社会保障政策、就业歧视等，城乡、地区间基本公共服务不均等，劳动力自由流动成本较高，形成了利益格局相对固化，从而加剧了收入差距扩大的趋势。

目前，我国基本公共服务供给不足、发展失衡的矛盾仍然比较突出。从城乡情况看，农村公共服务严重滞后；从区域情况看，不同地区公共服务差距比经济差距还要大，从不同人群情况看，城乡低收入家庭和社会困难群体的基本公共服务权益还不能得到充分保障。另外，当前我国还存在诸多机会不平等造成低工资的情况，如就业机会的不平等，劳动力市场分割现象突出，低收入工薪劳动者在就业权利方面处于弱势地位，他们缺少进入高工资行业和岗位的机会，而且这种地位一旦固化将难以改变。

总体来看，以上 8 个方面是造成当前我国低收入工薪劳动者工资水平长期停滞的原因，在未来一段时期内需要从这 8 个方面深入探索，统筹规划，全面改革，整体推进，从而切实提高低收入工薪劳动者的工资水平，缩小各阶层间的收入分配差距。

三、提高低收入工薪劳动者工资的相关政策建议

提高低收入工薪劳动者工资是工资收入分配制度改革的重点，也是难点。这里主要从“减税、让利、增资”方面进行分析并提出政策建议。

减税是指政府减税，让利是指企业让利，从而促进职工增资。近几年，政府也针对提高低收入群体工资水平出台了一系列政策措施，如提高最低工资标准，提高个税起征点等。学术界也围绕“提低”提出了很多措施，如改善生产经营环境、减税、帮助转产升级、提高劳动者素质等很多方面。

我们认为应将“减税”作为首要政策抓手，围绕政府减税、企业让利和职工增资开展深入研究，集中回答“减什么税”“减税与工资增加如何有效衔接起来”“怎么将减税落实到具体职工身上”等问题。通过“减税、让利、增资”，可以更好地激发劳动者的生产积极性，更好地促进企业可持续发展，从而也能扩大税源。其中，政策着力点集中围绕我国劳动密集型中、小、微型

企业，探索建立中、小、微型企业税费减免与普通职工工资增长之间的联动机制。

（一）“减税、让利、增资”的必要性

近年来，我国劳动报酬占比整体呈下降趋势，从统计数据看（如图 14—2 所示），1993—2007 年，居民部门的劳动者报酬由 49.49％降至 39.74％，降幅 9.75 个百分点，政府部门的生产税净额由 11.68％增至 14.81％，增幅为 3.13 个百分点，企业部门的固定资产折旧和营业盈余（即资本收益）由 38.83％增至 45.45％，增加 6.62 个百分点。

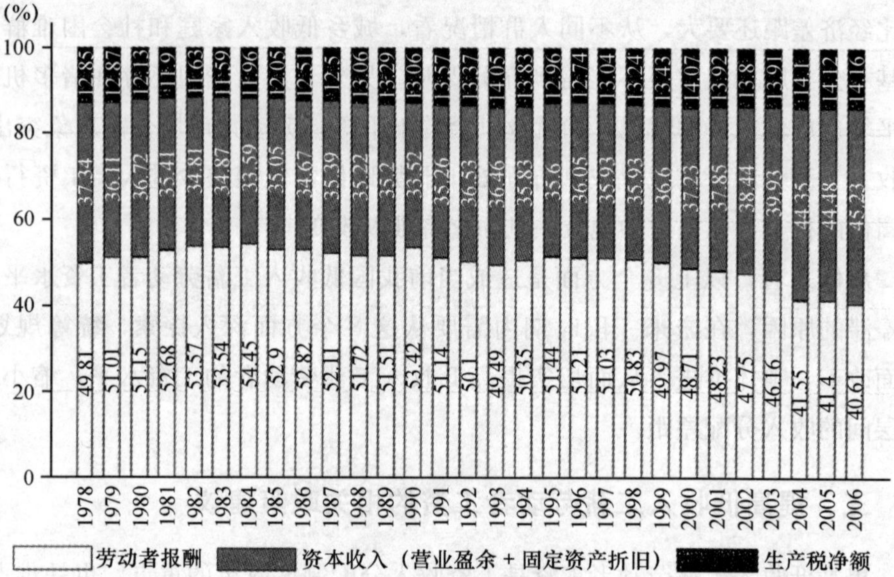

图 14—2　1978—2006 年我国劳动报酬比重变化趋势

资料来源：白重恩，钱震杰. 国民收入的要素分配——统计数据背后的故事［J］. 经济研究. 2009，9。

张车伟等学者认为，1978—2007 年我国真正的劳动报酬占比相对平稳，在 39％～45％之间，但 2000 年以后下降趋势明显；而肖文、周明海利用资金流量表数据并进行调整后，反映出 1993—2007 年我国劳动报酬占比在 50％～60％之间比较平稳，但自 2005 年后下降明显。而还有一部分研究成果认为，我国的劳动报酬占比变动是呈“U”形趋势的，如李稻葵利用跨国数据，罗长远和张军利用我国省级数据的实证研究都证实了劳动收入份额随经济发展的 U 形规律。二者都认为人均 GDP 达到 3 000 美元（2000 年名义汇率）左右时为 U 形曲线的最低点，其后我国劳动收入份额将进入上升通道。

从调控角度，政府可以运用多种政策手段。之所以重点考虑减税方案，是考虑到当前政府、企业和劳动者的总体分配格局，考虑到当前企业面临国内外经济形势的严峻挑战，考虑到当前企业一线职工增资空间有限等情况，有必要通过政府减税，还富于民，在减小企业税收负担的同时，鼓励企业让渡利润给职工增资。

可行性角度，主要是针对低收入工薪劳动者集中的劳动密集型行业企业，这些企业一般而言多数是微利或困难企业，其建立工资集体协商制度、增加职工工资难度较大，为此建议由政府给予税收减免优惠的支持。这类企业建立工资集体协商机制，安排职工工资增长，经人力资源社会保障、财政、税务部门审核认定，可给予税收减免优惠。

目前来看，经历了 2008 年金融危机之后，国家针对中小企业已经实施了减税政策，但其导向主要是鼓励企业自主创新、保障就业、加强节能环保等。例如，国家规定对企业发生的技术开发费按 150％比例税前扣除；对在高新技术产业开发区开办的高新技术企业自获利年度起两年内免征企业所得税，期满后按 15％的税率减收企业所得税等。对企业内部收入分配及提高工薪劳动者工资方面缺少必要的相关政策支持。

（二）“减税、让利、增资”的基本思路

为减轻中小企业税费负担，为职工增资创造有利条件，建议针对中小企业实施增资定向减税政策。所谓定向减税政策，是指根据中小企业对社会的贡献度（如纳税额、吸纳就业等）向企业返还一定水平的税额，让企业将其用于增加职工的工资。纳税额高的企业，返还税额的比例便高；反之亦然。通过定向减税政策增加职工工资，可以使那些具有较高生产效率的企业，在不增加成本压力的情况下，能获得更多的税额返还，用于增加职工工资，因而其职工的收入水平较其他企业为高，从而能进一步提高职工的生产积极性，一定程度上缓解中、小、微型企业在经营上的压力及提高企业的竞争力，同时切实改善企业收入分配状况。

减税与增资的关系可以有两种思路：一种思路是先增后减，即在企业为职工合理增资后，政府对符合要求的企业实施减免税。这一思路旨在发挥企业的增资主动性和市场的自主调节，政府干预的力度较小，相关行政成本也较低，避免了政府层层审批的弊端。另一种思路是先征后减，即政府先按照一般情况征税，当企业达到职工工资增资要求时，税务部门再根据增资程度给予企业减免税或退税。这一思路对企业满足减税条件有更强的约束力，但不足是会造成政府过多干预市场，带来较高的行政成本。

政府减税、企业让利、职工增资的制度设计主要是要明确以下4点：（1）明确“减哪些税”，主要是由财税部门确定对中小（小微）企业减免哪些税。（2）明确“给哪些企业减税”，也就是确定哪些企业符合减税条件。（3）明确“减税条件”，也就是明确减税的前提是为职工增资，通过怎样的制度安排可以确保职工得到实惠。（4）明确“如何减税增资”，也就是确定减税的一系列程序和步骤。在制度设计过程中，关键要理顺减税与增资的关系，确保给企业让利的部分能切实转化为工资增长，避免企业将税收优惠用于其他目的。

（三）“减税、让利、增资”的制度设计

1. 明确减税企业范围。建议由国家财政部门和税务部门确定劳动密集型微利行业的细分行业范围，确定哪些行业及其微利、困难企业可以进行税费减免。

2. 明确定向税种类型。在不开设新的税种前提下，建议在已有税收类型基础上加大税收减免力度，通过扩大适用企业范围，放宽税收减免条件和提高减免税率幅度等方式，进一步强化减税效果。定向税具体减免税率建议由税务部门制定。

3. 明确税收减免条件。申请税收减免的企业要满足一系列条件，如：企业从业人员、营业收入、资产总额等指标符合减税适用企业范围；企业申请减免税当年的税前利润水平不低于上年同期水平；企业将减免税的一定比例用于职工工资正常增长，且该比例应满足职工工资增长幅度不低于本企业劳动生产率增速；企业采用了劳资双方工资集体协商机制或参加了区域性、行业性工资集体协商，并明确了职工工资增长的标准、机制和办法；企业在税收和社会保险缴纳方面无违法违规记录等，具备以上条件的企业方可向当地税务机关进行税收减免申报。

4. 明确减免税期限。经税务主管部门批准后，企业享受定向税免税的期限建议为一年，免税时间从纳税人享受免税之日起计算。

5. 明确减免程序。从优化税收减免程序角度，先减税后增资更有效率，但应注意保障劳方的平等协商和工资增长，防止资方只减税得利益不增资。因此，建议加强人力资源社会保障部门和税务部门的联合审批。

总体来说，定向减税政策既能增加低收入职工的工资水平，又没有增加企业的负担，还能提高社会整体生产效率。因此，无论从理论上还是实践上看，定向减税均是通过给企业减税的手段，在维持企业在初次分配中的比重不变的情况下，降低国家在初次分配中的比重，提高居民劳动报酬在初次分配中比重，是提高企业工资收入水平的行之有效的方法。

第十五章
垄断行业及高收入群体工资收入调控研究

垄断行业及高收入群体工资收入调控是备受瞩目而且十分复杂的问题。垄断行业获取的垄断利润使得国有部门高管及职工工资收入待遇远超出市场的平均水平，是造成收入分配不公的重要原因，并且影响整个社会合理收入分配秩序的构建。

一、垄断高工资收入行业及高收入群体的范围界定

（一）垄断高工资收入行业界定

1. 行业门类。根据国家统计局公布的年度分行业的城镇非私营单位在岗职工年平均工资中较高的行业门类工资水平，结合社会主流的价值判断，确定金融业，采矿业，电力、燃气及水的生产和供应业，交通运输、仓储和邮政业，信息传输、计算机服务和软件业 5 大门类为垄断高工资收入行业（见表 15—1）。

表 15—1　　2009—2011 年行业门类职工工资收入　　（单位：元）

	2009 年	2010 年	2011 年
总计	32 736	37 147	42 452
（一）农、林、牧、渔业	14 911	17 345	20 393
（二）采矿业	38 224	44 496	52 569
（三）制造业	26 599	30 700	36 494
（四）电力、燃气及水的生产和供应业	42 668	48 323	53 723
（五）建筑业	24 625	28 127	32 657
（六）交通运输、仓储和邮政业	36 224	41 536	47 646
（七）信息传输、计算机服务和软件业	59 919	66 598	70 619
（八）批发和零售业	29 031	33 520	40 295

续表

	2009 年	2010 年	2011 年
（九）住宿和餐饮业	21 193	23 812	27 847
（十）金融业	70 265	80 772	91 364
（十一）房地产业	32 591	36 392	43 345
（十二）租赁和商务服务业	34 318	38 502	45 900
（十三）科学研究、技术服务和地质勘查业	50 866	57 316	65 238
（十四）水利、环境和公共设施管理业	24 551	27 229	30 750
（十五）居民服务和其他服务业	25 704	28 665	33 713
（十六）教育	35 042	39 624	43 907
（十七）卫生、社会保障和社会福利业	36 380	41 132	47 258
（十八）文化、体育和娱乐业	38 319	42 245	48 711
（十九）公共管理和社会组织	36 268	39 329	43 214

数据来源：国家统计局。

2. 行业大类。由于行业门类的划分过粗，不能准确反映垄断行业的实际情况，因此，研究人员更多地利用行业大类的数据来划分垄断行业。岳希明、李实、史泰丽等认为 10 个行业大类属于垄断行业（见表 15—2）。

表 15—2　　　　岳希明等界定的 10 大垄断行业（2010 年）

行业代码（大类）	行业名称
07	石油和天然气开采业
16	烟草制品业
25	石油加工、炼焦及核燃料加工业
D	电力、燃气及水的生产供应业
51	铁路运输业
54	水上运输业
55	航空运输业
59	邮政业
60	电信和其他信息传输服务业
J	金融业

注：行业代码中大写英文字母为行业门类代码。

（二）垄断行业国企高管等部分高收入群体工资界定

我国目前有企业法人 495.9 万多家，按照每个企业平均 3 名高管估算，全国约有 1 500 万名企业高管，与国外市场经济发达国家相似，这个群体属于典型的高薪群体。

在上述企业高管群体中，属于垄断行业的高管特别是金融行业高管等是我们重点研究的高收入群体。截至 2011 年年底，我国银行业金融机构共有法人机构 3 800 家（从业人员 319.8 万人）；我国保险业金融机构共有 142 家；证券公司 110 家，金融机构合计约 4 052 家，按照每家金融机构 8 名高管估算，我国金融机构高管群体约为 32 000 人左右，这一群体的年薪约在 100 万～1 000 万元，其中，根据项目组对 2 032 家我国上市公司高管薪酬的数据汇总，42 家金融行业上市公司 344 名高管 2011 年年薪平均为 195.84 万元（见表 15—3）。

表 15—3　2011 年不同行业上市公司（2 032 家）高管薪酬水平分析

行业	数量（家）	高管人均薪酬最大值（万元）	高管人均薪酬最小值（万元）	2011 年行业平均薪酬水平（万元）	2010 年行业平均薪酬水平（万元）
农、林、牧、渔业	34	67.89	6.59	29.04	29.07
采掘业	50	277.18	9.86	55.33	63.40
制造业	1 231	364.92	4.69	38.87	42.98
水电煤气业	60	92.74	7.50	38.31	36.01
建筑业	44	127.50	6.83	48.27	44.20
交通运输、仓储业	70	134.46	15.30	46.72	45.15
信息技术业	151	263.73	11.89	44.79	41.43
批发和零售贸易业	116	195.86	6.29	56.07	53.04
金融业	42	509.32	59.32	195.84	212.47
房地产业	104	478.09	9.14	77.81	65.19
社会服务业	62	194.63	12.10	41.73	33.91
传播与文化产业	24	157.21	9.88	52.00	42.46
综合类	44	142.53	5.33	51.05	39.38

资料来源：根据 2 032 家 A 股上市公司 2011 年年报统计整理。

二、行业薪酬分配关系不合理的外在表现及其原因分析

（一）行业薪酬分配关系不合理的外在表现

1. 从薪酬分配结果的定性分析看，一个时期以来，关于行业薪酬分配差

距偏大一直是社会各界高度关注的焦点之一。早在1997年十五大报告就指出："对凭借行业垄断和某些特殊条件获得个人额外收入的，必须纠正"；十五届四中全会《中共中央关于国有企业改革和发展若干重大问题的决定》进一步指出："要采取切实措施，解决目前某些垄断行业个人收入过高的问题"；2002年十六大报告更明确要求："合理调节少数垄断性行业的过高收入"。与此同时，社会各界对此也高度关注，批评颇多。截至今天，除了垄断高收入行业人员以及极个别学者外，人们对此均无异议。可以说，行业之间不合理的薪酬差距扩大已成为社会的主流认识。

2. 从薪酬分配结果定量分析看，可以得出4点结论。一是我国行业薪酬差距曲线多年来一直呈现整体较快上扬的趋势（见图15—1、表15—4）。二是我国行业薪酬差距倍数整体上也呈现扩大的态势。按行业门类划分看，由1985年最高收入行业与最低收入行业之比的1.81倍，扩大到2011年的4.48倍；如按照96个行业大类进行比较，从1995年至2010年，最高工资收入行业（证券业）与最低工资收入行业（畜牧业）的平均薪酬水平的差距由3.87倍扩大到11.86倍（见图15—2、表15—5）。国际上按行业门类划分的行业薪酬差距一般为3倍左右，而我国目前的行业薪酬差距明显高于这些国家或

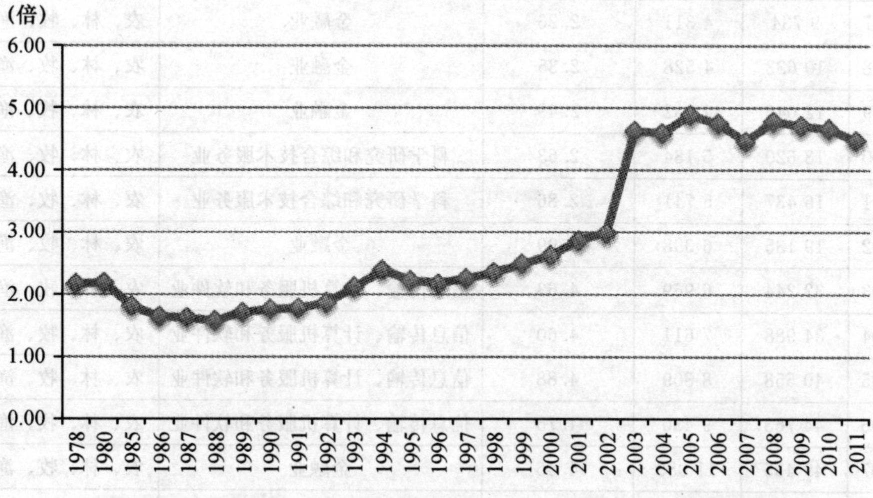

图15—1　1978—2011年我国行业（行业门类）工资差距曲线

注：1978—2002数据来自《中国劳动统计年鉴2009》表1—37"分行业职工平均工资"；2003—2008年数据来自表1—43"分行业职工平均工资"；2009—2011年数据来自国家统计局官方网站。

表15—4　　1978—2011年行业薪酬差距（行业门类）

年份	行业最高工资（元/年）	行业最低工资（元/年）	行业差距（最高/最低）	工资最高行业	工资最低行业
1978	850	392	2.17	电力、煤气及水的生产和供应业	社会服务业
1980	1 035	475	2.18	电力、煤气及水的生产和供应业	社会服务业
1985	1 406	777	1.81	地质勘查业、水利管理业	社会服务业
1986	1 604	980	1.64	地质勘查业、水利管理业	社会服务业
1987	1 768	1 085	1.63	地质勘查业、水利管理业	社会服务业
1988	2 025	1 280	1.58	地质勘查业、水利管理业	农、林、牧、渔业
1989	2 378	1 389	1.71	采掘业	农、林、牧、渔业
1990	2 718	1 541	1.76	采掘业	农、林、牧、渔业
1991	2 942	1 652	1.78	采掘业	农、林、牧、渔业
1992	3 392	1 828	1.86	电力、煤气及水的生产和供应业	农、林、牧、渔业
1993	4 320	2 042	2.12	房地产业	农、林、牧、渔业
1994	6 712	2 819	2.38	金融业	农、林、牧、渔业
1995	7 843	3 522	2.23	电力、煤气及水的生产和供应业	农、林、牧、渔业
1996	8 816	4 050	2.18	电力、煤气及水的生产和供应业	农、林、牧、渔业
1997	9 734	4 311	2.26	金融业	农、林、牧、渔业
1998	10 633	4 528	2.35	金融业	农、林、牧、渔业
1999	12 046	4 832	2.49	金融业	农、林、牧、渔业
2000	13 620	5 184	2.63	科学研究和综合技术服务业	农、林、牧、渔业
2001	16 437	5 741	2.86	科学研究和综合技术服务业	农、林、牧、渔业
2002	19 135	6 398	2.99	金融业	农、林、牧、渔业
2003	32 244	6 969	4.63	信息传输、计算机服务和软件业	农、林、牧、渔业
2004	34 988	7 611	4.60	信息传输、计算机服务和软件业	农、林、牧、渔业
2005	40 558	8 309	4.88	信息传输、计算机服务和软件业	农、林、牧、渔业
2006	44 763	9 430	4.75	信息传输、计算机服务和软件业	农、林、牧、渔业
2007	49 435	11 086	4.46	金融业	农、林、牧、渔业
2008	61 841	12 958	4.77	金融业	农、林、牧、渔业
2009	70 265	14 911	4.71	金融业	农、林、牧、渔业
2010	80 772	17 345	4.66	金融业	农、林、牧、渔业
2011	91 364	20 393	4.48	金融业	农、林、牧、渔业

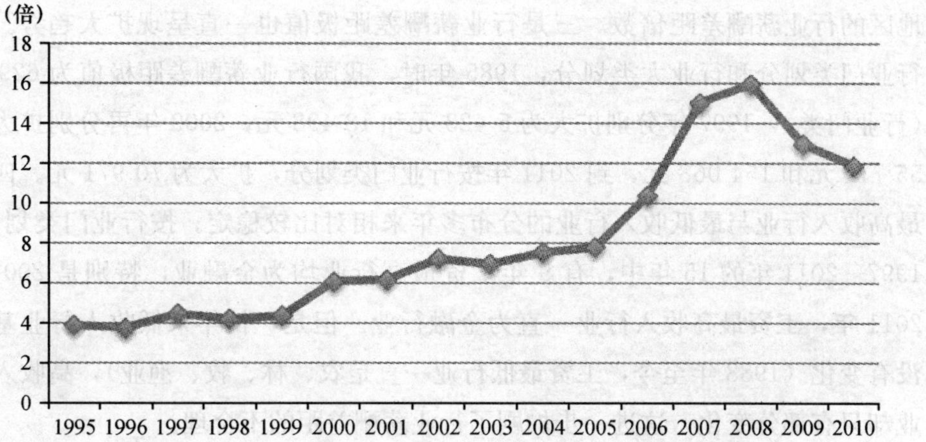

图 15—2　1995—2010 年我国行业（行业大类）工资差距曲线

表 15—5　　　　1995—2010 年行业薪酬差距（行业大类）

年份	行业 最高工资 （元/年）	行业 最低工资 （元/年）	行业差距 （最高/最低）	工资最高 行业	工资最低 行业
1995	12 686	3 277	3.87	航空运输业	农业
1996	14 378	3 837	3.75	航空运输业	畜牧业
1997	17 416	3 918	4.45	计算机应用服务业	林业
1998	17 395	4 132	4.21	航空运输业	林业
1999	19 150	4 383	4.37	计算机应用服务业	农业
2000	28 333	4 665	6.07	计算机应用服务业	农业
2001	30 146	4 919	6.13	计算机应用服务业	农业
2002	38 810	5 383	7.21	计算机应用服务业	农业
2003	42 582	6 139	6.94	证券业	林业
2004	50 529	6 718	7.52	证券业	林业
2005	56 418	7 250	7.78	证券业	林业
2006	85 522	8 254	10.36	证券业	林业
2007	142 979	9 521	15.02	证券业	畜牧业
2008	172 123	10 803	15.93	证券业	畜牧业
2009	166 985	12 917	12.93	证券业	林业
2010	168 116	14 175	11.86	证券业	畜牧业

注：1. 除特殊说明外，数据均来源于《中国统计年鉴》和《中国劳动统计年鉴》；

2. 由于数据原因，无法计算 2011 年情况；

3. 2009 年、2010 年使用城镇非私营单位就业人员平均工资计算，分行业工资水平与在岗职工平均工资在口径、范围和数额上略有差异。

地区的行业薪酬差距倍数。三是行业薪酬差距极值也一直呈现扩大趋势。按行业门类划分和行业大类划分，1985 年时，我国行业薪酬差距极值为 629 元（行业门类），1997 年分别扩大为 5 423 元和 13 498 元，2009 年再分别扩大为 55 714 元和 154 068 元，到 2011 年按行业门类划分，扩大为 70 971 元。四是最高收入行业与最低收入行业的分布多年来相对比较稳定。按行业门类划分，1997—2011 年的 15 年中，有 9 年工资最高行业均为金融业，特别是 2007—2011 年，工资最高收入行业一直为金融行业。但是，长年来低收入行业基本没有变化（1988 年至今，工资最低行业一直是农、林、牧、渔业），高收入行业却只有部分变化，这进一步加剧了行业薪酬差距的不合理。

3. 从行业薪酬分配的起点和过程看，最高收入行业与最低收入行业的薪酬决定基础和决定依据以及薪酬形成过程差别较大，相互之间不平衡。从最高收入行业这一端看，近 5 年来最高收入的金融行业的薪酬决定基础是不完全的人力资源市场或存在壁垒的金融行业人力资源市场在发挥作用，金融人才整体上比较短缺，因而金融行业从业人员相对于其他工薪劳动者明显处于优势地位，其就自身薪酬分配事项表达意见的机会和途径明显多于其他工薪劳动者，他们实际拥有比较充分的参与薪酬分配决定的权利；同时，由于金融行业中占主体的是国有金融企业，在产权单一、法人治理结构和内部制衡机制远未健全的基础上，其经营管理人员与其他职工利益具有趋同性。因此，在一定程度上金融行业国有企业的从业人员还可能在薪酬分配起点侵占了国有资产等方面的收益权。而从最低收入行业看，近 30 年来一直处于行业收入最底端的农、林、牧、渔行业的薪酬决定基础、决定依据和决定程序都存在诸多不公平。比如，农、林、牧、渔行业作为产业链的低端，其工薪劳动者以从事低技术含量的体力劳动者为主体，低文化程度的劳动者占大多数，这些工薪劳动者在劳动力市场上处于明显弱势地位，基本上很难拥有薪酬分配决策的参与权，在薪酬分配起点上处于不公平境地。又如，农、林、牧、渔行业作为低端行业，整个行业的管理水平相对也较低，相应地其薪酬分配管理的环节、程序等也难以周全、严谨，劳动者在薪酬分配过程中吃亏的概率也明显高于其他行业特别是金融行业。这种高低收入两端的行业在薪酬分配起点、分配过程的不公平，进一步加剧了行业之间薪酬分配结果的不公平。

（二）原因分析

造成我国行业之间薪酬不合理差距扩大的原因涉及多方面，可以从以下两方面来分析。

1. 直接的制度性原因，即行业之间薪酬分配和相关收入分配制度不够公平合理引发了行业之间薪酬不合理差距的扩大。首先，最高收入行业与最低收入行业的薪酬分配制度都不够公平合理且缺少必要的监督调节机制。其中，从最高收入金融行业看，国有金融企业的薪酬决定制度基本执行的仍然是20世纪80年代中期即开始实行的工资总额与经济效益挂钩办法，虽然近些年来做了一些改进，但总体上仍是按经济效益增长而相应安排工资总额增长，尚未像非金融国有企业那样于近几年试行工资总额预算管理办法。由于工效挂钩办法很难剔除金融行业经济效益中的非劳动因素，因此，在国有银行现行存贷差等政策的支撑下，其工资总额就可以按经济效益主要是金融企业上缴税收和利润的快速增长而较快增长；国有证券公司、保险公司情况也类似。再加上一个时期以来，国有金融行业的工资总额管理实际上处于相对缺少监管的状况，有关部门未对其职工收入进行全口径调控，未认真落实工资总额、工资水平双重调控政策，这些问题造成了金融行业薪酬分配起点、过程的不公平合理，直接助长了其薪酬总额和薪酬水平的不合理增长，加剧了行业薪酬分配结果的不够公平和不合理。从最低收入农、林、牧、渔行业看，其薪酬决定制度分两种情况，其中一部分是国有企业和事业单位，由地方政府支付工资；其余部分是其他所有制企业，其工资由资方决定。由于农、林、牧、渔行业一般分布在经济不发达地区或以农牧业为主体的地区，这些地方的政府往往财政收入少甚至比较困难，需要中央财政转移支付，因此对那些国有农林企业等只能支付低水平的工资；而另外那些其他所有制的农、林、牧、渔业企业，其劳动者基本没有薪酬分配的知情权、参与权、表决权、分享权和保障权，同时普遍都没有建立工资集体协商制度，因此，这一行业的薪酬分配起点显然不公平，与金融行业有很大的落差。与此同时，这一行业的日常薪酬管理制度特别是薪酬支付制度等也不健全，难以形成员工工资正常增长及支付保障的机制，使薪酬分配过程也不公平合理。这直接阻碍和制约着这一行业薪酬总额和水平的合理正常增长，也加剧了行业之间薪酬分配结果的不公平和不合理。其次，最高收入金融行业与最低收入农、林、牧、渔行业的企业收益分配制度都不够公平合理，是影响薪酬分配制度不公平合理的源头性因素。从金融行业看，按照人民银行规定的存贷差政策，一般情况下贷款利率高于存款利率约 2 个百分点，各类商业银行可以轻易获得很好的企业收益。根据银监会 2012 年年报数据，2011 年我国商业银行净利润 1.04 万亿元，创历史新高，其中 66.2%来自利息净收入，比 2011 年同期的 7 637 亿元增长 36.3%；按此计算，商业银行 2011 年平均每天赚得约 28.5 亿元。证券、保险公司的企业收益分配制度情况也类似。与此同时，政府对国有金融企业的利润收缴得也不多，致使金融行业的许多非劳动收益能够留存在企业内部，成为其职工高薪酬福利的资金来源。从农、林、牧、渔行业看，其中的国有企业、事业单位由于地方政府拿不出多少财政收入来支付和提高其员工的工资，使这些用人单位薪酬分配缺少必要的资金来源；其中的其他所有制企业由于劳动生产率低、企业收益差，而税收负担却与其他行业一样或只稍低一点，缴完税费后基本没有多少剩余，致使这些企业无力提高员工工资。这样两种不同的薪酬分配和企业收益制度，必然会直接推动这两种行业薪酬差距的扩大。

2. 深层次的体制性原因，即两种行业的薪酬决定、形成的外部环境和条件不平等。这一原因虽不直接影响行业薪酬水平及其相互之间差距的变动，却从根本上决定着行业薪酬分配和企业收益制度的不合理，进而决定着行业薪酬分配结果的不合理。体制性弊端造成了行业之间的外部环境和条件的不平等，主要表现在不同行业的市场地位不同、获取各种资源的能力不同、面临的市场压力不同、所处的社会生产链条位置不同、其员工在人力资源市场上的处境不同等多方面。比如，国有金融企业在市场上处于垄断地位，都是特大型、大型国有企业，据有关统计，至 2011 年 5 大国有商业银行贷款余额仍然占据超过国内银行市场 50%的市场份额，其资产规模、营业收入、企业覆盖范围、员工队伍组成等都既大又强，且能够获得政府的强力支持和照顾；而农、林、牧、渔行业的企业则在市场上处于极为弱势的地位，且其中大多数都属于中小型企业，很少得到政府部门的强力支持。由于双方在市场上地位的差别，金融行业国企可以通过政策规定的存贷差轻易获取高收益，农、林、牧、渔企业则由于得不到或很少得到政府的有力扶持而企业生产经营环境差、收益低。又如，金融行业国企位处社会经济链条的高端，虽然也面临少数外资和民营金融企业的市场竞争，但由于整体上仍具有垄断地位，特别是有政府的大力支持，1999 年以来其高达 2 万亿元的不良资产得到剥离，基本上消除了国有商业银行的压力；而农、林、牧、渔行业位居社会生产经营链条的底端，劳动生产率低下，面临市场的激烈竞争，处于风雨飘摇、半停产甚至破产的境地。再如，金融行业的人力资源结构中本科生及以上学历者大约占 75%以上，且要进入金融行业除了人力资本素质要求高以外，另外还有比较复杂的人际关系，其行业人力资源市场的进入门槛高，一般人员很难以进入；而农、林、牧、渔业企业的劳动者结构中，高中及以下学历者约占 70%以上，其劳动力市场属于完全竞争型市场，这种劳动者供过于求，天然处于弱势地位；如此等等。以上这些由于体制性弊端形成的行业之间基础条件和外部环境的不平等，从深层次决定了金融行业与农、林、牧、渔行业薪酬分配起点、分配过程的不公平以及分配结果的不合理。

三、部分企业高层经营管理人员与其他工薪劳动者之间薪酬分配关系不合理及其原因分析

（一）部分企业高层经营管理人员与其他工薪劳动者之间薪酬分配关系不合理的外在表现

企业高层经营管理人员薪酬是其人力资本价值及其管理要素贡献的具体体现，对于满足企业高管人力资本的可持续发展及其家庭成员体面生活的需要，调动企业高管积极性、主动性和创造性，促进企业增强核心竞争力和提高经营业绩具有极为重要的意义。毫无疑问，企业高管薪酬水平应该高于其他工薪劳动者，但如果过高于其人力资本和所做贡献，则既不能有效调动其积极性、创造性，又会给其他劳动者乃至社会带来负面影响。当前，我国部分企业高管与其他工薪劳动者薪酬水平差距偏大或过大，已成为企业不同层级工薪劳动者之间薪酬分配关系不合理的突出问题，具体表现在：部分国有企业主要是国有金融企业高管薪酬水平与其他工薪劳动者平均薪酬水平差距偏大，少数企业高管薪酬水平与其他工薪劳动者平均薪酬差距过大；不少上市公司高层经营管理人员薪酬水平与城镇在岗职工平均工资水平差距过大，少数高层经营管理人员薪酬水平与城镇在岗职工平均工资差距极大。

首先，从我国企业高层经营管理人员薪酬分配结果的定性分析看。一个基本判断是：我国企业高管的薪酬水平在 2001 年以前整体上并不高，其中部

分国有企业高管的薪酬水平还偏低（这并不否定当时也有个别或少数薪酬水平很高的企业高管）；但其后，我国企业高管薪酬水平开始进入快速提高阶段；在短短几年内就拉开了与其他工薪劳动者薪酬的差距，并迅速呈现过快增长及不合理增长的态势，引发了社会各方面的非议。近几年来，社会各界对部分企业高管薪酬水平偏高和过高基本形成了共识。特别是2009年由人力资源和社会保障部、中组部、监察部、国家审计署、财政部、国务院国资委联名出台了《关于进一步规范中央企业负责人薪酬管理的指导意见》，就是最好的证明。从全球范围看，2009年美国华尔街次贷危机引发全球金融危机以来，许多市场经济发达国家包括美国、法国、德国、英国等的政界要人和广大老百姓都对全球性上市公司高层经营管理人员的天价薪酬表示了强烈反感。一时之间，企业高管的过高薪酬几乎成为众矢之的，甚至成为引发美国"占领华尔街"运动的导火索之一。可以说，加强对企业高管特别是国有企业高管高薪的监管已经成为一种全球性的呼吁，也是我国社会的主流认识。

其次，从我国企业高层经营管理人员薪酬分配结果的定量分析看，可以得出如下4个基本结论：一是企业高管薪酬与其他劳动者薪酬差距曲线近10年来呈现整体上扬的趋势。国务院国资委管理的非金融中央企业高管平均薪酬与央企其他职工平均薪酬以及全国城镇职工平均薪酬差距曲线，从2002年至2010年呈现整体上扬趋势，其中，2009年以后曲线相对平稳[①]（如图15—3、图15—4所示）；中央金融企业高管薪酬与城镇在岗职工平均工资差距曲线，从2004年至2010年也呈现整体上扬趋势，且上扬幅度快于非金融中央企业（如图15—5所示）。地方国有企业高管薪酬与当地城镇在岗职工平均工资差距曲线，因收集不到全国数据，只能以个别省区或某个城市的数据为例分析。如上海市，其国有企业高管薪酬与当地城镇在岗职工平均工资差距曲

① 2010年1月9日上午，时任国务院国资委主任李荣融在出席第十一届北京大学光华新年论坛时表示：2002年，我国开始推行国企高管年薪制，规定高管年薪不得超过职工平均工资的12倍。2004—2007年，国务院国资委监管的央企高管的平均年薪分别为35万元、43万元、47.8万元和55万元，年增长14%左右。国务院国资委统计数据显示，2006年直属于国资委的149户中央企业主要负责人平均薪酬为53.1万元。2008年、2009年，央企高管年薪平均约为58万元、61.6万元。2010年，中央非金融企业高管年薪接近70万元。2004年、2005年为28 009元、32 211元（2004年12月13日《工人日报》刊登文章"国企老总薪酬将受职工监督"，指出2002年企业主要负责人实际平均薪酬与全部企业职工平均工资相比为12倍，2003年就扩大到13.6倍）。2006—2008年，中央非金融企业职工平均工资分别为37 043元、43 419元、48 500元。2009年、2010年分别为5.4万元（2010年8月20日《21世纪经济报道》"李荣融：央企在岗职工平均工资5.4万"）、60 096元。

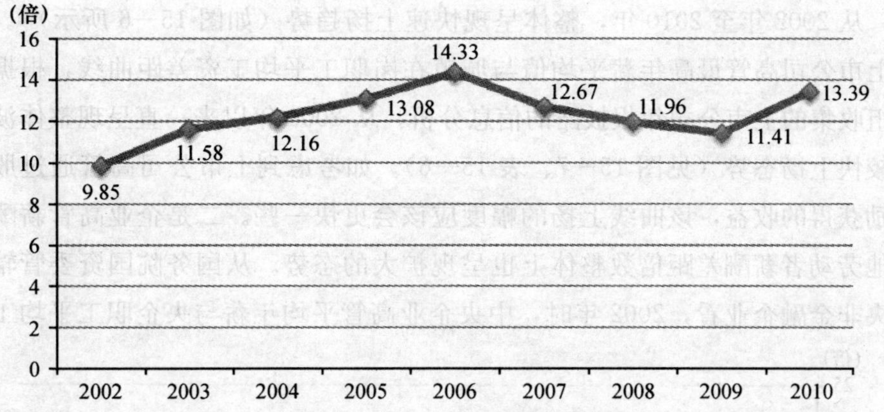

图 15—3　2002—2010 年中央非金融企业高管年薪平均值与央企职工平均工资差距

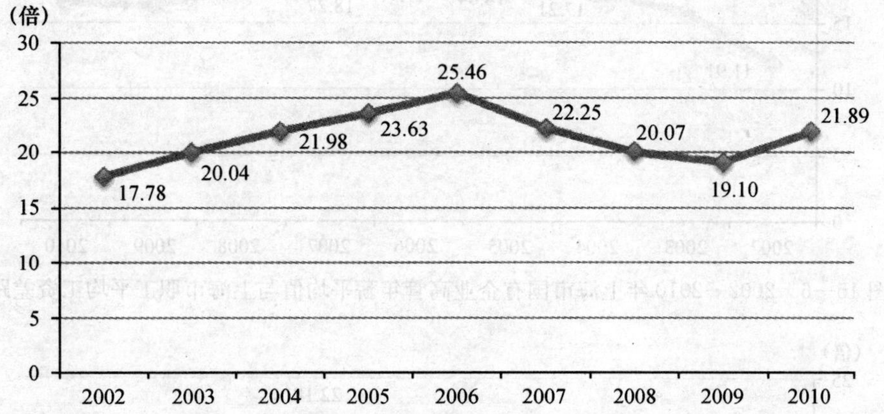

图 15—4　2002—2010 年中央非金融企业高管年薪平均值与城镇职工平均工资差距

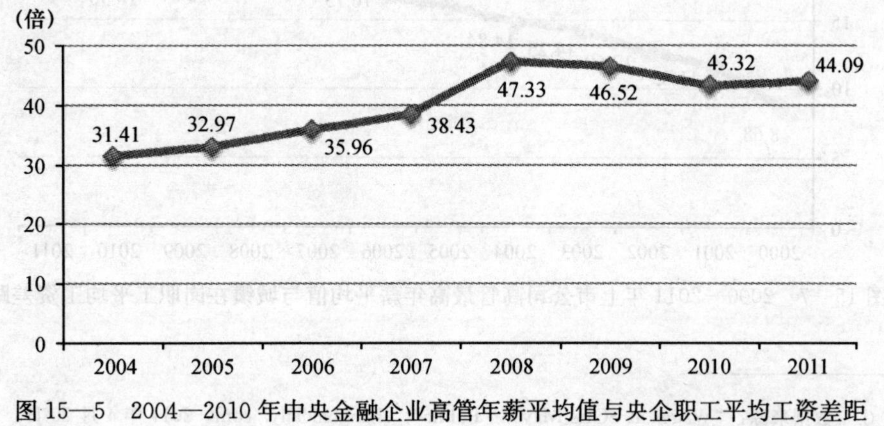

图 15—5　2004—2010 年中央金融企业高管年薪平均值与央企职工平均工资差距

线，从2002年至2010年，整体呈现快速上扬趋势（如图15—6所示）①。我国上市公司高管最高年薪平均值与城镇在岗职工平均工资差距曲线，根据课题组收集的上市公司年报披露的信息分析，从2000年以来一直呈现整体波动并较快上扬态势（见图15—7、表15—6）。如考虑到上市公司高管通过股权激励获得的收益，该曲线上扬的幅度应该会更快一些。二是企业高管薪酬与其他劳动者薪酬差距倍数整体上也呈现扩大的态势。从国务院国资委管辖的中央非金融企业看，2002年时，中央企业高管平均年薪与央企职工平均工资

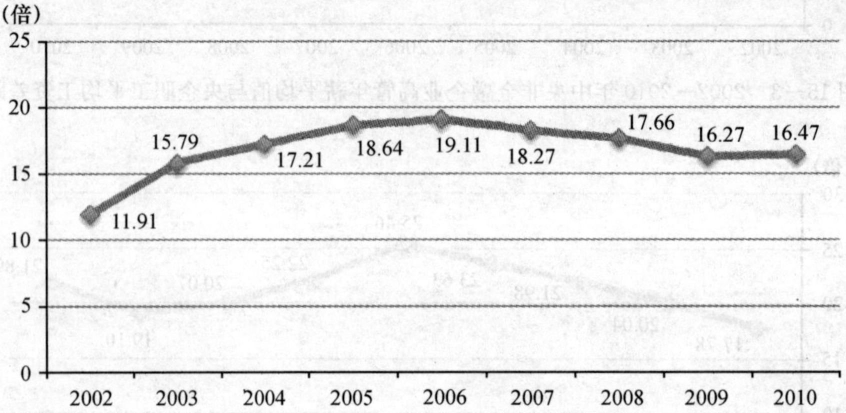

图15—6　2002—2010年上海市国有企业高管年薪平均值与上海市职工平均工资差距

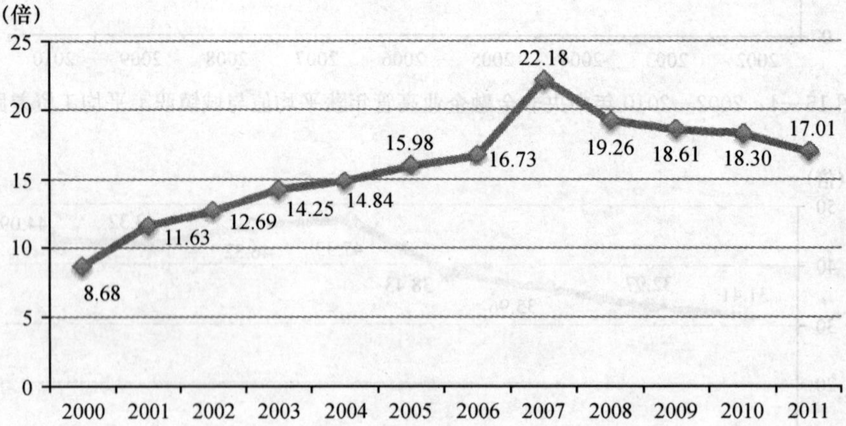

图15—7　2000—2011年上市公司高管最高年薪平均值与城镇在岗职工平均工资差距

① 数据来源："Wages at SOEs May Go Public"，shanghaidaily. com，2011年4月20日。2008年、2009年，上海75家国有企业高管年薪平均为697 535元、696 100元。2002年，上海国有企业高管年薪为12万元左右；2010年，上海国有企业高管年薪为77万元左右。

表 15—6　　2000—2011 年上市公司高管平均年薪与城镇在岗职工平均工资差距

年份	上市公司高管最高年薪平均值（万元）	城镇在岗职工平均工资（元/年）	薪酬差距倍数（高管/职工）	薪酬差距绝对值（万元）
2000	8.1	9 333	8.68	71 667
2001	12.6	10 834	11.63	115 166
2002	15.7	12 373	12.69	144 627
2003	19.9	13 969	14.25	185 031
2004	23.63	15 920	14.84	220 380
2005	29.08	18 200	15.98	272 600
2006	34.89	20 856	16.73	328 044
2007	54.83	24 721	22.18	523 579
2008	55.65	28 898	19.26	527 602
2009	60	32 244	18.61	567 756
2010	66.85	36 539	18.30	631 961
2011	72.2	42 452	17.01	679 548

注：各年度上市公司样本数不一致，因此，年度之间上市公司高管年薪绝对值不具有完全可比性。2010 年、2011 年数据（指 A 股上市公司高管最高薪酬均值）为德勤《2011—2012 中国上市公司高管薪酬调研报告》。其余数据来自上海荣正投资咨询公司。城镇在岗职工平均工资来自《中国统计年鉴 2011》表 4—12，p123。

的倍数仅为 9.85 倍，但到 2010 年则扩大到 13.39 倍，差距扩大速度较快①（如图 15—3 所示）；如将其与同年城镇在岗职工平均工资比，2002 年差距倍数仅为 17.78 倍，而到 2010 年，则扩大到 21.89 倍（如图 15—4 所示）。从国有金融企业看，差距倍数扩大的情况更突出。2003 年，中央金融企业高管平均年薪与城镇在岗职工平均工资差距倍数大约是 21 倍，而到 2011 年，该倍数扩大到 43 倍②。如从典型案例看，国有金融企业高管最高年薪与城镇在岗

① 熊志军. 当前我国收入分配问题与国有企业分配制度改革. 中国企业年金网. 2007－10－24。其中，中央企业人均年收入 2003 年 24 179 元，2004 年 28 778 元，2005 年 32 883 元，比 2001 年的 16 988 元增长 93.6%。

② 郦锡文. 银行员工高收入透析——以四大行为例 [J]. 银行家. 2012，5。四大银行员工平均收入约是当年城镇单位在岗职工平均工资的 4 倍。2008 年为人均 136.76 万元，是同期四大银行员工平均收入的 10.34 倍；2010 年四大银行高管人均收入为 160.93 万元，是同年四大银行员工平均收入的 9.93 倍；2011 年四大银行高管人均收入为 187.18 万元，是同年四大银行员工平均收入（19.1 万元）的 9.8 倍。尽管 2010 年、2011 年四大银行高管成员收入对四大银行员工平均收入的倍数已降低到 10 倍以下，但由于 2011 年高管收入增长为 16%，只比城镇职工收入增长水平低一个多百分点，其与全国城镇在岗职工平均工资水平的差距仍接近 43 倍。

职工平均工资差距倍数，2003年时大约为36倍，而到2011年却扩大到211倍①。从上市公司看，根据上市公司年报披露的信息分析，2000年，上市公司高管平均年薪与城镇在岗职工平均工资差距倍数大约为8.68倍（加上股权激励收益则还要高一些）；到2011年，此倍数进一步扩大到17.01倍（加上股权激励收益，其差距倍数将更大一些）（见图15—7、表15—6）。如以典型案例看，上市公司高管最高年薪与城镇在岗职工平均工资的差距倍数，2002年时大约为129倍②，而到2011年，以媒体披露的信息为例，此时的倍数则高达377倍③。据了解，我国的近邻日本、韩国的企业高管薪酬与城镇职工平均工资差距倍数，目前分别为20倍、10～16倍④；据日本劳务行政研究所资料⑤，2001年，世界各国销售额5亿美元以上企业CEO的薪酬与生产工人的工资水平差距较大的国家是墨西哥为53.7倍（其中CEO平均薪酬为86.68万美元，生产工人的平均工资为1.61万美元）。美国为41.3倍（其中CEO为193万美元，工人为4.68万美元）。英国、法国、德国分别为25.4倍、16倍和13.2倍。收入差距较小的是瑞士9.5倍、日本11.6倍、韩国12.5倍，中国台湾为14.7倍。横向比较，我国国有企业高管和上市公司高管薪酬与城镇在岗职工平均工资差距倍数明显高于我国近邻日本、韩国和我国台湾地区，也高于法国、德国等西方主要国家，只低于美国等少数发达国家。三是企业高管薪酬与其他劳动者薪酬差距极值也一直呈现扩大趋势。根据上市公司年报披露信息，2000年，上市公司高管最高年薪平均值与城镇在岗职工平均工

① 2011年，国有金融企业高管最高年薪为中国银行的信贷风险总监的895.70万元。2003年，国有金融企业高管年薪最高约为50万元。

② 2002年中国上市公司高管身价排行榜［J］. 上海证券报资本周刊. 2003。该排名是从1 221个有效样本数量中统计出来的，最高年薪是科龙电器的160万元。2002年，我国城镇在岗职工年平均工资12 373元。

③ 根据上海荣正咨询统计，在2 300家可统计的A股上市公司中，中信证券副董事长殷可以1 600万元的税前年薪位居榜首，2011年我国城镇非私营单位职工平均工资为42 452元。

④ 引自“国企高管薪酬问题及对策研究”（中国民主促进会上海市委员会2010年重点课题）。据韩国企划财政部公布的2006年国有企业董事长、监事薪酬情况显示，韩国产业银行、韩国投资公司、韩国住宅金融公司等15家大型国有企业的董事长（总经理）的薪酬从2.91亿韩元到7.42亿韩元，平均为4.45亿韩元；企业监事薪酬从2.11亿韩元到5.44亿韩元，平均为3.02亿韩元；企业员工年均工资从6 936万韩元到8 758.3万韩元，平均为7 475.6万韩元。这15家企业董事长（总经理）、监事的平均年薪酬分别为其员工年工资的5.95倍和4.03倍，分别为韩国当年平均工资2 780万韩元的16倍和10.8倍。

⑤ 引自“国企高管薪酬问题及对策研究”（中国民主促进会上海市委员会2010年重点课题）。

资差距的绝对额为 71 667 元；到 2005 年扩大到 272 600 元；到 2011 年再扩大到 679 548 元（见表 15—6）。若将私营企业职工平均工资纳入求出社会从业人员平均工资，其差距绝对额还要高出更多。根据德勤中国高管薪酬研究中心 2012 年 6 月发布的《2011—2012 中国上市公司高管薪酬调研报告》所载，2011 年 A 股上市公司薪酬最高的高管是中信证券副董事长，其年薪达 1 601 万元（税前），是同年城镇在岗职工平均工资 42 452 元的 377 倍。上述绝对额差距，以 2000—2010 年期间的上市公司高管平均年薪与城镇在岗职工平均工资相比为例，10 年来其绝对额扩大的速度，快于同期城镇在岗职工平均工资增长幅度与居民消费品价格上涨幅度之和，这种差距绝对额扩大的速度显然是不合理的。四是部分企业高管薪酬水平的增长与企业经济效益不同步甚至成反比。以 2011 年上市公司证券行业高管薪酬为例，根据德勤中国高管薪酬研究中心 2012 年发布的《2011—2012 中国上市公司高管薪酬调研报告》，截至 2011 年 11 月，全国 109 家证券公司实现净利润 343 亿元，仅相当于 2010 年全行业净利润的 44.2%，尽管当年业绩遭遇重创，但 2011 年券商最高薪酬整体平均水平仍相比 2010 年的 314 万元增长了 32%，达到 414 万元。

最后，从企业高管薪酬分配起点和分配过程看，不公平、不合理的问题也较多。比如，一些地方国有企业高管拥有过多的薪酬分配决策权、分享权，而国有资产所有者、小股东、职工却只有少量或没有相应的薪酬分配知情权、参与权、表决权等，同时，其薪酬分配过程基本不公开或有意隐瞒，就是薪酬分配起点、分配过程不公平的现实例子。

（二）原因分析

造成我国部分企业高管薪酬水平偏高或过高的原因涉及许多方面，归纳起来主要有 3 点：

1. 企业高管薪酬水平主观定位存在偏差。基于针对 2001 年前我国企业高管薪酬水平整体不高、有些还偏低及国有企业中平均主义观念仍有较大影响的状况，同时，面对经济全球化条件下外资企业与我国内资企业争夺经营管理人才、非公有制企业与国有企业争夺人才的巨大压力，我国开始大量引入美国等西方国家关于企业高管薪酬分配理念，以突破原有旧观念，强化对企业高管的激励力度，这使各方面对企业特别是国有企业高管薪酬管理的观念发生了很大转变。这本来是件好事，但随后的发展开始出现偏差。一是过多宣传介绍了美国的有关理念和美国企业高管薪酬高水平、大差距的分配方式方法，而忽略了宣传介绍诸如日本、韩国以及我国台湾等东方国家或地区企业高管中等薪酬水平和适当差距的相关理念和方法，误以为外国企业高管薪酬水平都像美国大公司高管天价薪酬一样高，与其他工薪劳动者的薪酬差距都像美国那样大。二是片面强调管理要素作用和外部公平，开始忽略劳动要素作用和内部公平以及与外部其他工薪劳动者薪酬的平衡，使呼吁我国企业高管薪酬水平向市场高价位接轨，甚至向发达国家企业高管薪酬水平看齐的认识逐渐占据主导地位。在这种观念指导和推动下，我国企业高管薪酬水平出现了前述的偏快和不合理增长。这种观念和认识偏差，成为造成我国部分企业高管薪酬水平偏高或过高，与其他工薪劳动者薪酬差距偏大或过大的思想认识根源。

2. 有关管理制度和机制存在欠缺。一是资产所有者监管失位或缺位，这是管理制度的最突出问题。主要表现在企业出资人监管失位或缺位，企业内部制衡和外部监管约束乏力。曾出现部分国有企业（主要是金融企业）高管薪酬由谁监管不够明确，一些地方国有企业高管薪酬无人监管，实际上存在部分国有企业高管自定薪酬的现象；同时，混合所有制企业包括国有控股公司、参股企业，国有控股、参股上市公司法人治理结构不完善，内部制衡机制缺乏，特别是中小股东实际上没有表决权，实际上也是企业高管自定薪酬。上市公司高管薪酬确定的现实例子是，由董事会的薪酬委员会提出本公司高管的薪酬调整方案，报董事会批准，提交股东会审议通过；表面上看其薪酬确定完全符合公司法定程序，但实际上是董事长授意薪酬委员会或薪酬委员会奉命提出符合董事长要求的方案，报董事长批准，再提交股东大会；而股东大会参会的中小股东代表人数很少或基本无人出席，实为由少数大股东代表表决；这些代表往往碍于面子或其他原因一般不会否决或完全否决董事长已批准提交讨论的高管薪酬方案。因此，整个过程走下来完全符合法定程序，其实质仍是董事长等高管自定薪酬。二是现行企业高管薪酬制度不健全。目前虽然出台了中央企业高管薪酬管理的指导意见，但没有全国性的规范国企高管薪酬制度及规定，因此各地对国有企业高管薪酬监管宽严不一，苦乐不均，引发许多矛盾；现有国企高管薪酬分配等制度关于职务消费的规定不够具体，不便于操作，也是引发问题的原因之一。上市公司虽然公布年报，但由于规定不细致，导致年报上披露的企业高管薪酬口径不统一，有的是税后薪酬，有的只披露年薪，不披露其他收入，不便于有关部门和所有股东全面掌握高管薪酬情况和客观比较上市公司高管之间的薪酬关系。三是企业高管绩效考核制度不健全。难以科学确认企业高管对企业经济效益所作出的真正贡献，特别是难以剔除政策、垄断等非管理要素对国有企业业绩带来的影响，难以保证绩效考核的科学性和客观合理性；同时，也未正确确定过国企领导班子内各成员的绩效差别，难以正确合理区分各位高管的绩效薪酬。

3. 体制有关方面改革不到位、市场体系不健全。主要是国有企业改革方向仍有待进一步明确并推进，国企高管选拔任用制度改革不到位，公司制企业的产权关系有待进一步清晰，法人治理结构有待进一步健全，上市公司内部制衡机制需要大力强化，职业经理人、金融等要素市场有待进一步健全，等等。在国企改革上，由于尚未明确国有企业是否划分为公益性和竞争性两类，国企的薪酬管理就难以正确定位，国企高管的选拔任用制度也难以与其相匹配，而这正是目前国企高管薪酬到底是按市场竞争型企业还是按公益型企业监管定位不清的基础性原因；公司制企业产权划分不清晰，法人治理结构不健全，特别是上市公司内部制衡机制不健全，这正是资产所有者缺位和失位的根本性原因；而职业经理人市场远未完善，是企业高管薪酬难以形成市场均价水平并时常虚高的基础性原因；至如金融等生产要素市场的不健全，则是难以正确判断企业真实经济效益，特别是使上市公司股票价格畸高畸低，致使企业高管薪酬水平尤其是股权激励收益无法正确发挥激励作用的根基性原因。

四、调控垄断高工资收入行业和高收入群体工资收入分配关系的政策建议

（一）调控行业之间不合理的薪酬分配差距

调控，即调控部分收入明显偏高的垄断行业企业的收入。要以合理的行业薪酬比例关系为指引，有效破解中央已经提出近 10 年的调控垄断行业高收入这一老问题。一是明确调控垄断行业高收入的思路，通过标本兼治、齐抓共管、配套改革来实现有效调控。二是进一步打破垄断，从根本上促进解决其获得高收益进而转化为职工高工资的问题。三是在源头上调控这些行业的

高收益，即如何加强对垄断行业涉及民生的定价权进行监督，防止乱提价；如何加强征收垄断行业的资源占用税，加强征缴其税后利润，从源头上控制其高工资福利的来源。四是进一步健全完善对垄断行业全口径工资福利收入等的调控，健全完善工资总额和工资水平双重调控，研究如何在组织上抓好落实。五是研究需要抓好哪些配套改革，从企业制度、人事制度、用工制度等多方面配套改革上采取相关措施，推进配套改革。

（二）调控部分企业高管与其他员工不合理薪酬差距

以相对应的合理的薪酬分配比例关系为指引，解决部分国有企业高管、非国有企业高管的偏高、过高收入问题，协调平衡好高管与其他员工薪酬分配关系。

1. 加强对国企高管薪酬的管控。进一步明确国企高管薪酬监管的思路，结合国有企业改革等多方面情况健全国企高管薪酬决定和形成机制。当前，一方面认真管好中央企业高管薪酬，特别是如何管好中央企业下属企业高管的薪酬，防止下属企业行政任命的高管薪酬与其央企母公司或控股公司高管薪酬倒挂；另一方面进一步完善监管政策，把国企高管薪酬监管与国有企业改革相结合；同时，把国企高管薪酬监管与国企干部人事制度改革紧密衔接起来，对行政任命高管、竞聘上岗高管、面向海内外招聘无官员身份或放弃官员、半官员身份的高管，区别确定不同的薪酬监管办法。同时，建议有关主管部门组织各地参考中央有关政策，制定本地区国企高管薪酬监管制度，并认真抓好落实，监管好地方国有企业的高管薪酬。

2. 制定适合非国企上市公司高管薪酬监管办法。遵循公司法和市场规律监管好非国企上市公司高管的薪酬，结合健全职业经理人市场、金融市场和其他生产要素市场并进一步规范有关市场行为，明确其高管薪酬决定和形成机制如何改变调整，强化上市公司的内部制衡机制，防止高管实际上自定薪酬，强化上市公司高管薪酬的监管，减少或避免上市公司高管薪酬水平高对国企高管薪酬监管形成大的冲击。据此明确相关部门和方面分别应做哪些工作，如何形成合力。

3. 调控国有企业高管薪酬与职工薪酬之间收入差距。监管部门在确定国有企业高管薪酬时要将高管薪酬与职工平均工资水平挂钩，结合企业高管人员与其他员工之间合理的薪酬比例关系进行调控。

第十六章
公共部门地区间工资差距中外比较研究

合理确定公共部门地区间工资差距，解决公共部门工资公平性问题是规范社会收入分配秩序的重要组成部分。研究公共部门（本章主要指机关和事业单位）地区间工资差距调控问题。一方面，有利于规范公共部门分配秩序，贯彻落实国家有关政策、坚持改革方向；另一方面，对规范企业收入分配秩序和社会收入分配关系起着很好的正向引导作用。同时，对于提高社会管理和公共服务水平，稳定公共部门工作人员队伍也具有十分重要的意义。

一、我国公共部门地区间工资差距情况

1991 年以来，我国公共部门地区间工资差距倍数呈扩大趋势。以公务员工资为例，1991 年，我国公务员工资最高的地区是西藏自治区，为 3 433 元；最低的地区是江西省，为 1 865 元，相差 1 568 元，差距仅为 1.84 倍。以 1994 年为例，从国家统计局对 13 个省份抽样数据看，最高的广东省平均工资为 8 938 元，最低的江西省平均工资为 4 109 元，相差 4 829 元，约 2.18 倍。公务员工资差距随级别的升高而降低：其中处级相差 2.00 倍，科级相差 2.14 倍，员级相差 2.31 倍，见表 16—1。

表 16—1　　1994 年我国公务员工资差距

分类	广东		江西		工资差距	
	调查人数（人）	平均工资（元/年）	调查人数（人）	平均工资（元/年）	绝对数（元）	倍数
全部	3 952	8 938	4 151	4 109	4 829	2.18
处级	93	12 861	164	6 424	6 437	2.00
科级	679	10 539	1 091	4 917	5 622	2.14
员级	3 180	8 482	2 896	3 673	4 809	2.31

数据来源：《中国统计年鉴 1995》。

全国范围看，工资绝对数差距最大的是2010年，公务员工资最高的上海市与最低的宁夏回族自治区之间，相差54 658元，相当于宁夏全区当年公务员平均工资的2.0倍。倍数关系差距最大的为2005年，公务员工资最高的北京市与最低的河南省之间，相差约3.56倍，而当年地区购买力平价仅相差约1.43倍，见表16—2。

表16—2　　1991—2010年公务员工资最高最低地区差距

年份	最高		最低		差距	
	省份	工资（元/年）	省份	工资（元/年）	绝对值（元）	倍数
1991	西藏	3 433	江西	1 865	1 568	1.84
1993	广东	5 252	贵州	2 566	2 686	2.05
1994	西藏	7 960	陕西	3 918	4 042	2.03
1995	广东	8 598	贵州	4 203	4 395	2.05
1996	西藏	13 326	贵州	4 589	8 737	2.90
1997	上海	12 351	贵州	4 596	7 755	2.69
1998	上海	15 060	贵州	5 167	9 893	2.91
1999	上海	18 301	山西	6 083	12 218	3.01
2000	上海	22 244	贵州	7 102	15 142	3.13
2001	上海	25 238	河南	8 841	16 397	2.85
2002	上海	28 157	山西	10 220	17 937	2.76
2003	上海	31 835	河南	11 032	20 803	2.89
2004	北京	38 645	河南	11 722	26 923	3.30
2005	北京	48 480	河南	13 609	34 871	3.56
2006	北京	49 601	陕西	15 525	34 076	3.19
2007	北京	57 232	江西	19 977	37 255	2.86
2008	上海	66 940	江西	23 149	43 791	2.89
2009	上海	74 734	江西	26 668	48 066	2.80
2010	上海	81 815	宁夏	27 157	54 658	3.01

数据来源：《劳动和社会保障统计年鉴》《人力资源社会保障统计年鉴》。

由于各地区各部门财政支付力度不同，公共部门工资发放也带有一定的随意性：部分地区工资过高，如2010年网上热炒的深圳市某处级事业单位自2009年10月1日起实施绩效工资以来，主任层级（处级）、科级及普通员工年薪分别为63.53万元、35.87万元和27.27万元，员工平均工资高达30万元，远远高于当地社平工资。部分地方财力不足，在推行义务教育学校绩效工资改革时捉襟见肘，随着公共卫生与基层医疗事业单位和其他事业单位实施绩效工资，财政压力进一步扩大。

二、国外公共部门地区间工资差距比较

研究国外公共部门地区间工资差距，对我国合理调控公共部门工资差距具有一定的借鉴意义。

（一）典型国家公共部门地区间工资差距情况

由于各国公共部门人员构成不一样，参照各国对于公务员的划分，大致可划分为三类[①]：第一类是小范围划分，指的是政府系统中除选举产生和政治任命的官员以外的所有工作人员，如英国和原英属殖民地的大部分国家，像印度、马来西亚、澳大利亚、新西兰、阿尔及利亚、南非等。在英国，文官实际上是指常任文官，即政府系统中常务次官以下的所有通过竞争考试录用的工作人员。第二类是中范围划分，指的是政府行政机关中的所有工作人员，上至内阁首脑、部长，下至普通工作人员和工勤人员，如美国、德国、加拿大、菲律宾、泰国、韩国等。第三类是大范围划分，指的是从中央到地方各级立法机关、行政机关、司法机关、军队和公共企事业单位的所有工作人员，如法国、日本和原法属殖民地的一些国家，像摩洛哥、突尼斯、几内亚、尼日利亚等。

因此，本章从各类中挑选了具有代表性的国家进行对比分析，分别是英国、美国、法国、日本等。

1. 英国公共部门地区间工资差距情况

英国公务员虽然也有中央政府公务员和地方政府公务员之分，但在工资管理上却是统一的，实质上是由中央统一管理的体制。工资制度和工资标准由财政部和各部门在与公务员工会、全国惠德利委员会（英国为解决公务员劳资争议问题，设置惠德利会议）共同协商的基础上，经与公务员工会进行谈判，统一制定。同时，允许地方政府根据当地企业工资水平和人力资源状况，适当调整工资标准，各部门根据相关规定，每半年、一年或两年会自动检讨本部门内部薪酬水平，考虑因素主要有：薪酬制度是否符合现行相关法

① 刘冰. 国家公务员管理辅导教案. 2003，6。

律的规定、参考消费者物价指数变动状况、人均国民生产总值变动状况、政府财政收支状况以及具有可比性的民间企业薪酬水平等。在此基础上，各部门分别与本部门的公务员工会进行工资谈判，制订全面调薪的方案。调整的幅度必须报经中央政府批准，所需经费由地方政府自己解决。

2011 年，英国公共部门工资最高地区伦敦为 35 487 英镑，最低的西米德兰兹地区为 23 993 英镑，两者之比为 1.48∶1。私营部门工资最高的地区仍为伦敦，为 48 220 英镑；而最低的为威尔士，两者之比为 2.37∶1。仅就地区来看，不划分公共部门和私营部门，工资最高为伦敦的 43 189 英镑，最低为威尔士的 22 046 英镑，两者之比为 1.96∶1，详见表 16—3。

表 16—3　　英国 2011 年分地区、分公共部门和私营部门收入情况

类型	调查人数（千人）	中位数（英镑）	平均数（英镑）
全国	21 023	21 326	26 871
公共部门	6 184	23 250	26 276
私营部门	13 313	20 509	27 544
North East	825	19 390	23 027
公共部门	298	21 613	25 272
私营部门	468	18 018	21 775
North West	2 247	19 950	23 703
公共部门	697	22 383	25 070
私营部门	1 395	18 797	23 161
Yorkshire and TheHumber	1 737	19 725	23 195
公共部门	544	21 161	24 542
私营部门	1 080	19 064	22 720
East Midlands	1 440	20 138	23 744
公共部门	336	21 863	24 492
私营部门	1 011	19 661	23 628
West Midlands	1 836	19 869	23 600
公共部门	531	21 533	23 993
私营部门	1 184	19 267	23 530
East	1 869	20 878	24 889
公共部门	464	22 220	24 505
私营部门	1 272	20 429	25 309

续表

类型	调查人数（千人）	中位数（英镑）	平均数（英镑）
London	2 932	30 115	43 189
公共部门	810	31 667	35 487
私营部门	1 881	29 750	48 220
South East	2 842	22 370	27 433
公共部门	710	22 810	25 090
私营部门	1 902	22 439	28 776
South West	1 748	19 609	23 244
公共部门	492	21 972	24 887
私营部门	1 129	18 925	22 822
Wales / Cymru	966	19 250	22 046
公共部门	371	21 298	24 377
私营部门	530	17 511	20 381
Scotland	1 915	20 681	24 708
公共部门	684	23 274	26 078
私营部门	081	19 211	24 191

注：从业人员数仅代表参考数据，不代表确切统计数据。

数据来源：国家统计局工时和工资年度调查办公室。

2. 美国公共部门地区间工资差距情况

美国公共部门分为联邦政府、州政府和当地政府，联邦政府工作人员由中央政府统一管理、统一制定工资制度和工资政策，州政府和当地政府分别由各地方制定工资制度和工资标准。联邦政府工作人员工资在薪酬结构上主要由工资、津贴、奖金、福利以及保险5部分构成，分为15个等级，每级划分为10个档次，每档相差约为3%左右，根据年限和工作表现来提升工资档次①。

美国联邦雇员现行工资制度的重要法律依据，是1990年11月5日生效的《联邦公务员可比性工资法案》（FEPCA），以私企为参照的美国公务员工资制度就是该法案规定的。《联邦公务员可比性工资法案》中列出了制定公务

① 根据有关调研报告、文献资料和美国人事管理局网站介绍整理得出，需要指出的是，在一些资料中，将这一划分更为细化，但本文主要介绍与我国公务员工资调查最近接的部分，为便于理解，将有些类别合并。

员工资标准的指导原则：包括在同一地区，工资要体现同工同酬，工资等级差别取决于岗位性质和工作表现，联邦政府公务员必须与同一地区私营企业同等工作性质的职工工资标准一致等。从2012年1月生效的不同地区公务员工资表看，按照工资区划分，最高为圣何塞—旧金山—奥克兰地区，最低为“其他地区”，最低等级公务员工资标准之比为1.18：1，最高等级公务员工资标准之比为1.05：1（见表16—4和表16—5）。

表16—4　　美国“圣何塞—旧金山—奥克兰地区”公务员工资表

SALARY TABLE 2012-SF
INCORPORATING A LOCALITY PAYMENT OF 35.15%
FOR THE LOCALITY PAY AREA OF SAN JOSE-SAN FRANCISCO-OAKLAND, CA
(See http://www.opm.gov/oca/12tables/locdef.asp for definitions of locality pay areas.)
RATES FROZEN AT 2010 LEVELS

EFFECTIVE JANUARY 2012

Annual Rates by Grade and Step

Grade	Step 1	Step 2	Step 3	Step 4	Step 5	Step 6	Step 7	Step 8	Step 9	Step 10
1	$ 24,061	$ 24,865	$ 25,665	$ 26,461	$ 27,261	$ 27,731	$ 28,522	$ 29,319	$ 29,351	$ 30,097
2	27,053	27,696	28,591	29,351	29,680	30,553	31,426	32,299	33,173	34,046
3	29,517	30,501	31,485	32,468	33,452	34,436	35,420	36,404	37,388	38,372
4	33,136	34,240	35,344	36,449	37,553	38,657	39,761	40,865	41,969	43,074
5	37,073	38,308	39,544	40,779	42,014	43,249	44,485	45,720	46,955	48,190
6	41,325	42,702	44,079	45,456	46,834	48,211	49,588	50,965	52,342	53,719
7	45,923	47,454	48,985	50,516	52,048	53,579	55,110	56,641	58,173	59,704
8	50,858	52,553	54,248	55,943	57,637	59,332	61,027	62,722	64,417	66,111
9	56,172	58,044	59,916	61,788	63,660	65,532	67,403	69,275	71,147	73,019
10	61,860	63,922	65,984	68,047	70,109	72,171	74,234	76,296	78,359	80,421
11	67,963	70,228	72,493	74,758	77,023	79,288	81,554	83,819	86,084	88,349
12	81,460	84,175	86,891	89,606	92,321	95,036	97,751	100,466	103,182	105,897
13	96,867	100,096	103,325	106,554	109,782	113,011	116,240	119,469	122,697	125,926
14	114,468	118,283	122,099	125,914	129,729	133,544	137,360	141,175	144,990	148,806
15	134,647	139,136	143,624	148,112	152,601	155,500 *	155,500 *	155,500 *	155,500 *	155,500 *

* Rate limited to the rate for level IV of the Executive Schedule (5 U.S.C. 5304 (g)(1)).

表16—5　　美国“其他地区”公务员工资表

SALARY TABLE 2012-ON
INCORPORATING A LOCALITY PAYMENT OF 14.16%
OTHER NONFOREIGN AREAS AS DEFINED IN 5 CFR PART 591
(See http://www.opm.gov/oca/12tables/locdef.asp for definitions of locality pay areas.)

EFFECTIVE JANUARY 2012

Annual Rates by Grade and Step

Grade	Step 1	Step 2	Step 3	Step 4	Step 5	Step 6	Step 7	Step 8	Step 9	Step 10
1	$ 20,324	$ 21,003	$ 21,679	$ 22,351	$ 23,027	$ 23,424	$ 24,092	$ 24,766	$ 24,792	$ 25,422
2	22,851	23,395	24,151	24,792	25,071	25,808	26,546	27,283	28,021	28,758
3	24,933	25,764	26,595	27,426	28,257	29,088	29,919	30,750	31,581	32,412
4	27,990	28,922	29,855	30,788	31,720	32,653	33,586	34,519	35,451	36,384
5	31,315	32,359	33,402	34,445	35,489	36,532	37,576	38,619	39,663	40,706
6	34,907	36,070	37,233	38,397	39,560	40,723	41,886	43,050	44,213	45,376
7	38,790	40,084	41,377	42,671	43,964	45,258	46,551	47,844	49,138	50,431
8	42,960	44,391	45,823	47,254	48,686	50,117	51,549	52,981	54,412	55,844
9	47,448	49,029	50,611	52,192	53,773	55,354	56,935	58,516	60,097	61,678
10	52,252	53,994	55,736	57,478	59,221	60,963	62,705	64,447	66,189	67,931
11	57,408	59,321	61,234	63,148	65,061	66,974	68,888	70,801	72,714	74,628
12	68,809	71,102	73,396	75,689	77,983	80,276	82,570	84,863	87,157	89,450
13	81,823	84,550	87,278	90,005	92,732	95,459	98,187	100,914	103,641	106,369
14	96,690	99,913	103,136	106,358	109,581	112,804	116,027	119,249	122,472	125,695
15	113,735	117,527	121,318	125,109	128,900	132,692	136,483	140,274	144,065	147,857

根据2011年美国薪酬调查结果，按州来划分的美国联邦政府工资最高的是马里兰州，为88 914美元，最低的是北达科他州，为54 816美元，相差34 098美元，两者之比为1.62∶1。州政府工资最高的是新泽西州，为63 263美元，最低的是密苏里州，为37 515美元，相差25 748美元，两者之比为1.69∶1，这两类政府工作人员工资差距都小于地区平均工资和私营部门工资差距。而当地政府工资最高的是新泽西州，为56 993美元，最低的是南达科他州，为29 731美元，相差27 262美元，两者之比为1.92∶1，均大于地区平均工资和私营部门工资差距（见表16—6）。

表16—6　　美国2011年薪酬调查工资对比情况

所有制类型	最高		最低		差距	
	州	工资（美元/年）	州	工资（美元/年）	绝对值（美元）	倍数
全部	纽约	60 291	南达科他	34 331	25 960	1.76
联邦政府	马里兰	88 914	北达科他	54 816	34 098	1.62
州政府	新泽西	63 263	密苏里	37 515	25 748	1.69
当地政府	新泽西	56 993	南达科他	29 731	27 262	1.92
私营部门	纽约	61 548	蒙大拿	33 244	28 304	1.85

注：详见本章结尾的附表2010年美国分地区分所有制类型工资。

3. 法国公共部门地区间工资差距情况

法国公务员分为终身制公务员和合同制公务员，其中绝大多数公务员属于终身制公务员，其工资构成包括基本工资、补贴和奖金3部分。法国公务员工资制度坚持诸如指数化、工资分级、同工同酬、适应物价、协商、法律保障等原则。

（1）基本工资：法国公务员的基本工资由工资指数所决定，把工资指数以点数的形式表现出来，而工资指数和他们的官职、资历有关。① 自从公众职位变革以来，职位晋升和工资提升得到了很大改善。上涨指数从308上涨到821。上涨指数的中位数为439。

公务员的工资月收入都以以下方式进行计算：

① 文职人员、军人、保卫领土的战士和医院机构职员的工资由85－1148号法令所决定，这个法令在1985年10月24日进行过修改（最后一次于2010年7月1日更新）。

工资月收入＝（固定分红×工资指数）/1 200

其中，固定分红在2010年7月1日固定为5 556.35欧元。

例如，工资指数为350的公务员的月收入总额为1 620.60欧元（5 556.35×350/1 200 ＝1 620.60欧元）。

警察的月工资不得低于308的工资指数，2012年7月1日税前为1 426.13欧元。

位于领导级别或很高职位的公务员的月工资水平不根据上涨指数来计算，而是根据他们的级别来计算，称为其他阶层。在法国大概有5 000个这样的职位，占实际数量的0.1%（1985年10月24日修改的85—1148号法令中的第6条条款）。

每一个团队又由Ｖ形臂章来进行细分（3个Ｖ形臂章团队是从Ａ到Ｄ团队，两个Ｖ形臂章是Ｅ团队，一个Ｖ形臂章是Ｆ和Ｇ团队）。在一些地方行政机构任职领导层职位的公务员会得到职位津贴，此津贴的最大比率为工资总额的15%。

基本工资要占到最后工资的70%～75%。其余的由其他工资因素组成。

（2）购买力保障津贴：公务员如果在4年内的收入低于消费指标，那么他们能够享受到个人购买力保障津贴。保障津贴以税前年收入为基准进行计算，根据以下公式：

购买力保障津贴＝期限初始的年收入×（1＋4年内的通货膨胀）－期限结束时的年收入

（3）住房津贴：通常为工资总额的一定比率，所有需要考虑住房花费的公务员均有资格享受住房津贴。法国下议院把住房津贴标准按照3个区域进行划分：区域3（比如包括巴黎地区）的官员可享受工资（不包括其他津贴和奖金）3%的住房津贴，上涨之后最少为41.39欧元。区域2的公务员享受工资1%的住房津贴，最少为13.8欧元。区域1的公务员没有住房津贴。

由于法国公务员实行同工同酬，因此他们认为不同地区公务员收入不同是不可理解的，必要时还可以诉诸法律。从表16—7中不难看出，法国22个大区之间平均工资也相差不大，最高的小巴黎与最低的朗克多克—鲁西翁之比仅为1.40：1。

4. 日本公共部门地区间工资差距情况

表 16—7　　2010 年法国各大区公务员工资情况

年份	区名	平均工资（欧元/月）
2010	小巴黎	2 846
2010	阿尔萨斯	2 556
2010	罗纳—阿尔卑斯	2 444
2010	上诺曼底	2 344
2010	中央大区	2 339
2010	皮卡尔迪	2 336
2010	卢瓦尔	2 316
2010	弗朗什—贡岱	2 278
2010	阿坤廷	2 277
2010	普罗旺斯—阿尔卑斯—蓝色海岸	2 270
2010	布列塔尼	2 263
2010	南比利牛斯	2 232
2010	洛林	2 229
2010	布尔高涅	2 211
2010	下诺曼底	2 188
2010	香槟—阿登	2 187
2010	布瓦图—夏朗德	2 172
2010	北加莱海峡	2 118
2010	奥维尔涅	2 114
2010	利姆赞	2 072
2010	科西嘉	2 044
2010	朗克多克—鲁西翁	2 037

日本公务员实行年功序列工资制，到晋升到课长级别以前，同年经同类考试进入机关的公务员的工资收入基本上没有差别。从课长级开始，同期进入机关的公务员之间的收入，尤其是终身就业收入的差距越来越明显。

日本不同地区公务员平均工资最高的是福岛县，为 378 000 日元，最低的是大阪府，为 324 100 日元，相差 53 900 日元，两者之比为 1.17：1。同级别不同地区公务员平均工资，以知事和副知事为例，知事中最高的是神奈川县，为 1 450 000 日元，最低的是熊本县，为 868 000 日元，相差 582 000 日元，两者之比为 1.67：1；副知事中，最高的是东京都，为 1 219 000 日元，最低的是山形县，为 788 400 日元，相差 430 600 日元，两者之比为 1.55：1，两者均高于平均工资之比，且职位越高，差距越大（本科毕业生仅为1.12：1），见表16—8。

表16—8　　日本2010年各地区公务员工资情况

地区	公务员总人数	平均年龄	平均工资水平（日元/月）	新入职者工资水平			知事工资（省长）（日元/月）	副知事工资（副省长）（日元/月）
				本科毕业（日元/月）	大专毕业（日元/月）	高中毕业（日元/月）		
北海道	74 866	43	337 000	159 285	141 340	129 592	1 035 000	880 000
青森县	20 366	44	364 400	172 200	152 800	140 100	1 016 000	873 000
岩手县	24 201	43.2	359 700	172 200	152 800	140 100	1 054 000	864 000
宫城县	27 363	43.8	373 100	178 800	158 700	144 500	1 244 500	979 200
秋田县	15 482	44.3	374 000	172 200	152 800	140 100	968 000	790 500
山形县	18 954	44.2	368 200	172 200	152 800	140 100	909 000	788 400
福岛县	27 992	44.3	378 000	175 100	155 400	142 500	1 056 000	875 500
茨城县	34 747	43.8	370 000	172 200	152 800	140 100	1 072 000	918 000
栃木县	24 658	43.5	350 900	169 860	147 915	137 275	1 032 000	858 500
群马县	25 160	43.3	369 500	177 300	157 200	143 400	1 179 000	954 000
琦玉县	62 658	43.6	368 100	178 800	158 700	144 500	1 420 000	1 134 000
千叶县	62 124	43.1	364 200	178 800	158 700	144 500	1 390 000	1 110 000
东京都	166 817	41.6	336 700	181 200	154 800	142 700	1 344 600	1 219 000
神奈川县	73 801	42.3	360 000	172 200	152 800	140 100	1 450 000	1 160 000
新潟县	34 819	43.1	362 000	178 800	158 700	144 500	1 240 000	970 000
富山县	15 688	44	367 900	178 800	158 700	144 500	1 105 000	918 000
石川县	15 947	44.2	355 200	172 200	152 800	140 100	1 235 000	969 000
福井县	13 535	43.2	364 600	178 800	155 700	144 500	1 170 000	918 000
山梨县	14 237	42.8	350 000	175 224	155 526	141 610	1 100 000	873 600
长野县	27 292	44.5	365 700	175 600	155 700	142 300	1 282 000	988 000
岐阜县	24 366	43.1	348 500	171 648	152 352	138 720	938 000	848 000
静冈县	38 724	42.9	372 700	180 158	159 906	145 598	1 298 000	1 060 000
爱知县	71 913	41.9	366 300	181 300	160 900	146 500	1 262 700	1 034 200
三重县	23 830	43.4	367 600	178 800	158 700	144 500	1 216 000	959 500
滋贺县	18 348	43	360 600	177 906	157 907	143 778	1 056 000	936 000
京都府	28 941	43.3	357 500	178 800	157 200	144 500	1 162 800	971 900
大阪府	86 846	42.1	324 100	173 436	153 939	140 165	1 015 000	912 000
兵库县	60 983	43.1	356 700	174 330	154 733	140 888	1 128 000	943 500

续表

地区	公务员总人数	平均年龄	平均工资水平（日元/月）	新入职者工资水平			知事工资（省长）（日元/月）	副知事工资（副省长）（日元/月）
				本科毕业（日元/月）	大专毕业（日元/月）	高中毕业（日元/月）		
奈良县	16 848	44.1	364 100	178 800	—	144 500	1 096 200	902 500
和歌山县	15 515	44.2	364 000	178 800	158 700	144 500	1 137 400	893 000
鸟取县	11 547	42.8	341 500	176 800	156 800	142 800	1 207 000	900 000
岛根县	14 109	43.6	341 900	161 868	143 632	131 694	960 000	800 000
冈山县	23 452	43.3	338 300	170 376	—	136 059	903 000	816 000
广岛县	30 896	43.8	363 200	175 814	156 049	142 086	1 250 100	1 009 200
山口县	19 765	44.5	363 100	176 890	156 996	142 982	1 032 000	918 000
德岛县	13 636	44	359 100	177 012	157 113	143 055	975 000	811 800
香川县	14 290	44.3	365 600	178 800	158 700	144 500	1 028 000	833 000
爱媛县	21 345	43.4	366 500	172 940	153 457	140 702	990 000	859 000
高知县	14 099	44.7	368 600	172 500	153 100	140 400	976 000	874 200
福冈县	50 253	44.4	372 400	178 800	158 700	144 500	1 350 000	1 080 000
佐贺县	13 243	44.2	367 600	172 200	152 800	140 100	1 190 000	940 000
长崎县	21 063	43.9	369 800	172 200	152 800	140 100	1 260 000	990 000
熊本县	22 609	43.8	357 600	167 034	148 216	135 897	868 000	824 500
大分县	17 190	44.5	376 300	178 800	158 700	144 500	1 231 400	983 100
宫崎县	17 518	43.4	360 900	172 200	152 800	140 100	992 000	882 000
鹿儿岛县	25 577	42.7	347 700	168 756	149 744	137 298	982 500	875 500
冲绳县	22 843	42.2	348 000	172 200	152 800	140 100	1 116 000	911 400

除以上国家以外，韩国、新加坡不同地区公务员之间工资也没有差别。但值得指出的是，新加坡高级公务员与一般白领之间工资差距非常大，部长级别的公务员与新入职的普通公务员之间，工资差距甚至可以高达200倍。

（二）公共部门地区间工资差距分析

1. 整体定位问题。从典型国家情况来看，新加坡以其“高薪养廉”著称，但具体来看，新加坡最大多数的管理、执行层级普通公务员的工资并不高，“高薪”的仅是担任行政官及政务次长级别以上的超级和特级公务员，他们手握重权，是公务员队伍中最应该着重激励和监督的人员。从平均工资来看，美国联邦政府和州政府公务员平均工资则是社会平均工资。根据相关资料还可了解到，德国、加拿大、意大利、瑞典等国公务员的工资水平则往往处在社会平均工资的中等偏上水平。因此，我国也可参考国外关于公务员类别的划分，分为高级公务员和普通公务员，高级公务员为副部级以上公务员，实行高薪政策；普通公务员则可实行全国统一的工资表。至于工资的平均水平，从我国公共部门工作人员人力资本、承担责任、社会影响等角度分析，公务员工资也应高于社会平均水平，但从公务员工作内容、创新程度、技能水平、工作稳定性考虑，公务员工资不宜高于社会平均水平过多。

2. 差距不宜过大。根据对典型国家的研究，公务员地区间工资差距一般均低于私营部门和社会平均工资地区间的差距。这是有一定道理的，公共部门中，无论从工作性质、人力资本构成、社会责任等的差距都远远小于地区间私营部门和整个社会的差距，因此，其工资收入的差距不宜过大。同时，从典型国家工资结构来看，主体工资部分所占比重一般为70%～80%，而我国目前公共部门工作人员工资结构的津补贴仍不够统一规范，制度外工资比重偏高，而社会上广为诟病的也主要是这部分制度外工资过多、过杂。应该规范工资收入结构，强化制度内工资比例，规范津贴、补贴等收入。关于公务员福利性质的住房问题，也可借鉴法国的做法，实行一定比例的住房补贴。

3. 合理确定水平。除此之外，引入绩效考评机制，建立国家级、地区级政府绩效管理委员会，对建立高效政府组织予以奖励，且接受公众监督，最终政府工资水平在社会平均工资基础上根据考核结果上下浮动，并将工资差距控制在合理范围之内。

三、公共部门地区间工资差距调控对策建议

（一）调控前提

1. 公共部门工资整体定位问题。在公共部门工资水平的设定和调整方面，首先要有一个原则性的定位，即公共部门收入应该在全社会中处于什么样的位置，这是公共部门工资调控的前提。因为如果公共部门收入过高，将导致当地其他部门人员的攀比心理，从而引发社会问题；但如果相比之下公共部门收入过低，则导致留不住人才。对此，学者们给出了不同的观点。综合本章上述分析，我们认为，公共部门工资水平应该在社会中等偏上水平。以公务员工资为例，国家制定统一的工资标准表，这个标准应适当高于社会平均工资，同时，规范公务员福利性支出，将福利性支出货币化，全部纳入公务

员薪酬范围之内。

2. 公共部门工资来源问题。公共部门工资来源问题，涉及财税体制改革。目前，我国公共部门工作人员工资来源比较混乱，有的政府单位工作人员工资有财政拨款；有的政府单位，没有财政拨款，财政不但不拨款，而且还要从中超收和分成一些；有的财政拨一点款，让它们收费和罚款补充其经费不足的差额。有的本来就是政府机构，为了收费和罚款，特意设置成行政性事业单位，以便于收费。有些事业单位全部靠财政拨款，有些事业单位财政拨款明显不足，只能靠课题收入留人，以至于有些基础科研事业单位科研人员，不得不转而承揽市场项目、社会课题，还有些科研单位科研人员，耗费大量精力用在招揽课题和执行财政经费预算上。我们认为，公共部门工资福利应全部来源于财政统一拨款，尽量杜绝一切形式的财政外收入。

3. 公共部门工资管理权限问题。由于我国各地区自然条件差别较大，经济发展不平衡，对于公共部门工资的管理上存在难度。那么，公共部门工资管理是全国统一集中管理，还是分散到各个地区、各个部门自行管理，是一个值得考虑的问题。目前，国际上对于此问题，主要有两种做法，一种是美国的分散制管理模式，联邦政府雇员的工资由国家统一管理，各地政府雇员工资则由当地自行决定。另一种是英国、法国等国的集中化管理模式，政府负责全部地区公务员工资管理。两种形式各有利弊。我们建议，对于我国公务员应实行全国集中统一的管理模式。首先，从公务员定义出发考虑，根据《公务员法》，公务员是指依法履行公职、纳入国家行政编制、由国家财政负担工资福利的工作人员。其次，从各地区协调发展的角度考虑，如果各地区根据各自经济、财政实力发放工资，必然导致经济发达地区吸引到更多的优秀人才，而欠发达地区的社会管理水平会相对更加薄弱。

4. 公共部门不同地区工资水平差距问题。公共部门各个地区之间的工资水平差距多大合适呢？这是一个公平分配的问题。以公务员为例，首先，完全一样是不公平的，各地在公共事务管理对象、难度和物价等方面存在差异，完全相同的工资水平是不合理的；另外，完全参照企业或社会工资水平进行确定也是不公平的，这势必带来过大的地区间工资差距。根据国际确定公务员工资的原则，我们认为，公共部门工资水平应高于各地物价的差距，同时低于各地社会平均工资的差距。具体做法是，以公务员为例，国家可制定统一的工资标准表，各地可参照企业工资水平进行微调整，调整的结果报请人大批准，人大可组织听证会，广泛征求社会各界的意见和建议，最终确定各地区公务员工资水平。

（二）调控目标

综合以上分析，调控不同地区间公共部门工资水平的目标是以合理的工资分配比例关系为指引，合理调控不同地区公共部门工资收入水平的差距，使其既体现统一的公共部门工资制度的内在要求，又合理体现不同地区应有的差别。既满足吸引社会上优秀的、合适的管理、技术人才加入到公共部门队伍中来，又促进公共部门优秀人才在全国范围内的合理流动。

（三）调控原则

1. 坚持分级分层的调控原则。中央财政统一规范中央及省级公共部门工资收入，由中央根据社会工资水平、地区购买力水平、政府战略需要和各地政府部门绩效执行情况，科学测算中央及地方公务员工资水平。各省对各市、县公务员工资调控参照此执行。

2. 坚持总量调节原则。规范公务员津补贴，把公务员全部工资性收入和福利性收入纳入统一财政支付范畴进行考虑。

3. 坚持同工同酬的原则。建立公务员职位分析制度，公务员隶属关系不同、所属系统不同、所在地区不同，但只要从事相同职位，就应该坚持同工同酬原则。

4. 坚持公开透明原则。在规范公务员津补贴和建立绩效管理制度基础上，公务员的收入情况应公开透明，以利于群众监督，消除社会对于公务员收入的误解，有助于重塑政府公信力。

（四）具体措施

1. 明确各部门分工。明确分工、加强合作，各主管部门协同一致，切实保证不同地区公共部门工资水平协调平衡。人力资源社会保障部门负责起草公共部门工资政策，具体包括：制定全国统一的工资标准，报请全国人大批准，组织各地人力资源社会保障部门根据当地物价和社会平均工资水平，对各地公共部门工资进行微调等，具体承担国家对公共部门地区收入进行调控的任务。中央及各地财政部门负责对中央和各地公共部门工资福利性支出进行保障，以平衡各地区因财政水平不同，造成的工资差距。全国及各级人大负责对中央及各地公共部门工资水平进行把关，以确定各地区公共部门工资水平的合理合法性。审计部门负责对各地公共部门财政经费支出进行监督，坚决杜绝公共部门在财政预算之外的工资、福利性收入。另外，国家还应成立政府绩效管理委员会，负责对政府部门的绩效考评。

2. 加快工资立法。在全面实施依法治国战略，建设法治政府的今天，关系国家公职人员切身利益的工资制度没有法律依据显然与法治化的要求是不协调的，应加快我国的公务员工资制度立法工作，制定一部覆盖全体公职人员的《公务员工资法》，实现国家公职人员工资制度的法制化。借鉴美国、英国、日本、德国等发达国家公务员工资立法经验，结合我国国情和改革发展需要，构建公务员工资体系，将公务员的工资法制化，实现依法管理。

3. 加快财政体制改革。一是继续推行费改税。行政、执法与收费罚款和部门利益相分离，政府的议事、行政、执行、执法等机构，一定是财政拨款供养；特别少量的处罚收入，直接进入国库，与行政、执行和执法机构和人员的办公、工资、福利等利益绝对无关。二是调整公共财政预算科目。预算科目要将政府行政部门的预算与本部门执行的事业等功能预算分开，避免行政管理费用挤占事业费用的情况发生；细化预算科目，全面推行部门预算制度，把公职人员收入分配纳入部门预算。从功能上、性质上进行预算科目规范分类，建立多级预算科目体系，每项支出都要有相应的对应科目，把预算具体到部门、单位和项目，以便于接受全过程监督。三是调整财政投入结构。在总体降低政府公务和行政性事业支出比例同时，加大对公共部门制度化工资福利的投入，降低制度外收入的投入，坚决杜绝通过其他渠道列支职工福利费用，取消超收奖励和罚款分成制度。四是加大中央财政转移支付力度。各地财政实力的不同实际上成为各地公共部门，特别是公务员工资发放水平的约束条件。参照各国的通行做法，对于经济欠发达地区，中央财政通过对地方的一般性转移支付进行补助，以解决各地因财政实力导致的分配不公。例如，在各地新增财力中扣除必须与新增财力同步增长的必须支出后，剩余的新增财力如果能够大于新增工资额，那么就不需要财政转移支付，反之则应该要有转移支付。五是各省也需要建立必要的资金保障机制。各省建立起必要的省内附加津贴专项转移支付机制，必要时中央财政给予支持。由于经济发展水平差异，必然会有不少市、县由于财政实力问题，无法支付允许发放的附加津贴。那么各省首先应该建立起专项转移支付机制，以扶持那些财政实力弱小的市、县。同时，中央也有必要对个别特定省份进行必要的转移支付。六是合理使用财政投入。建立编制联动机制，对于符合岗位要求的人员，实行财政全额保障，对于达不到岗位目标的，降低工资标准，直至解聘。需要提高财政拨款使用效率，变“以钱养人”为“以钱养事”，可以采取政府购买的形式来实现部分补充的公共服务项目，充分保障公共财政投入的效能发挥。

4. 加强必要的监察和审计。建立有效的监督、审计制度和协调各部门、各单位发放总水平的调控制度，对于规范公务员收入分配秩序具有十分重要和必要的意义。首先，中央以及各地方财政部门将各级公务员工资和福利发放情况从行政费用支出中分离出来，单独设立科目，以便对实际执行情况进行监察和审计。其次，各省在中央制定的公共部门工资标准基础之上进行微调，必须报省级人大进行审批，并最终报全国人大批准，在人力资源社会保障部门进行报备。中央政府在审批过程中，可以实现对省间差距倍数的控制。再次，执行环节是一个必须严加控制的环节。如果没有严格的控制，各地依然可能会出现超标准发放的情况。应发挥公众监督作用，将行政事业费支出向社会公开。最后，应该建立超预算的惩罚机制，以发挥震慑作用，也便于在出现问题之后解决问题。

5. 公共部门工资规范化、透明化。在公共部门工资调整的程序方面，程序上的不规范和不合理一直受到公众的质疑，“暗箱操作”更加剧了公众的不信任。对于公共部门工资水平的确定和调整，谨慎的态度是必要的，程序的公正更是不可偏废。建议可由人大行使监督权力。从权力运行的角度讲，人大是国家的权力机关，代表人民行使国家权力，由人大常委会确定公务员的工资调整程度和程序是比较合理的，客观上也具有可操作性。即本年度各级公务员工资标准须经各级人民代表大会审议并通过后，才能开始执行和实施；如果当年出现特殊情况有变动的必要，也须得到各级人大常委会的同意。

附表　　　　2010 年美国分地区分所有制类型工资地区名称

地区名称	所有制类型	从业人员数（人）	周平均工资（美元）	年平均工资（美元）
全国	全部	127 820 442	899	46 751
全国	联邦政府	2 980 813	1 331	69 198
全国	州政府	4 606 001	942	48 960
全国	当地政府	14 032 396	836	43 493
全国	私营部门	106 201 232	893	46 455
阿拉巴马	全部	1 813 155	775	40 289
阿拉巴马	联邦政府	58 395	1 354	70 424
阿拉巴马	州政府	96 093	894	46 504
阿拉巴马	当地政府	214 596	696	36 167
阿拉巴马	私营部门	1 444 072	755	39 270
阿拉斯加	全部	316 691	928	48 230
阿拉斯加	联邦政府	17 558	1 316	68 442
阿拉斯加	州政府	23 726	991	51 541
阿拉斯加	当地政府	37 952	838	43 569
阿拉斯加	私营部门	237 454	907	47 150
亚利桑那	全部	2 356 789	833	43 299
亚利桑那	联邦政府	60 077	1 209	62 856
亚利桑那	州政府	70 115	860	44 745
亚利桑那	当地政府	268 170	803	41 742
亚利桑那	私营部门	1 958 428	824	42 860
阿肯色	全部	1 134 071	697	36 254
阿肯色	联邦政府	22 861	1 120	58 247
阿肯色	州政府	69 049	773	40 214
阿肯色	当地政府	113 639	635	33 022
阿肯色	私营部门	928 522	689	35 814
加利福尼亚	全部	14 414 461	1 025	53 285
加利福尼亚	联邦政府	268 544	1 331	69 219
加利福尼亚	州政府	442 715	1 134	58 951
加利福尼亚	当地政府	1 658 588	1 048	54 504
加利福尼亚	私营部门	12 044 614	1 011	52 553

续表

地区名称	所有制类型	从业人员数（人）	周平均工资（美元）	年平均工资（美元）
科罗拉多	全部	2 176 986	921	47 868
科罗拉多	联邦政府	56 213	1 326	68 956
科罗拉多	州政府	76 287	985	51 206
科罗拉多	当地政府	242 321	799	41 569
科罗拉多	私营部门	1 802 165	921	47 916
康乃迪克	全部	1 595 713	1 144	59 465
康乃迪克	联邦政府	19 649	1 255	65 263
康乃迪克	州政府	67 800	1 163	60 466
康乃迪克	当地政府	154 666	964	50 140
康乃迪克	私营部门	1 353 600	1 161	60 396
特拉华	全部	399 078	936	48 669
特拉华	联邦政府	6 129	1 151	59 847
特拉华	州政府	29 174	933	48 516
特拉华	当地政府	25 169	907	47 156
特拉华	私营部门	338 605	934	48 592
佛罗里达	全部	7 109 630	800	41 581
佛罗里达	联邦政府	142 289	1 237	64 322
佛罗里达	州政府	187 286	822	42 752
佛罗里达	当地政府	735 248	870	45 258
佛罗里达	私营部门	6 044 806	780	40 562
佐治亚	全部	3 753 934	844	43 899
佐治亚	联邦政府	107 645	1 282	66 659
佐治亚	州政府	146 349	757	39 373
佐治亚	当地政府	415 167	703	36 531
佐治亚	私营部门	3 084 772	852	44 311
夏威夷	全部	586 772	802	41 709
夏威夷	联邦政府	34 833	1 280	66 583
夏威夷	州政府	68 148	807	41 980
夏威夷	当地政府	18 673	1 048	54 477
夏威夷	私营部门	465 119	756	39 294
爱达荷	全部	605 571	671	34 900

续表

地区名称	所有制类型	从业人员数（人）	周平均工资（美元）	年平均工资（美元）
爱达荷	联邦政府	13 673	1 118	58 147
爱达荷	州政府	24 540	757	39 359
爱达荷	当地政府	74 444	597	31 069
爱达荷	私营部门	492 915	666	34 611
伊利诺斯	全部	5 502 322	952	49 497
伊利诺斯	联邦政府	91 786	1 299	67 552
伊利诺斯	州政府	120 323	1 155	60 070
伊利诺斯	当地政府	603 730	855	44 450
伊利诺斯	私营部门	4 686 483	952	49 523
印第安纳	全部	2 709 831	755	39 256
印第安纳	联邦政府	42 156	1 152	59 922
印第安纳	州政府	88 972	796	41 378
印第安纳	当地政府	273 935	685	35 637
印第安纳	私营部门	2 304 768	754	39 226
爱荷华	全部	1 436 340	734	38 146
爱荷华	联邦政府	19 127	1 087	56 499
爱荷华	州政府	49 591	1 082	56 250
爱荷华	当地政府	166 457	689	35 815
爱荷华	私营部门	1 201 166	720	37 429
堪萨斯	全部	1 297 779	749	38 936
堪萨斯	联邦政府	28 438	1 116	58 056
堪萨斯	州政府	41 458	900	46 809
堪萨斯	当地政府	180 427	601	31 238
堪萨斯	私营部门	1 047 456	758	39 431
肯塔基	全部	1 712 178	745	38 720
肯塔基	联邦政府	42 374	1 077	56 020
肯塔基	州政府	87 276	800	41 614
肯塔基	当地政府	179 007	691	35 928
肯塔基	私营部门	1 403 521	738	38 373
路易斯安那	全部	1 832 357	797	41 461
路易斯安那	联邦政府	33 577	1 191	61 942

续表

地区名称	所有制类型	从业人员数（人）	周平均工资（美元）	年平均工资（美元）
路易斯安那	州政府	100 333	888	46 168
路易斯安那	当地政府	217 237	694	36 065
路易斯安那	私营部门	1 481 210	797	41 470
缅因	全部	577 790	718	37 338
缅因	联邦政府	15 404	1 208	62 840
缅因	州政府	24 086	822	42 770
缅因	当地政府	59 451	666	34 618
缅因	私营部门	478 849	704	36 582
马里兰	全部	2 453 197	995	51 739
马里兰	联邦政府	139 880	1 710	88 914
马里兰	州政府	102 559	915	47 597
马里兰	当地政府	242 196	966	50 253
马里兰	私营部门	1 968 562	952	49 496
马萨诸塞	全部	3 149 169	1 111	57 770
马萨诸塞	联邦政府	50 459	1 336	69 450
马萨诸塞	州政府	110 973	1 082	56 277
马萨诸塞	当地政府	254 377	957	49 778
马萨诸塞	私营部门	2 733 361	1 122	58 359
密歇根	全部	3 770 225	855	44 439
密歇根	联邦政府	57 331	1 233	64 120
密歇根	州政府	145 130	1 073	55 810
密歇根	当地政府	387 986	844	43 898
密歇根	私营部门	3 179 778	839	43 631
明尼苏达	全部	2 558 310	900	46 787
明尼苏达	联邦政府	34 647	1 184	61 551
明尼苏达	州政府	75 752	1 048	54 488
明尼苏达	当地政府	263 521	788	40 998
明尼苏达	私营部门	2 184 391	904	46 984
密西西比	全部	1 074 617	660	34 343
密西西比	联邦政府	27 259	1 146	59 603
密西西比	州政府	59 158	769	39 975

续表

地区名称	所有制类型	从业人员数（人）	周平均工资（美元）	年平均工资（美元）
密西西比	当地政府	154 863	617	32 082
密西西比	私营部门	833 338	645	33 537
密苏里	全部	2 573 703	782	40 679
密苏里	联邦政府	59 747	1 172	60 969
密苏里	州政府	93 522	721	37 515
密苏里	当地政府	277 493	693	36 042
密苏里	私营部门	2 142 941	786	40 852
蒙大拿	全部	419 231	665	34 595
蒙大拿	联邦政府	14 826	1 098	57 117
蒙大拿	州政府	22 565	794	41 303
蒙大拿	当地政府	46 976	652	33 898
蒙大拿	私营部门	334 866	639	33 244
内布拉斯加	全部	896 936	718	37 324
内布拉斯加	联邦政府	17 312	1 123	58 421
内布拉斯加	州政府	32 813	861	44 786
内布拉斯加	当地政府	109 906	693	36 049
内布拉斯加	私营部门	736 906	705	36 686
内华达	全部	1 108 238	818	42 512
内华达	联邦政府	18 524	1 182	61 438
内华达	州政府	33 220	964	50 125
内华达	当地政府	98 300	1 002	52 088
内华达	私营部门	958 194	787	40 899
新罕布什尔	全部	600 697	884	45 957
新罕布什尔	联邦政府	8 005	1 284	66 748
新罕布什尔	州政府	20 684	911	47 377
新罕布什尔	当地政府	58 477	764	39 716
新罕布什尔	私营部门	513 531	890	46 287
新泽西	全部	3 735 703	1 084	56 382
新泽西	联邦政府	60 385	1 353	70 330
新泽西	州政府	135 925	1 217	63 263
新泽西	当地政府	404 312	1 096	56 993

续表

地区名称	所有制类型	从业人员数（人）	周平均工资（美元）	年平均工资（美元）
新泽西	私营部门	3 135 081	1 072	55 736
新墨西哥	全部	781 694	755	39 264
新墨西哥	联邦政府	33 678	1 246	64 792
新墨西哥	州政府	50 455	887	46 118
新墨西哥	当地政府	104 683	679	35 319
新墨西哥	私营部门	592 879	729	37 927
纽约	全部	8 340 732	1 159	60 291
纽约	联邦政府	132 506	1 265	65 780
纽约	州政府	229 223	1 058	55 034
纽约	当地政府	1 073 199	1 012	52 650
纽约	私营部门	6 905 804	1 184	61 548
北卡罗来纳	全部	3 788 581	791	41 119
北卡罗来纳	联邦政府	71 991	1 133	58 908
北卡罗来纳	州政府	180 441	857	44 544
北卡罗来纳	当地政府	433 840	740	38 499
北卡罗来纳	私营部门	3 102 309	786	40 874
北达科他	全部	358 635	733	38 128
北达科他	联邦政府	10 166	1 054	54 816
北达科他	州政府	18 957	835	43 421
北达科他	当地政府	38 194	612	31 829
北达科他	私营部门	291 317	731	38 028
俄亥俄	全部	4 908 571	804	41 788
俄亥俄	联邦政府	84 620	1 274	66 233
俄亥俄	州政府	129 957	973	50 618
俄亥俄	当地政府	524 461	800	41 602
俄亥俄	私营部门	4 169 532	789	41 040
俄克拉荷马	全部	1 485 400	735	38 237
俄克拉荷马	联邦政府	50 432	1 188	61 787
俄克拉荷马	州政府	73 035	763	39 651
俄克拉荷马	当地政府	200 470	637	33 107
俄克拉荷马	私营部门	1 161 462	731	38 011

续表

地区名称	所有制类型	从业人员数（人）	周平均工资（美元）	年平均工资（美元）
俄勒冈	全部	1 598 173	801	41 675
俄勒冈	联邦政府	30 514	1 233	64 123
俄勒冈	州政府	66 501	811	42 173
俄勒冈	当地政府	182 870	822	42 735
俄勒冈	私营部门	1 318 288	788	40 984
宾夕法尼亚	全部	5 472 171	879	45 733
宾夕法尼亚	联邦政府	109 554	1 241	64 532
宾夕法尼亚	州政府	138 948	995	51 723
宾夕法尼亚	当地政府	481 352	841	43 747
宾夕法尼亚	私营部门	4 742 319	872	45 325
罗德岛	全部	447 408	859	44 645
罗德岛	联邦政府	10 639	1 422	73 950
罗德岛	州政府	15 952	1 134	58 945
罗德岛	当地政府	33 723	1 019	52 975
罗德岛	私营部门	387 094	818	42 525
南卡罗来纳	全部	1 758 204	722	37 553
南卡罗来纳	联邦政府	34 285	1 117	58 096
南卡罗来纳	州政府	89 935	796	41 386
南卡罗来纳	当地政府	210 215	726	37 762
南卡罗来纳	私营部门	1 423 768	707	36 785
南达科他	全部	389 198	660	34 331
南达科他	联邦政府	11 936	1 068	55 560
南达科他	州政府	14 439	792	41 185
南达科他	当地政府	46 089	572	29 731
南达科他	私营部门	316 734	652	33 887
田纳西	全部	2 558 438	799	41 572
田纳西	联邦政府	52 365	1 276	66 343
田纳西	州政府	89 165	761	39 568
田纳西	当地政府	278 692	695	36 118
田纳西	私营部门	2 138 215	803	41 760
德克萨斯	全部	10 182 150	903	46 952

续表

地区名称	所有制类型	从业人员数（人）	周平均工资（美元）	年平均工资（美元）
德克萨斯	联邦政府	209 680	1 265	65 804
德克萨斯	州政府	359 233	871	45 279
德克萨斯	当地政府	1 249 993	767	39 872
德克萨斯	私营部门	8 363 244	916	47 610
犹他	全部	1 150 737	757	39 389
犹他	联邦政府	37 984	1 151	59 828
犹他	州政府	54 742	907	47 184
犹他	当地政府	112 021	624	32 471
犹他	私营部门	945 990	749	38 936
佛蒙特	全部	293 058	758	39 434
佛蒙特	联邦政府	6 783	1 172	60 960
佛蒙特	州政府	15 919	936	48 681
佛蒙特	当地政府	30 119	694	36 067
佛蒙特	私营部门	240 237	743	38 636
弗吉尼亚	全部	3 536 676	955	49 651
弗吉尼亚	联邦政府	174 504	1 597	83 033
弗吉尼亚	州政府	140 536	853	44 361
弗吉尼亚	当地政府	371 761	768	39 914
弗吉尼亚	私营部门	2 849 874	945	49 138
华盛顿	全部	2 808 698	933	48 516
华盛顿	联邦政府	75 593	1 301	67 646
华盛顿	州政府	130 023	981	51 006
华盛顿	当地政府	319 852	916	47 655
华盛顿	私营部门	2 283 231	920	47 861
西弗吉尼亚	全部	692 448	725	37 675
西弗吉尼亚	联邦政府	24 430	1 243	64 662
西弗吉尼亚	州政府	41 912	757	39 389
西弗吉尼亚	当地政府	76 337	635	33 022
西弗吉尼亚	私营部门	549 769	711	36 991
威斯康星	全部	2 633 572	769	39 966
威斯康星	联邦政府	31 381	1 078	56 032

续表

地区名称	所有制类型	从业人员数（人）	周平均工资（美元）	年平均工资（美元）
威斯康星	州政府	76 824	980	50 977
威斯康星	当地政府	278 836	739	38 427
威斯康星	私营部门	2 246 531	761	39 556
怀俄明	全部	271 151	807	41 963
怀俄明	联邦政府	8 077	1 062	55 247
怀俄明	州政府	13 339	978	50 846
怀俄明	当地政府	44 510	772	40 138
怀俄明	私营部门	205 226	793	41 258

第十七章
实现同工同酬的难点及对策研究

实现同工同酬在我国《劳动法》《劳动合同法》等法律中均有明确规定。但在实际执行过程中，由于我国用人制度的多样性和职工身份界限的不同，造成同工不能同酬的问题较为普遍，职工合法权益被侵犯情况时有发生，引起社会的广泛关注，并成为收入分配制度改革中的突出问题之一。本章重点围绕劳务工与正式工、农村户口与城镇户口、编制外与编制内人员同工不同酬问题，通过案例分析、原因剖析及难点研究，提出实现同工同酬的原则和有针对性的政策建议。

一、同工不同酬[①]的具体表现

改革开放以来，特别是近年来，随着我国用人制度改革的不断深化，越来越多的企事业单位用人制度趋于市场化、多元化。一些企事业单位，尤其是劳动密集型的传统国有企业，在扩大生产规模的过程中为解决用工成本过高问题，在单位内部同时并存着多种用工形式，包括正式签订劳动合同的长期合同工、短期合同工、劳务派遣工、临时用工，还有所谓的正式工[②]、集体工、农民工等。由于“身份”管理造成同工不同酬的问题，很多非正式工在工资报酬、福利和社会保险、加班工资等方面的待遇明显低于正式工。

（一）劳务派遣工与正式工相比薪酬差距大

2011年全国总工会报告[③]显示，全国劳务派遣人员主要集中在公有制企

① 本部分所涉及“酬”泛指广义的“酬”，包括经济性报酬和非经济性报酬。

② “正式工”一词最早是指1986年国务院111号令要求国有企业实行劳动合同制以前的“全民所有制职工”，即由政府劳动人事部门根据国家统一计划招用并正式派遣到企业工作的企业编制内员工。

③ 即《国内劳务派遣调研报告》，2011年全国总工会上报至全国人大法工委。

业和机关事业单位，部分中央企业甚至有超过2/3的员工都属于劳务派遣工。国务院国资委的数据显示，截至2009年年底，89%的中央企业使用劳务派遣工，劳务派遣工占中央企业用工总量的16%。其中，中央企业劳务派遣工主要分布在石油石化、通信、电力、建筑施工和军工企业，仅石油石化和通信两大行业的劳务派遣工就占中央企业全部劳务派遣工的53%。2012年《中国(劳务用工)行业就业指数报告》显示，越来越多的中小企业开始采用劳务用工形式，其中代理用工比重上升，派遣用工比重下降。但不论何种形式，仍存在着较为严重的同工不同酬现象。

1. 劳务派遣工与其他用工方式的薪酬待遇差异较大

一是工资差异较大。很多企业特别是国有企业单位，存在着各种用工方式，包括合同工、正式工、集体工、劳务工、返聘工等各种形式。近几年，劳务派遣用工比例呈现大幅上升趋势。派遣工和正式工在同样岗位上工作，前者要比后者的工资水平低20%～50%，甚至更高，加班费差异也较大[①]。根据北京市政协社会和法治委员会调研报告[②]显示，劳务派遣工工资收入水平低于行业平均工资水平，其中金融业差距较大，劳务派遣工工资收入比合同制员工少40%（其中，中国民生银行劳务派遣工的月工资水平仅为正式工的51.6%）。

另据新华经参仕邦人力资源研究院统计数据，15个城市、4个行业劳务派遣工2011年的分行业月平均劳务报酬为3 167元（含社会保险），按一般企业缴纳社会保险费比例31.8%估算得出月平均工资为2 403元，只相当于同年城镇在岗职工平均工资的68%。此外，根据选定城市劳务派遣人员劳动报酬占所在城市社平工资数据显示，很多城市占比维持在55%～60%，甚至在有的城市只占到不到40%（见表17—1）。

二是社会保险和福利待遇差别大。正式工的社会保险一般是以职工工资总额为标准缴纳，而劳务派遣工的社会保险相当一部分是按照当地最低工资标准缴纳。企业经济效益好会给职工缴纳高额的住房公积金和企业年金，但对于派遣工基本无法享受此类待遇。而对于参加培训、探亲假、困难补助、

---

① 2011年11月29日的《人民日报》上提到：“全国人大常委会劳动合同法执法检查报告显示，劳务派遣在部分单位被滥用，派遣工合法权益被损害问题突出。”其中，劳务派遣工工资为正式工38%。

② “关于规范劳务派遣用工促进劳动关系和谐的调研报告”，2012年。

表 17—1 选定地区 2011 年劳务派遣用工人员劳动报酬与社平工资比较

地区	城市	月平均劳动报酬（元）	城镇就业人员平均工资（元）	差距（元）	劳务派遣用工人员劳动报酬占社平工资比（%）
东部地区	北京	2 699	3 483	784	77.48
	广州	2 619	4 789	2 170	54.68
	南京	2 352	4 559	2 207	51.58
	深圳	2 912	4 595	1 683	63.38
	无锡	2 536	4 293	1 757	59.08
中部地区	武汉	2 228	3 803	1 575	58.58
	郑州	1 340	2 961	1 621	45.26
西部地区	成都	1 461	2 834	1 373	51.56
	重庆	1 272	3 336	2 064	38.13

注：1. 除北京市数据采用国家统计年鉴数据，其余城市均采用该市 2011 年统计公报数据。

2. 劳务派遣员工劳动报酬数据采用新华经参仕邦人力资源数据剔除企业缴纳社会保险部分（其中养老保险占 20%，失业保险占 1.5%，医疗保险占 9%，工伤保险占 0.5%，生育保险占 0.8%）后数据。

工会参会等其他方面待遇都与正式工分别对待。据新华经参仕邦人力资源研究院调查统计的数据，劳务派遣工的社会保险基数，大约相当于城镇在岗职工基数的 70%，在一些小型劳务派遣公司和不规范的劳务派遣公司里，仍有相当部分劳务派遣工没有建立社会保险。同时，福利待遇严重不等，部分劳务派遣工无相关福利待遇。

2. 劳务派遣工被剥夺劳动报酬知情权，从而引起变相的工资、保险克扣问题

尽管《劳动合同法》修正案规定用工单位应当履行告知被派遣劳动者的劳动报酬的义务，但是没有违反规定后的惩罚措施。劳务派遣中派遣公司与用工单位签订劳务派遣协议，约定派遣工的劳动报酬，导致派遣工通常对自己劳动报酬具体数额不知情，丧失自己的主体地位，甚至成为派遣公司克扣工资的对象。一些派遣公司急功近利行为，导致劳务派遣市场运作不规范，监管不到位，损害劳动者权益的现象时有发生。如，某保安公司从各用人单位收取费用是每人每月 1 200 元，而实际每月发给保安人员的工资只有 800 元。而扣了 400 元的理由，则是这笔钱用于公关费、管理费和服装补贴等。

3. 雇主责任模糊，劳务派遣工缺乏归属感

劳务派遣制度实现了雇佣劳动与使用劳动相分离，在被派遣劳动者、派遣机构和用工单位之间形成了三方法律关系，这就极易产生雇主责任模糊的问题。虽然法律未明确规定，但用人单位与被派遣劳动者之间存在事实劳动关系。法律规定用工单位与派遣机构承担连带赔偿责任，但没有明确具体责任划分。派遣人员在维权过程中容易出现责任人分辨不清或双方推托的现象。此外，劳务派遣工普遍缺乏对职业的稳定感和对企业的认同感及归属感，将成为影响劳动关系稳定的一个突出问题。云南省总工会在一份调研报告中指出，一些用工单位为规避行政事业单位人员编制和国企工资总额的限制，以牺牲劳务派遣工利益为代价，把劳务派遣造成的后果转嫁给劳动者和社会。比如 2011 年 1 月，云南省驰宏锌锗股份有限公司（云南冶金集团下属公司）200 多名农民工集体上访，就是由于企业规避签订无固定期限劳动合同而引起的群体性事件。

（二）农民工与城镇户口就业人员相比薪酬差距大

农民工是在非农产业领域就业的农村户籍劳动者，就其就业的职业性质来说，与城镇职工没有什么区别。2010 年 2 月 27 日，温家宝总理在与网民交流时提到，“农民工已是现代产业工人的主体，没有理由不享受与城镇职工同等社会保障权利和福利待遇的”。2007 年出台的《就业促进法》也提出，“农村劳动者进城就业享有与城镇劳动者平等的劳动权利，不得对农村劳动者进城就业设置歧视性限制”。但是，现实中很多农民工的待遇并没有与城镇职工一致。

1. 农民工的劳动收入与同岗位的城镇职工相差很大

在一些用人单位，进城务工人员与城镇职工从事相同岗位的工作，工作业绩也相同，甚至比城镇职工工作还要出色，但工资待遇无法与城镇职工相比，差别一般在 20%以上，有的甚至达到 50%①。根据国家统计局公布的数据，2011 年，中国外出农民工月均收入达到 2 049 元（年收入 24 588 元），尽管相比 2010 年，增幅达 21.2%，但是与同年全国城镇非私营单位在岗职工年平均工资 42 452 元相差 17 864 元，而且（绝对值）差距逐年拉大。2008 年，农民工年平均收入只相当于城镇职工平均工资的 54.6%；2009 年，相当于 51.9%；2010 年，相当于 54.6%；2011 年，相当于 57.9%，虽然相对比例

① 李广瑞.《劳动合同法》实施后的同工同酬问题 [J]. 探索. 2009，8

有所提高，但（绝对值）差距仍然偏大。这可从人员构成相似性的城镇职工群体的平均工资水平来推算（见表17—2）。

表17—2　2008—2011年外出农民工与城镇非私营单位在岗职工平均工资比较

年份	城镇非私营单位在岗职工平均工资（元）	外出农民工月收入（元）	外出农民工年收入（元）	差距（元）	农民工平均工资占城镇职工平均工资比例（%）
2008	29 229	1 330	15 960	13 269	54.6
2009	32 736	1 417	17 004	15 732	51.9
2010	37 147	1 690	20 280	16 867	54.6
2011	42 452	2 049	24 588	17 864	57.9

数据来源：国家统计局。

很多学者研究农民工工资歧视因素，王美艳实证研究结果①表明：城市本地劳动力平均小时工资比外来劳动力高40.74%，其中自我雇佣者高21.88%，公有单位职工高49.48%，非公有单位工人高37.19%，非公有单位行政管理及专业技术人员高51.47%。在外来劳动力与城市本地劳动力之间的全部工资差异中，人力资本个人禀赋差异解释了其中的57%，而剩余的43%则属于不可解释部分（歧视因素）。此外，谢嗣胜、姚先国分析表明②：农民工和城市工的平均工资收入存在较大的差异，其中44.8%的工资差异是由个人特征不同形成的，55.2%的工资差异要归结于歧视性因素。歧视性因素包括两个方面：一是对农民工的直接歧视，占到工资差异的36.2%；二是对城市工的制度性保护，即反向歧视，占到工资差异的19%。俞玲（2012）③基于浙江省数据研究发现，造成农民工工资低于城镇职工的主要原因是农民工人力资本水平不高，其中农民工受教育程度偏低可解释约49%的工资差距；仍有1/4强的工资差距与歧视有关。

2. 农民工社保待遇低

城镇人员就业，用人单位必须严格按照法律的规定为劳动者缴纳5种社

① 王美艳. 城市劳动力市场上的就业机会与工资差异——外来劳动力就业与报酬研究［J］. 中国社会科学. 2005，5

② 谢嗣胜，姚先国. 农民工工资歧视的计量分析［J］. 中国农村经济. 2006，4

③ 俞玲. 人力资本、歧视与农民工收入［J］. 特区经济. 2012，4

会保险的费用，经济效益好的单位还为职工缴纳住房公积金。但有不少用人单位不给农民工缴纳任何社会保险，或者只给农民工缴纳农民工综合保险或有选择地给农民工缴纳一、两种社会保险，保障程度较低。据全国总工会的2011年典型调查推算，用人单位给农民工上5项社会保险的大约只有20%多，上3项社会保险的大约只有50%，上1～2项社会保险的大约有70%多。也就是说，仍有30%左右的农民工基本没有参加社会保险。在已经参加社会保险的农民工中，其社会保险基数一般只有正式工基数的60%或还低一些。国家统计局数据显示，建筑业农民工的养老保险、失业保险及生育保险参保率均不足5%（见表17—3）。

表17—3　2011年不同行业外出农民工参加社会保障的比例　单位：%

行业	养老保险	工伤保险	医疗保险	失业保险	生育保险
制造业	14.1	28.0	17.8	7.5	4.8
建筑业	4.3	14.1	6.4	2.2	1.6
交通运输、仓储和邮政业	24.4	32.6	27.7	15.1	10.4
批发和零售业	15.1	17.7	16.3	9.6	7.7
住宿和餐饮业	7.3	11.8	9.0	3.8	2.5
居民服务和其他服务业	12.4	16.4	13.7	6.4	4.5

数据来源：国家统计局。

3. 农民工职业安全保障低

许多进城务工人员从事的多是城镇就业人员不愿从事的劳动强度大、工作条件艰苦、有毒有害、有潜在职业病危害的职业岗位，用人单位没有充分告知所从事岗位的职业危害，也不提供足够的、安全的职业保障，导致进城务工人员患职业病的为数众多。根据国家统计局报告显示，近年来最值得关注的是工伤风险较高的建筑行业农民工，2011年雇主或单位为其缴纳工伤保险的比例仅为15.6%，离《工伤保险条例》要求相差甚远。

（三）编制外与编制内人员相比薪酬差距大

很多国家机关、事业单位、社会团体等组织，因实际工作需要需增加工作人员，但又受到机关、事业单位编制计划的制约，只好在编制计划之外招收编外人员。这部分人员劳动报酬缺乏与之配套的工资标准、支出渠道、社会保险、职工福利等相应的政策，致使编外人员成为机关、事业单位的“二等公民”。

1. 机关、事业编制人员与实行聘用制人员分配制度不一

事业编制人员受政府人事部门编制控制，同级财政部门依据事业单位类型给予一定财政补助，而合同制或聘用制人员是单位资助招录的工作人员，经费由单位自筹解决。这些单位里没有编制的人员，无论是签有劳动合同的合同工，还是没有签订劳动合同而发生了事实上劳动关系的员工，由于他们都无法进入到财政拨款的序列，因此，即使从事相同工作，也无法获得同等待遇。聘用的合同制人员不能完全享有事业编制人员的全部工资和津贴、补贴，甚至有些临时工的收入维持在本地区最低工资标准水平。

2. 编制内外员工福利差别悬殊

机关、事业单位多数聘用人员没有基本社会保障，不能按照编制内人员的待遇享受退休、医疗等福利，也得不到基本医疗保险、基本养老保险、失业保险、工伤保险、住房公基金等社会保障。此外，在很多大城市，落户口政策也只能由编制内人员享受。不少因同工不同酬引发的劳动争议时有发生，如2010年4月中南大学湘雅一家医院近300名合同制护士在住院部楼前聚集，打出“同工同酬，还我青春”的横幅，要求医院实行与编制内护士相同的薪资福利待遇。

3. 编制外人员职业发展道路不通畅，学习、培训权益保障不足

很多事业单位编制外人员除了在福利待遇方面和编制内人员差别较大外，评职称和行政管理通道也往往得不到平等发展的机会。例如，在很多医院里，合同制护理人员没有纳入到医院整体的评聘体系中。这样，职业规划不畅的现象容易使得编制外人员逐渐失去工作积极性，没有归属感。此外，很多编制外人员的学习、培训权益不能完全和编制内人员一样得到保障。根据北京市教育工会调研报告①显示，被调查的编制外职工享有参加培训权益的占53.40%；享有外出参加业务学习权益的占44.76%。即有一半左右的高校编制外职工有培训、学习的机会，但与正式在编教职工相比，还是有一定差距。

二、“同工不同酬”原因分析

（一）直接原因

同工不同酬产生的原因非常复杂，其中最直接原因是，“强资本、弱劳

① “北京高校劳务派遣用工调研报告”，2011年。

动”的情形给某些单位以可乘之机，以牺牲部分劳动者的权益为代价，最大限度地降低用工成本，大量使用体制外员工。此外，现有劳动法规的不完善及缺乏强制力、相关部门监管不力、薪酬制度不合理、人事编制僵化等原因均直接导致了目前严重的同工不同酬现象。

1. 相关法律不够完善，且缺乏强制力

（1）现有法律对同工同酬规定较少，且表述模糊。目前，只有《宪法》第四十八条、《劳动法》第四十六条分别提到“实行男女同工同酬”和“在按劳分配原则下实行同工同酬”，以及《劳动合同法》中 3 个条款有所涉及，即第十一条和第十八条规定“劳动报酬约定不明确、协商不成又不能适用集体合同的，实行同工同酬”，第六十三条要求对劳务派遣用工实行同工同酬。此外，根据《关于〈劳动法〉若干条文的说明》（劳办发［1994］289 号）的解释，同工同酬是指用人单位对于从事相同工作，付出等量劳动且取得相同劳动业绩的劳动者，支付同等的劳动报酬。鉴于当前人力资源市场多元化、复杂化的发展现象，1994 年的立法背景与法律解释已经不再适应近 20 年以后的社会现实，因此，现有的“同工同酬”的有关法律条款基本上属于纸上谈兵，各地劳动部门在执法监察中也没有确切的法律依据或实施细则指导。2012 年 12 月 28 日通过的《关于修改〈中华人民共和国劳动合同法〉的决定》（以下称《劳动合同法》修正案）也只提出“对被派遣劳动者与本单位同类岗位的劳动者实行相同的劳动报酬分配办法”。除此以外，没有任何法律对同工同酬进行更细致的解释，且对该原则的普遍适用范围没有严格的界定。

（2）现行法律体现司法补充性，不具有首选性，且缺乏可操作性。《劳动合同法》条款中规定在“约定不明确”“集体合同没有规定”情况下实施同工同酬原则，表明“约定标准”是首选，而“法定标准”是后选，即法律并不排除双方约定的报酬与其他同岗位的劳动者之间存在差异，同工同酬只是补充性标准。另外，有关违反同工同酬的罚则也没有明确规定，这对劳动监察造成一定的难度。

（3）三性岗位设定范围矛盾，且有法律漏洞。《劳动合同法》第六十六条规定的“劳务派遣一般在临时性、辅助性或者替代性的工作岗位上实施”只是原则性的授权条款，没有具体的行业范围指导。全国人大法工委对“辅助性”解释为非主营业务岗位，但是以目前集团多元化的大型企业情况看，很难解释哪些业务领域可设“辅助性”岗位。而且，从法律严谨角度而言，“辅助性”是可以长期存在的岗位，与“临时性”又互相冲突，三性界定中的“或者”两个字也留下了很多法律漏洞。中华全国总工会2011年的调研材料显示，很多劳务工脱离“辅助性”，浙江省一些行业的一线工人中劳务工占“半壁江山”，如建筑业占99%，金融业占80%，采矿业占56%。

2. 企业、事业单位以利益为主导，降低人工成本

根据人力资源和社会保障部劳动科学研究所2012年发布的报告①显示，企业劳务用工的成本仅相当于正式用工成本的60%～70%，现实中存在较严重的同工不同酬和性别歧视问题。“低成本战略”使得国有企业大量违法使用劳务派遣，减少用工成本和风险，规避政府对其人员编制和工资总额的限制，近几年来国有企业高管与职工平均工资一直增长较快，但是忽略了劳务派遣工和所谓非正式工的利益。

3. 劳动法律法规贯彻落实力度不够

各级劳动部门在行政执法力度方面远远不够。2004年，国务院发布《劳动保障监察条例》强化了劳动保障监察执法措施。但目前，我国劳动监察制度仍然存在着很多不足。一是劳动部门监察人员、经费和设施配备不足，人员少、力量弱与劳动监察面广、任务重之间的矛盾十分突出；二是监察力度不够，主要表现为地方政府重视不够，保护当地企业免于监察，法律法规在这些企业成为“一纸空文”。

4. 劳动者处于弱势地位，维权法律意识淡薄

很多劳动者受中国传统文化思想劣根性的影响，讲究“和为贵”，崇尚“随遇而安”“枪打出头鸟”等思想，这在一定程度上强化了劳务派遣工或其他非正式工的身份和认同感。这种思想根深蒂固，弱势文化造就弱者，使得维权法律意识薄弱的编制外人员、派遣工或农民工的正当权益持续性地被剥夺，同时又缺乏议价和自我保护的能力，只能被动接受资方开出的薪酬待遇。

5. 用工制度不规范、编制确定有问题、薪酬制度不合理等

近年来，劳务用工扩大化、长期化、固定化的趋势日益明显，农民工作为劳务派遣工的主体进入就业市场，成为低端劳务派遣的主体。由于劳务派遣工处于“有关系无劳动，有劳动无关系”这样一种尴尬的局面，实际上劳

① 即“中国（劳务用工）行业就业指数报告（2011）”。

务派遣工处于“两管两不管”的尴尬境地，而有关劳务派遣用工制度的规范法规一直尚未出台；此外，国有企业、机关、事业单位的编制随着工作量、业务量的变化发展，过去拟定的编制标准已不再适应当前工作要求，而且很多企业尽管在逐步改革薪酬分配制度，但是由于受各种条件的限制，效益收入方面仍然倾向于正式员工，尤其在福利和发展机会上。

（二）深层次原因

在我国，劳动力市场分割首先产生于以户籍制度、劳动用工制度、社会保障制度与人事制度为代表的一系列制度安排，正是这些制度及其惯性作用导致了中国长期的城乡分割和不同所有制部门之间的分割。正是因为市场性因素、制度性因素与社会性因素的综合作用，造就了不同方式的二元分割甚至是多元分割，这种分割对劳动力市场的供求以及不同人力资本水平和身份特征的劳动者的就业机会与工资差异产生了重要影响，进而导致不同市场区间工资决定机制的差异，并派生出效率的损失和公平的代价①。

1. 城乡二元经济和城乡分割管理体制弊端的影响

同工不同酬源于我国新中国成立初期的城乡分割制度。那时就已形成了工农差别、城乡差别，户籍身份管理极其严格。1978 年改革开放之后，城市化进程的加快给农民带来了前所未有的机遇，大批农民涌入城市打工创业。然而，由于城市资源的紧缺和出于对“城市人”利益的保护，户籍制度成为限制人口自由流动的门槛，“农民工”遭受到了严重的身份歧视。刚性的户籍制度意味着农民的迁徙、居住和择业自由、社会保障等受到限制。因为在户籍等级的背后是就业、子女教育和住房、医疗、养老、使用公用设施等一系列权利差别。所以，从某种角度讲，农民工在经济上不能与城市职工同工同酬；社会待遇方面享受不到政府提供给市民的各种福利，始终是城市的边缘群体。

2. 人事和就业体制改革滞后造成体制内外有别的现象

当前企业在用人岗位设置、人才选拔等方面，聘用人员与正式人员存在着明显的差异与区别。这种以身份为标准的用人方式，带有很明显的“垄断”痕迹。从这个角度来说，用人机制与管理制度改革的滞后严重影响了同工同

① 晋利珍. 劳动力市场双重二元分割下工资决定机制研究［M］. 北京：经济科学出版社，2010：238—239

酬的实施。一方面，对编制内人员按计划经济运作，具有利益分配上的优势；另一方面，对编制外人员按市场经济运作，实行竞争机制，这完全反映出了改革的滞后性和不彻底性。换句话说，体制内单位是打着“市场”的旗帜却以行政，即计划的手段进行分配，归根结底是制度问题。

3. 用工制度历史遗留问题与市场经济发展要求的矛盾

一方面，市场经济条件下企业作为理性经济人，用工多样化、灵活化、市场化成为新的趋势，出现了诸如固定工、合同工、聘用工、临时工等待遇各异的合同。另一方面，我国转型的同时尚且保留着计划经济的尾巴。在劳动合同制推行后，我国废止了“临时工”的用工概念，但在市场的催生下，又出现了合同工的新概念。旧有的固定用工机制尚未完全打破，在走向市场化的过程中又出现新的用工形式，便出现了同工不同酬的“双轨运行”局面。

三、实现同工同酬的思路及政策建议

实现同工同酬问题在国际上一直是个共性的难题。国际上经历了从男女同工同酬到扩大保护群体范围的平等就业的发展和演变，以国际劳工组织为先锋一直在不断推出和完善相关法律，但是同工不同酬问题依然存在。大量研究数据表明，被派遣劳动者工资水平一般都低于正职员工，并且大多数国家的被派遣劳动者都不享有正职员工所享有的养老、医疗保险和带薪休假等福利。例如在日本，2010 年正式员工与非正式员工两者基本工资比为 1.6：1，全年工资（含奖金）的差距为 1.81 倍①。在德国和法国允许一定合理的薪酬差异化，并在实际应用中有对“合理理由”判断惯例②，这些国家中，尤其是日本，一直在研究如何减少正式工与非正式工的薪酬差距，以适应工资制度的多样化和复杂化。相比而言，我国的同工不同酬现象有着不同的历史背景，并且同岗位不同用工方式下薪酬差距相对较大。在很多体制内的单位，身份管理一直占据着主导地位，处处凸显我国改革和转型时期的阵痛。

当前，既存在法律缺少具体执行标准的问题，也存在监管和保障不到位的问题。很多专家认为用工方式多样化是落实同工同酬的最大挑战。其中，

① 资料来源：日本厚生劳动省《赁金构造基本统计调查》，2011 年 2 月 22 公布。详见第二十三章国外同工同酬。

② “同工同酬是幻想吗——为纠正正式员工与非正式员工之间差距的法律原则”水町勇一郎，日本经济产业研究所，2011 年 4 月 11-J-059。详见第二十三章国外同工同酬。

最突出的问题是劳务派遣被大量滥用。纵观国际上一些习惯做法，在同工同酬原则写进法律的同时，劳务派遣相关制度也在不断规范和完善中。而我国同工同酬没有与时俱进的法律解释及具体的操作标准，同时很多企业超越规范劳务派遣的“临时性”用工范围，大量使用劳务派遣工。待遇的差异造成了“正式职工不干活，派遣职工无信心”的现状，严重影响了构建和谐劳动关系的发展，从长远看也影响到整个企业的效率和核心竞争力，不利于企业的可持续发展。

此外，实现同工同酬在宏观层面具备其价值导引功能，而在微观层面关键是科学合理地衡量与评估工作业绩，即“同工同酬”不能绝对化。在我国以公有制为基础的市场经济条件下，按劳分配原则是工资分配的核心原则，我国劳动法的基本工资制度就是依据这一原则建立的。但是，薪酬体系中，按劳分配原则承认劳动者在劳动能力、个人素质、劳动熟练程度和劳动技术等方面的差别，并力求将上述差别在劳动报酬上给予充分反映，奉行多劳多得的分配原则。因此，如何科学制定合理的薪酬体制及绩效考核体系是解决同工不同酬问题的根本所在。

为此，要实现真正意义上的同工同酬，应充分借鉴和学习国外经验，结合我国国情的实际特点，探索和寻求具有中国特色的科学的同工同酬制度。基本原则是：（1）坚持改革体制、创新机制的原则。从宏观层面积极推动户籍、人事、就业体制改革；从微观层面要不断创新建立配套的薪酬分配制度。（2）坚持按劳分配、岗薪匹配的原则。改革历史遗留的身份管理体制，逐步以全面的岗薪制代替身份等级制，实行按岗定酬，岗变薪变，按劳分配。（3）坚持科学管理、公平合理的原则。建立与岗位职责、工作业绩、实际贡献紧密联系的岗位绩效激励机制和公平公正公开的岗位薪酬评价机制。

合理的收入分配制度是社会公平正义的重要体现。完善收入分配制度不但要规范收入分配秩序，还必须建立起一套科学合理、公平公正的社会收入分配体系。而充分体现同工同酬的劳动分配原则，则应当是构建这个体系的重要内容，否则就谈不上科学合理，更不足以体现公平正义。为此，应从立法修正、监督监管、体制改革、倡导宣传方面着手出台政策或措施，从而逐步实现同工同酬。

（一）从立法层次上明晰同工和同酬的概念

同工同酬不仅仅是经济问题，更是社会问题。要构建社会、保持和促进社会生产力的发展，必须在理论上对“同工同酬”做出恰当的解释。过去的有关解释已经不再适宜当前市场经济条件下复杂化、多元化发展的人力资源市场现状。

“同工”在1995年被解释为“从事相同工作、付出等量劳动且取得相同劳动业绩”，而《劳动合同法》修正案第六十三条规定：“劳务派遣工享有与用工单位的劳动者同工同酬的权利，用工单位无同类岗位劳动者的，参照用工单位所在地相同或者相近岗位劳动者的劳动报酬确定。”该条款从过去的条文解释“相同”扩大范围到“相同或者相近”岗位。参考国际上惯用的“相同、类似、相同价值”的范围，从我国目前实际情况出发，“同工”的界定至少包括“相同”或“相似”两层含义。

“同酬”指的是“相同劳动报酬”。劳动法中的“劳动报酬”是指劳动者从用人单位得到的全部工资收入。一般而言，“同酬”的范畴应当包含的是工资、加班工资、补贴、奖金、年金及其他福利待遇（含非经济性报酬）。

从激励机制角度看，工作业绩和报酬之间有联动机制作用，所以，同工同酬可简单拆成“相同或类似岗位适用相同的岗位薪酬标准”“相同的工作绩效适用相同的绩效薪酬标准”。此外，劳动者工龄、学历、职称、技术等级等因素影响适用于同样的规则。

综上所述，建议将“同工同酬”定义为“劳动者在同一用人单位，从事相同岗位工作，提供相同业绩和相同工作量，应获得相同的劳动报酬。本单位如无相同岗位，应参考所在地相同或类似岗位的劳动报酬确定。具体解释为：同一用人单位从事相同岗位或同类工作，须采用同一种工资分配制度，岗位薪酬应相同。而因劳动者工龄、学历、职称、技术等级、能力等客观、合理因素造成的影响，则同工可不同报酬。”

上述定义中“相同或类似岗位”以及“合理、客观理由”的价值评估需由相关主管部门在实施细则中进一步明确评估因素和评估方法，提高可操作性。

（二）进一步明确同工同酬义务和责任主体，提高强制性

2012年12月通过的《劳动合同法》修正案中指出：“劳务派遣单位、用工单位违反本法有关劳务派遣规定的，由劳动行政部门责令限期改正；逾期

不改正的，以每人五千元以上一万元以下的标准处以罚款，对劳务派遣单位，吊销其劳务派遣业务经营许可证。用工单位给被派遣劳动者造成损害的，劳务派遣单位与用工单位承担连带赔偿责任。”这一条款中的罚则隐含了“即使情节严重，只要及时纠正就不会受到处罚”的可能性。为了切实保证被派遣劳动者“同工同酬权”的实现，立法应该明确规定派遣单位和用工单位各自的法定义务及违反法定义务所须承担的责任，并突出强调在程序上明确被派遣劳动者劳动报酬的支付主体及程序。除了立法对两者权利、义务直接规定以外，主要还应通过对劳务派遣协议内容的强制性调整来实现。建议规定派遣机构与用工单位签订劳务派遣协议时，应明确约定被派遣劳动者的劳动报酬内容及标准，并规定各项劳动报酬（包括基本工资、加班工资、奖金、津贴和补贴等项目）。建议派遣机构和用工单位双方都要有明确责任人，并建立定期的沟通机制，可在协议中约定各项事情的义务和责任，派遣机构根据协议中报酬额按时支付给劳动者，承担最终风险。此外，应在完善法律体制的基础上，加大监管和惩治力度，建议加大处罚力度，增加违法成本，适当引入刑事责任和行政责任，提高法律有效性、针对性和强制性。

（三）出台劳务派遣规范政策，进一步明晰“三性”岗位具体标准

劳务派遣是因“劳动弹性化”概念所发展出来的，在我国可以说是一个新兴起的劳动事业形态，由于就业模式朝多元化发展的趋势以及企业面对竞争压力下成本考量等因素，有越来越多的机构看好其发展空间。从欧美和日本这些发达国家关于劳务派遣的先进立法经验来看，劳务派遣是逐步发展但又有一定规制的转变，尤其是欧美国家，是由禁止到允许但有一定限制的发展。对劳务派遣作为非典型雇佣关系补充形式的放松规制，是以把劳务派遣限定为典型劳动合同关系的补充形式为前提的。数据表明，国外劳务派遣劳动者占全体就业人员的比例大多数维持在1%～2%，甚至更低，即劳动派遣在雇佣关系和就业形式上处于非主流地位。而目前我国的劳务派遣有关政策的缺失，造成了劳务派遣用工方式滥用，派遣劳动者收入、待遇相对而言不能保证合理的现象。因此，借鉴国外的历史经验，加之国内的就业形势压力，我国对劳务派遣的发展应逐步给予空间，并放宽政策，但须以一定的限制和规制来循序渐进地对其进行规范与发展。

尽管《劳动合同法》修正案增加了三性的解释，但是对有关“辅助性”

概念界定还是比较模糊，对“替代性”工作岗位也没有进行全面列举，替代时间没有加以限制。建议研究和规范劳务派遣适用范围和期限，防止用工单位随意将劳务派遣范围扩展到核心、主业、长期性岗位，而导致派遣工的工资、奖金等各种福利待遇与同类岗位的正式员工差别迥异。国际上一般只针对“临时性”用工岗位进行劳务派遣，并对行业限制有一定的说明。我国可借鉴国外的经验采取正面列举或者反面禁止的方面予以规定。

此外，应设立和完善劳务派遣机构准入制度、劳务派遣合同制度、派遣单位与用人单位权责分明制度，也可引入国外“不稳定补偿金”① 制度，既要发挥劳务派遣促进就业的积极作用，又要限制其对现有劳动关系稳定性的负面影响。

（四）推进企、事业单位薪酬制度改革，科学设立岗位薪酬制度

同工同酬是社会发展的必然趋势，也是和谐社会的表现之一。近十几年来，国有企业一直在不断深化改革薪酬体制，推动科学、有效的薪酬制度发展。与此同时，近年来事业单位绩效工资在逐步扩大实施范围。在改革的进程中，须从技术层面变身份管理为岗位管理，推动岗位评价，以岗定薪，岗变薪变，提高职工的工作主动性和积极性。同时，应按绩论酬，从一定程度上要打破“平均主义”“论资排辈”的分配制度。

作为一项复杂的系统性改革，同工同酬改革路非常艰难。鉴于长期以来存在的固有观念，这种改革和转变将是长期的、持续的，不可能一蹴而就。今后，仍须继续深化企业、事业单位薪酬制度改革，制定积极稳妥的措施和分布实施办法，循序渐进推动改革，稳定过渡，以科学的工作分析为基础，以完善的绩效管理制度为工具，建立有效的薪酬激励约束机制，彻底消除因职工身份、用工形式而造成的“同工不同酬”现象。

（五）改革户籍制度，建立统一、协调的就业与社保服务体系

正确处理城乡经济统筹发展与扩大就业的关系，促进农村富余劳动力的转移。实现城乡经济的统一、协调发展是我国经济发展的基本方略。建议逐

---

① 黄昆. 合理选择劳务派遣规制事项［J］. 中国劳动. 2006，3。法国有关法律规定的工资制度之外，还对劳务派遣制定了“不稳定补偿金”制度，即要派机构需要向派遣劳动者支付不稳定补偿金，旨在对由于派遣劳动的不稳定状态而对被派遣劳动者造成的不利情况做出补偿，并且各国都是比照典型劳动合同关系中劳动者所享有的社会保险和工资待遇规定劳动者的相关权益，并且在立法中确立了对于被派遣劳动者的“非歧视”原则。

步由中小城市作为示范，通过户籍制度改革，打破城乡分割，建立统一、开放、竞争、有序的劳动力市场，为农村劳动力进城务工、经商提供宽松的社会环境，逐步实现城乡劳动力统筹就业，城乡经济协调发展。要把劳务输出作为扩大城乡就业和农民致富增收的新兴产业来抓，积极实施“走出去”的开放战略。十七届三中全会指出，必须改善进城务工人员劳动条件，加强进城务工人员权益保护，逐步实现进城务工人员劳动报酬与城镇居民享有同等待遇。目前，全国各地农民工社会保险制度呈多种类型并存的局面，大部分模式都独立于城镇职工社会保险制度之外，短期内有其特殊性与合理性，但是长远而言，使得我国城市社会内部社会保障制度形成了新的制度分割。因此，要想使社会保障制度像为城镇职工提供基本生活保障那样，也能为农民工提供最基本的生活保障，就必须在农民工的社会保障问题上与城镇职工统一政策、统一制度设计、统一待遇标准，即使农民工获得与城镇职工平等的社会保障权利，同时也是实现城乡统筹最现实的途径。当然，农民工与城镇职工的同工同酬会遭遇劳动力市场供大于求的现实压力，但很多研究认为这种供求关系状况不具有长久性，人口红利的逐步衰竭以及新生代农民工不同的特征将造就供求关系的转变。因此，须从宏观层面发挥政府职责，设立好统一、协调的就业与社会保障体系目标，加强推进，统筹改进，逐步去除因户籍壁垒造成的收入分配不公。

（六）破除体制内、外二元格局，促进用人制度改革

我国用人制度的改革实际上是基于原有的计划经济体制上的改革。劳动关系调整的对象主要是国有和集体企业员工，也就是所谓的体制内员工。但是，随着市场经济体制改革的不断深化，企、事业单位中大量的体制外员工出现了，甚至有“编制外”员工数量超过“编制内”员工的现象。同时，存在着体制内、外员工不能一视同仁的制度性歧视现象，这既是市场机制在发挥作用，也是用人制度改革不到位所造成的。正是由于这些制度的存在，造成了部分社会成员的不平等、不平衡感，从而挫伤了他们的竞争动力，也影响了人才的流动。劳动用工体制内、外的存在，更制约了全国统一的劳动力市场的建立，制约了劳动力资源的合理配置，限制了劳动力的合理竞争。从提高劳动力资源的利用率看，“体制”内外有别无疑是有害的。

此外，在事业单位的人事制度一直沿用党政机关的管理模式，人事管理

方式行政化，用人机制不灵活，滞后的人员编制管理带来了事业单位工作人员新的身份歧视。改变传统编制管理方式，建立动态化的人员编制管理机制①，综合科学地确定人员编制需求总量，并建立常态化的动态调节机制，适时调整和优化事业单位人力资源分布，使人员编制管理有利于而不是阻碍事业单位人事制度改革，促进社会公共事业发展。

综上所述，应尽快打破体制的藩篱，同时改革人才选拔和使用制度，使之朝着有利于增强社会流动性的方向发展，建立和完善适应当前经济发展要求的人事、用工制度。

（七）增强工会力量，大力倡导维权意识

工会是职工合法权益的代表，一直以来，工会在协调劳资关系、保护劳动者合法权益方面发挥着非常重要的作用。强化职工的集体谈判和协商权，是解决同工不同酬问题的一个重要方式。建议吸收劳务派遣工或编外人员加入工会，并且工会对正式职工与劳务派遣工或编外人员要一视同仁。企业工会应从普法、依法办事、薪酬协商、劳动争议仲裁等方面入手，真正成为包括劳务派遣工在内的全体企业员工的主心骨和利益诉求代言人。同时，劳动监察部门可在办理典型案件的同时，大力宣传和倡导同工同酬维权理念，引导改革和创新的观念。

（八）加大监督力度，维护劳动者合法权益

虽然法律存在针对性不够的缺陷，但是也存在政府有关部门执法不力的现象。《劳动保障监察条例》第十一条规定，劳动保障行政部门对“用人单位支付劳动者工资和执行最低工资标准的情况”实施劳动保障监察；《劳动合同法》第七十四条也规定劳动行政部门可依法实施劳动合同制度方面的监督检查。建议对上述两个法律法规中所述具体劳动监察范围扩大，增加对同工不同酬现象的监管说明。如果同工不同酬的现象诉诸执法部门却得不到有效解决，违法单位得不到及时纠正，那么同工不同酬的状况就很难得到改善。在监察过程中，应加大对同工同酬案件的受理力度。同时，不断开拓和畅通维权渠道，及时维护劳动者的同酬权利。

① 刘霞. 加快推进事业单位人员编制管理改革［J］. 人民论坛. 2010，1

第十八章 扩大中等收入劳动者群体研究

一、研究背景

努力使“中等收入群体持续扩大”不仅是当前一段时期扩大内需的重点，更是党和国家在“十二五”时期，乃至建成全面小康社会期间规划的收入分配格局，是收入分配制度改革的鲜明政策导向。我国社会成员构成复杂，家庭人均可支配收入来源也日益呈现多样化、复杂化趋势（包括工资性收入、家庭经营收入、财产性收入、转移性收入等）。而我们将研究视角聚焦到“城镇劳动就业者群体①及其劳动报酬”上来。之所以选定“城镇劳动就业者”作为研究对象，主要基于以下 3 点考虑：

1. 从理论上说，劳动报酬分配是整个收入分配格局的基础，劳动就业者是实现“扩中”的关键群体。劳动报酬分配与每个劳动就业者及其家庭最密切相关，其分配结果最直接、最量化，容易用来进行对比，因此社会对此也最敏感。从分配流程上看，劳动报酬是整个国民收入分配的基础；从社会结构看，工薪就业者是中等收入群体的主体和关键组成部分；从收入结构上看，劳动报酬是城镇家庭，特别是劳动就业群体的最主要收入来源。国外经验也表明，第二次世界大战后更多专业技术人员、大公司的白领职员、技术工人等（即受雇于大型公司、社会组织、政府机关的工薪劳动者）成为“新中产”阶层的主体。

2. 数据比较和实证分析证明，劳动报酬水平、劳动就业者规模与收入分配格局存在显著正相关关系。2010 年，我国城镇家庭总收入中，工薪收入占

① 城镇劳动就业者，主要是指在城镇各类企事业单位、社会组织、政府机构中就业的以劳动报酬为主要收入来源的工薪劳动者。

比65.2%，转移性收入占24.2%，经营净收入占8.1%左右，财产性收入2.5%。工薪收入是城镇家庭收入的主体。同时，对于收入水平处于中间状态的家庭而言，工薪收入的重要性更加明显（如图18—1所示），而这些家庭正是今后最有希望进入我们所界定的“中等收入劳动者”的后备军。

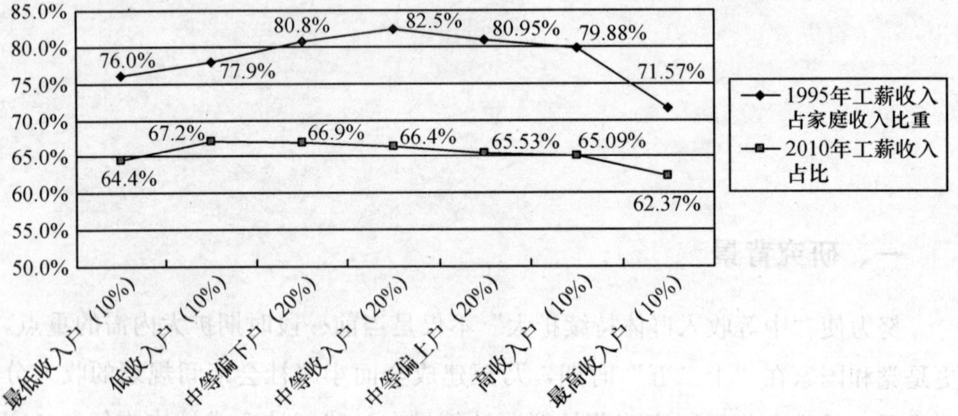

图18—1　1995年和2010年不同收入组家庭的工薪收入占比情况

我们以城镇居民人均可支配收入（SR）为应变量，以职工工资水平①（GZ）和城镇就业人数（JY）为自变量进行多元回归分析。相关分析结果显示，应变量与两个自变量之间呈显著正相关。线性回归模型为：SR＝－2 733.711＋0.37GZ＋0.235JY。2012年12月，西南财经大学中国家庭金融调查与研究中心发布的报告称，工资性收入、工商业收入以及转移性收入对基尼系数的贡献率分别是49.3%、17.4%和23.3%。工资性收入目前还是造成收入差距的主要原因。

3. 城乡差距较大，且劳动就业者主要集中于城镇的现实情况决定了我们的研究视角。2011年，我国7.6亿就业总人口中，包括2.5亿名农民、0.2亿名城乡私营企业投资者（含城、乡）、3 757万户城乡个体工商户业主（按一户一个业主估算），以及4.5亿名劳动就业者（或称工薪劳动者）。而这4.5

① 2010年以前，我国官方公布的职工工资数据仅限于“城镇（非私营）单位职工工资”，因此本课题采用“城镇（非私营）单位在岗职工工资”数据反映职工工资增长状况。

亿名劳动就业者中，有 2/3 集中在城镇①，只有 1/3② 在农村（如图 18—2 所示）。

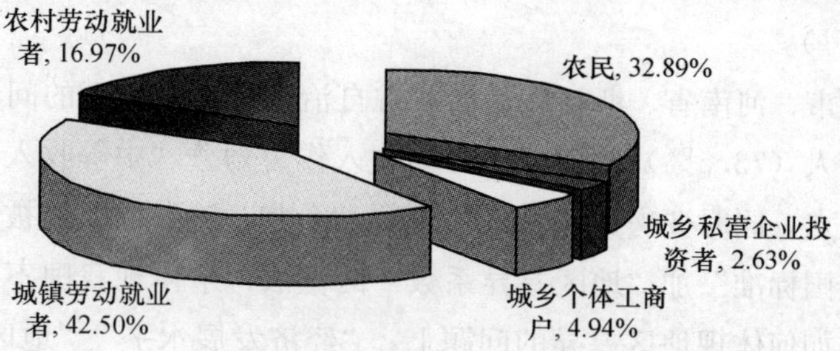

图 18—2　我国就业人口构成

考虑到城乡劳动报酬分配差距较大的现实，我们决定在研究中区分城、乡，以城镇劳动就业者为研究对象。

二、中等收入劳动者的概念与标准

为了在城镇工薪就业者中，准确界定其“中等”收入群体的概念与标准，我们做了 3 项基础工作。一是归纳总结国内、外研究成果，为我们提供思路。二是分析当前我国城镇劳动就业者的劳动报酬分配格局，即现实基础。三是进行了实地调研，采用调查问卷形式了解社会公众的观点和看法。

从现有研究成果看，国内、外不同机构，不同国家，不同学者从不同角度，采用不同方法，对“中等收入”标准的界定标准并不统一。甚至是同一个国家的不同时期标准也不一样。总体看来，经济发展水平越高，其“中等收入”的标准也相应提高。

从分配的现实基础看，当前我国城镇劳动者的劳动报酬分配状况可以概括为“劳动报酬总体增长较快，行业、地区、群体和职位差距较大，分配格局呈金字塔形”。这个金字塔形结构包括两层含义：一是在城镇单位职工内部工资分配呈现金字塔形格局，即在城镇非私营单位职工内部，大部分职工工资低于平均工资，少数职工工资水平明显高于平均数。二是城镇各类劳动就

① 2011 年，我国城镇就业总数 3.6 亿人，扣除 0.15 亿名城镇私营企业投资者，扣除 0.25 亿名个体工商户业主，城镇劳动就业者约为 3.2 亿人。

② 2011 年，我国农村就业总数 4 亿人，扣除 2.5 亿人从事农业生产，扣除 0.05 亿名农村私营企业投资者，扣除 0.16 亿名农村个体工商户业主，农村劳动就业者约为 1.3 亿人。

业群体之间的工资分配也呈金字塔形。不到城镇就业人口45%的非私营单位职工工资明显高于其他就业群体（含私营单位、个体单位、农民工以及其他灵活就业者①）。

从天津市、河南省、浙江省、内蒙古自治区这4个地区的问卷调研结果看，大部分人（73.5%）倾向于用劳动收入作为划分"中等收入劳动者"的依据和着眼点，同时要考虑生活成本和税费负担。90%以上的被调查对象赞同使用"全国标准"加"地区差异系数"的做法，来体现我国不同地区的差异性。而在如何体现地区差异的问题上，"经济发展水平""地区工资差距""日常消费差距"和"就业结构差距"等成为关注度最高的词语（如图18—3所示）。

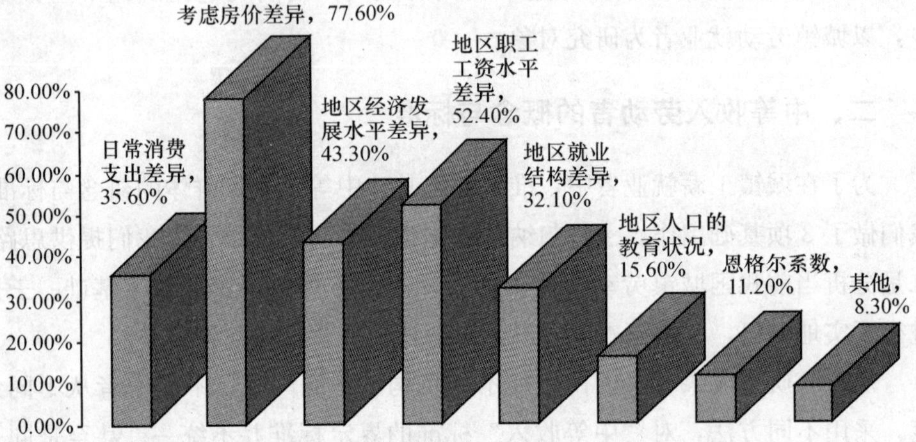

图18—3　地区差异体现因素

（一）界定中等收入劳动者标准的基本思路

综合以上3项基础工作的结果，可以明确"中等收入劳动者群体"标准的思路，即：一是要城乡分开研究，以城镇劳动就业群体及其收入（主要是工资收入）为研究对象。二是划分依据。以收入水平为依据，将行业分布、职位特点和消费行为特征等作为劳动者劳动收入达到这一标准以后的结果。三是将标准的有限时间限定为2020年建成全面小康社会之前。四是标准的界

① 2011年，城镇就业人口3.59亿人，刨除0.15亿名城镇私营企业投资者和0.25亿名个体工商户业主，城镇劳动就业者约为3.2亿人。其中，非私营单位（包括国有、城镇集体、股份合作、联营、有限责任公司、股份有限公司、港澳台投资单位、外商投资单位）就业人员合计1.4亿人。其余就业人员（含私营企业、个体经济就业人员以及灵活就业人员）约为1.8亿人。

定形式。以全国统一的绝对数标准为基础，用地区差异系数充分反映地区差异。

（二）“中等收入劳动者”的概念和标准

我们将“中等收入劳动者”的概念和标准界定为——到2020年前，在城镇就业的劳动者年收入达到6万～15万元的，即可称为“城镇中等收入劳动者[①]”。根据地区经济发展水平、生活成本高低、就业结构和就业者素质差异，可以在0.8～2之间确定地区差异系数。那么这一标准是如何确定的呢？

1. 确定中等收入的全国标准。在估算当前城镇劳动就业者平均工资水平的基础上，采用外推法推算出2020年城镇劳动者平均工资水平，并以此作为“中等”下限。根据最新统计数据，2011年城镇非私营单位职工平均工资为41 799元/年，私营单位和农民工为24 556元/年。按照非私营单位就业人员1.4亿人，占城镇劳动就业人口3.2亿人的44%；其他城镇劳动就业人员[②]占56%的权重加权计算，2011年城镇劳动就业者的平均工资为3.2万元左右，大致相当于非私营单位职工工资的77%。在此基础上，按照7%～9%[③]的年均增速外推，2020年全口径城镇单位就业人员人均工资极有可能达到6万～7万元/年之间。根据十八大报告提出的居民可支配收入翻番目标，到2020年城镇居民人均可支配收入应达到3.8万元/人。在此基础上，按每户2.88人、就业1.49人的平均家庭结构推算，2020年城镇居民人均收入翻番所对应的家庭中单个城镇就业者的平均收入应当达到7.3万元/年，适当考虑劳动就业者的资产性或转移性收入占一定比例，将劳动就业者人均工资标准确定为6万元/年比较合适。这与2005年发改委课题组的研究成果、2010年世界银行公布的上中等收入国家标准以及联合国粮农组织、社科院2011版《城市蓝皮书》等组织提出的标准也比较吻合。

---

① 按2010年城镇家庭平均人口2.88人、就业人员1.49人计算，家庭年收入达到9万～22万元即可达到“中等收入家庭”行列。

② 2011年，城镇就业人口3.59亿人，刨除0.15亿名城镇私营企业投资者和0.25亿名个体工商户业主，城镇劳动就业者约为3.2亿人。其中，非私营单位（包括国有、城镇集体、股份合作、联营、有限责任公司、股份有限公司、港澳台投资单位、外商投资单位）就业人员合计1.4亿人，其余就业人员（含私营企业、个体经济就业人员以及灵活就业人员）约为1.8亿人。

③ 外推的关键在于如何确定2011—2020年间劳动者收入的增长速度。主要有以下两个依据。依据一是十八大报告提出到2020年城乡居民平均收入比2010年翻番，倒算为年均增长7.17%。依据二是过去10～20年工资的实际增长速度。根据统计年鉴数据计算，过去20年间城镇人均工薪收入年均增长8%左右，过去10年间年均增长9.7%。

按照下限的一定倍数确定“中等收入”上限是通常作法。现有研究成果多采用2.3～3倍，而我们的问卷调查结果也显示选择2.5～3倍的较多。综合考虑，我们将上限按下限的2.5倍左右确定，即到2020年全面建成小康社会时期，我国城镇就业者中等收入的标准是6万～15万元/年。

2. 地区差异系数的测算与确定。将造成劳动者实际收入地区差别的因素，构建成包括5个维度，即“收入水平”“经济发展程度”“生活成本压力”“就业结构”和“就业人员人力资本结构”，共计10个指标的变量指标体系（见表18—1）。在确定地区差异系数时，对上述5大维度、10个变量的2010年31省份面板数据，采用因子综合评价与聚类分析方法来实现（具体步骤略）。

表18—1　　体现地区差异的指标体系

收入水平类指标		生活成本压力类指标			经济发展程度类指标		就业结构类指标		就业人员人力资本结构类指标
城镇家庭人均工薪收入	城镇单位就业人员平均工资	城市居民消费价格指数	食品价格指数	居住价格指数	人均GDP	二、三产业GDP占比	城镇单位中非农产业就业人数占比	高工资行业就业比重	就业人员中，大学本科及以上学历者比重

根据聚类方法计算的地区差异系数，北京市、上海市分别高达2.74和2.93，其余29个省（区、市）集中在0.8～1.5之间①。考虑到我国的现实国情和缩小地区收入差距的政策导向，在上述实证分析结果的基础上人为将北京市、上海市的地区差异系数确定为2，其余地区差异系数仍使用实证分析结果。不同地区的“中等收入劳动者”标准见表18—2。

我们提出的“中等收入劳动者”，与“十二五”规划中提到“中等收入者”既有区别又有联系。“中等收入劳动者”是收入达到一定标准的劳动就业者的集合，划分依据是劳动报酬（或者俗称的工资）水平。而中等收入者（或者中等收入家庭）则是全部收入达到一定标准的社会成员（或居民家庭）的集合。前者是针对劳动就业者，收入主要是指劳动报酬收入。后者针对全部社会成员，可以是劳动就业者，也可以是离退休人员、未成年人、未就业

① 需要说明的是，为了校正北京市、上海市的地区系数畸高情况，课题组曾经在公因子评价、取值和聚类等各环节采取了很多种方法，但都未取得更好的效果，还产生了其他问题。

表18—2　　31个省（区、市）“中等收入劳动者”标准

（用调整后地区差异系数计算）

省份	差异系数	“城镇中等收入劳动者”标准下限（万元/人·年）	上限（万元/人年）
上海	2.00	12.00	30.00
北京	2.00	12.00	30.00
天津	1.50	9.02	22.56
广东	1.40	8.37	20.93
浙江	1.28	7.68	19.20
江苏	1.26	7.57	18.93
辽宁	1.19	7.11	17.78
重庆	1.15	6.92	17.30
西藏	1.14	6.81	17.03
山东	1.11	6.67	16.67
福建	1.10	6.60	16.50
陕西	1.10	6.59	16.49
湖北	1.07	6.42	16.05
宁夏	1.06	6.37	15.93
河北	1.06	6.36	15.90
内蒙古	1.06	6.36	15.90
安徽	1.04	6.25	15.62
山西	1.03	6.20	15.51
四川	1.02	6.12	15.30
江西	1.00	6.02	15.06
吉林	1.00	6.00	15.00
湖南	1.00	5.98	14.94
黑龙江	0.96	5.77	14.42
广西	0.96	5.74	14.36
青海	0.95	5.72	14.31
河南	0.94	5.66	14.16
贵州	0.92	5.50	13.74
云南	0.88	5.26	13.14
甘肃	0.87	5.22	13.05
新疆	0.85	5.10	12.75
海南	0.80	4.79	11.99

的职业家庭主妇等，其收入来源除劳动收入外，还可以是股票买卖获利、房屋租金等资产性收入，也可以是抚恤金、退休金等转移性收入。在我国劳动者是就业大军的绝大多数，“中等收入劳动者”是中等收入群体的主体和最基础组成部分，扩大“中等收入劳动者”群体是实现中央“扩中”目标的首要任务。

三、中等收入劳动者群体的现状

（一）行业分布情况

根据我们对 2010 年 109 个细分行业职工工资数据的分析，目前已经进入年收入 6 万～15 万元的中等收入劳动者主要集中在航空运输、IT、金融业（不含证券业）、烟草、科学研发与技术服务行业，在通信、石油石化、电力或热力供应业以及行政机关、事业单位中的相当一部分人也已经步入中等收入行列。这些行业或为垄断行业，或为知识含量较高的行业，或为新兴的朝阳行业，到 2020 年这些行业的劳动者将成长为中等收入劳动人群中的高端收入者，有的则还将跨越中等，进入高收入者群体。按正常增长估算，到 2020 年建成全面小康社会时期，我国大部分处于成熟阶段的非劳动密集型行业中，生产经营正常、企业依法发放工资的，预计会有相当部分的劳动者相继进入“中等收入劳动者”行列。

（二）地区分布

我们对最新城镇职工工资和城镇家庭人均工资性收入数据（2011 年）进行排序，发现了 3 个规律：

1. 从 2011 年城镇非私营单位职工工资水平看，31 个省（区、市）可以划分为 3 个梯队（如图 18—4 所示）。北京市、上海市职工工资已经达到 7.5 万元以上，远高于其他地区，此为第 1 梯队；处于第 2 梯队的是天津市、西藏自治区、江苏省、浙江省和广东省 5 个地区（含广州市 54 917 元、深圳市 49 141 元），职工工资在 4.5 万～5.5 万元；其余地区可划分为第 3 梯队，职工工资集中在 3 万～4.2 万元。

2. 从城镇居民工资性收入看，沿海发达地区城镇居民工资性收入要高于中、西部地区（如图 18—4 所示）。这反映了中、西部地区的私营和个体经济发展相对落后，其职工工资与非私营单位的差距比较明显。

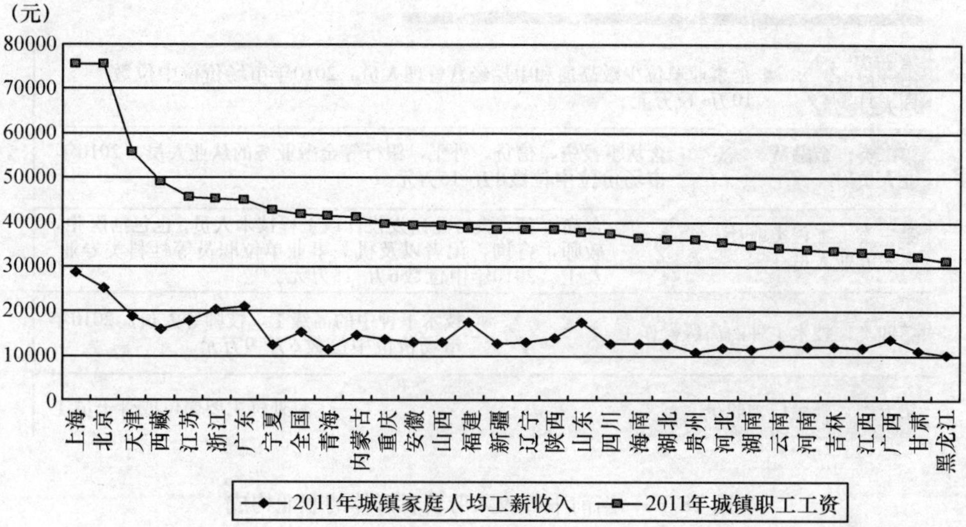

图 18—4　2011 年 31 个省（区、市）城镇家庭工资性收入与职工平均工资情况

3. 一些二线城市的中等收入者群体也在壮大。以浙江省为例，2010 年浙江省（非私营）职工平均工资 4.06 万元，除省会城市杭州市外，丽水市、衢州市、舟山市、宁波市、台州市等地职工平均工资非常接近，都超过了 4 万元，有一部分劳动者工资收入已经超过了 6 万元的“中等收入劳动者”下限。而内蒙古自治区的鄂尔多斯市 2010 年职工年平均工资为 5.3 万元，已经超过了杭州市（4.87 万元），并且远高于本自治区其他地区，该市有一部分劳动者已经步入“中等”行列。

总而言之，目前中等收入劳动者主要集中在北、上、广、深等大型城市以及浙江省、广东省等沿海发达地区。另外，部分直辖市及省会城市，如杭州市、济南市、沈阳市、重庆市以及发展较快的二线城市如宁波市、厦门市、鄂尔多斯市、无锡市、苏州市等地的中等收入劳动者也越来越多。

（三）职业分布

我们使用《2011 年北京市劳动力市场价位》数据来分析一下目前中等收入劳动者群体的主要职业（如图 18—5 所示）。

目前已经进入 6 万～15 万元/年“中等收入劳动者”行列的劳动者重要集中在 5 类人员。第 1 类是企、事业单位少数高层和中层经营管理人员。第 2 类是投资、信贷、外汇、银行等金融行业从业人员。第 3 类是专业技术人员，包括高、新、尖行业的研发设计或工程技术人员，以及医生、教师、专业咨

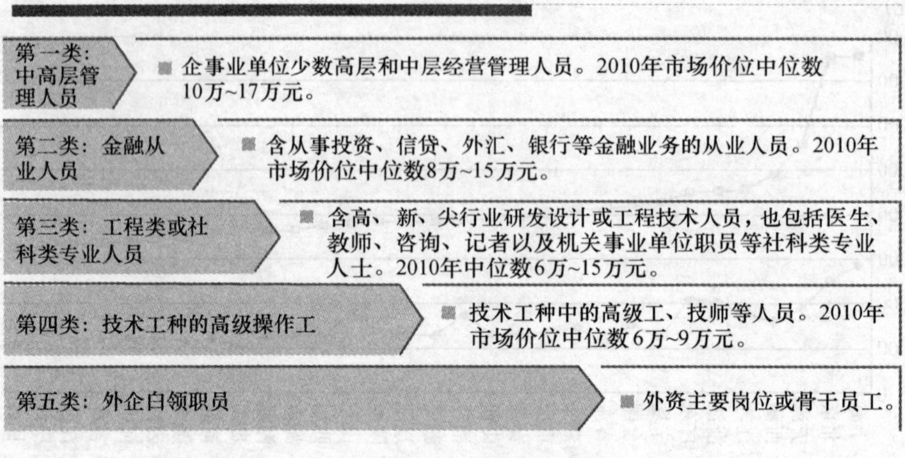

图 18—5　当前中等收入劳动者群体的职业构成

询人员、记者和机关、事业单位职员等社科类专业人士。第 4 类是部分外资企业职员。第 5 类是部分需求量大、专业性较强技术工种的技师、高级技师等技能超群的生产操作工人，其年收入也达到了中等水平。目前，中等收入劳动者分布的职业有两大特征：一是受教育程度较高，知识含量较高；二是属于新兴工作岗位或市场稀缺程度较高的职业，这与发达国家早期的特征也比较相似。

（四）受教育程度

根据《2011 年中国劳动统计年鉴》的数据，2010 年我国单位负责人中大学本科学历者占 16.2%、研究生学历者占 2.1%，两者合计 18.3%；而专业技术人员中大学本科学历者占 26.5%、研究生学历者占 3.5%，两者合计 30%。而单位负责人和专业技术人员是当前我国“中等收入劳动者”的重要组成部分。

分行业看，金融业，信息技术传输、计算机服务和软件业，教育业，科学性研究、技术服务和地质勘查业，公共管理和社会组织这五大行业的中等收入劳动者比较集中，这五大行业中大学本科或研究生学历者分别占 30.5%、31.1%、43.6%、42.5%和 29.1%，远高于 8.6%的平均水平。

中等收入劳动者的平均受教育程度较高，反映了人力资本要素在决定收入中的重要作用，较高的受教育程度和紧缺的专业知识训练需要的费用也较高，收入体现为一种教育收益。

（五）消费行为特征

2010年，我国城镇居民家庭平均人口为2.88人，平均就业人口为1.49人[①]，用6万～15万元/年区间按这个家庭格局倒算，城镇居民家庭人均年收入应当为3.1万～7.8万元。根据中国统计年鉴2010年城镇家庭数据，这个区间主要分布于“中等收入户”“高收入户”和“最高收入户”之间，中等收入劳动者及其家庭的消费行为特征可归纳为：一是从消费性支出总体结构看，除衣、食、住、行基本生活外，有比较宽裕的经济能力来满足更高层次的需求；二是在选购基本生活用品时相对于价格和耐用性，倾向于更富设计感和艺术感的产品，注重品牌，对某些品牌有一定的忠诚度；三是尝试最新的高科技产品，并利用这些产品提升生活品质或效率；四是每年1～2次旅游出行，经常性参与文体、健身、娱乐活动；部分中等收入劳动者还拥有私家车或自有住宅。

（六）当前规模与比重

要估算目前我国中等收入劳动者的规模和比重，需要借用城镇居民家庭按收入分组的统计数据。按照国家统计局2011年统计数据，中等偏上户（占20%）家庭人均年收入为2.91万元，高收入户（占10%）人均年收入为3.92万元、最高收入户（10%）人均年收入为6.65万元（见表18—3）。而如果将6万～15万元的标准按照2011年城镇家庭2.87人、1.48人就业的平均家庭结构推算，中等收入劳动者的家庭人均年收入应当在3.1万～7.8万元之间，简单估算，应当涵盖大部分高收入户家庭、少部分中等偏上户和少部分最高收入户家庭[②]，预计占全部城镇家庭的18%～20%（在北、上、广、深等大城市可以达到30%以上[③]）。这些家庭中的劳动就业者基本上可以进入我们的“中等收入劳动者”群体，按2011年6.9亿名城镇人口，每户人口2.87人、1.48人就业推算，“城镇中等收入劳动者”群体总人数达6 000万～7 000万人，约占全国城镇劳动就业人口3.2亿人的18%～20%，占城镇总人口的9%～10.3%。

---

① 见《2011年中国城市（镇）生活与价格年鉴》“1—1—2 城镇居民家庭基本情况”。

② 专家估计，有5%～10%的城镇超高收入家庭未能纳入统计局的入户调查范围。

③ 根据《2012年北京市统计年鉴》，2011年高收入户（20%）家庭的人均工资年收入为2.72万元，最高收入户（20%）家庭的人均工资年收入为5.02万元，因此可以推断3.1万～7.8万元的中等区间应当涵盖大部分高收入户和最高收入户，占30%以上。

表 18—3 按收入等级分城镇居民工薪收入情况（平均每人全年，2011 年）

项目	总平均	最低收入户（10%）	低收入户（10%）	中等偏下户（20%）	中等收入户（20%）	中等偏上户（20%）	高收入户（10%）	最高收入户（10%）
2011 年家庭人均收入（元/年）	23 979	7 819	11 751	15 880.7	1 439.7	29 058.9	39 215.49	66 490.7

数字来源：《2012 中国统计年鉴》。

四、扩大中等收入劳动者群体的路径与措施

（一）国外经验总结

中等收入者在西方被称为“中产阶级”“中间阶层”或“社会中流”（以下使用“中产阶级”），是指收入和社会地位处于社会中间状态的社会群体。中产阶级的雏形最早可以追溯到 17 世纪、18 世纪工业革命前后的“middle class”以及法国大革命时期的“第三等级”，早期的中产阶级（老中产）主要包括工商业业主，少数医生、教师、律师、学者等专业人士，公务员等。随着资本主义经济飞速发展，工业化、城市化程度迅速提高以及技术进步，产业分工和就业结构产生了较大变化，体力劳动者比重下降，脑力劳动者和技术工人比重上升，更多的专业技术人员、大公司的白领职员、技术工人等进入了中等阶层，成为“新中产”。特别是第二次世界大战后伴随着第三次技术革命，各国经济、社会都有突飞猛进的发展，社会结构和职业结构也迅速变化，中产阶级的数量、规模得到迅速扩大，社会地位和影响力不断提高，引起广泛重视。当前欧美日等发达国家以及韩、新、台、港等新兴市场经济国家（地区）的中产阶级人口基本成为社会的主体，大致占总人口的 35%～70%。各国（地区）“中产阶级”的职业构成非常接近，第二次世界大战后在“老中产阶级”基础上迅速兴起了“新中产”，即大企业的中层管理人员、大量科研或技术工作者、更多专业人士，甚至是普通白领文员和部分技术工人。而我们所研究的“中等收入劳动者”正是主要对应于西方社会学的“新中产”的主体，即向雇主提供劳动并获取劳动报酬作为主要收入来源的劳动就业群体。

我们梳理了各国“中产阶级”成长的过程，归纳了几种典型模式，包括：英、法传统的自发成长模式，美国以教育和消费推动模式，北欧高福利政策

推动模式，日本以“收入带增长”的政府引导模式以及港、台等地区在经济全球化背景下的中产之路等。回顾这些国家（地区）中产阶级发展的过程，可以得出以下结论：一是中产阶级的发展与工业化、城市化进程相互融合。二是工业化、城市化过程会带来垄断和两极分化，中产阶级的壮大是缩小贫富差距、保证社会稳定发展的重要稳定剂。三是壮大中产阶级、缩小贫富差距，离不开教育普及、社会保障网络建设以及税收政策调整。四是在工业化、城市化以及中产阶级发展进程中，政府可以发挥积极的促进作用。

（二）未来预测

用我们6万～15万元/年的标准按家庭人口2.88人、就业人数1.49人折算为城镇家庭人均年收入应为3.1万～7.8万元之间。这一标准对应2010年的“高收入户”和“最高收入户”。假设各收入等级的城镇家庭人均收入都在2010年的基础上年均增长7.17%①，到2020年建成全面小康社会时，3.1万～7.8万元/年的“中等标准”则对应其中的“中等收入户”“中等偏上收入户”和“高收入户”，估计会有35%～40%（如图18—6所示）城镇家庭中的劳动就业者成为中等收入劳动者。这是我国经济和社会正常发展可达到的目标(available)，也是中等发达国家中产阶级占比的一般水平。

项目	总平均	最低收入户(10%)	低收入户(10%)	中等偏下户(20%)	中等收入户(20%)	中等偏上户(20%)	高收入户(10%)	最高收入户(10%)
2010年城镇家庭人均年收入（元）	21 033	6 704	10 247	13 971	18 921	25 498	34 255	56 435
2020年城镇家庭人均收入（元）（估算）	42 067	13 407	20 494	27 942	37 841	50 996	68 509	112 870

图18—6　对我国“中等收入劳动者群体”规模的预测

当然，“中产阶级成为社会主体”不单单表现为中等收入者占主体，而是整个经济、社会、文化、政治各方面综合发展的产物，它是以“产业结构高度非农化、高度城镇化、居民收入和生活水平普遍提高”为经济基础，以

① 确定7%的依据有三。依据一，党的十六大报告提出，全面建设小康社会的目标是到2020年使我国国内生产总值比2000年翻两番。实现这一目标，GDP必须保持年均7.2%的速度。依据二，“十二五”规划确立的人均GDP、城镇居民可支配收入和农村居民纯收入年增长不低于7%的目标。依据三，十八大报告提出，2020年居民平均收入比2010年翻番，倒算为年均增长7.17%。

“教育普及、政治平等民主、科技发达、文化繁荣昌明”为社会特征，以“专业人员和技术职业占主体”为职业表征的一种社会分配格局。

（三）路径选择

各国中产阶级发展壮大的历史虽然各有特点，但从大的方面看，可以分成两种路径：第一种路径，是老牌资本主义国家经历的自发式的发展路径。第二种路径，是政府引导或推进式发展路径。包括日本、北欧各国以及多数新兴市场化国家在内，吸取发达资本主义国家经验，在经济全球化的背景下，由政府采用各种手段积极引导或推动工业化进程、调整产业结构、缩小收入差距，从而推动中产阶级的发展壮大。

我国的现实基础有 3 个最大的现实国情。一是我国是社会主义市场经济。二是我国已经深度介入全球经济一体化。三是我国正处于快速工业化、城市化的进程中，处于经济转型的关键期。我国实现扩大“中等收入劳动者”群体，应当选择“由政府引导和推动的、自发与自觉相结合的路径”。具体包括 7 个环节，如图 18—7 所示。

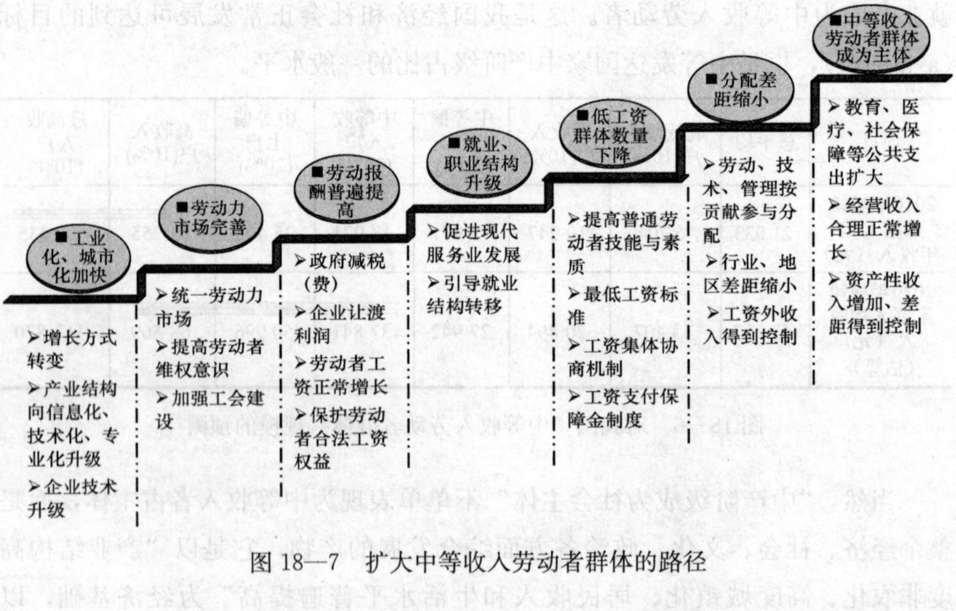

图 18—7　扩大中等收入劳动者群体的路径

（1）工业化、城市化继续深化，顺利实现经济转型，这是宏观经济背景。（2）劳动力市场持续发展完善，这是市场基础。（3）劳动报酬普遍提高，这是“扩中”的前提。（4）就业、职业结构升级，这是“扩中”的必经环节。（5）低工资群体数量下降，收入明显增加，这是“扩中”的应有之义。（6）分配差距缩小，这是“扩中”的关键。（7）中等收入劳动者群体形成并占据主体，这是目标与结果。中等收入劳动者群体形成相对稳定的队伍，并占据主体，仅仅是劳动报酬分配领域的改革远远不够，政府更需要在经营性收入、资产性收入和再分配领域发挥预防和调控分配不公、保障弱势群体的功能。

（四）制约因素分析

深刻分析我国劳动力市场和劳动报酬分配领域的现实状况，主要制约因素包括：

1. 企业利润增长较快、税费负担较重

一方面，劳动要素所得在整个初次分配中的占比持续下降，从总量上限制了劳动报酬增长和中等收入劳动者群体规模扩大。从20世纪90年代初到“十一五”中期，我国报酬占初次分配的比重下降了6～7个百分点，政府所得比重仅提高了1个多百分点，而企业所得上升了5个多百分点，形成了利润侵蚀工资的不合理局面。

另外，根据我国现行税收和社会保险缴费规定，五险一金的单位缴费合计占税前工资总额的45%左右，个人缴费合计占个人税前收入的22%左右。如果再加上我国工资薪税3%～45%的累进税率，劳动报酬相关的税费负担相当高，形成“职工收入不高、企业用工成本不低”的局面，这不仅限制了劳动者实际收入和购买力的提高，同时也削弱了我国在国际市场的竞争优势。

2. 劳动力市场相对滞后

我国劳动力市场发育较晚，目前城乡二元分割、体制性二元分割局面依然没有彻底消除。同时，劳动者主体建设落后，整体“资强劳弱”的局面没有改变，这是限制市场在工资决定中发挥基础性调节作用的最大障碍。

3. 保障和增加低工资群体收入的机制不足

劳动密集型行业、私营企业、农民工等低工资群体工资偏低、增长缓慢，工资支付保障和工资增长机制不足也是重要原因。

一方面，工资支付及欠薪保障机制尚不健全、执行效果不佳，低工资群体的合法工资权益不能得到保障。另一方面，工资增长和工资集体协商机制进展缓慢，最低工资调整对增加低收入群体工资的作用大打折扣。最低工资标准立法层次低，各地调整标准的随意性较大。事实上，一些企业仍然存在通过提高定额、延长劳动时间、降低计件单价等手段变相违反最低工资标准的现象，少数劳动密集型企业甚至仍然直接以最低工资标准作为工资支付标准。部分企业，尤其是私营企业和劳动密集型企业尚未建立工资随劳产率提高和企业效益正常增长的机制。工资集体协商机制也未能发挥应有的作用。

4. 工资调控政策尚未发挥应有作用

对于调整工资分配关系真正能够发挥作用的，主要是工资指导线政策和国有企业及其负责人工资管理这两项。其中：工资指导线政策强制力弱、缺乏国家层面的统一政策导向，没有发挥应有功能。工资指导线政策可以综合运用“三条线”① 调控不同企业之间的分配关系；可以通过行业工资指导线调控行业工资差距；可以对于垄断企业或工资过高的国有企业工资增长幅度进行限制（“限高”）；也可以提低。工资指导线最适合体现政府对工资差距的调控意图，各地的工资指导线文件也都基本上加载了“保低”“限高”，甚至是行业工资调控的内容。但从实际执行效果看，各地区在制定和运用工资指导线政策中差异性很大。一是各地工资指导线的增资空间不统一，个别地区工资增长弹性过大，不利于缩小工资分配差距。由于缺乏国家层面统一指导，各地区对工资分配差距看法不统一，导致各地工资指导线政策的工资指导线的增资弹性空间差别较大。二是对工资偏高企业和垄断企业的限高政策导向不明、措施不力。有的地方严格限定这些企业工资“零增长”，有的按下线控制，有的按基准线控制，个别地区放宽到了警戒线，基本上没有体现限高导向。究其原因，首先是在国家层面缺乏统一的明确导向和整体平衡，无法从全国高度来调控地区差异、行业差异。而且工资指导线的法律强制力低，执行效果差。

5. 我国税收体制与制度不合理

一是我国以流转税为主体的税制结构。流转税具有累退性，造成低收入者实际承担的流转税税负相对高于高收入者。二是个人所得税制度设计不合理。这突出表现在两个方面：第一个方面，我国个人所得税对 11 项应税所得实行“分类扣除费用、分类征收”的分类课税模式，没有充分考虑纳税人全部的、真实的收入情况。收入来源渠道多的高收入者可以通过分解收入、多次扣除费用来逃避税收。但对于以工薪收入为主、收入来源渠道少、总收入

① 据企业效益情况、职工工资水平和企业性质适用不同的增长幅度，即增资下限、基准线和警戒线三条线。

水平较低的劳动者来说，其税负相对较重。第二个方面，我国个人所得税以个人为纳税单位，没有考虑到纳税人家庭成员构成及支出结构因素，也会加重中、低收入者的税负负担。

6. 工资外收入分配秩序混乱

一是部分企业在工资表外列支发放的补贴、津贴、实物分配等制度外收入名目繁多，很难搞清真实情况，更缺乏约束。尤其是垄断企业在高工资之外的超高福利很容易引发社会不满。二是国有企业负责人的职务消费多采用实报实销形式，缺乏有效约束机制，弹性更大。三是部分地方政府机关和事业单位的工资外收入名目多、数量大，主要来源于税外规费，造成预算外和制度外收入规模庞大，个别单位甚至还出现收入不入账、私下分账等违法违规行为。据王小鲁估计，加上隐性收入后，全国城乡居民最高和最低10%家庭的人均收入差距达到55倍，远高于统计数据推算的21倍。包括灰色收入在内的工资外收入膨胀的结果，不仅放大了实际收入差距，同时助长了各种权力机构的寻租行为或腐败现象。

（五）政策建议

1. 政府减让税费，扩大劳动报酬增长空间

增加劳动报酬总量增长，提高其在初次分配中的比重，是工资分配采用增量推动存量改革的前提。在初次分配宏观层面，可以通过国家减让生产税和社会保险缴费，来扩大劳动报酬增长的空间。

一是继续生产税的结构性减税，推进营改增范围。二是加大国企分红用于充实社会保险基金比例，同时适当降低社会保险缴费，增加广大劳动者的税后收入和消费能力。

2. 推动劳动力市场建设，夯实微观基础

一要尽快清除体制性、制度性障碍，加快统一劳动力市场建设进程。二要加快劳动力市场主体建设。一方面，提高劳动者维权意识和能力；另一方面，通过教育与技能培训，提高劳动者整体素质与技能水平。

3. 引导企业让渡利润，各类职工按贡献分享发展成果

首先，引导资本所有者对资本收益率有一个客观认识，在此基础上允许职工分享利润。其次，要完善岗位价值度评估、市场价位对标、绩效考核等基础，合理确定各类岗位的分配关系。最后，还要通过利润分享或股权激励

等制度创新，真正形成职工分享企业发展成果的机制。其中，利润分享等非股权式机制，适用于非股份制或大股东不愿意稀释股权的股份制企业，其激励作用小但风险也小。而股权式分享机制操作技术难度较高，且存在一定风险，更适用于资本密集或技术密集型股份制企业，尤其是上市公司。

4. 引导就业升级，扶持自主创业，扩大中等收入劳动者来源

应当在扩大就业规模的前提下，顺应产业结构升级和经济转型的需要，引导就业结构升级调整，根据产业发展政策，引导劳动力向战略性新兴产业、金融服务业、技术服务业等现代服务业集聚。同时，营造良好的政策环境，完善扶持政策，鼓励人才自主创业、科技创业，扩大中等收入劳动者群体的来源。

5. 加强工资支付保障与正常增长机制，推动更多低工资劳动者进入中等行列

一方面，加快工资支付立法进程，用法律形式明确同工同酬的概念与内容，明确加班加点、各种假期工资支付的计算基数，加强劳动定额管理，规范工资支付行为。另一方面，通过建立工资正常增长机制和集体协商机制，通过适时适度调整最低工资标准，推动低工资群体工资正常、持续增长，使更多的技能人才进入“中等”行列。

6. 强化并用好工资分配调控政策，实现“提低”“限高”

一是通过立法等途径提高现行工资调控政策的强制力。二是在国家层面建立工资调控政策的评估与指导机制，明确并贯彻统一的政策导向。效果最好的做法是“国家先行发布导引、地方细化”的做法，起始阶段建议从国家统一评估做起，即国家对上一年度各地区的最低工资、工资指导线和国企工资总额管理情况进行科学评价，待时机成熟再过渡到国家现发布“政策导引”的做法。三是推动行业最低工资标准和行业工资指导线的试点工作。四是将工资调控的范围调整为职工薪酬。从原来窄口径的“工资管理”扩展到“薪酬管理”，将工资外、制度内的社会保险和福利、津补贴统一纳入调控口径，才能真正做到对劳动要素所得分配差距进行调控。

7. 完善个人所得税制度，提高收入分配调控功能

一是增强个人所得税的主体地位，加强税收体制的收入调节功能。二是在个人所得税制度设计上，采取“劳动要素收入所得合并纳税、税率下调”。

建议将主要体现劳动要素所得的“工资薪金收入”“稿酬”和“劳务所得”合并纳税，简化税率档次，最高税率降低为40%。三是在费用扣除标准中增加随物价指数的自动调整机制。

8. 其他配套改革

一方面政府提供更广泛的社会保障与福利体系，同时应当扩大在教育方面的支出，着力解决医疗、住房等问题；还要进一步推动农业和农村的现代化建设，增加农民收入，逐步消除城乡差别。另外，政府还应当改进中小企业经营环境，推动资本市场发育，合法、合理地增加劳动者的经营性和资产性收入，通过开展财产税、遗产税等手段缩小财产性收入所造成的贫富分化。

第十九章
经济学新假定框架下的我国收入分配问题探讨
——对经济学3个假定的认识与探索

我国工资收入分配宏观管理体系在社会经济发展进程中，发挥着应有的作用，随着改革的不断深化，有关各项法规政策体系正在逐步建立和完善。但是，我国市场经济条件下的工资收入分配理论如何在坚持马克思主义体系框架内与时俱进、不断创新，是摆在我们面前的重要任务和课题。西方经济学3个假定不适应我国社会主义市场经济体制要求，而对经济学假定的重新思考与探索，又使我们能够发现我国宏观和微观分配领域中存在的问题根源所在，促使我们探索经济学假定与我国市场经济的适应性问题。本文正是在这样的思考背景下对经济学假定进行了探索，以达到为我国工资收入分配改革奠定理论基础之目的。

关于西方经济学的假定有不同的版本，比较权威的说法是如下3个假定：经济人假定，资源稀缺假定，保护私有产权假定（王东京等，2002）。经济学的3个假定所涉及的是生产要素问题：经济人——指资本所有者，他们是自利的，一切以利润最大化为动机和出发点（或解释为，他们是理性的，所做一切都是有目的的）；资源稀缺——指世界上的物质资源是稀缺的，即经济人用资本购买的物质资源是稀缺的；保护私有产权——经济人进行投资获取的私有财产必须受到保护。3个假定阐明了这样的道理：私有制的建立符合人性特点和自然界特点，经济学要研究如何合理配置资源，私有产权如何受到法律保护，以满足经济人的最大化利益。

在我国，经济学的这3个假定被一些学者认为是经过近300年考验的颠扑不破的真理（王东京等，2002），也有一些学者对3个假定（主要是对经济人假定）从学术的角度提出了看法和质疑（杨春学，1997；胡钧等，2006），还有的学者从西方经济学界对确立假定的认识和方法的研究方面进行比较分析（袁群莉等，2002）。本文试图采用学术分析与实证分析相结合的方法，从真理是相对的、经济学是有立场的、社会是在发展的3个角度对经济学的假定进行认识与分析，重新思考与探索，寻找新的经济学假定，目的是挖掘更为合理与有效的经济理论的本质依据，更好地为深化我国收入分配改革实践服务。

一、从立场看经济学的3个假定

西方经济学的3个假定主要是在资本要素和资本所有者的立场上建立起来的，其逻辑顺序是：有资本才有经济活动，资本搞活了，经济就搞活了，财富被创造出来，社会才能向前发展；资本（生产资料）一定要私有，因为人是自利的，自利是经济人的天性，生产资料的私有能够满足人的这种天性，这种天性驱使经济人一定会追求利益最大化，个体的私利实现了，才有社会财富的积累，社会才向前发展；仅消费资料私有不能满足经济人利益最大化目标，道理很简单，生产资料（资本）能够用来生产出更多的消费资料，甚至还再生产出生产资料，或者被称为“钱生钱”，但消费资料只能用来消费，不可再生。因此，得出的结论是，生产资料私人占有是合理的，符合人性的特点。为什么人类社会会分出阶层，会存在穷人和富人呢？因为资源是稀缺的，这是自然界的“天性”，占据资源和没有占据资源必定会导致贫富差距。谁能占据资源呢？既然资本所有者用资本购买资源并承担投资风险，那么资本所有者占据资源也就成为必然，私有产权更是顺理成章地受到法律的保护，资本主义国家的政府和法律都围绕资本活动进行扶持式管理和保护性立法。

站在马克思主义的立场看待和分析问题会得出截然不同的结论。马克思主义是以劳动要素和劳动者为出发点和立脚点的，其主要观点是：资本是肮脏的，资本家凭借资本的天然特权无偿占有剩余劳动和剩余产品的行为是剥削行为，只有消灭资本和剥削，建立生产资料公有制的社会制度，才是最合理的。

在这里，立场显得尤为重要，立场决定着不同社会阶层对世界一切事物的不同看法。站在前一个立场看，资本主义是合理的，3个假定也自然具有合理性；站在后一个立场看，社会主义是合理的，3个假定自然就不存在合理性。我们要站在马克思主义发展的立场上认识问题，并且要分析立场确定后的社会与经济发展状况和前景。

西方国家社会经济活动目标基本都是围绕社会经济活动需要制定的。西方国家因以私有制为基础，所以也就更加重视、鼓励和保护投资热情，资本家投资了，劳动者才能就业，这是最简单不过的逻辑道理。私有制的发展使西方国家进入了发达经济行列。我国也实行了市场经济，但它是社会主义公有制条件下的市场经济，这就决定了我国一定会站在马克思主义的立场上确定出发点和立脚点。改革开放给我国带来了翻天覆地的变化，国民经济取得了长足发展，人民生活水平大幅度提高。而在以后的社会发展中，西方发达国家正在面临前所未有的挑战，经济问题和社会问题交织出现；我国在经济发展过程中也遇到了一些尖锐的问题与挑战，这些都体现了目标确立与目标实现的对立和冲突。

我国把目标建立在满足广大人民群众日益增长的物质文化需要上，并采取了加大再分配力度、逐步改善民生的许多切实可行的举措。但是在制定经济方针和经济政策时又往往选择如下 3 条途径：第一条途径是压制私人资本（主要是改革开放以前），因为坚持马克思主义必然要坚持公有制，结果使私有经济无法充分发挥其自负盈亏、安置就业、追求效率的重要作用；第二条途径是扩张公共投资和给予国有企业更多的优惠政策，特别是当前，地方政府举债借贷不考虑偿还能力与风险，国有企业得到国家的扶持，难以形成公平竞争的环境；第三条途径是税费收缴扩大，增强了政府管制力度，增加了政府支出，为保证收支平衡，财政收入增幅近几年均居高不下，2006 年和 2007 年分别增长 22.5％和 32.4％，2010 年和 2011 年分别增长 21.3％和 24.8％（国家统计年鉴，2012）。而这样做的结果必然引发两个突出的经济问题：一是宏观经济和微观经济的失衡发展，二是国有经济和私有经济的失衡发展。经济的失衡发展必然引发社会问题，这不但不能帮助我们坚持立场和实现目标，甚至还有可能与立场和目标“擦肩而过”。

从理论上，我们看到了立场对经济学假定所带来的至关重要的影响；在实践中，我们对带有立场主义的经济学假定又无从判断而产生认识上的困惑。但可以肯定的是，从资本主义私有制归纳出来的经济学假定肯定不能套搬到我国的市场经济体制中来，而随着人类社会的向前发展，经济学假定也对解释当代资本主义市场经济的矛盾与冲突显得多少有些“力不从心”。

二、对经济学3个假定的分析和认识

首先，经济学3个假定中的第一个经济人假定，是遭到抨击最多的假定。亚当·斯密于1776年在《国民财富的性质和原因的研究》一书中最先提出“经济人”范畴（吕绍昱，2007），此后西方经济学界展开了激烈的争论，反驳的观点主要是，经济人不可能都是完全自利的和完全理性的，特别是，赫伯特·西蒙（Simon）另辟蹊径，提出了有限理性管理人假定（1947），拓宽了经济人假定的讨论思路与范围。

西方国家处于经济发展初期时，人的私欲横流，经济人假定是很贴切的；当西方资本主义国家完成了从原始资本积累到垄断资本的跨越后，经济人的自利性就被社会化大生产要求和企业组织结构特点所弱化。社会化大生产要求人们的经济合作更加密切，企业组织结构变革使信息传递更加畅通，经济思考与决策也更加缜密，人性在悄悄发生着或大或小的变化，这时经济人所体现出来的单向自利性更多地被双向或多向利益权衡性所代替。慈善事业也是在这个时期产生并发展起来的。工业富豪们在创业和发展阶段，通过延长工作时间和压低工人工资等手段，使资本收益最大化，劳动收益最小化，赚取了巨额利润；到了后发展阶段，他们开始热衷于慈善事业，把大量的财产和财富毫不吝啬地捐献出去，这本身反映出人性的转变——经济人从最初的唯利是图，到后来变得多角度权衡利弊地考虑私人占有份额，人类的天性、认识、意志和行为随着社会的向前发展而发生着改变。借用进化论的分析思想，也可以说明社会中的人类和人类组成的社会进步的原因。

在资本主义下的企业内部，经营管理者更多思考的是管理的科学化和效率化问题；社会主义下的企业经营管理者也在不断汲取着西方国家企业的先进经验。人们一方面谴责自利性，另一方面又在如饥似渴地学习科学管理思想。用管理学诠释这个理性经济人时，其形象与尔虞我诈、自私自利和追逐利润最大化完全脱钩了，加强劳动定额管理、提高劳动生产率——这两个里程碑式的管理方式已经被我们习以为常地、当作经典管理手段运用到了企业管理中。

经济的历史在创造经济人概念的同时，却忽略了劳动者。经济人是解释投资者的动机和经济行为的，并没有涉及劳动者的动机和经济行为，而没有包括劳动者在内的经济人假定应当是“单方（残缺）经济人”假定。前面分析，这是西方经济学注重维护资本和资本家的立场所决定的。如果把劳动者纳入经济人范畴，分析和结论就会大不相同。

其次，资源是稀缺和有限的假定，这是对自然界特点的描述。物质资源的稀缺，给人类社会带来不小的“麻烦”，这种麻烦在历史上大多演变为了“战争”，战争都是演变而来的。经济学讲，当资源性的经济问题无法解决时，就会发生战争，世界上大多数战争都是为了掠夺资源而发起的；政治学讲，当经济问题解决不了时，政治危机将在所难免，而当无法摆脱政治危机时，战争也就为时不远了，这些战争也大都是以掠夺资源为目的。物质资源的稀缺确实是“根”，但是，作为人类社会经济活动的出发点或经济学假定，资源稀缺是没有多少实质性意义的。我们用反推法进行论证：设想如果资源不稀缺，并且取之不尽，会出现什么情况呢？比如，大家都偏好生产并且每个家庭都随心所欲地拥有卡迪拉克，问题就出现了。在消费者对某件商品的欲望遵循边际效用递减规律时，生产卡迪拉克的企业就会出现严重的产能过剩，卡迪拉克也无一例外地会严重过剩。如果每个家庭按照最高配置需求，每个人都拥有一辆这样的车，接下来的问题便更加棘手。这些车放在哪里？地球和空间是有限的，于是，资源配置问题又会被重新提起，但这时的资源配置是过剩时的配置问题，这样的结果和资源稀缺时的情况完全相同，都需要解决配置问题。既然如此，资源稀缺作为经济学的一个假定也就变得不那么重要。大多数经济学家认为经济学是研究资源配置的，在这里，研究的应该为无论资源是否稀缺前提下的资源配置，特别是，资源对一国的经济发展虽然重要，但不是至关重要的影响因素。日本是资源极度匮乏的国家（而且还是战败国），但它在第二次世界大战后率先崛起，成为经济强国；相反，一些国家资源丰富，但也还处在经济缓慢发展的阶段。经济学假定是对重要经济本原现象的描述，把不是重要经济本原现象的资源稀缺作为经济学的一个假定是值得商榷的。

西方经济学把资源稀缺作为基本经济学假定，是要告诉人们，生活在同一社会中，为什么有的人富有而有的人贫穷？因为资源是稀缺的，如果不稀缺，穷人也就富裕了；穷人得不到或分享不到财富，不能怪富人，只能怪自然界；在自由竞争和优胜劣汰的市场法则下，为什么会存在失业、会有贫穷，不是制度造成的，是资源稀缺造成的。

进一步分析，经济学假定中的资源主要指物质资源，但这无法解释现实经济活动中存在其他资源及其稀缺或过剩问题。现实生活中，资源不仅包括创造物质产品所需要的原材料等物质资源，还应当包括资本、土地、劳动、信息、空间等，这些也属于资源（或相对于思想和意识资源，它们也属于物质资源）。当资源扩展到这些方面时，资源稀缺的复杂多变性便呈现出来：历史上稀缺的，不一定现代也稀缺；这个资源稀缺，不一定那个资源也稀缺；在这里这个资源稀缺，在那里这个资源就不稀缺；这个资源从某一角度讲是稀缺的，从另一角度讲则不稀缺，等等。比如，空间在适合人类居住、人口稠密的地方是稀缺的，在贫瘠荒凉、人烟稀少的地方则取之不尽；从劳动力结构看，现在不缺少简单劳动力，而缺少有技能的劳动力，我们就说劳动力资源结构是短缺与过剩并存的结构；在信息爆炸时代，信息是过剩的，但有用的信息是稀缺的，这可能是信息技术造成的，也可能有其他原因。

用广义的资源（包括所有生产要素）分析问题，会很难用稀缺的概念涵盖全部经济现象。目前，我国钢铁行业产能过剩，说明炼钢的原材料等资源是过剩的（尽管有进口铁矿石）。或者从需求角度讲，我国目前不需要生产出这么多钢材（需要深加工钢材），虽然这是相对过剩，但过剩就是不稀缺。目前，欧美国家的失业率已逼近甚至超过两位数，说明在现有资本规模下的劳动力资源是过剩的，同样，这个过剩也就意味着不稀缺。分析原因，我们看到的是稀缺的本质：它不是绝对的，而是相对的。相对意味着有参照系。在举例中，需求、资本规模为参照系，于是，过剩或供过于求就成为常见的经济现象。各类资源存在的供过于求和供不应求的复杂现象，给经济学家在研究经济问题以及政府在制定经济政策时增加了难度。

在研究问题时，我们主张同质分析。物质资源稀缺与理性经济人不是同质性假定，前者是自然界的自然属性，后者是人类社会的社会属性。这种不同质假定在共同表达认识和意志或对问题进行合理判断时，有可能会遮掩经济学本身的一些规律性问题而产生逻辑错误。

最后，保护私有产权假定。西方国家在私有经济初期阶段，国有企业和公共部门的数量很少，而当今大多数国家都实行混合所有制的社会制度，经济学假定仅涉及对私有产权的保护便显得有些狭窄，特别是在我国，强调以公有制为主，公有产权和私有产权一样都应当受到法律的保护。对公有产权和劳动力产权问题只有张五常更多地提到并研究过。

保护私有产权假定虽然是讲社会层面的事，但它不属于社会属性，而是社会意志的体现，比前两个假定位置要高。3个假定中，第一个假定体现了社会属性或社会的自然属性（多少还有自然人特点的痕迹）；第二个假定体现了自然界的自然属性；第三个假定体现了社会意志——社会的非自然属性。如果按照前两个假定进行逻辑推理，第三个假定应该为“产权是私有的”更为匹配。

本文的观点是，3个假定要具有同质性，应当把它们归属到同一层面，即全部放在社会自然属性的层面上。如果放在自然界的自然属性上，就无法保证对各种经济现象做出区别性解释与分析；如果放在社会的意志上，就无法保证对不同利益集团和不同国家意志所控制的制度、政策和政府行为的全覆盖。唯一的方法只能将经济学假定放在社会属性或社会的自然属性上，这样才能保证它们之间具有内在逻辑性。

三、对确立经济学新假定的思考与探索

如何确定经济学假定，它的基点应当定位在哪里？建立新的经济学假定必须先解决这个问题。西方经济学家对经济学的假定从方法上进行了大量的研究，主要包括弗里德曼的现实主义假设与非现实主义假设，梅利茨的辅助性假设与增殖性假设，拉卡托斯的硬核假设与保护带假设，马斯格雷夫的可忽略性假设、领域假设与启发式假设（袁群莉等，2002）。这些假设方法离不开对本质、非现实和检验等问题的探索与研究。

从前面的分析看，经济学假定不应当反映自然界的自然属性和社会的非自然属性（社会意志）。我所理解的经济学假定应该是对经济活动中趋于恒定的、反映经济活动基点的、能够为经济活动路线提供逻辑依据的经济本原现象的描述，通过对经济本原现象的描述，使人们了解经济活动与生俱来的隐含特点。经济学假定不是对经济现象做出结论和阐明观点，而是要最终达到挖掘本质、奠定核心的目的。本文旨在探索和建立新的经济学假定。

本文在提出经济学新的假定之前，确定了4个假设方法：一般性假设——包括资本和劳动、私有产权和公有产权，以形成广泛的适用范围；同质性假设——不涉及自然界与生俱来的现象和社会强制性的现象，而是反映

社会自然属性和在经济活动中“与生俱来”的社会属性；失衡性假设——经济始终处于非均衡状态，均衡的经济总是“稍纵即逝”；指正性假设——以主流经济学框架为基础，主要从整体上分析我国的经济活动，不排除局部或形式上的反证。

本文探索提出经济学的新的3个假定如下：一是人们获利机会的非对等，二是经济内外变量的非互补，三是公私实际产权的非契约。简称为：获利机会非对等、内外变量非互补、公私产权非契约。

第一个经济学假定是以人们获利机会的非对等假定取代理性经济人假定。人们获利机会的非对等假定是指“全面经济人”获取利益的机会是不对等的假定。“全面经济人”不仅包括资本所有者，而且包括劳动者。在这里，先假定资本所有者和劳动者都不懈地追求个人利益或者多向权衡追求个人利益，这应当是“全面经济人”的动机。

经济人包括了劳动者，但劳动者中的大多数人根本不可能想到利益最大化问题，因为这距离他们“遥不可及”。劳动者首先感受到的是，他们能够挣多少取决于资本所有者，资本所有者掌握了资本，就有了分配的机会并利用机会侵占他们的利益；接下来，他们一定会认为在这个世界里，获取利益的机会是不平等与不公正的。当看到利益分配的机会和结果都被资本所有者占据时，他们不是产生了利益最大化的冲动，而是产生了追求获取利益的平等机会和公平结果的思想动机。与劳动者的世界观和价值观截然不同的资本所有者却这么认为，他们依据私人资本占有分配机会是天经地义的，他们承担了投资风险才获得分配机会，他们没有侵占劳动的利益，赚取的利润是投资和经营有方所致，与劳动没关系，也就自然不可能与劳动分利。

分析和比较两种世界观和价值观，合理与公平展现出不同社会制度的特点。私人资本是通过自由竞争和优胜劣汰发展起来的，承担创业风险和经营风险的精神是资本所有者的必备品质，资本所有者投入资本的过程也就是要冒资本有可能会“血本无归”的风险的过程，对比国有资本，这总比国有资本投出去不考虑机会成本以及缺乏企业领导问责制要合理，因此，私人投资的合理成分是不能被否定的。但资本的天然特权所决定的分配机会则是不公平的，利益分配的天平始终向资本倾斜，使资本剥削劳动成为必然。在这样的社会制度下，劳动者的出路就只能是把剥削控制到最低限度，显而易见，控制剥削的程度就是要对资本所天然享有的决定劳动分配的机会做出限制，工资集体谈判是最佳选择。工资集体谈判是西方国家的工人争取平等决定分配机会的产物。如果消灭了资本决定劳动分配的“天然特权”，随之而来的是社会制度的更替。公有制否定了私有制，消灭了私人资本，资本决定劳动分配的机会和剥削行为也就“丧失殆尽”，分配权全部由政府掌握，劳动者虽然没有分配权，但也没有任何私人能够决定对他们分多分少，从这一角度讲，公有制是公平的。随着政府计划作用和集权决策取代市场作用和分权决策，投资风险和决策风险也从私人分散承担转移到由政府集中承担；没有私人投资的企业和创造的就业岗位，市场法则失效，经济规律被打破，也就不可能形成市场平均利润率和市场工资率，而没有市场平均利润率和市场工资率，政府所掌控的资本与劳动的配置就没有客观标准；政府的集权性决定了政府对企业和劳动者包办代替，政府的宏观性又使其无法直接监督到微观领域。我国改革开放，市场经济和公有制相结合是一个创举，核心是在不触动公有制主体基础上，通过国有企业改制和允许非国有企业发展，把资本与劳动的配置权下放到微观领域，意在能够充分发挥市场机制作用。但人们获利机会非对等的问题又不可避免地显现出来，不仅重现了私有投资者与劳动者获利机会的不对等，而且还产生了公有制下的利益集团与劳动者获利机会的不对等。利益集团没有进行私人投资，也不承担私人投资风险，资本和资产不是自己的，他们就可以“无本万利”；如果存在外部监管的不力或缺失，他们就不会像私人资本家那样关心投资风险，而只关心自己的收益。私人投资有其合理性，但合理的不一定是公平的；公有制是公平的社会制度，但也会产生不合理的分配结果。合理与公平历来受前提条件所限。

关于私人资本，我们承认，私有资本投资者在赚得第一笔资金时，用来赚得这第一笔资金的资本，有的来自贷款，有的来自节约下来的工资，有的则来自不法资金；赚得的这第一笔资金，是因为有的人看对了机会，有的人运气好，有的人则是投机或违法。这样“追根究底”不利于得出结论，不管怎样，资本投资是要冒风险的，资本也就天然具有收益分配权；劳动者由于没有收益分配权，也就表明获利机会不对等。这时，我们不能判定私人资本有获取利益的机会不对，但也不能判定劳动没有获取利益的机会就对，关键是要寻找获取利益机会的平衡点。

把人们获利机会的非对等作为经济学的一个假定，是因为无论在任何社会制度下，只要把劳动要素纳入其中，获利机会都是不对等的。这里讲的机会不对等是指，资本有获取更多利益的机会并享有收益分配权，劳动没有获取更多利益的机会并无法得到收益分配权。在我国的市场经济体制下，人们获利机会的非对等在不同所有制企业产生出不同的结果：在非国有企业，资本所有者享有收益分配权，工会的力量相对薄弱，许多企业没有开展工资集体谈判；在国有企业，权力阶层没有国有资产所有权，照样直接或间接地享有收益分配权，资源和收益向握有实权的群体倾斜，职代会的作用也还有待进一步加强。资本所有者依靠资本和权力阶层依靠权力占据了获利的机会，引发了分配的诸多问题，在这样的状况下，经济人自利或利益最大化不再具有一般意义，获取利益的机会非对等“浮出水面”，呈现出一般性意义。不容忽视的是，劳动者也投入了风险——劳动风险，这和资本风险是一样的，但劳动者却没有得到相应的获利机会，基于这个认识，我们说，资本和劳动获取利益机会的非对等是经济活动中与生俱来的经济本能，我们很难消除这种非对等，但可以通过制度创新营造相对平等的分配机会。

第二个经济学假定是以经济内外变量的非互补假定取代资源稀缺假定。经济内外变量的非互补假定是指经济中的内生变量和外生变量之间是相互对立或相互冲突的假定。如前所述，研究资源稀缺是没有意义的，它描述的是自然界的一个长久的自然属性，所以要用另外一个能够反映社会自然属性的假定取而代之。

我们在前面的分析中扩展了资源包括的范围。稀缺是供不应求的经济现象，但供过于求也是经常发生的，只要存在供求关系矛盾，就有资源配置问题，而不是因为资源从长久看是稀缺的才需要配置。关于资源配置的进一步研究是，资源配置的研究放在资源配置效率方面才显示出它存在的必要性。国企亏损不能裁员，虽然劳动效率下降了，政治效率却提高了，而在我国，确保政治效率有时显得更为重要和必要。但资源配置仍然不应该是经济学研究的首要问题，内生变量与外生变量的非互补常常影响着经济趋势，认识和掌握它们的存在和隐含性质，在它们的对立与冲突中如何发挥各自的作用，应该是经济学研究的首要问题。

经济规律决定的变量均是内生变量，它主要是靠市场的内在机理自发形成的；经济规律以外决定的变量均是外生变量，它主要是靠市场之外的组织人为形成的。对于收入分配问题，劳动力结构和供求关系是决定收入分配的内生变量，政府干预、社会组织指导、劳资协商谈判是决定收入分配的外生变量。外生变量是与内生变量共生共存的，因为人是经济活动的主体，人们都有改造世界、创造世界的欲望，他们为解决主观世界感受到的问题而改变着客观世界，但当他们认识世界和掌握经济规律的能力无法使主客观世界达到相符的程度时（这已成为常态），他们干预经济的行动就会失败，在这一状态下，内外生变量的非互补也就成为必然和与生俱来。由此，我们把影响经济趋势的内生变量和外生变量假设为相互排斥和相互对立的关系，而没有把它们假设为相互统一和相互融合的关系。

经济的内生变量和外生变量非互补是经济社会一个恒定的经济现象，无论是公有制、私有制还是混合制的国家都会受到这种非互补的影响与干扰，使各国政府在面对经济中的问题、矛盾和危机时经常“一筹莫展”。外生变量也是社会意志或组织意志的体现，这里仍然将其纳入经济学假定，是因为它和内生变量具有不可分割性。

外生变量系统中有3类变量在发挥大小不同的作用。一是弱变量——企业和员工；二是弱强变量——行业协会、中介机构等；三是强变量——政府组织。微观组织是内生变量的延续，但它们发挥的作用是外在的，比如由企业劳资谈判确定的工资增长是劳动力市场机制的延续，但谈判的结果取决于劳资双方的力量对比，这就演变为外生变量。这类变量对于改进内生变量的作用是较弱的，但当它受到强变量的扶持时，弱变量的作用就会有所增强。政府改变内生变量的作用是最强的，这源于国家机器的强制性功能。政府作为国家机器的代言人运用强制性的经济手段、法律手段和命令手段管理经济活动，当它能够准确找到它与市场的边界以及企业的边界时，它就不会错误地干预内生变量和外生变量中的弱变量；反之，它就会频频失误，屡犯错误，给经济运行带来负面影响，甚至造成难以挽回的损失。社会组织（有多种叫法，如非政府组织、社会管理组织、社会中介组织）的作用是指导性的，其作用介于企业和政府之间。在我国，到目前为止，社会组织尚未广泛发展起来，一个重要的原因是政府组织的强大影响使社会组织无法发挥出它的应有功效。在我国的宏观经济领域，外生变量常常起主导作用，这一方面强化了自身的功能，另一方面有时也会弱化内生变量作用的发挥，再加上内生变量和外生变量本身各有缺陷，经济运行不断出现各种矛盾与冲突也就在所难免。

经济是由内外变量共同制约的，而内外变量之间又是相互对立和矛盾的。新制度经济学运用交易成本研究市场、企业、政府的功能，对市场机制作用、政府职能目标以及企业经营行为进行了界定。科斯早在1937年开创性地发表《企业的性质》的论文，首次提出交易成本的概念，以此分析了企业的存在不是分工所致，而是它能够减少市场交易成本。张五常进一步提出了制度成本的概念，阐明了政府发挥作用的边界。诺斯令人折服地提出减少制度成本，经济才能增长的观点（1977），他由此获得了1993年诺贝尔经济学奖。运用交易成本或制度成本分析内生变量和外生变量，就是市场、企业和政府必要存在和发挥作用的“分水岭”。

人们经常会听到这样的观点：“市场做不了的，交由政府做，政府只能管市场管不了和管不好的事。”其实这是很难做到的。什么是市场做不了和做不好的事？由谁来判断哪些事是市场做不了和做不好的事？市场做不了和做不好的，政府就能做的了和做得好吗？在西方国家，市场机制完善，政府该做什么和不该做什么的法律与制度规定也很完备，但为什么社会与经济运行还经常被危机所困扰？这只能有一种解释，政府管不了和管不好的事，市场也会有“失灵”；市场管不了和管不好的事，政府也会“无所适从”。不管政府能否管好市场管不了和管不好的事，政府都要管，这是它管理国家的职能所在，这恰恰说明市场和政府所集中代表的内生变量和外生变量是无法互补的。基于这个假定，决定什么是市场该做和不该做的事以及政府在履行社会经济管理职能时什么是应该做和不应该做的，也就只能以如何降低替代成本、交易成本、制度成本及管理成本为标准和依据。

第3个经济学假定是以公私实质产权的非契约假定取代保护私有产权假定。保护私有产权作为经济学的假定之一，应该可以用拉卡托斯的保护带假设做出解释。在资源稀缺状态下保护经济人利润最大化的动机，长久维护和发展私有制，是西方经济学把保护私有产权作为一个假定的主要理由。但是正如前面所述，这个假定与前两个假定的不同质，显示出国家意志或组织意志融于经济学假定中的不恰当和非本原。为什么要保护产权，因为它易受损害；为什么产权易受损害，因为没有实质性地签订契约（形式上签订了契约）。所以，产权非契约具有一般性，它应该成为经济学的一个假定，而不需要直接表明社会意志需要。

西方经济学家创立了新制度经济学的另一个分支——契约经济学理论，该理论是在现代契约理论与产权理论相结合的基础上开展研究的。但产权—契约理论研究的范畴主要是私有资本产权问题，对国有资本产权以及劳动产权并未主要提及。本文提出的产权，包括公有产权、组织私有产权、个人私有产权，或资本产权和劳动产权。

经济契约或经济合同是市场经济的一个普遍特征，尽管如此，本文为什么又提出"非契约"——这个看似不切实际的问题呢？因为产权契约的签订只是确立了产权的社会关系，证明产权签约人之间可以交易或发生关系了，如委托—代理关系、劳动合同，这种产权契约的形式更容易受到人们的关注，产权的执行却往往被疏忽而受到侵害。当事人之间经常违约而无法使契约得以正常履行，包括：故意违约、异议违约、监督缺失违约甚至是无故违约，也就无法保证产权不被产权当事人所侵占和损害或共同侵占和共同损害，甚至被非产权当事人所侵占和损害或共同侵占和共同损害。无论公有产权还是私有产权，在经济活动中不会受到契约概念的完全和有效的约束，也就是公私产权的非契约化，这在我国更为特有。

现代契约理论已有 20 多年的研究历史，它突破了新古典契约理论思想，在新古典的完全契约理论基础上提出了不完全契约理论。而我不认为我提出的产权非契约是现代契约理论涉及的契约不完全的表现。我所理解现代契约理论中的不完全是可以纠正或补充并使之变成完全的契约，这还是属于形式上的契约范畴。但我不是这个意思，我讲的产权非契约不是形式上的契约范畴，而是非形式的、隐含的、虚位的，这也就自然不能予以纠正、补充和完善。形式的契约只是表明了产权形式关系的确立，而不能表明产权实质契约关系的形成，这种隐含的非契约是无法完善并变为完全契约的。产权契约表面上确定了产权所有、使用、处置、收益中的权利与义务关系，但签约各方在执行契约中所表现出来的非契约意识（产生非契约意识的过程是比较复杂的），使契约如同虚设，而看似没有签约。在一些人看来，一切非契约的行为都能够超越契约，甚至能够凌驾于法律之上，也就不是将不完全契约变为完全契约所能够解决得了的，这与前两个假定同样是与生俱来的经济本能现象。

产权契约是所有契约中的第一契约。试想，如果大家都能够按照产权契约以及产权契约派生出来的各种契约建立良性运行的社会经济秩序，那么，社会经济活动还会产生纠纷吗？也就是说，追根溯源，大多数经济纠纷不是来自各个契约的缺陷与漏洞（或称不完全），而是实质产权的非契约所为。

面对公私实质产权的非契约假定，我们不得不思考产权关系应当如何受到监督？有一天我乘坐公交车时想到，乘车人不需要和公交公司签订契约，就能使产权关系十分清晰。这是通过乘车人自觉刷卡和司售人员监督乘车人刷卡完成的，为了万无一失地保证所有乘车人都能自觉刷卡，就在刷卡装置使用了这样的技术：乘车人下车不刷卡付费（上、下车都需刷卡），下次再乘车刷卡时就要自动刷掉他上次未刷卡付费的罚款（全程车费），这使得乘车人绝不会忘记下车要刷卡，否则损失会更大；而上车刷卡（特别是上车就刷卡付费）问题无法通过技术装置来解决，只有靠人来监督了，于是，上车刷卡装置设在司机旁边，由司机监督乘车人的刷卡过程，谁要是上车后不刷卡，司机会毫无障碍地发现并督促他刷卡。这个例子说明，形式上的契约签订与否不重要，重要的是如何使实质性的产权契约（可能没有形式签约）在运作时受到严格监督，这个监督用于保证执行成本最小和执行效果最好。国外对乘车不刷卡行为不仅要给予经济处罚，更产生震慑作用的是要登入信用记录中，这种信用记录是联网的，如果有不良信用记录在案，对当事人首当其冲的影响就是工作的丧失或无法得到聘用。

在我国，私有产权和公有产权受到侵害的例子数不胜数。私有产权被侵害的典型例子是“文化大革命”中的“抄家”。现阶段，私有企业为了保证正常经营而不得不支付非正常费用（其中包括贿赂），表明私有资本产权的被侵害。在私有产权中，不可忽视的是私有的劳动力产权。劳动合同是劳动力产权的契约，我国《劳动合同法》颁布实施后，劳动合同的签订率大幅度提高，但劳动者应享有的权利仍然受到不同程度的侵害，使劳动力产权契约（劳动合同）无法起到保护劳动者进行正常的产权交易。公有产权受到侵害的例子更是触目惊心，大到携款出逃、贪污受贿、垄断寻租、企业改制或重组并购中的大量国有资产流失，小到公款消费、多分多占等。

公私产权受到侵占和损害，只能说明产权契约是形式而不是实质的，或者说只是建立了相互交易或彼此联系的关系，仅此而已，它不能保证签约人或签约组织在行动上与这种形式化的契约相互契合与一致，也不能保证因实质产权的非契约化所带来的产权不被侵占和不被损害。产权清晰才谈得上保护，产权清晰吗？不清晰就不能保护。特别是，公有产权的边界与生俱来就很难清晰划分，于是对公有产权运作各个环节的监督被重视起来，而公有产权的运作又很难被监督，结果使公共财产和公共收益被非法占有的事例屡见不鲜。制度的不规范和不合理，也使私有产权不得不用更高的隐性成本换取显性收益，这种收益是不确定的，可能高、可能低，可能盆满钵满、也可能“颗粒无收”，而使私有产权始终置于会受到侵占和损害的境地。公私产权易受侵害，契约空化，这具有一般意义。

由此可见，第一，我们不仅要关注私有产权，还要关注公有产权；第二，公私产权的非契约是社会的自然属性，基于这个属性，我们要对公私产权实施管理、监督和保护就有了依据和理由；第三，公私产权非契约本身说明公私产权是易受损的，所以要提出它们的非契约本质。

公私产权非契约假定成立，就要对公私产权实施管理、监督与保护。公有产权边界比较模糊，私有产权边界相对比较清晰，混合产权边界介于公、私两种产权之间。但无论 3 种产权的性质如何，在实质产权非契约的驱使下，它们均易受到损害，只是受到侵害的程度不同而已（受到侵害的程度与产权边界清晰度成反比）。所以要通过这一假定的确立，使人们能够充分认识到产权的脆弱，进而重视和加强特别是对公有产权的管理、监督与保护。哈特等认为，当契约不完全时，在契约中没有规定的那部分权利，应该归资产所有者所有。借助这一观点（如前所述，这里不是讲不完全契约，所以为“借助”），产权非契约假定前提下，要研究产权的核心问题：产权运作由谁监督？谁出资监督？监督成本有多大和谁应当受益？

在对经济学假定的研究过程中，我也曾设想了如下 3 个假定：第一，利益是博弈的；第二，经济是失衡的；第三，产权是易损的。但随着研究的深入，我发现，它们虽然也是社会的自然属性，但它们还不是本原。正是因为人们的获利机会非对等，才使他们在获取利益时要进行博弈；正是因为经济的内外变量非互补，才使经济始终处于失衡状态（当然不排除存在暂时性和阶段性的均衡状态）；正是因为公私的实质产权非契约，才使产权不能等价交换和被侵害，也就是易受损。

在本文提出的经济学3个新的假定框架内，经济学研究的是如何在获取利益的机会不对等前提条件下，促进相关利益者都能在对方利益保证的同时满足自己的利益诉求和获取实际利益，而不是仅仅研究利润最大化即资本获取最大化利益的问题（对方利益不保证，自己利益很难实现，仅提出自己利益最大化是“伊甸园”的想法）；经济学研究的是如何在非均衡经济活动中内生变量和外生变量相互对立与冲突下，发挥各自的优势作用，促进宏观经济的正常运行和微观生产的正常运转，而不是仅仅研究资源稀缺下的配置问题或市场与政府边界清晰下的均衡经济问题；经济学研究的是如何给脆弱的公有产权和私有产权建立具有法律效力的监督保护机制，以促进产权运作安全化和公民经济生活安全化而最终发挥产权效率和产权作用，而不是仅保护私有产权以及空谈产权保护问题。

四、当前我国工资收入分配领域亟待解决的问题及总体思路

我们再回顾一下本文创立的经济学3个新假定：获利机会非对等、内外变量非互补、公私产权非契约。当我们用这3个假定条件对收入分配理论和政策进行研究时，与3个假定相联系的3个问题无论如何都会绕不过去：一是资本和劳动的分配关系，二是政府在收入分配中的作用，三是收入分配技术性问题。收入分配问题说到底就是这3个问题。

在资本和劳动的获利机会非对等的假定下，要使资本和劳动的分配合理化，就要用分配原则加以规定，即规定资本和劳动应当如何分配和各自分配多少的原则。在我国的收入分配改革中，按劳分配与按生产要素分配相结合的原则反映了劳动和资本应当如何分配的问题；按劳动要素和资本要素各自的贡献进行分配反映了劳动和资本各自应当分配多少的问题。但接下来我们会发现，资本和劳动到底各自应该分到多少无法准确衡量与计算，劳资双方总是处在不满与对立之中，这显然源于经济中存在或隐含存在的资本和劳动获利机会的非对等以及资本的天然权势和劳动对不平等机会的抗争。

在政府宏观调控下，我国各地区的法定最低工资持续调高，目的是使在市场中易受冲击的低收入劳动群体能够获得维持简单劳动力再生产所需的最低收入保障。这种由外生变量决定的工资增长，是对作为内生变量的市场机制不完善的纠正与修复，还是对市场机制的破坏？作为外生变量的政府干预

作用应该为多大？我们都不得而知。这也是世界性难题，西方经济学家们对政府建立最低工资制度的做法一直持不同态度，但尽管如此，西方国家普遍建立了最低工资制度。市场机制从不完善到完善的过程是靠自身的运行机理和内在动力完成的，而市场机制即使达到了完善的程度，也只能表明，这意味着一切交由市场来决策，而不能表明市场决策就是正确的。不正确就是市场机制不完善，政府就要帮助完善市场机制，这显然是个误区，不正确不能表明市场不完善，政府也不可能帮助市场发育与成长。国家和政府不是市场不完善的产物，政府干预是在履行着宏观调控的职能，做出它应该做的决策。市场决策是分权目标或个人目标的决策，政府决策是集权目标或集体目标的决策，它们之间也就无法达成一致和统一，这使市场决策和政府决策的相互冲突变得显而易见。如果它们之间是互补的关系，任何国家的社会经济矛盾就都会不复存在，但事实是，任何国家都无法将它们互补，它们之间反而经常是更为严重的相互冲突与对立。调整最低工资更多源于政治需要，如果政府干预的目的是为了对市场的修复，那么，目前我国大部分地区的最低工资调整恐应进入到“缓增”阶段了。政府在履行职能时，不仅要保证经济的稳定，更要保证政治的稳定，收入分配历来与政治需要密切相关，它与经济增长的关系通常是第二位的关系。在分析最低工资提高与促进经济良性运行时，可以通过建立数学公式计算出它们的增长比例，但这不能作为最后的工资政策发布出去，它还要有来自政治上的考量与权衡。经济学家通常会计算经济上的生产成本与收益，这个成本为法定最低工资标准提高所带来的生产成本增加的部分，这个收益为扣除增加的生产成本后的利润增长率；政治学家通常会计算政治上的交易成本与收益，这个成本被看作是法定最低工资标准提高所带来的财政支出加大以及民间投资热情有可能降低的代价；这个收益被看作是付出代价所换取的政府民生目标的实现和拥护政府的民心。市场关注经济，政府则关注经济背景下的政治或政治背景下的经济，政府和市场目标与职能的不一致和不协调，必然带来两者的相互冲突，也就是说，隐含着经济的内生变量与外生变量的非互补。

市场、企业、政府的边界到底在哪里，没有人能够通过理论推导和公式计算出来。寻找边界的过程是市场、企业和政府三者都要付出沉重代价才能看到边界的过程，这个边界往往是市场和企业先看到，政府总是后看到，只有当宏观经济格局的损害达到无以复加的地步时，政府才能看到。中国人民银行宣布自 2013 年 7 月 20 日起全面放开金融机构贷款利率管制就是例证。中小企业几乎无法从银行贷到款，地下钱庄应运而生，民间贷款利率节节攀高，广大中小企业的生存空间受到严重挤压，经济链条濒于断裂，我国经济陷入困境。这时，市场和政府的冲突已经达到了非常严重和不可调和的地步，政府才看到它与市场的边界在哪里，也就是才看到它不该管什么和市场该管什么的边界在哪里。政府选择了货币政策“出手相助”，以扭转不断恶化的经济局面。边界清晰了，才能谈互补，但边界清晰是相对的，不清晰是绝对的，边界总是在清晰与不清晰之间交替转换着。市场和政府目标种类和方向的不同，使它们之间的关系会一直处在对立与冲突中而无法达到互补，也只有等到经济格局受损再一次达到无以复加的地步时，边界才又清晰可见。

本文提出的经济学新的 3 个假定条件试图表明，3 个假定所描述的经济现象是经济中的社会自然属性，它揭示的是经济中的非均衡性特征，这个非均衡性特征不是静态的和暂时的，而是始终显示出它的动态化和常态化。我们不能把解决收入分配问题的基点放在均衡性上，而应该放在非均衡性上，这时我们才能够说，有望找到问题的根源和解决问题的路径与办法。

显然，解决资本和劳动的分配关系问题，确定分配原则只能是辅助和应急举措，根本还要在资本和劳动的获利机会非对等的前提下，由劳资双方自己选择能够平衡这种非对等的机制。国际经验表明，这个机制就是工资集体谈判机制。通过工资集体谈判机制给予劳方一个对话机制，通过这个对话机制，使劳方在与资方博弈中获取其应该享有的劳动报酬。在我国，工资集体协商适于在非国有企业中开展，协商的重点是工资总额、工资水平和工资关系。其中，对工资总额的协商能够有利于劳方了解工资所占份额，促进资本和劳动协调分配；国有企业由于在各级国资委的管辖范围内，因此即使在国有企业内部开展工资集体协商，因工资总额和工资水平被各级国资委管控，协商的重点适宜放在工资关系方面，即各类员工工资收入差距方面。政府应当发挥强变量的作用，尽快进行相关立法，以使劳资双方依法进行工资集体协商。

在经济的内外变量非互补条件下，政府到底应当在收入分配中起什么作用，是接下来需要进一步明确的问题。如前所述，政府履行宏观调控职能不是因为市场不完善所致，而是政府本身的职责所在。西方发达国家政府在工资收入分配中主要履行市场监测和经济决策的职能，我国政府在工资收入分配中的职能作用应当与西方发达国家有所区别，这主要因为我国国有企业的巨大影响力。虽然各种非公有制企业无论从数量上，还是从就业人员数量以及对 GDP 的贡献上都发挥了重要作用，但是我国国有经济类型的企业在国民经济持续发展中仍然具有很强的影响力。国有企业资产不是私有的，无论怎么完善法人治理结构。都不能改变这个“本原”。而资产不是私有的，来自外部的监督就显得异常重要。我国社会管理组织的不健全无形中强化了我国的政府组织功能，使政府组织不得不扮演多重角色。同理，这些角色也不是由于我国的市场机制不如西方国家完善，政府组织才要扮演的，而是源于非政府组织的薄弱。

在目前非政府组织不健全以及国有企业的强大影响力背景下，我国政府在收入分配中所起的职能作用应当包括立法、管控、指导、监督、服务，这也符合政府天然拥有的权威性、宏观性特点以及建立责任型、服务型政府的客观要求。目前在我国工资收入分配领域中，政府的这 5 大职能作用发挥得都有不到位之处，结果导致：工资立法滞后；对企业工资支付（特别是加班工资和同工同酬）存在违法行为“软约束”；工资指导线难以发挥其应有的指导作用；对经营者年薪收入监管不到位；薪酬与人工成本信息发布和预测、预警服务跟不上企业的需求与需要。这 5 个方面的问题是目前我国工资收入分配宏观管理领域中亟待解决的问题。

解决上述 5 个问题的总体思路是，基于非均衡状态下经济学的新 3 个假定，发挥三方组织各自的优势（要强化社会组织行为），特别是政府部门要充分发挥全局性作用，完善政府宏观管理职能，加快立法、强化监管、有效指导、主动服务，建立起权威性和服务性相结合的政府信用平台，促进工资收入的协调、合理、有序增长。

建立健全工资收入分配宏观管理体系可以分 3 个阶段进行。近期——建立监测监管、统一协调的宏观管理机制；中期——建立法制化的宏观管理格局；长期——建立监管有效、调控有力、分配有序的工资收入宏观管理体制。特别是近期，要建立监测监管、统一协调的宏观管理机制，需要解决 3 个具体问题：一是要对经营者年薪收入制度形成广泛的认同；二是要加快薪酬调查的制度建设；三是要建立公务员工资和企业工资联动的调节机制。本文仅对需要解决的第一个具体问题进行论述。

我国国有企业经营者年薪收入问题是一个非常敏感的话题。之所以敏感，在于经营者的特殊地位、垄断行业对监管的抵触以及被广泛关注的高管与普通职工的收入差距问题。近几年，有关国有企业高管收入问题在各大媒体频频曝光，并成为每年全国人民代表大会上的“众矢之的”。鉴于这个问题的敏感性，可以寻找解决问题的新的路径和突破口。本文认为，三方合作、标准客观、多种比较是关键。

经营者年薪收入文件的制度性和技术性内容条款容易达成共识，由政府主管部门制定即可，但以下两个瓶颈问题就很难达成共识。

第一个瓶颈问题是经营者和普通职工收入的倍数关系问题。这个问题更多是主观判断的问题，也就应当由三方在坚持群众路线基础上共同协商制定。从理论上讲，所有权和经营权的分离，使经营者应当享有剩余索取权，不仅要获得合约收入，还要获得剩余收入，但这只能确定经营者获取收入的种类有多少，而不能确定经营者获取收入的水平有多高。不同收入水平差距的合理性与否更多来自主观判断与认定，主观判断和认定的事能否达成一致，则要看如何综合人们所具有的价值观和所持有的立场，因此，在决定国有企业经营者与普通职工的收入倍数关系问题上，要综合各方面的意见和看法，而不是像私有股份制企业那样单纯由董事会说了算。在具体操作层面，能否由政府主管部门制定专项调研题目，并组织召开征求意见会，征求社会各阶层的意见；同时，将专项调研题目交由各级国资委组织召开征求意见会，征求各类国有企业经营管理者的意见；并交由商会组织召开征求意见会，征求各类私有企业主的意见；还要交由中华全国总工会召开征求意见会，征求各类企业员工代表的意见。政府主管部门在 4 类征求意见会基础上进行综合比较与分析，最后制定出中央企业负责人年薪收入与普通职工工资收入的倍数关系（省属国资委可以相应制定省属国企负责人年薪收入与普通职工工资收入的倍数关系）。与职工工资收入进行对比的经营者年薪收入应该只包括基本年薪和绩效年薪，中长期激励应该属于剩余收入范畴，也就是剩余索取权所享有的收入。在确定经营者年薪收入与普通职工工资收入倍数关系时，可以采取两个辅助测算方法，通过这两种辅助方法计算出来的结果对倍数关系进行必要的调节。第一个辅助计算方法是用年薪收入总额和职工工资总额各自占工资总额的比重进行辅助计算与比较。根据“二八原理”，确定经营者的年薪收入占工资总额（工资总额受到合理的人工成本限制）的一定比例，这需要进行模拟测算（理论推导值测算）和实际测算（实际发生值测算），最后形成常值。第二个辅助计算方法是用平均年薪收入水平和平均最低工资水平倍数关系进行辅助计算与比较。年薪收入和平均工资的倍数关系以及平均工资和最低工资的倍数关系，决定了年薪收入能够与最低工资建立倍数关系（前一个平均工资是国有企业平均工资，后一个平均工资是社会平均工资，要用相应系数将它们调整为同一口径）。可以接受的平均工资和最低工资倍数关系的国际标准数值为2.5倍（由最低工资占平均工资比重的国际标准为40%推导得出），如果按照一些省属国资委确定省属国有企业负责人年薪收入为平均工资的10倍左右计算，则省属国有企业负责人年薪收入应该为最低工资收入者平均工资的25倍，最低工资没有达到平均工资40%的还可相应降低这个倍数关系。依据这个明确的倍数关系，再听取各方面的意见，最后综合判定在我国，省属国有企业负责人年薪收入与普通职工工资收入倍数关系是否符合我国国情（央企负责人年薪收入与普通职工工资收入倍数关系确定依此类推）。

第二个瓶颈问题是对垄断行业的认定问题。在我国，对垄断行业及垄断行业高管凭借垄断地位获取高收入的批评与“声讨”从来就未停止过，垄断行业为了绕开舆论的旋涡，以不承认自己是垄断行业的做法予以应对，这就使整顿垄断行业及其高管的高收入失去“源头”。如果让垄断行业接受垄断行业的划分与认定，唯一的办法是引入客观标准。垄断在西方经济学理论中是指与“完全竞争”市场结构相对应的市场结构，主要包括垄断竞争、寡头垄断、完全垄断3种市场结构，被称为“不完全竞争”。垄断竞争介于完全竞争和完全垄断之间，是常见的市场结构。其市场条件是：第一，同类产品具有形式（如包装）、实质（如原材料）和出售条件（如出售地点）的差别；第二，厂商数目很多，一定程度上能够控制其各自的产品价格，但不能控制市场价格；第三，厂商规模小，自由进出市场。在垄断竞争条件下，厂商之间竞争激烈，任何短期的超额利润都会引起新厂商的加入，导致产量增加、价格下降、超额利润消失，新的厂商不再进入，形成长期均衡。寡头垄断也介于完全竞争和完全垄断之间，是由少数几家厂商提供某一行业的大部分产品，其产量占该行业总产量较大份额，能够决定市场价格。寡头垄断分为两种：

一是指相同产品没有差别的纯粹寡头（如石油），另一种是指相同产品有差别的差别寡头（如汽车、家电）。在寡头垄断条件下，价格不是由市场供求关系决定的，而是由少数寡头垄断协商确定的，被称为“操纵价格”。完全垄断是理论分析的市场结构，现实经济中很难见到实例。所谓完全垄断市场必须是只有一个厂商，并不许新厂商加入。完全垄断分为两类：一类是完全政府垄断，另一类是完全私人垄断。在完全垄断条件下，任何厂商都不能决定产品价格和产量，无论何时，完全垄断都会存在超额利润。根据对垄断的分类，我国的垄断行业应当介于寡头垄断和完全垄断之间。那么，就可以凭借厂家数量、产品份额、超额利润对这些行业的垄断性进行认定。当然，本文对垄断行业的认定只是基于原理层面，现实中的复杂性本文是无法涉猎的。

关于最后一个问题是收入分配技术性问题。政府组织和各类研究机构更多关注的是收入分配的技术性问题：工资收入增长的合理性和工资制度改革的科学性。这个问题没有显示出比前两个问题更突出的重要性，但也不能忽视。确定工资收入合理增长的思路是，要建立全面的工资增长计算体系。目前与计算有关的工资政策全部都是各计算各的，计算结果各自看也都是合理的，但要将这些计算结果和工资政策放在一起进行评估，才能做出总体判断。因此，企业工资增长的计算体系：在范围上，要以人工成本为总体框架；在结构上，要分微观和宏观；在因素上，要有保障、效率和激励要素。确定科学的工资收入分配制度的思路是，要建立分类的工资收入分配制度，包括员工基本工资制度、员工绩效奖励制度、员工福利制度、工资保障支付制度、加班工资管理办法、经营者期股期权制度、工资总额管理办法，等等。制度是工资的契约形式，产权非契约延续下来的工资的非契约化，一方面，要求工资制度设计要有充分依据，得到广泛认同，便于实施操作；另一方面，要求工资制度执行要有来自各方面的监督与检查，以保证各项工资制度落到实处。这类监督检查应该来自企业内部（工会对员工获取合法收益的监督，目前虚位）、社会组织（劳资双方组织各自对契约执行的监督，目前空位）和政府部门（立法监督和监察）。受到监督检查的企业覆盖国有企业、私有企业、外资企业，政府对不同所有制和不同规模企业的监督检查内容应各有侧重，如对国有企业应侧重规范性监察，对非国有企业应侧重守法性监察；对大中型企业应侧重员工权益监察，对小微企业应侧重最低保障监察。

第二十章
中外公务员绩效考核评价机制研究

《公务员法》颁布实施以来，我国一直在探索建立中国特色公务员绩效评价体系，以科学政绩观为指导的政府绩效评估模式和科学的公务员绩效考核制度取得了积极进展，为提升公务员依法行政能力、评价公务员工作业绩打下坚实基础。但我国公务员绩效考核机制仍存在着一些不足和问题。本章基于政府主导视角，借鉴西方发达国家的先进经验，运用现代绩效管理思想和绩效考评理论，通过对比分析发达国家公务员绩效考核机制，对我国公务员绩效考核机制进行了系统研究，提出进一步完善我国公务员绩效考核机制的相关建议。

一、发达国家公务员绩效考核机制

从部分国家公务员管理的研究来看，很多国家把绩效管理的理念引入公务员日常管理工作中，并持续进行改进，取得了较好的效果。

（一）发达国家公务员管理体制

英国是最早实行公务员制度的国家，在公务员制度上实行分权制。公务员绩效管理部门有财政部、国家审计局和内阁。在中央层面，实行“内设管理机构”模式，即在内阁设置录用评估署、公共服务与科学办公室、公务员专员办公室和财政部配合，由下属人事部负责每年考绩工作的部署，具体评估工作由各单位人事部门和各部门主管负责。地方政府公务员绩效评估采用“组阁”模式，每年年底对政府工作人员进行绩效评估。组织领导工作由“评审团”负责，“评审团”的成员主要包括 4 个部分：一是本部门最高负责人；二是实际执行人员；三是工会的负责人；四是被服务的第三方人员。他们负责绩效评估的部署、检查、监督、复议等工作，评估报告由被评估者的直接管理者撰写。

美国承担公务员绩效考核的机构主要包括隶属于联邦人事管理总局（由美国总统直接领导的人事机构）的人事考绩部以及分设于各部门的考绩委员会和复审委员会。功绩制保护委员会为独立机关，作用在于监督政府的人事制度。联邦劳动关系局的职责是制定联邦政府劳工管理关系的改革措施，并受理仲裁。公务员考核的考绩员由被考核人的直接上级充任，复审员由部门负责人充任，复审主任由功绩制保护委员会委员充任。考绩委员会负责审核各单位执行考绩法规的情况，复审委员会负责复审文官对考绩事项的申诉意见，并给予公平、客观处理。

新加坡的公务员绩效管理由公共服务委员会和总理公署下属的公务员署共同负责。公共服务署主要职责是制定、监控和评价新加坡的公务员管理制度，监督公共管理机构按照制度的规定来管理本机构的公务员，同时负责管理公务员的绩效评价系统。公共服务委员会作为公务员管理的最高机构，是由独立于公务员体制外的第三方人士组成，对上直接与总统相联系，对下与设在财政部的公共服务署联系，他们以行政相对方的身份掌管高级公务员的任命和惩戒，直接对宪法负责，避免了体制内监督的种种弊端。各公共管理机构国务大臣领导下的人事委员会分层级管理不同层级的公务员人事管理事务，高级人事委员会处理高级公务员的人事管理事务；人事委员会处理普通公务员的人事管理事务；特别人事委员会与公务员委员会共同负责审理人事管理中的争端。从整个公务员绩效管理体系来看，公务员委员会与各公共管理机构的人事委员会共同承担绩效评价的具体工作。

芬兰公务员绩效评估制度能够有效地推进，主要依靠评估机构得力的组织实施，使制度落到实处。中央政府设置中央审计办公室，在财政预算的基础上，按照《预算法》，负责对中央政府各部门和地方政府进行绩效审计和问责制。公务员每年度的绩效评估由财政部的人力资源职能部门部署和安排，开展评估的具体问题，由各单位的人力资源部门和公务员的直接领导者负责。

（二）发达国家的绩效考核理念

英国在2012年的公务员改革计划中，希望不断对公务员绩效考核进行完善，使绩效考核更好地发挥激励作用，充分调动被评估者的积极性，更好地发挥评估制度的作用，最大限度地实现公务员的社会最佳价值。公务员不断提高绩效不仅是领导的要求，考评需求来源于内生压力和自我需求，他们对公共服务的责任心驱使他们不断提升绩效水平。考核最终目的都是以评促改，引导公务员锻炼自我，使其更加胜任工作岗位。

美国联邦政府对公务员的绩效管理形成了“目标”“沟通”和“改善”的理念。首先是制定个人绩效目标，个人绩效目标的制定主要采用“角色—任务模型法”，即根据公务员个人的岗位职责和组织任务制定自己的工作目标。其次是在公务员绩效管理的整个过程中，上级与下级采取不同的形式进行绩效沟通，使公务员能够更好地实现工作目标，最终形成良好的绩效文化。从绩效管理的本质来说，绩效管理就是让被管理者不断地发现自身与完成绩效目标的差距，并持续改进。美国公务员的绩效管理制度注重对公务员绩效的指导和改进，即体现“以评促改”的原则。

新加坡在绩效考核理念上，以组织需求为主，兼顾个人利益，希望通过客观、具体的绩效考核方法，正确地评估每一位公务人员的工作表现，建立有效的反馈渠道，不断改善公务员工作表现，使其工作表现与组织目标相契合；同时评估公务人员的潜能，建立培训与发展计划，以发掘人才、培育人才及预测其承担更高职位的潜能，从而达到奖优汰劣、人尽其才。从周期绩效拓展到职业规划，不断强化事从责定、绩由事考，确定功绩制考核理念，引入职业规划理念，注重从“事”到“人”的拓展，实现公务员管理向创新人力资源管理发展方向转变。

芬兰政府确定了以结果为导向的绩效考核的两个基本理念：一是绩效考核对于组织内部的每个人都是有意义的行为，每个人都有明确的目标，每个人都要进行思考给自己的工作打分，获得成功时每个人都有成功的自豪感。二是“产出第一，投入第二”。考虑需要什么样的产出，先确定目标，然后做计划；如何去实现这样的目标，最后确定需要哪些投入，如时间、人力资源、财政预算、技术及物质材料等。

（三）发达国家公务员绩效管理相关法律

发达国家在公务员绩效考核上，拥有一套独立的管理体制和完善的法律支持。在长期的发展过程中，公务员管理法规从不完善逐渐走向完善，管理制度从宏观原则性指导走向微观层面具体操作准则。从本质上来看，公务员的绩效管理实现了从绩效管理的形式到绩效管理的制度，再到绩效管理的技术方法的转变，完成了现代公务员绩效管理科学的制度。绩效考核逐渐更加注重结果，考核方式富有弹性，实现了从服务型管理向激励型管理转变的过程，同时为公务员绩效考核提供了保障。

在美国历史上，有三大事件对公务员绩效管理起到了划时代的作用。第一件事是在 1883 年，国会通过了《彭德尔顿法》，奠定了以“能力”为原则的联邦文官制度基础，为绩效管理产生了基础性的作用。第二件事是在 1978 年，国会通过了《公务员改革法案》，对考核制度进行了重大变革，成立“人事管理总局”“功绩制保护委员会”和“联邦劳工关系局”；要求考核同职务特点紧密相连，一切人事决定须以考核为基础，这标志着公务员绩效管理进入绩效评价阶段。第三件事是在 2005 年，美国人事管理署（OPM）出台《公务员绩效管理操作手册》。这 3 个规范性的指导文件，不仅从法律上为美国联邦政府公务员的绩效管理提供了规定，而且从管理制度上实现了美国联邦政府公务员绩效管理的科学化。

英国是实行公务员制度较早的国家，从 1855 年成立公务员事务委员会以来，逐步建立了公务员考试录用、晋升考核、调整工薪、职业培训、奖励惩处、辞职辞退、退休养老等制度。20 世纪 70 年代，英国政府又建立了公务员绩效评估制度，进一步完善了国家公务员的法律体系。《文官准则》规定，文官须“公正、诚实、忠诚、负责、保密、廉洁”；“为公众服务要及时、有同情心、没有歧视”；“使用公共资金要注重效率和效益”。2012 年，内阁颁布了最新的公务员改革计划方案，规定公务员绩效考核结果 A 类的占比为 25%，绩效 E 类的占 10%，其中 10%的实行 1 年的试用期。若试用期内绩效仍没有改善，则需要引导其辞职；同时提高公务员在重大项目上的责任感。

为规范公务员行为，新加坡制定了完备的公务员法律体系。新加坡宪法有专门的条款对公务员管理权限及公务员的权利和义务进行了明确的规定。新加坡政府制定了《公务员手册》《公务员守则和纪律条例》《公务员委员会及立法委员会法案》《反贪污法》《审计法》等法律法规，明确规定了公务员绩效考核的方式、考核机构、道德标准、公务员日常行为规范，例如公务员每年必须申报自己和配偶及子女的财产收入情况。这些制度性的规定保障了新加坡建立了一支廉洁、公平、公正的公务员队伍。

（四）发达国家公务员绩效管理制度

美国现行公务员考评体系与绩效管理制度相结合，形成公务员的考绩制度。以《联邦政府公务员工作手册》为依据，将公务员绩效评估定义为一个系统的过程，包括工作计划和设定工作目标；持续不断的绩效监督；绩效发展以及绩效结果的有效应用等。绩效考评从制订考评计划开始，确定考评标准，实施考评管理，进行信息反馈、总结和改进工作，运用奖惩制度巩固考评结果，管理过程十分完善，既注重考评工作的核心即考评计划的制订，又体现出考评是手段而非目的的绩效管理原则。

英国在公务员绩效考核工作中，以新颁布的《公务员改革方案》为依据，特别重视程序的科学性。考核一般由本部门长官根据公务员年内的表现，逐项填写《年度考察报告》，最后进行综合评定。晋升评定又分为非常适宜、很适宜、合格和不合格4个等级，必须陈述理由。考核须本人签字生效，一式两份送交部门行政长官和人事部门，考核成绩除通知本人外不公开，本人如认为不妥，可向行政长官出具证据，申诉理由要求纠正。

新加坡公务员考评以《公务员指导手册》为主，首先由总理府公共服务署统一制定指导性规则，再由各个机关执行，对于性质特殊的机关必须另行补充或执行规定，报公共服务署核备。对公务员绩效考核只有年终考核一项，考核内容主要包括工作质量、数量、组织能力、知识应用、团队合作、工作压力反应、责任感、成就、服务品质等；对于上级领导来说，还需要说明下属培训和发展计划。

（五）发达国家公务员考核体系构成

1. 考核指标方面

美国公务员考核制度以“绩效”为考评的主要依据，绩效考评内容注重与工作分析相联系，将工作说明书中的重要工作项目作为考评的重点。工作绩效是考核的主要因素，包括工作数量、质量、程序、方法及实效等。各机关依照业务职能自行制定考核的衡量项目绩效标准，强调弹性分权原则，因工作性质、工作方法、工作程序、工作期望的不同，可制定不同的标准。《美国联邦公务员法》规定绩效项目可区分为“关键因素”“非关键因素”以及“附加绩效因素”3大类。

英国公务员绩效考核内容有5个方面：一是公务员对组织发展的贡献大小，个人履行职责及实现个人年度目标，包括工作的质量和数量完成情况；

二是公务员个人的创新能力，个人是如何创新目标的，包括创新的举动和措施；三是公务员个人的应变能力，包括面对困难经受考验的情况；四是公务员个人对工作岗位适应情况，包括知识、技能、工作态度和行为表现；五是个人发展潜力情况。英国公务员的绩效考核内容和标准，因公务员所在的部门和所从事的职业不同而有所差异。针对不同种类的公务员，其评估内容和标准也有所不同。绩效考核的内容主要包括10个方面的素质要求：观察和分析问题能力；沟通和交流能力；崇尚客户的意识；宏观决策能力；人际关系处理能力；领导管理能力；组织协调能力；高效率工作能力；计划与执行能力；全局意识。

新加坡建立了非常细致的考核指标，确保了公务员考核的指标与岗位职责相联系。工作评价制度因公务员类别不同而略有变化。考核内容主要有：行为表现；与同事的关系；与公众沟通联系的情况；创造性；责任心；在各种压力下的反应；理解和评价能力；从事建设性工作的能力；决策能力；工作效率和工作成果；道德品行；书面和口头表达能力；组织、领导、监督、管理能力；交际、谈判能力；接受新观念、应用新方法的能力；计算机操作能力等。

2. 考核方法方面

发达国家在考核方法上比较灵活多样，如美国的平衡计分卡、关键业绩指标法、事实记录法；英国公务员考核制度采用目标管理方式，将组织管理与个人管理结合起来，即组织制定年度目标，个人据此制定个人目标，然后在年底考核中，个人根据目标的达成情况撰写自我评价，最终由管理者完成考核报告；韩国的目标管理法；新加坡的一般考绩与潜能考核相结合的管理方法，同时吸收管理学、行为科学、心理学、计算机科学的最新研究成果应用到绩效考核技术层面。具体来说英国公务员的考核分为两种：一种是日常的考勤考绩，另一种是年终的综合考绩。除了一年一度通过填写考察报告表的方式对公务员进行考核外，还有一种叫作职业发展面谈的考核方式。新加坡绩效考核分为工作表现评估和潜能发展评估两项，由考核人综合考评之。日本各机关采用的考绩方法有所不同，各机关都很重视平时考核，规定分析和记录职员的平时服务成绩，与此后选定的考绩方法综合考评。

3. 考核程序方面

对发达国家公务员考核程序的归纳分析表明，发达国家公务员考核一般都包含如下程序：首先由人事部门拟定考察报告表，包括一般项目、现有职务、被考核者能力分析评估、训练需求、调整工作的看法、晋升可能性、发展潜能、综合考评、复评人考核报告等内容；然后将考察报告表下发至公务员的直接主管，由直接主管负责对下属公务员进行初评；然后由上一级主管复评，在复评前上级主管通常要与被考核者面谈，双方就工作本身、工作改进及如何履行职责等方面的问题交换意见，取得共识；最后，上级主管才在考察报告表上注明考核结果的复评意见。被评估者如对考评结果不认同，可以向上级提出申诉。无论被考核者所在部门采取哪种考核标准，管理者做出的评估结论都要先同被考核者本人见面，然后再报给上一级管理者。

4. 考核监督方面

美国考核监督主体主要有3个：一是被考核者，被考核者具有参与领导制定工作目标、对领导考核评语是否认可、对考核结果及运用申诉等3个权利；二是考核主体的主管领导，他有权对考核主体的考核行为进行监督，并接受被考核人的申诉；三是考核委员会，受理职能范围内申诉及对部门考核行为进行监督管理。英国地方公务员绩效考核主体包括部门负责人、本部门最高负责人、工会人员和被服务的第三方人员构成，其中工会人员和被服务的第三方人员既是考核主体又可作为监督主体而存在，保障考核高效率；且本部门最高负责人对绩效考核的结果签署意见，避免了部门负责人主观偏见。新加坡公务员绩效考核监督机制健全，公共服务委员会由第三方人士组成，不仅具备高级公务员的任命、奖惩等权力，还能对绩效考核程序公平性进行监督。

5. 考核结果运用方面

发达国家普遍重视公务员考核结果的有效运用，将考核结果作为加薪、晋级、升迁、培训的主要依据，并规定了具体的激励和惩罚措施，把考核结果与被评估者的物质利益和个人发展紧密联系。如美国联邦政府对公务员绩效评价的结果在绩效改进方面的作用主要体现在：一是对同一个公务员在不同考核期内的绩效结果进行比较；二是对不同公务员在同一考核期内的绩效结果进行比较。

英国公务员绩效考核制度中，中央政府部门普遍与加薪挂钩，并不直接与晋升挂钩，只是可以作为职位升迁的依据，在职位有空缺时，优先加以考虑。地方政府则直接与晋升、加薪挂钩。在英国，公务员绩效评估后，还将根据被评定的档次，有目的地选送公务员参加学院培训，使其在限定时间内掌握一定的知识和技能，为更好地完成本职工作和将来的升迁打下基础。美国一贯强调择优晋升的原则，考核为特别优异者，提升工资一级，考核为不满意者，要按其程度分别予以减薪、降级免职等处分。新加坡公务员在绩效评价中若获得 E 等级，则督导员需要与协同签字官共同签发责成报告并递交至被评价公务员，责成报告一般以警告信的形式体现，责成报告须明确指出公务员业绩不足之处以供其改进。韩国绩效考评后，制定公务员绩效管理卡，用作公务员晋升、任职管理和培训等各种人事管理，并且 5 级以上公务员的绩效管理卡与国家人才库相连接，作为高级公务员资格的审查资料。

6. 发达国家公务员考核流程

以弗吉尼亚州为例，美国公务员绩效考核组织管理由公务员直接管理者的上级或者其他指定人选来担任，绩效考核人不仅需要审核绩效计划，还需要承担考核工作描述、绩效计划、绩效评价结果及对绩效评价申诉给予回应等工作。绩效考核人必须在绩效计划和绩效评价交给公务员之前对这些文件进行审查。如果绩效考核人对评价有异议，需要同公务员的上级讨论。无论被评估者所在部门采取哪种考核标准，管理者做出的评估结论，都要先同被考核者本人见面，然后再报管理者的上级，体现考核是一个公开、透明的过程，也是一个相互沟通的过程。高级公务员的绩效计划制订采取签订绩效协议书的方式，其绩效协议与其部门的目标相联系，并需要反映其直线管理者的绩效协议，以确保组织的战略目标能够沿着管理层级得以层层分解和支撑。在高级公务员绩效协议中包括组织承诺和胜任力要求，组织承诺与部门内部运作相联系，反映了一个部门的战略性或者操作性目标。同时，对高级公务员的绩效评价结果需要经过绩效审查委员会至少一年一次的审查。对于绩效水平“全部达标”的高级公务员可以获得绩效加薪；而绩效水平被评为“不满意”的高级公务员需要被重新定岗或被辞退。

英国公务员绩效考核运作，首先由部门根据自身职能，制定全年工作目标，分析目标的可行性，拟定实现目标的具体手段。其次，公务员依照部门年度目标，根据个人职务进行目标任务分解，制定个人年度目标。第三，部门管理者与工作人员一道于年中对年度目标的落实情况进行检查，商定下半年改进措施。第四，工作人员于年终对照本人的年度目标和总体行为准则对自己加以评价，写出自我评价材料。第五，管理者对本部门工作人员加以评价，与之交换意见，写出评估报告，报上级人事部门审查备案。最后，当被评估人对管理者的评估报告有异议时，可以向管理者的上级阐明理由和事实，提请评估复议。管理者的上级接到评估复议申请后，要组织专门人员进行调查核实，若发现管理者的评估报告确有不当，可与管理者商议重新修改评估报告；若管理者的评估报告符合实际，上级复议人员要向被评估人讲明调查核实的情况。英国内阁公布的《高级公务员的绩效管理指导手册 2010—2011》，概述了高级公务员绩效管理的各项安排。英国对所有高级公务员的工作都有一份合同说明，需要签订通常为期 4 年的绩效协定，在绩效计划阶段，对高级公务员的核心目标设定主要包括业务目标、组织整体目标、能力目标、个人发展目标、领导力等，考核周期为次年 3—4 月，在绩效管理周期中，人力资源管理部门要进行绩效的监控、沟通、评价和反馈以确保公务员持续保持进步。绩效奖励分为绩效奖金和基本工资的调整；当绩效不合格时，上级领导要和下级探讨绩效不合格的原因以及改进绩效的计划。

新加坡政府规定公务员的工作必须受到系统性的、周期性的考核评价，并且对这些评价做永久性的记录。其绩效评估运作分为绩效表现评估和潜能评估两种，按考核阶段的不同又可分为试用期评估、年度评估和晋升性评估。试用期评估即公务员在试用期内必须每 6 个月向直接主管汇报一次工作，主管从工作技能、工作进度、业绩、潜能、适应能力等各个方面对该公务员进行全面评价，并记录在案，以此作为公务员录用的主要依据。年度评估即每年年终对公务员进行的年度考核，主要评价公务员的年度绩效及其任职潜能，并将评估结果作为公务员培训、晋升和加薪的重要依据。晋升评估主要考核公务员的组织能力、领导能力、协商能力、理解能力和判断能力、决策和决定能力等，其目的是为了更好地了解公务员的优势和劣势，是否具有发展潜力，从而使获得公务员有更多的晋升机会。

二、发达国家公务员绩效考核的发展趋势与机制革新

随着信息技术为代表的科技革命的迅猛发展、国际经济结构的调整加速、

经济全球化的明显加快以及绩效管理实践与理论、方法的日趋成熟，国际公共服务体系也面临着一场广泛的变革和再造，以提高公共服务水平，迎接国内外新形势的挑战。在此背景下，国际公务员绩效考核机制也始终处于不断的变革和发展过程中，主要呈现出以下5个方面的发展趋势：

（一）重视结果导向的考评体系

现代绩效管理思想的一个特色就是绩效考核实行业绩和结果导向，公务员的选拔和雇佣标准也应该基于业绩和能力。加拿大公务员委员会对公务员制度进行监管的手段及时制定选拔和评估的业绩和能力标准，强调要用结果为导向的方法衡量高级公务员是否尽职尽责，并建立开放和健全的信息技术系统，为公务员绩效管理科学化提供清晰而有力的依据。英国自20世纪70年代以来不断发展的政府绩效评估制度，促使公务员考核经历了从“以效率为主”到“以质量为主”的发展，政府职能由管理型向服务型转变，考核内容和考核方式不断更新，考核工作形成“4P原则”，即自豪（pride）、步调（pace）、热情（passion）、专业（professionalism），引导公务员持续进步和改进行为。美国公务员考核的改革走向是：由过程或程序导向转变为结果导向；由集中管理转变为授权管理；由服从性管理转变为激励管理。考核指标关注公务员对使命及目标所做的贡献。

（二）确立公众导向的崭新绩效理念

公务员绩效考核是推动公共部门承担责任的有效机制，公众导向成为公务员绩效评估发展趋势，公众参与原则是公务员绩效评估的基本原则，公众在公务员考核中享有话语权。其主要做法是：在绩效指标设计上体现外向特征和多样化的满意度调查，广泛吸收公众作为公务员绩效考核的主体，加大公众评估的权重。英国政府主张建立以“承诺”为基础的公务员绩效考核体系。在新公共管理运动的影响下，英国政府在实行绩效管理过程中提出了“顾客至上，消费者导向”的管理理念，通过对公众做出“承诺”，作为考核的基础。美国一直倡导建立服务型政府，对于公务员队伍的管理来说，就是要彻底改变观念，树立“服务”为主的新理念，把公众作为自己的顾客来服务，才能更好地提高自己的绩效和实现绩效目标的动力。

（三）创新公务员培训机制和方式

公务员的培训是素质更新的主要机制，也是提高行政工作质量的有力保障。许多西方国家政府开始不断创新公务员培训机制和方式，以保证培训的质量和效果。德国政府在《联邦公务员法》规定，对不同的参训对象有不同的培训内容要求，在培训方法上也显示出了高度的灵活性，最大特点是致力于将培训和实际工作结合起来，力求取得最好的培训效果。加拿大政府在公务员培训机构的确定上，实行公共竞争方式；在培训内容上主要围绕公务员如何最大限度地适合岗位标准进行设计；在培训方式上选择30%的课堂讲课，70%的实践和操作性训练。①

（四）公务员考核方法不断成熟，科学化程度提高

公务员考核方法不断成熟，科学化程度提高，包括运用现代人力资源的基本思路对公务员进行管理、开发以及激励，促进公务员行政效能的提高和绩效考核机制的完善。法国政府在进行公务员制度改革时，也借鉴和应用了许多企业人力资源管理的理念和方法，比如在公务员的录用和晋升中采用竞争机制，提出“人力资源开发性管理”的新型人事管理模式。另外，信息技术、量化技术，以及针对不同类别公务员的不同考核方法和考核技术不断丰富。现代信息技术的飞速发展使公务员绩效考核的信息化实现成为可能，它可以为建立科学、便捷、实用的绩效考评体系提供技术支持，使公务员绩效考评工作更加高效，考核结果更加客观、公正和准确。

（五）健全公务员法律保障体系

对公务员进行法制管理，是发达国家通用的做法，属于对公务员绩效考核的保障机制。不仅公务员基本制度通过法律的形式来实现，而且绩效管理制度如绩效管理内容、标准、组织、考核结果使用、考核程序都是由法律规定的。美国的《政府绩效与结果法案》和《以绩效为基础的组织典范法》、荷兰的《市政管理法》、英国的《地方政府法》都以法律的形式对政府公务员绩效考核做了规定，公务员绩效评估中都有专门的立法保障，使绩效评估成为对公务员的法定要求。美国政府的公务员绩效评估体系非常完备，并严格据此来对公务员进行管理，不仅保障了公务员的权力行使，同时制约其行为，极大地促进了公务员行政效率的提高。我国在《公务员法》出台后，应当进一步抓紧研究制定单项法规，以法律的形式规范公务员绩效管理与绩效考核制度。

---

① 刘厚金．中外公务员制度概论［M］．北京：北京大学出版社，2010：113－118

三、中外公务员绩效考核体系和机制差异分析

由于体制机制和理念方面的不同，中外公务员在考核体系和机制等方面存在较大差距。

（一）中外公务员考核理念对比

发达国家文化传统虽各有不同，但在公务员绩效评估理念方面却不乏相似之处。一是坚持客观、公平、透明的考核原则。在绩效考核内容的制定、程序的制定、考核结果的运用、考核过程的沟通各个环节中都确定考核客观、公正、透明，设立绩效考核机构，确定以考绩制为基础。二是不断满足公众需求为目的。各国在公务员绩效考核过程中，强调公务员的实际工作能力，保证提供高效的服务，以满足公众不断上升的需求。三是强调以人为本，惩罚不是最终目的。在绩效评估过程中，以绩效改进、绩效沟通为理念，体现“以评促改”的原则，帮助公务员不断改善绩效，关注公务员个人职业生涯的发展。

我国公务员绩效考核的目的在微观层面上是提高工作效率、提升服务水平；宏观层面则是为了更好地“满足人民群众日益增长的物质和精神生活的需要”，这对于考核客体所产生的作用力或影响力有很大不同，绩效考评是上级对下级的要求，属于外生压力，缺少公务员自身对考核的内生动力，考评很少涉及公务员个人绩效改善层面和公共服务部门效率、质量的提高。这与我国整体的考核制度有关，绩效考核缺乏有力的制度机制保障，考核难以得到领导、被考核人、各部门的多层面重视。

（二）中外公务员绩效考核的体系构成差异分析

1. 中外公务员考核主体对比

发达国家一般都设有专门的机构来负责公务员的考绩工作，主要有3种类型：一种是开放式的以专门机构为考核主体的考绩制度，另一种类型则是一种以机构首长为主体的考绩制，由部门首长全面负责对下属官员的政绩考评，如日本公务员绩效考核主体是领导负责制，但是在考核主体中还设有调整者和确认者两种角色，削弱了部门领导考核的主管色彩。第三种类型是一种混合式主体。

我国公务员评估主体一般由部门负责人、本部门人事等有关单位负责人

和公务员代表三方组成。首先，从我国现行公务员考核制度中的考核主体和考核方式来看，成立专门的考核委员会的做法并不普遍。其次，由于没有从根本上建立起相应的监督制约机制和责任追究制度，考核主体难以认定被考核者的责任过错，使得被考核者不能得到有效的监督，以致公务员考核工作没有真正发挥作用。最后，我国公务员考核中还缺乏群众对公务员的评价，导致了考核"对上不对下"，考核中没能听到最有发言权的人的评判声音，影响了考核结果的权威性。一些窗口单位实行了即时评议制度，但仍然没有广泛推开，在实行过程中也存在一些需要改进的问题。

2. 中外公务员考核方法对比

发达国家考核往往综合运用360°考核法、关键事件法（KPI）、平衡计分卡（BSC）和关键事件法等，重视定量考核、定性考核的客观性和工作行为的描述性，考核标准越来越详细，考核项目设置体现了考核宗旨和工作实际。比较重视人的能力和潜能考核，重视对考核信息的收集，考核方式上趋于数字化、表格化，引入多层级评价主体组织考核等特征。西方国家公务员的考绩在发展过程中不断引入统计学以及社会科学的相关方法，最主要的方法是质量分析和数量分析的相关方法。如美国的主要考绩方法是职务内容分析法、工作分析法、事件记录法等。英国则将较为抽象的考核内容进行具体的行为描述，并运用现代方法将其量化，力求做到科学、规范、合理并且易于操作和执行。

国内的考核方法比较单一，实行年度考核与平时考核结合、领导考核与群众考核结合、定性考核与定量考核结合。但实际情况上看，常常忽视群众考核和定量考核，长期以来，定性考核与领导考核依然是考核时采用的主要方法，容易形成公务员考评的单一化、概念化。

3. 中外公务员考核指标对比

发达国家公务员的考核主要是基于工作分析和职务评价的考核，以考绩为主。综合来说考核内容有：专业知识、考勤情况、合作精神、工作能力、服务意识、工作的积极性、工作效率和方法、组织能力、观察和分析问题的能力；沟通与交流的能力；崇尚客户的意识能力等。另外，在考核内容上还重视对年轻公务员潜能的考核，主要考察如对环境的体察、对现象的解释、对问题的分析及判断、对前瞻性策略的规划和设计，以作为其调职参考、长期发展的可能。在考核过程中，注重对绩效信息的收集。总体来说，考核内容具有因地制宜的特点，考核指标具有灵活性等特点。

首先，我国《公务员法》规定公务员考核的内容是“德、能、勤、绩、廉”5项，从表面上看这一规定涵盖了公务员日常工作、行使政治权利、道德标准的各方面，但对公务员服务意识和社会服务管理能力等方面在目前的考核中并没有得到体现，考核标准缺乏动态性和灵活性。其次，针对不同职能部门的特征，公务员的职位类别、职务序列和层级，没有建立起符合各自特点的考评体系，考评指标缺乏针对性，考核指标体系缺乏弹性。最后，这5项考核内容偏重于定性考核，对如何评判道德水平的高低、如何标准衡量业务素质的好坏、如何界定工作所产生的效益，都有很大弹性和空间，这使得考核缺乏可操作性，从而影响了绩效考核的信度和效度。

（三）中外公务员绩效考核的机制差异分析

1. 中外公务员绩效考核运行机制对比

（1）中外公务员考核流程对比

发达国家公务员绩效考核流程一般首先由人事部门拟定考察报告表，包括一般项目、现有职务、被考核人能力分析评估、训练需求、调整工作的看法、晋升可能性、发展潜能、综合考评、复评人考评报告等内容，然后将考察报告表下发至公务员的直接主管，由直接主管负责对下属公务员进行初评。初评结束后，再由上一级主管复评。在复评前，上级主管通常要与被考核人面谈，双方就工作本身、工作改进及如何履行职责等方面的问题交换意见，取得共识。最后，上级主管才在考察报告表上注明对考核结果的复评意见。若公务员对于自己的绩效评价结果有异议并且不能与上级协商解决，可以向考核人提出申诉，要求重新评价。绩效被评为最低者，需要接受再评价。无论被评估者所在部门采取哪种考核标准，管理者做出的评估结论，都要先同被考核者本人见面，然后再报管理者的上级。

我国现行的考核方式是由人事部门或本部门考核管理者将个人考核表下发到每位公务员手中，先由个人作自我鉴定，然后交由直接领导作综合评价，最后再将考核结果通知被考核人。虽然考核程序设置完整，但这个过程缺乏上下级有效的沟通和信息交换，也缺乏信息的公开透明，被考核者仅作为一个被动的客体接受考核主体的单向评价。在这种自上而下的考核模式中，考核主体掌握的信息量远远大于被考核者所知道的信息。不但容易造成对考核结果的误解和分歧，容易导致考核的不公正和腐败的滋生，也缺乏对考核主体的有效监督，缺少设置更高一级主体来限制直接主管的权力和对考核的主观臆断。

(2) 中外公务员考核功能对比

发达国家公务员考核功能主要目的有4点。一是了解公务员的工作表现，作为公务员晋级增加工资的依据。二是了解公务员的现实能力和潜在的能力，作为任用和晋升的依据。三是与培训培养、职位调动有机结合，了解公务员在专业和技能方面的优势和弱点的基础上，正确制订和实施公务员培训计划，提高公务员的业务素质。四是使公务员明确自身存在不足，促使其主动克服。最终目的都是为了提高公务员积极性和工作能力，以便更好地服务于公众。

我国公务员考核功能是为了正确评价公务员的德才表现和工作实绩，规范公务员考核工作，促进勤政廉政，提高工作效能，建设高素质的公务员队伍。然而我国许多用人部门目前并没有将公务员队伍建设，上升到公共服务部门人力资源发展战略高度来定位，对于公务员考核工作在建立高素质公务员队伍中的作用难以准确把握，绩效考核与工作分析、培训、薪酬管理等人力资源管理活动关联不够密切。

2. 中外公务员绩效考核激励机制对比

发达国家将考核结果作为晋升与降级、加薪与减薪、年终奖金、培训与进修等的依据。以新加坡为例，公务员工资分为固定薪和变动薪，前者为公务员生活的保障；后者属弹性增减之薪俸，特别红利，与整个国民经济的发展相关；绩效红利与公务员个人绩效有关，根据公务员绩效评定结果确定的等级，在公务机关年度人事费用中调拨，红利的人数和金额由公共服务署指定原则为依据。考核E等人员给予辅导、训练及观察其工作表现，若无法改进，则予以免职。公务员升迁快慢与公务员每年绩效评估的成绩有关，每年绩效评估都在A等级的，有快速的发展且晋升空间也大。美国弗吉尼亚州绩效评定在“贡献”等级者会获得至少本州平均加薪额80%的加薪，处于“杰出贡献者”等级的公务员会获得不多于本州平均加薪额250%的加薪。若一个公务员绩效评定为“低贡献者”，并在3个月内没有改善，就会被采取降级行动，其薪酬被降低5%。

我国公务员法规定公务员年度考核的结果作为调整公务员职务、级别、工资以及公务员奖励、培训、辞退的依据。我国在职能改革和机构改革中，没有考虑到决策权、执行权和监督权的分离和事权、人权和财权的统一配置问题，造成了公务员绩效考核结果运用不善。此外，公务员缺乏对自身绩效情况的掌握，绩效好坏难以区分，奖惩重视度不够，不能最终落实到服务的改进和提高。

3. 中外公务员绩效考核制约机制对比

发达国家实行权力相互制衡的政体，为公务员绩效管理提供了前提条件。首先，监督考核上，公务员绩效考核通常拥有一个考核主体、多个考核监督主体，有效避免了上级领导主管臆断的发生。美国1883年《彭德尔顿联邦文官法》规定：成立由3人组成的美国文官委员会，其中必须有反对党1人，任期6年。经过一个多世纪，此法虽经多次修改，但作为基本点的功绩制原则和内容未变。其次，强势的媒体监督。在许多国家，被称为“第四权力”的新闻媒体，对政府公职人员廉政监督和反腐败斗争有着相当重要的作用。最后，国外公民组成的具有独立意愿且敢于谴责腐败的社会群体，是政府公共监督的重要力量。政府网站信息公开，接受公众监督，网络监督已成为体制外监督的重要手段。

我国公务员法只是对公务员工作监督作了相关规定，监督机构包括人大的监督、政协的监督、政府内部的监督。政府内部的监督，主要是对政府公务员的滥用职权行为进行监督，而审计机关主要对政府预算进行监督，在公务员工作行为和绩效方面是缺乏监督机构的，因此，造成了公务员管理上的制约机制问题。由于公务员职务分类不够明晰，工作做得好坏，没有明确的参考对象；考核过程中缺乏沟通。考核后对公务员反馈的极少，只是作为档案存储或作为完成的任务，没有相应的补救措施。

4. 中外公务员绩效考核的保障系统差异分析

公务员绩效考核的有机运行过程，是公务员绩效管理大系统的重要组成部分，考核能否有效地运行，在一定程度上取决于公务员绩效管理大系统内其他有机组成部分的支持，如公务员任用制度、公务员薪酬制度、公务员职位分类制度、公务员申诉制度、公务员培训制度、公务员监督制度等，这里选取了任用制度、培训制度和信息系统建设作为典型来分析其对考核制度的支撑作用。我国公务员法虽然对考核作了原则性规定，但公务员绩效管理作为一个整体，内部组成部分仍达不到相互支持的作用。

（1）中外公务员任用制度对比

总体来说，发达国家大多对公务员实行聘用制，以绩效考核的好坏来决定奖惩，实行公务员能进能出的任用机制。在英国，一名公务员，如果年度评估得分在125分以上，就有升迁的机会和可能。如果得分在85分，就算首相说话了，也是不能升迁的。如果得分在60分，那这名公务员便只好下岗“另谋高就”了。新颁布的改革方案中，绩效考核带有等级分布是具有强制性的，对于绩效不能改进的公务员，需要引导其辞职。

我国公务员法规定公务员职务实行选任制和委任制，机关可以经批准对专业性较强的职位和辅助性职位实行聘任制。我国《公务员考核规定》规定，公务员绩效考核连续两年年度考核被确定为不称职等次的，予以辞退。我国目前部分地区，如深圳引入了合同制，对公务员在试用期进行考核，合同期满后，以考核好坏决定公务员的进退，建立了能进能出的工作机制。然而公务员考核执行力度低，信息不公开和监督缺位，使得退出机制实际执行的很少，聘任制在一定程度上成为终身制的变相手段。

（2）中外公务员培训制度对比

发达国家普遍制定了相关法规制度，对公务员培训做出规定，使公务员培训制度化。公务员个人和上级领导人共同制定年度公务员个人培训路线图，作为公务员最后绩效考核过程和工作评价的依据。培训方式主要有3种：一是政府组织内设的培训部门，根据组织内部的发展战略、实际工作要求和员工素质状况，有针对性地对内部员工进行培训。二是专门的公务员培训组织，如英国公务员学院、法国的国立行政学院等。它们根据社会各类组织和人员的培训需求，针对不同的培训对象开发出不同的培训文，设计出多种培训项目。三是高等学校内的公共政策、政治与经济专门学院所提供的各类课程。

我国公务员法第十章规定各机关根据公务员工作职责的要求和提高公务员素质的需要，对公务员进行分级分类培训；国家建立专门的公务员培训机构；机关根据需要也可以委托其他培训机构承担公务员培训任务。其中规定了对考核客体的培训，但对于考核主体在考核技能、考核信息沟通方面的能力没有相关规定。对考核客体的培训也不是建立在考核基础上，不是对绩效考核后的培训，导致公务员存在的绩效问题不能及时解决；好的绩效经验也不能在公务员集体范围内推广应用。“十二五”规划纲要指出我国将重点实施公务员能力建设，需要大规模培养公务员，进一步提高全国公务员参训率。

（3）中外公务员信息系统建设对比

国外网络技术发达，政府网站信息平台的建设健全，不仅绩效考核系统健全，还加强了公务员网络培训。以新加坡为例，新加坡公务员由公共服务委员会管理，使用埃克森开发的公务员绩效管理 PRAISE 系统，该系统将绩效评定的等级与公务员晋升整合为一个整体，成为公务员人力资源管理系统的一个重要组成部分，为公务员个人发展评估、绩效等级和晋升等。在培训上，各国一方面加大实施公务员信息技术培训的资金投入，另一方面推广以网络技术为核心的现代化培训手段。

目前，我国部分地区试行了网上考核办法，如江苏省常州市各局试行了《公务员网络绩效考核管理系统软件》，创新考核手段，提高考核工作的科学性和有效性，通过持续有效的激励约束机制，进一步提升公务员依法行政和公共服务的能力水平。但这类有益探索还只是地区试行，有待向全国推广，进一步建立分级分类的公务员数据库，建立公务员绩效考核信息库，建立覆盖中央、省、市、县 4 级的公务员管理信息系统和绩效考核系统。

四、发达国家公务员绩效考核机制建设经验借鉴

（一）公务员绩效考核理念

要创新公务员管理理念，将公务员从政府财政负担的角色转变为国家人力资源的角色，充分发挥公务员的创造性和调动他们的积极性。通过合理的考核标准的制定以及程序的合理、透明来实现过程和结果的公正。重视公务员的人格尊严与合法权益，将公务员视为政府转型中最重要的资源和财富，关注个体的个性心理特征，在充分尊重人、关心人、激励人的基础上开展绩效考核，充分发挥被考核人员的积极性和创造性，为公务员实现自我价值创造条件，真正实现通过绩效考核促进人的自我实现，变考核的外在压力为内生动力。以发挥绩效考核的激励作用为主，以上下级绩效沟通为手段，以提高公众满意度为关注点，以实现绩效的持续改进为目标，以最终提高政府绩效水平为归宿。

（二）公务员绩效考核运行机制

要确定由公务员个人与部门负责人共同参与制定，通过信息收集资料分析与公务员共同协商编制职业发展的计划书。首先要健全绩效考核指标，对考核指标细分至二级、三级指标体系，根据公务员所处的职位性质，对考核指标进行选择，确定关键性指标体系作为考核内容，实现考绩为主，对于高级公务员还须重视对管理能力、战略能力和领导能力等相关素质的考核。其次要运用目标分解法对选择出的指标作进一步的分解，以求得下一级的指标能够决定上一级指标的高低。最后要把指标分解到公务员具体的工作中，让各个职位上的公务员都有要承担的绩效指标；要解决公务员绩效评价标准的问题。评价公务员绩效标准来源于公众满意度和公务员的工作承受力，分为结果标准、效率标准、行为标准等；要解决公务员绩效评价的工具问题。为了增加公务员绩效评价的信度和效度，对于普通公务员和高级公务员应采用平衡计分卡和关键绩效指标法两种方法综合评价，辅以职业面谈法。在绩效考核周期的确定上，根据实际工作岗位与工作进度相冲突，灵活设定考核周期。在考核执行中的反馈、沟通与改进上，在实践中，实现“有反馈有沟通”“有沟通有改进”。

（三）公务员绩效考核激励机制

实现公务员绩效考核的人权、事权、财权的统一是公务员绩效考核的根本保证。首先要解决对考核者激励不到位问题，要激励考核主体的主动性和积极性，对考核的领导管理者事前进行有关领导力、影响力、执行力的培训，将领导晋升、精神激励、物质激励与对下属的考核效果相联系。其次是要解决公务员绩效考核物质激励与精神激励不到位，考核结果等级优劣对公务员影响不大，对加薪、晋升等起不到作用的问题。参考国外经验，我国有必要加强部门间的沟通合作，保证绩效考核人权、事权与财权的有机结合；在公务员管理支持系统上构建以绩效为基础的工资制，对公务员激励有关的准则规定，确定各个等级奖金的额度，加大物质奖励力度；将连续考核优秀者，优先加入晋升档案中，并推荐其参与更高职位素质、技能有关的培训。对于偶尔考核不合格者，上级领导要和下级探讨绩效不合格的原因以及绩效改进的计划；对于连续考核不合格者，以书面形式通知到个人，而其他等级人员则不需以书面形式通知，实行一种负激励。

（四）公务员绩效考核制约机制

实现公务员绩效考核的决策权、执行权和监督权分离是公务员绩效考核权力制约的重要条件。监督权在考核过程中尤为重要，美国公务员考核制度的确立受益于行政命令，更得益于法律规范的保障。纵观美国公务员考核制度的建立过程我们可以看出，法律规范始终起着重要的、强有力的保障作用，我国由于公务员制度建立较晚，与公务员考核相关的法律、暂行条例等对公务员绩效考核所做的规定相对简单。对于公务员考核主体、考核方式、考核程序、考核等级确定、考核结果运用只是作了一般性的规定，有必要进一步推动政府行政体制改革，完善绩效考核的相关法规和管理制度，使我国公务员绩效评估走上法制化、规范化的道路。同时，要学习发达国家建立健全常设性的绩效评估和指导机构、绩效考核的监督机构、申诉机构、道德约束机构、反腐机构。要建立开放、透明的政府网站，开设政府微博，鼓励公众、媒体等对公务员的绩效监督和评价。

（五）公务员绩效考核保障机制

要学习先进国家在职位分类制度建立上的经验，确立公务员职位分类制度。对公务员的管理和公务员绩效考核既要抓考核制度本身建设，又要抓绩效考核基础制度、支持系统和外围环境的配套建设。要完善信息系统建设，切实落实平时考核的正常运行，制订平时考核计划书和绩效数据信息采集系统，运用数量、质量、时限、成本确定、绩效沟通、绩效执行、绩效改进与反馈八步法来设计和维护公务员绩效管理支撑系统。

国外篇

第二十一章
国外最低工资

目前，世界上大多数国家都有法定的最低工资标准，且在不断提升和完善。本章基于国外一些实施最低工资政策历史较长、做法比较成功的发达国家和新兴国家的最低工资制定程序、调整机制、评估机制进行研究，总结和比较不同国家最低工资定位、计算概念、适用范围、主导制定模式、调整机制等，分析近年来实施最低工资制度国家的新立法和新趋势，以期对我国最低工资制度提供借鉴。

一、部分国家现行最低工资政策

（一）定位和目标

最低工资的定位，对于确保最低工资不偏离目标、决策有理有据方面至关重要，而且有时还是解决不同决策意见分歧的手段。《国际劳工组织章程》规定，作为会员国的一个目标，应当“按照当时该国的理解，支付工人足以维持适当生活标准的工资”。国际劳工组织（ILO）第 135 号建议书中明确了“最低工资的根本目的是为工资劳动者得到可容许的最低水平工资提供必要的社会保护”，并“应当成为旨在战胜贫困、保证满足全体工人及其家庭需要”，即最低工资最基本的目标是减少贫穷，确保最低生活水平①。全球各国在设定最低工资时，其定位和目标各有不同，大体包含以下几个方面：维护低薪劳动者及其家庭赡养者最低限度的基本生活；维护社会所需要的劳动力持续再生产；促进经济和社会的稳定运行；促进劳动者素质不断提升，见表 21—1。

---

① 参见 1976 年 ILO 关于就业、收入分配与社会进步和国际劳动分工问题的三方世界会议所通过的《行动纲领与原则宣言》。

表 21—1　各国设立最低工资制度的定位

国别	定位或目标
英国	保证工人的劳动权益不受侵犯，并鼓励企业合理合法竞争，从而促进劳动力市场的完善与发展
法国	一是给予最低劳动收入的劳动者购买力的保证；二是保证低收入人群在国民经济中的劳动参与
美国	一是覆盖面要广；二是工资水平要能保证在一个足够劳动者“自给自足的标准”
澳大利亚	确保全国经济状况和竞争力；促进社会融合；确保低薪支付需要；同工同酬的原则或者相对价值
日本	改善低薪工人的工作条件，确保他们根据所属行业、职业或地区获得有关的最低工资，从而有助于稳定工人的生活水平、提高劳动人口的质素、确保企业之间公平竞争，以及促进国家经济的稳健发展
加拿大	保护没有参加工会的、在非技术性工作岗位的劳动者的权益
韩国	为低收入的劳动者提供法律和制度上的保障，确保劳动者最起码的生活水平
秘鲁	每一个就业者理应得到公平和令人满意的报酬，保证他本人和家庭不失人类尊严地生存下去
巴西	在任何特定时间和地区，满足工人吃、住、穿、医疗和交通的正常需要
墨西哥	充分满足一家之主的物质、社会和文化方面的正常需要及其子女必须接受教育的需要

数据来源：作者根据各国相关法律规定整理而成。

（二）相关法律

很多国家在为现行最低工资制度而特别制定了相关法律，并且随着经济形势、战略观念的改变和发展而逐步修订或新制定最低工资相关法律，见表21—2。

表 21—2　各国所采用的最低工资相关法律或法例

国别	现行最低工资制度的设立年份	为设立现行最低工资制度而制定的法例或相关法案
美国	1938 年	《公平劳动标准法》
加拿大	各省不同	各省均有《雇佣标准法》
澳大利亚	1907 年	《调解及仲裁法》
英国	1999 年	《全国最低工资法案》
法国	1950 年	《最低工资法》
德国	1949 年	《集体协议法令》《延伸令》《派驻工人法令》
日本	1959 年	《最低工资法》
韩国	1988 年	《最低工资法》
巴西	1940 年	没有特定法例，《统一劳动法》有相关规定

（三）制定机构及制定程序

各国制定最低工资的机构或决定模式各有不同。大体上主要分为最低工资委员会或类似的专业委员会建议或主导、立法机关主导、行政当局和相关委员会共同主导、劳资双方协商主导4种模式，见表21—3。

表21—3　　各国最低工资制定机构及制定程序

国别	厘定机构	咨询机构/代表		制定程序
		机构/代表	备注	
美国	国会/州立法机关	无	立法机关主导	联邦最低工资标准的提高要由总统提出议案，通过国会表决批准并在《公平劳动标准法案》修正案中做出调整、加以体现；各州最低工资则由本州立法机关通过法律自行制定，如情况准许，各州可超越联邦法规的范围，制定更高的标准
加拿大	各省议会	最低工资委员会/省议会	专业委员会或省议会主导两种方式并存，各省不一	各省根据《雇佣标准法》确定：一种是有些省内设立最低工资委员会或相同职权的委员会。最低工资委员会被在法律允许条件下，对最低工资进行评估，建议最低工资率，然后再做相应的咨询、调查和研究，或直接设立最低工资率，最终由省议会副总督审议通过；另一种方式是在一些没有设立最低工资委员会的省份，最低工资的更新是由省议会副总督主要负责
英国	国会	低薪委员会	共有9名成员组成，分别具有雇员、雇主和学术背景。每位委员均以个人身份，而不是作为组织的代表工作	根据《全国最低工资法》，低薪委员会负责每年向政府就最低工资事宜提供独立的专业咨询意见，并向政府（即贸易及工业大臣）提供厘定额的意见。政府获赋权厘定最低工资额，并通过规则形式向国会提交经调整的最低工资额。有关规则须按照先审议后订立的程序处理，国会进行辩论，并决定是否通过有关规则
法国	国家部长会议	集体谈判委员会	由40名成员组成，其中4名来自政府，18名来自5个全国工会，18名来自雇主协会	最低工资额按全国物价指数的变动而改变。若全国物价指数变动2%或以上，最低工资额会自动调整。此外，国家集体谈判委员会会在每年6月举行会议，研究相关的经济报告，以进一步调整最低工资额。经研究有关报告并考虑通胀情况后，国家集体谈判委员会提出一个最低工资额的调整额度建议，并供国家部长会议最后审批。就业、社会团结和住房部则负责公布最终数字

续表

国别	厘定机构	咨询机构/代表		制定程序
		机构/代表	备注	
德国	劳方、资方		劳资协商主导	《集体协议法令》规定，雇主及雇员有权规管聘用条款及条件，属其各自本身的责任，不受政治影响。在具体执行上，雇员方面可由工会签订集体谈判协议，而雇主方面则可由某一个别雇主或某一雇主协会签订。基于公众利益，政府有权根据《集体协议法令》，发出《延伸令》，或根据《派驻工人法令》发出部长指令，宣布某项集体协议对德国某一地域范围内的某一特定行业具有一般约束力。在上述情况下，有关行业内的非签署方亦有法律责任，必须遵照有关协议内的条文
澳大利亚	公平工作委员会	最低工资专门小组和最低工资研究部门	最低工资专门小组由主席、3名全职成员和3名兼职成员组成；最低工资研究部门由部门主席和相关代表组成。代表分别由政府、雇主协会、工会组织提名	根据《公平工作法》的规定，最低工资由澳大利亚公平工作委员会的最低工资小组制定，并由公平工作委员会公布。最低工资与研究部门每年会展开调查作为最低工资评估的一部分，开展研究项目，并定期发布报告
日本	各县劳动局	中央最低工资委员会和各县最低工资审议会	审议会的成员有15～20人不等，分别来自政府、雇主组织、工会、学术机构、社会福利机构	日本中央和地方政府对最低工资的制定享有绝对权力。日本最低工资根据既定的日程表分两个阶段制定。首个阶段是中央最低工资委员会制定全国层面的指导线，第二阶段则是各县或各行业制定自己的最低工资标准
韩国	就业和劳动部	最低工资委员会	最低工资委员会由27名成员组成，包括9位工人代表、9位雇主代表及9位代表公众利益的独立委员（包括主席及副主席）	根据《最低工资法》规定，最低工资委员会在参考技术委员会提供的评估信息和测算信息后，负责就最低工资的调整额向就业和劳动部拟备以及提交建议。就业和劳动部再依据委员会的结论制定最低工资标准

续表

国别	厘定机构	咨询机构/代表		制定程序
		机构/代表	备注	
巴西	国会	政府/各地最低工资理事会	各地最低工资理事会均由政府、劳方、资方代表组成	最低工资调整方案一般先由政府与工会协商确定，然后再提交国会批准

数据来源：作者根据各国相关法律规定整理而成。

（四）计算概念界定和组成部分

世界各国在最低工资相关法律中均包含了“最低工资”的定义和结构组成部分。大多数国家采用简单定义并逐一列举不包含部分的方式规定，也有国家采取更细致的分类列举包含和非包含部分。

美国最低工资的组成部分在法律中有明确规定，“最低工资”是指支付给雇员的所有劳动报酬，但不包含以下组成部分：（1）作为礼物或奖励性质的支付款项；（2）休假、公共假日、疾病等时期的支付款项；（3）养老、退休、工伤保险等支付款项；（4）超过正常 8 小时工作时间的支付款项；（5）雇主提供的其他补助金等。

英国针对最低工资的范围也作了明确的界定。依据《1999 年全国最低工资条例》，工资是指雇员向员工支付的，在任何扣除发生之前的报酬。但以下各项不属于工资：（1）根据贷款协议支付的预付款或预付工资；（2）退休金或与工人退休相关的补贴或补偿金；（3）根据法院判决已经或可能诉之法院而达成和解获得的报酬；（4）向工人支付的遣散费；（5）根据建议书计划受到奖励而获得的报酬；（6）特殊收益也不计入工资（除住宿费用抵消额以外的实物、代金券、邮票或类似凭证、小费等）。

韩国《最低工资法》对最低工资的计算进行了规定。其中，包含在最低工资范围内的工资收入有：（1）集体谈判、劳动合同等明确规定的工资或补贴；（2）每月至少发放一次的常规性的或事先商定好的工资或补贴；（3）事先商定好的执行特定工作或职责的补贴；（4）为解决生活成本变动或收入差距发放的补贴；（5）对于特殊工种或特殊工作条件发放的补偿性工资；（6）每月定时发放的交通补贴等。不包含在最低工资计算范围内的是：（1）非常规或定期发放的奖金；（2）长期工作奖励或激励；（3）为劳动合同规定以外的工作时间给付的报酬；（4）其他福利，比如工作场所环境、食品或住房补贴等。

日本规定最低工资只包括常规工资时间支付的常规性工资报酬，不包括通勤补贴、家属补贴、年中奖金等非基本工资的内容。

加拿大各省最低工资法律和法规也会对该法规涵盖的雇员种类进行一些特殊化单独列出。也有一些省份的相关法规中提到包含有关小费、酬劳、饭补、制服。

可以看出，大多数国家的关于最低工资的组成部分中不含有关社保福利的支付款项，这与这些国家已经发展成熟的社会保障体系有关，而一般特殊的或是事先没有商定好的奖金、补贴和福利均不包含在内。

（五）基本形式

从最低工资的类型或运行模式看，大多数国家建立了全国性法定最低工资，且大多公布小时最低工资。一些国家设有行业或地区最低工资。此外，很多国家建立了特殊最低工资（残疾人、见习生等适用），见表 21—4。

表 21—4　　各国最低工资公布的类型或形式

类型和形式		美国	加拿大	澳大利亚	英国	法国	德国	日本	韩国	巴西
类型	全国法定最低工资	√	—	√	√	√	—	√	√	√
	特殊最低工资	√	√	√	√	—	—	—	—	√
	地区最低工资	√	√	√	—	—	√	√	—	√
	行业最低工资	—	—	√	—	√	√	√	√	√
	企业最低工资	—	—	—	—	√	√	—	—	—
	特定职业最低工资	—	—	√	—	—	—	√	—	—
形式	小时最低工资	√	√	√	√	√	√	√	√	—
	日最低工资	—	—	—	—	—	—	√	—	—
	周最低工资	—	—	√	—	—	—	—	—	—
	月最低工资	—	—	—	—	—	—	—	—	√

注：1. 日本全国最低工资公布四级指导线；该国 2007 年修订《最低工资法》规定应有关工人或雇主的要求，经最低工资委员会调查和磋商后，由劳动行政机构颁布针对特定职业或行业的最低工资。

2. 英国公布日最低工资，但一般以周或月支付最低工资。

（六）适用范围

很多国家在所颁布的法律中明确规定了最低工资制度的适用范围，即有享受最低工资资格的人群范围。大多数国家最低工资制度的涵盖范围是全部雇员，表 21—5 所列的欧洲国家中，除了比利时，其他国家均涵盖所有雇员，受益比例也均在 2%～5%左右，少数国家在 10%～15%之间，如法国、拉脱维亚、立陶宛。

表 21—5　　欧洲各国最低工资制度的涵盖范围

国家	适用对象	豁免（不涵盖的人群）	目前的受益比例
比利时	私人行业雇员	公共部门雇员/学徒	n/a
捷克共和国	全部雇员	年轻雇员（较低标准）/享有伤残补助	全部雇员的 2%～3%
爱沙尼亚	全部雇员	无	n/a
法国	全部雇员	公务员/学徒/刑事雇员	全部雇员的 13%
希腊	全部雇员/公务员/学徒	无	n/a
匈牙利	全部雇员	无	n/a
爱尔兰	全部雇员	无	5.7 万名私营部门雇员（不包括农业）或全部的 4.5%
拉脱维亚	全部雇员	无	全部雇员的 15.7%
立陶宛	全部雇员	较低标准：政客/法官/公务员/军人/官员	全部雇员的 18.4%和全职雇员的 10.1%
荷兰	全部雇员	无	1.3 万名或全部雇员的 2.1%
波兰	全部雇员	无	全部雇员的 4.2%
斯洛伐克	全部雇员	较低标准（50%～75%）：残疾人士/享有残疾退休金	全部雇员的 2%～4%
斯洛文尼亚	全部雇员	无	全部雇员的 2.7%
西班牙	全部雇员	学徒/残疾人	全部雇员的 1%～3%
英国	全部雇员	无（实习生享受较低标准）	150 万名或全部雇员的 5%

数据来源：欧洲改善生活与工作条件基金会；Lothar Funk，Hagen Lesch. Minimum Wage Regulations in Selected European Countries. 2006.

相对其他国家，美国明确规定了最低工资制度涵盖的有限范围（见表 21—6），从单位规模和个人工作性质方面都给予了明确的界定。其中单位包括雇有至少两名雇员的以下行业或机构：每年营业额至少达 50 万美元的公司；医院、为居民提供医疗或护理服务的行业，为病人、长者或精神病患者、弱智人士提供住宿，并以照顾他们为主要服务的机构、学校（包括伤残儿童学校）、幼儿园以及政府机构。个人包括绝大部分雇员。如果是从事货品生产及商业服务个人，即使并不受雇于所适用的单位也适用。此外，家居服务从业人员，例如日间工作员、管家、司机、全职保姆及厨师等也适用。另外，在豁免人员范围中也明确给予界定。

在豁免单位或个人范围规定中，各国均罗列出不同工作或工作性质、不同职业的限制。在美国，一些专业人士或渔民不适用于最低工资标准；加拿大法律规定一些具体的专业职业人士在豁免范围中；英国不包括一些家庭雇员、渔民、不满 26 岁的学徒以及囚犯等；日本不包含见习生；韩国不包含家庭雇员；法国不包含公务员、学徒及残疾劳动者；澳大利亚则与《劳资关系法》所不包含的范围一致。

为避免因实行最低工资而使得部分低收入劳动者失去就业机会，很多发达国家采取制定有关特殊群体的、具有针对性和可操作性的最低工资。如在美国，对于就读于职业学校的学生或伤残工人、拥有小费收入的雇员均有特定的政策。小费雇员是指每月惯常收取超过 30 美元小费的雇员，如餐厅服务员、旅店和机场行李员等。雇主可把小费视作部分工资，但其支付的直接工资必须最少达每小时 2.13 美元。如雇员所得小费加上雇主发放的现金工资的总额仍未达到小时最低工资，雇主必须支付差额。英国和澳大利亚均对年轻雇员或未成年雇员及学徒按法定最低工资的一定比例或特定最低工资额确定，从一定意义上确保了这些弱势群体在劳动力市场中的竞争力。除此之外，澳大利亚对见习生、临时工、伤残雇员均设有具体的分层级或年龄段的最低工资额，它在体现分类对待方面是做得最细致的国家。

（七）执行机构及罚则

很多国家在最低工资相关法律条例中明确规定了执行和监督部门，并明确规定了违反最低工资制度规定的惩罚措施。大部分国家以分管劳动、就业类的相关行政管理部门下设的机构作为执行机构（英国除外）。即使是像德国这样的国家没有明确特定监管部门，但个人和工会均可向劳动法庭提出申诉并要求裁决。

从罚则看，不同的国家选用的措施可分 3 大类，见表 21—7。

表 21—6　　　　　各国最低工资人员涵盖范围

国别	涵盖单位及人员范围	豁免范围	特殊最低工资
美国	单位包括雇有至少两名雇员的以下行业或机构：每年营业额至少达 50 万美元的公司；医院、为居民提供医疗或护理服务的行业，为病人、长者或精神病患者、弱智人士提供住宿，并以照顾他们为主要服务的机构、学校（包括伤残儿童学校）、幼儿园以及政府机构 个人包括绝大部分雇员。如果是从事货品生产及商业服务的个人，即使并不受雇于所适用的企业也适用。此外，家居服务从业人员，例如日间工作员、管家、司机、全职保姆及厨师等	（1）行政人员、管理人员、专业人士、对外销售员，以及电脑行业雇员；（2）某些按季节提供的娱乐或康乐设施的雇员；（3）某些小规模广播、电视台的雇员及小型电话公司的接线生；（4）受雇于外国船舰的海员；（5）从事捕鱼业的雇员；（6）派送报纸服务的雇员；（7）受雇于小型农场的农场工人（小型农场指在之前一个年度的任何季度雇用少于 500 个人/日农场劳动力的农场）；（8）临时保姆及受雇陪伴长者或衰弱、残障者的人员	（1）职业学校学生；（2）受雇于零售或服务机构、农业或高等教育机构的全职学生；（3）伤残工人；（4）小费雇员
加拿大	全部雇员（全职和兼职者）	（1）建筑师；（2）注册会计师；（3）律师；（4）脊椎指压治疗者；（5）牙医；（6）工程师和地理科学家；（7）保险代理或调解员；（8）土地测量师；（9）医生和外科医生；（10）视力验光师；（11）房地产经纪和其他	（1）年轻雇员；（2）伤残雇员；（3）家庭雇员；（4）农场工人
澳大利亚	包括大部分雇员	不在《1996 年劳资关系法》涵盖范围的人员	（1）临时工；（2）伤残雇员；（3）未成年雇员；（4）学徒；（5）见习生
英国	任何按照合同在英国从事工作或者正常工作且超过法定上学年龄的工人	（1）军人；（2）分账渔民；（3）自雇人员、公务员和董事（除非存在雇佣合同）；（4）低于法定离校年龄的就学儿童；（5）志愿者工人；（6）为家庭事务工作的家庭雇员；（7）不满 26 岁的学徒；（8）依据监狱规则而工作的囚犯	（1）不同年龄段年轻雇员；（2）学徒
法国	所有行业内 18 岁及以上的雇员	（1）公务员；（2）学徒；（3）残疾劳动者	—
德国	所有雇员（工会会员和非会员）	—	—

续表

国别	涵盖单位及人员范围	豁免范围	特殊最低工资
日本	所有雇员	(1)工作能力有限的伤残工人;(2)以试用形式受聘的工人;(3)接受《人力资源发展促进法》所规定的职位培训课程的工人;(4)在一段非常短的时期内受雇的工人;(5)承担职责特别少的工人;(6)从事间歇性工作的工人	—
韩国	所有雇员	(1)工作能力有限的伤残劳动者;(2)试用期的劳动者;(3)正接受《基本职业培训法》指明的基本训练课程的劳动者;(4)从事间断性劳动的劳动者;(5)雇员都和雇主为亲属关系,或雇员只为家庭提供家务劳动的企业;(6)受海员法约束的船主;(7)家庭雇工	—

数据来源:作者根据各国相关法律整理。

表 21—7　　各国最低工资执行机构及相关罚则

国别	执行机构	罚则
美国	劳工部工资工时处	蓄意或屡次违反最低工资或超时工作薪酬条文的雇主,每项违反可被处以最高 1 100 美元的罚款。若属蓄意违反,可被刑事起诉,罚款额最高达 10 000 美元。若为第二次定罪,可被判处监禁
加拿大	各省雇佣标准分局	各省不一。BC 省雇主未能支付最低工资,根据《雇佣标准法》,在强制性体系下可逐级提高处罚力度——第一次罚款 500 加元,第二次罚款 2 500 加元,第三次罚款 10 000 加元
英国	税务海关总署	违反最低工资制度的规定,执法官员可以就特定的罪行提出检控,就持续未支付最低工资的期间,处以每名工人每日最低工资时薪两倍乘以时数计算的罚款额,罚款最高可达 5 000 英镑。对于制造虚假记录等构成犯罪的违法行为,可处以刑事处罚
法国	就业、社会团结和住房部	对扣减工人最低工资的雇主处以 1 500 欧元的罚款
德国	无特定监管机构,但个人或工会可向劳动法庭申诉	一般而言是要求雇主补足欠款,而对于《派驻工人法令》所涵盖行业内的雇主,若违反协议,不但要负发还工资差额的责任,更可能须支付最高达 50 万欧元的行政罚款,并且可能被禁止竞投有关物料供应、承造工程及提供服务的合约

续表

国别	执行机构	罚则
澳大利亚	劳资关系申诉专员公署	违反现代裁定待遇制度或者全国最低工资制度条款的个人可能面临超过 6 600 澳元的罚款，对于公司而言，罚款可能高达33 000 澳元
日本	厚生劳动省/县劳动局	任何人士如违反向工人支付最低工资的条文，将处以不超过 50 万日元的罚款或 6 个月以下的监禁。属于以下某一类别的人士，将处以不超过 30 万日元的罚款：一是未告知工人新制定最低工资额的人士；二是向劳动大臣或县劳动局作虚假报告的人士；三是拒绝、妨碍或逃避巡查的人
韩国	就业和劳动部	如有雇主未依法给予工人最低工资，将被处以 3 年以下有期徒刑，或不超过 2 000 万韩元的罚款。情节严重的，可同时处以以上两项惩罚。属以下某个类别的人，将处以不超过 100 万韩元的罚款：一是未告知工人适用的最低工资额的人；二是未就工资方面事宜向劳动部长官做出汇报的人；三是拒绝、妨碍或逃避劳工督察的要求或巡查，或就劳工督察提出的问题提供虚假报告的人

数据来源：作者根据各国相关法律整理。

第一类是以行政罚款为主，如加拿大、法国、澳大利亚。加拿大有些省份罚款是按照逐级提高处罚力度，第一次罚款 500 加元，第二次罚款 2 500 加元，第三次罚款 10 000 加元。澳大利亚的罚则对于个人和公司均有明确不同的规定。违反现代裁定待遇制度或者全国最低工资制度条款的个人可能面临超过 6 600 澳元的罚款，对于公司而言，罚款可能高达 33 000 澳元（约合人民币 20 万元）。

第二类是罚款和刑事处罚并存，如美国、日本、韩国、英国。美国的法律规定违反一项规定可被处以最高 1 100 美元的罚款。若属蓄意违反，可被刑事起诉，罚款额最高达 10 000 美元。若为第二次定罪，可被判处监禁。英国也对恶意上报虚假最低工资记录的违法行为采取刑事处罚。日本和韩国有一个共同点，是对于向执行机构做虚假报告或故意隐瞒的行为均设定了明确的罚则。韩国在刑事处罚上规定较日本更重。日本规定违反最低工资制度的可被判处 6 个月以内有期徒刑，而韩国则规定可处以 3 年以下有期徒刑。从罚款力度看，韩国最高罚款额度达到了 2 000 万韩元（约合人民币 15 万元），并且该国规定违反情节严重的，可同时处以以上两项惩罚。

第三类是罚款与企业经营管理限制并存。如在德国，一般而言要求雇主补足欠款，而对于《派驻工人法令》所涵盖行业内的雇主，若违反协议，不但要负发还工资差额的责任，更可能须支付最高达50万欧元（约合人民币500万元）的行政罚款，并且可能被禁止竞投有关物料供应、承造工程及提供服务的合约。

二、部分国家最低工资调整机制

（一）调整因素和调整频率

1. 调整因素

作为一个整体原则，国际劳工组织（ILO）第131号公告号召并建议各成员国相关机构应与社会伙伴协商最低工资，采用平衡的方法，充分考虑工人及其家庭的需要，还须考虑本国总体的工资水平、生活成本、社会保障政策、其他社会群体的相对生活水平、经济发展的要求、劳动生产率、谋求和保持较高就业率等因素[①]。同时，在进行调整最低工资标准时，面临价格上涨、预期通胀等因素，最低工资应定期调整以维护受到影响的工人的购买力，避免对经济造成冲击。ILO在《2008—2009年全球工资报告》中也指出在价格上涨时调整工资就像当初制定最低工资水平一样重要。

从调整因素看，目前各国确定和调整最低工资大多主要集中在以下4个不同的方面：（1）工人生活需要；（2）可比工资与收入；（3）支付能力；（4）经济发展需要。

2. 调整频率

从调整频率看，各国每年一次、每年两次、两年一次或者不定期的情况都有，具体参见表21—8。

一些国家调整期限有固定时间，如英国、澳大利亚、法国、日本、韩国、巴西等；美国法律没有明文规定最低工资的调整频率，即间隔多久最低工资必须上调，实际操作中联邦最低工资的调整并不规则也不频繁。在调整的经济周期、调整的时间频率和调整的幅度水平等方面均有很大差异。其中1997—2007年间长达10年没有调整过最低工资；欧洲大多数国家调整机制比较完善。不论是实行国家法定最低工资的国家，还是实行集体协议最低工资的国家，调整频率基本保持在每年1～2次，具体参见表21—9。

---

① 参见1970年ILO发布的《制定最低工资公约》(第131号)。

表 21—8 部分典型实行最低工资制度的国家最低工资调整因素及频率

国别	调整因素	调整频率	是否定期	固定调整时间
美国	1. 生活费；2. 制造业的生产力和工资水平；3. 雇主应付工资上调的能力	不规律	否	—
加拿大	各省不一。主要有：1. 社会和经济效果；2. 生活成本；3. 经济条件；4. CPI	各省不一，有的两年一次，有的一年一次	否	—
澳大利亚	1. 相对生活费用；2. 全国经济表现；3. 就业情况；4. CPI；5. 社平工资；6. 企业竞争力和承受力；7. 伤残雇员或未成年就业竞争力	每年一次	是	每年7月1日
英国	1. 国内经济情况（GDP、投资、总支出与贸易、结算与收入、利润）；2. CPI；3. 就业和失业情况；4. 生产率；5. 实际工资水平	每年一次	是	每年10月1日
法国	1. 工人的生活水平及其家庭的需要；2. 体力劳动工人的平均工资水平；3. 市场的通货膨胀率；4. 重要经济因素（整体经济状况、生产力以及就业水平等）	每年一次或多次	是	每年7月
德国	1. 通货膨胀率；2. 生产力的增长幅度；3. 业务表现	—	否	—
日本	1. 劳动者的生活费用；2. 同类工人的工资水平；3. 经济表现；4. 企业或行业支付工资的经济能力；5. 公共援助标准	每年一次	是	每年10月1日
韩国	1. 劳动者的生活费用；2. 经济增长率；3. 平均工资水平；4. 劳动生产力；5. 就业率；6. CPI；7. 劳动报酬占比	每年一次	是	每年1月1日
巴西	1. 国内生产总值增长率；2. CPI	每年一次	是	每年1月

数据来源：作者根据各国相关法律整理。

（二）调整幅度

以本国货币单位计算，统计1999—2011年间选定部门国家的最低工资变化率发现，不同国家调整变动幅度差异较大。此期间英国和澳大利亚最低工资增长幅度基本相同，均在68%左右，年均增长率均在4.5%。而巴西和韩国的最低工资在这十多年间增长较快，变化率均在170%以上；巴西更是增长

表 21—9 部分欧洲国家最低工资调整因素及频率

法定最低工资调整						集体协议最低工资调整		
国家	频率	调整因素	国家	频率	调整因素	国家	频率	调整因素
比利时	每年一次	指数化，和价格的健康指数相关	爱尔兰	16个月一次	谈判：作为国家协定	奥地利	每年一次	增长受到金属加工行业集体谈判结果的影响/不同行业因工会力量不同而存在差异
西班牙	每年一次或两次	对通胀率/生产力/经济形势的预测	拉脱维亚	不定期	来自社会伙伴的压力/财政预算/社会伙伴达成的计划	丹麦	每年一次	谈判中没有特别标准
爱沙尼亚	每年一次	多重，尤其是对消费者价格指数/劳动生产率/经济形势的预测	立陶宛	经常	无特定标准	芬兰	每年一次	集体谈判中规定，没有单独的标准
斯洛伐克	每年一次	和平均工资的关系/最低补贴/经济形势	荷兰	每年两次	集体协议工资的变动	意大利	两年一次	预期通胀率
希腊	每年一次	消费者价格指数	波兰	每年一次或两次	对消费者价格指数和其他经济指数的预测	瑞典	每年一次	预期通胀率和生产力增长

数据来源：Lothar Funk，Hagen Lesch. Minimum Wage Regulations in Selevted European Countries，2006.

了 300%，年均增长 12.3%；而日本的最低工资增长速度很慢，从 1999 年到 2011 年间只增长了 12.5%，年均增长 1.0%；此外，美国和法国的最低工资增长也相对较慢，均在 30%～40%，年均增长率在 3%以下，详细参见表 21—10。

（三）金融危机时期调整情况

1. 金融危机初、中期调整情况

金融危机通过不同方式影响各国发展，也包括最低工资的政策变动。国际劳工组织（ILO）和世界银行（IMF）联合组织的一项专门针对金融和经济危机应对政策的研究发现，从 2008 年年中至 2010 年年底期间，在被调查的 77 个国家当中，有 33 个国家的最低工资标准发生了变化。其中，21%的国家

表 21—10　　部分国家 1999—2011 年间最低工资变化率

国别	1999年	2011年	增长率	年均增长率
英国	3.6	6.1	68.9%	4.5%
法国	6.1	9.2	49.9%	3.4%
澳大利亚	9.2	15.5	68.8%	4.5%
日本	654.0	736.0	12.5%	1.0%
美国	5.2	7.3	40.8%	2.9%
韩国	1 600.0	4 320.0	170.0%	8.6%
巴西	136.0	545.0	300.7%	12.3%

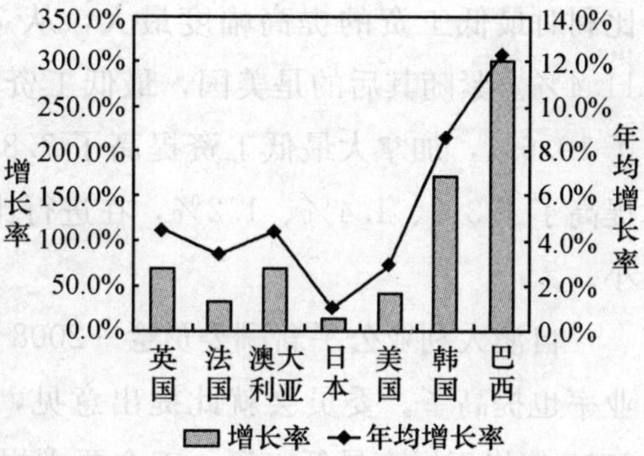

注：1. 除巴西为月工资外，均为小时工资，单位均为本国货币单位。

2. 美国 1999 年和 2011 年最低工资数均采用当期最后一次调整后的最低工资数（即 1997 年和 2007 年数据）。

3. 日本数据采用全国平均数。

4. 英国采用 21 岁以上成人最低工资数。

数据来源：各国劳动或最低工资相关统计部门数据。

调整幅度高于 CPI，13%的国家调整幅度等于 CPI，而 9%的低于 CPI 调整。报告还指出，2009 年有 21 个国家的最低工资出现负增长，且至少有 30 个国家增长速度减半①（如图 21—1 所示）。

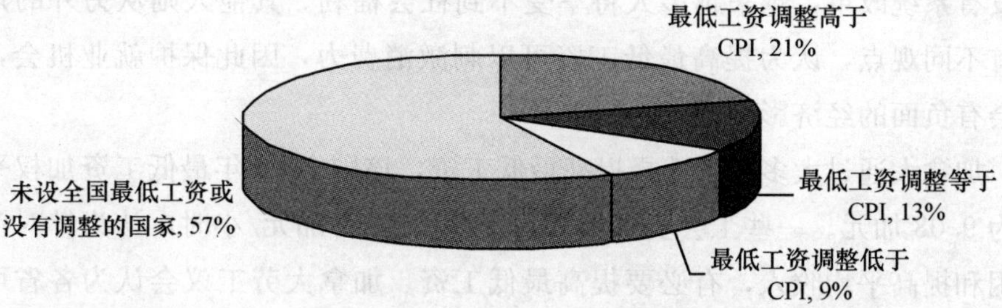

图 21—1　选定 77 个国家 2008—2010 年间最低工资调整情况

数据来源：《ILO－IMF 联合调查金融危机政策反应报告》。

国际劳工组织报告②中对 OECD 中 12 个国家就金融危机时期以不同方式

① 参见《ILO－IMF 联合调查金融危机政策反应报告》，2012 年。在 2010 年年初，国际劳工组织和世界银行对经济危机的政策应对措施进行了联合调查，在 77 个国家和地区进行了超过两年时间的调查（2008 年年中至 2010 年年底）。最低工资是 62 项接受调查的政策工具之一。

② 参见 2010—2011 年 ILO《全球工资报告——危机时期的工资政策》。

应对危机并采取对最低工资政策的调整进行了比较。澳大利亚和爱尔兰冻结了本国最低工资，其余的10个国家都提高了最低工资。在这10个国家中，比利时最低工资的提高幅度最大，从7.55欧元提高到8.41欧元，提高了11.4%。紧随其后的是美国，最低工资从6.55美元提高到7.25美元，提高了10.6%，加拿大最低工资提高了7.8%。法国、日本、英国最低工资分别提高了1.3%、1.4%、1.2%，在进行比较的2009年12个国家中提高幅度较小。

自澳大利亚公平薪酬委员会①2008年决定提高联邦最低工资起，该国失业率也提高了。委员会就此提出意见，基于保证工作岗位和支持就业复苏，2009年将不提高最低工资。工会要求提高21澳元/周，并指出冻结最低工资意味着低收入劳动者承受经济下滑的结果。但委员会主席伊恩·哈珀教授称，为保护就业机会以及在经济恢复时为就业复苏提供更强有力的支持，需要采取谨慎态度。

在爱尔兰，最后一次调整更新最低工资是2007年7月。2009年，爱尔兰劳动法庭建议最低工资需要再次冻结。一些政府高层部长提到由于爱尔兰最低工资率偏高，造成了高失业率的出现，要求降低最低工资，以应对金融危机。与之相对的一方则不赞成降低最低工资，他们认为公共支出的其他部分还没有系统改革，越来越多人将享受不到社会福利。其他人则从另外的角度持有不同观点，认为提高最低工资可以刺激消费力，因此保护就业机会，并不会有负面的经济影响。

加拿大通过大多数省选择提高最低工资，该国2009年最低工资加权平均值为9.08加元。一些工会要求最低工资增长到10加元/小时，认为针对消除贫困和提高平均收入，有必要提高最低工资。加拿大劳工议会认为各省可在不影响工作机会和经济良好运行情况下提高最低工资。由于劳动力市场的不稳定性，有3个省选择冻结2009年的最低工资。

2. 经济复苏初期调整情况

在经济略有复苏的情况下，许多国家尤其是前期冻结最低工资的国家在经济复苏信号初现时即重新启动最低工资调整，澳大利亚于2010年7月宣布将全国最低工资标准提高至569.9澳元/周。而有些发达国家根据实际情况，

① 该委员会已于2008年被公平工作委员会替代。

在2009年年末就决定提高最低工资标准。加拿大魁北克省政府于2009年年末公布，从2010年5月开始将最低工资上涨0.50加元，届时将达到每小时9.50加元，该省自2007年以来由8.00加元/小时每年增加0.5加元，成为北美大陆标准最高的州或省之一。葡萄牙政府也公布从2010年1月开始国内最低工资标准将以5.6%的幅度上涨。与此同时，巴拿马政府也宣布将于2010年依据任务性质、企业规模与地区特性等因素，调高最低工资，涨幅在10%～30%之间。在亚洲地区，越南实行2008—2012年最低工资计划，根据原计划，国有企业、本土企业以及外资企业于2010年实施统一的最低工资，国营及本土私营企业员工的最低工资每年平均调升20%～38%，外资企业则为13%～15%。

2010年后半年，随着全球经济回暖，更多的国家选择提高最低工资标准。拉美地区的巴西2010年12月决定从2011年1月1日起将全国最低工资标准提高5.88%，由2010年的510雷亚尔提到540雷亚尔（约合325美元）。巴西工会组织曾要求提高到580雷亚尔，但是政府计划部门认为最低工资每增加1%，巴西国库就为此多支出15亿雷亚尔，如此会加大政府开支，加重公共债务负担。根据统计，2010年巴西的通胀率为5.5%，国会最终决定将2011年最低工资标准在扣除通胀因素后基本维持在2010年的水平上。此外，法国、葡萄牙、卢森堡等国大多数按照与CPI几乎同步的幅度进行调整。

当然，也有一些国家，由于财政状况和本国实际经济条件，采取了继续冻结或下调最低工资政策。2011年年底，爱尔兰议会讨论同意将该国最低工资水平从2007年7月以来的8.65欧元降低12%，至7.65欧元，这项议案中还包括降低公务员薪水和退休金，旨在缩减财政赤字，减少支出，该国同时申请了欧盟和IMF援助贷款。

三、部分国家最低工资水平分析

（一）名义最低工资国际比较

根据英国低薪委员会发布的数据显示，在2011年最低工资有所增长的国家中，增长较高的有澳大利亚、法国、比利时和新西兰。其中，比利时由于2011年没有变动所以在2012年12月调整后增长幅度相对较大。有些国家在2012年无增长：在美国最低工资的变化依然取决于国会投票（最后一次3年增长决议是在2009年）；葡萄牙、西班牙、爱尔兰等国均无变动；希腊则受经济影响，下降22%（见表21—11）。

表21—11 选定国家成年人最低工资水平比较（2012年）

国别	本国货币单位[a]	换算为英镑		更新日期	2011—2012年变化率（本国货币计算）	该国全职工薪者适用年龄[b]
		用汇率换算	用PPP换算			
澳大利亚[c]	15.96澳元	10.29	8.58	2012年7月	2.9%	21
比利时	8.67欧元	6.92	7.95	2012年12月	4.1%	21
加拿大[d]	10.10加元	6.40	6.60	日期不同[e]	3.1%	16
法国	9.40欧元	7.51	8.84	2012年7月	2.3%[f]	18
希腊	3.52欧元[g]	2.81	3.80	2012年2月	−22.0%[h]	25
爱尔兰	8.65欧元	6.91	7.43	2011年7月[i]	0.0%	20
日本[j]	749.00日元	5.95	5.46	2012年10月	1.6%	15/18[k]
荷兰	8.40欧元[l]	6.71	8.08	2012年7月	1.4%	23
新西兰	13.50新元	6.85	7.14	2012年4月	3.8%	16
葡萄牙[m]	2.80欧元	2.24	3.07	2011年1月	0.0%	16
西班牙[m]	3.70欧元	2.95	3.83	2011年1月	0.0%	16
英国	6.19英镑	6.19	6.19	2012年10月	1.8%	21
美国	7.25美元[n]	4.50	6.16	2009年7月	0.0%	20

注：a. 对于没有以小时计算最低工资的均假设每天工作时间为8小时，每周40小时，每月173.3个小时。

b. 在许多情况下有豁免和特殊的规定。例如，在法国和美国的全职成年工资率适用于分别超过6个月或3个月以上工作时间的年轻人。

c. 澳大利亚联邦最低工资法令，从2012年7月开始生效。

d. 各省、地区加权平均数。

e. 各省更新时间不同。

f. 2011年12月，小时最低工资提高到9.19欧元。

g. “雇员”的小时最低工资，区别于蓝领工人的最低工资。

h. 这代表2012年2月最低工资提高后的变化率。

i. 该国年轻人最低工资于2011年2月由8.65欧元降至7.65欧元，而后于2011年7月又增至8.65欧元。

j. 各区加权平均数。

k. 15岁以上适用于区域最低工资，18岁以上适用于行业最低工资。

l. 不包括额外的8%带薪休假收入。

m. 不包括全职劳动者每年额外补助的2个月薪水。

n. 联邦最低工资。收取小费的雇员适用于2.13美元的直接最低小时工资。

数据来源：英国低工资委员会《国家最低工资报告2013》“附录3各国最低工资比较”；采用经合组织（OECD）相对价格水平（CPLs），即用汇率换算后的购买力平价（2012年9月）。

（二）实际最低工资国际比较

我们分别以汇率和购买力平价计算实际最低工资值。数据显示，2000 年以来选定国家的实际最低工资值均保持上升走向。

以汇率计算比较，大多数国家在金融危机时期，即 2008—2010 年期间均有下降，如图 21—2 所示。其中，英国和澳大利亚数据在这期间波动均比较大，特别是 2009 年后澳大利亚实际最低工资出现转折点，加速上涨；而英国于 2009 年数据跌回低于五年前的水平后，增长较为缓慢和平缓；法国相对于英国金融危机时期实际值骤降的趋势更为缓和，只是略微调整后继续保持缓和增长趋势；值得注意的是美国自 2000 年以来联邦最低工资实际价值持续下降，2006 年达到 5.44 美元，是 1955 年以来的最低水平，与最高年份 1968 年的 8.71 美元相比，实际最低工资下降了近 38%。但自 2007 年起开始逐步增长，直到 2011 年有微调下降。加拿大最低工资实际值变化相对比较平稳增长，而日本除 2005—2007 年间有下降外，其余年份均在上升，特别是近两年；韩国的实际值下降也出现在 2008—2009 年期间，波动不大。

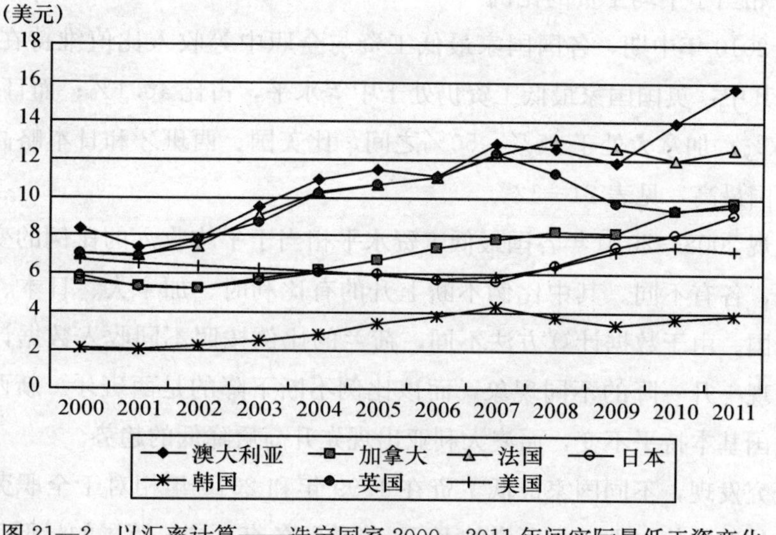

图 21—2　以汇率计算——选定国家 2000—2011 年间实际最低工资变化

数据来源：OECD 数据库。

以购买力平价计算的选定国家实际最低工资走向与汇率计算的具体走向有所不同。总体而言，大多数国家增长态势比较平缓。即使是金融危机期间，变动也不大。美国依然是 2006 年走到最低值，金融危机期间反而提速增加，和其他国家略有不同；英国在前几年大幅增长的基础上逐步变动较小，甚至于最近两年在逐步下降，如图 21—3 所示。

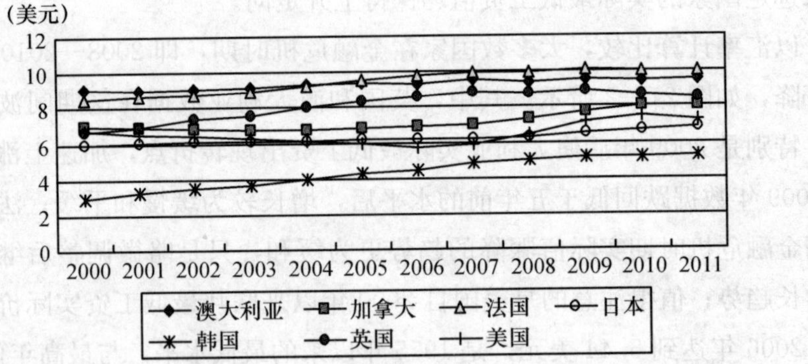

图 21—3　以购买力平价计算——选定国家 2000—2011 年间实际最低工资变化

数据来源：OECD 数据库。

（三）相对水平比较

1. 相当于平均工资的比例

在 2010 年中期，各国国家最低工资与全职中等收入比值维持在 35%～60%，其中：英国国家最低工资仍处于中等水平，占比 46.1%；而日本最低，只有 37%；加拿大处于 45%～50%之间，比美国、西班牙和日本略高；新西兰和法国最高，见表 21—12。

纵观 2008—2010 年各国最低工资水平相当于平均收入的比例的变化，有升有降，各有不同。其中比例不断上升的有比利时、加拿大、日本、葡萄牙以及美国。由于数据计算方法不同，荷兰的比例按照不同收入数据计算所得比例呈现一升一降的不同现象，而该比例不断下降的是西班牙。新西兰、英国、法国基本持平不变，而澳大利亚出现先升高后降低的趋势。

研究发现，不同国家最低工资在 1999 年和 2010 年相对于全职劳动者的收入中位数的值（即通常所说的 Kaitz 指数）各有不同，英国的最低工资相当于平均工资比率的增长高于其他大多数国家，但低于法国、日本、葡萄牙和新西兰。爱尔兰、澳大利亚、荷兰、比利时经历了不同程度的降低，特别是爱尔兰，由 1999 年的近 70%下降到 52%。希腊的比例基本维持不变，如图 21—4 所示。

2. 相当于低收入行业平均工资的比例

表 21—12　　　　选定国家最低工资占全职劳动者收入

中位数的比例（2008—2010 年）　　　　单位：%

	2008 年	2009 年	2010 年
澳大利亚	52.2（49）	54.4（51）	51.8（47.2）
比利时	50.4	50.8	51.7
加拿大	42.5	43.8	45
法国	60.6	59.8	60.1
希腊	44.9（52.4）	41.9	41.9
爱尔兰	52.8	51.1	51.9
日本	34.6	36.2	37
荷兰	42.5（49.6）	43.5（46.9）	43.6（47.1）
新西兰	60	60	59.1
葡萄牙	40.3（47）	46（53.7）	48（56）
西班牙	38.3	37.8（44.1）	37.6（43.8）
英国	52（46.1）	52.2（46.1）	46.1
美国	32.4	35.5	38.8

注：1. 在估算过程中，收入数据含社会保险费。

2. 表中澳大利亚数据是分别基于劳动力调查（LFS）和企业调查（ES）不同数据估算所得，并以周薪计算。

3. 表中荷兰数据中括号中的比例是含 8%的假日薪酬估算所得。

4. 表中葡萄牙数据中括号中的比例是年收入中含额外 2 个月薪水而估算所得。

5. 表中英国数据是分别基于劳动力调查（LFS）、工时和收入调查（ASHE）不同数据估算所得，并比时薪计算。

数据来源：OECD 最低工资数据库及全职劳动者收入中位数数据库估算所得，以及英国低薪委员会《国家最低工资报告 2012》《国家最低工资报告 2011》《国家最低工资报告 2010》。

除了研究法定最低工资和所有行业平均工资的比例关系，还可以将法定最低工资和个别低收入行业的平均工资进行比较。英国、法国、澳大利亚最低工资相当于较低收入行业的比例相对较高，均在 60%～70%，而日本、美国、韩国的比例为 50%左右，相对较低，见表 21—13。

3. 与居民消费支出的关系

根据现有数据，我们计算了澳大利亚和英国最低工资在 20%低收入组中能够负担的人数，即赡养系数，分别为 1.82 和 1.90。也就是说，这两个国家的最低工资水平均基本能够保障最低 20%收入组的家庭平均生活消费支出，见表 21—14。

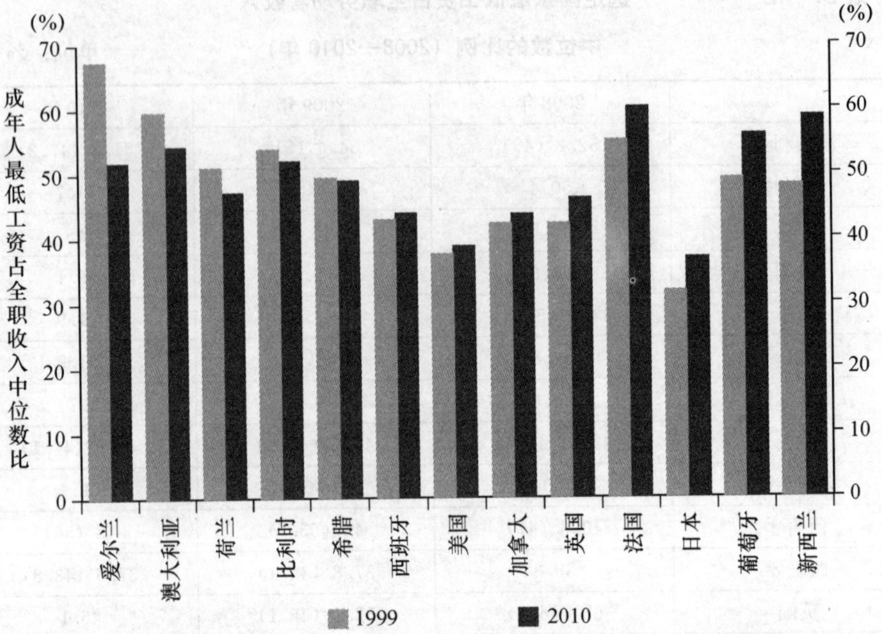

图 21—4　1999 年和 2010 年各国成年人最低工资占全职收入中位数比例比较

数据来源：英国低薪委员会《国家最低工资报告 2012》。

表 21—13　选定国家最低工资相当于低收入行业平均工资比例（2008 年）

国别	最低工资	低收入行业平均工资	最低工资相当于低收入行业平均工资的比例
法国	8.4 欧元	12.1 欧元	69.8%
英国	5.7 英镑	8.0 英镑	72.1%
澳大利亚	12.8 澳元	19.2 澳元	66.3%
韩国	3 770.0 韩元	6 726.0 韩元	56.1%
日本	703.0 日元	1 405.7 日元	50.0%
美国	6.6 美元	12.9 美元	50.9%

注：1. 澳大利亚、法国数据分别为 2006 年、2007 年数据。

2. 韩国数据为根据数据库估算所得。

3. 除了美国的低收入行业选取其他零售业（汽车行业除外），其余国家低收入行业均为餐饮、住宿行业。

数据来源：ILO 数据库；各国劳动、就业或相关统计部门数据库。

表 21—14　选定国家最低工资与 20% 低收入户消费支出的关系（2010 年）

国别	周最低工资	最低 20% 收入户周平均消费	最低 20% 收入户平均人数	最低 20% 收入户人均消费	最低工资 20% 低收入户中的赡养系数
澳大利亚	569 澳元	657 澳元	2.1 人	313 澳元	1.82
英国	285 英镑	217 英镑	1.45 人	150 英镑	1.90

注：1. 英国周最低工资以小时最低工资乘以英国标准工时 48 小时所得。

2. 英国统计局本公布的是十等分数据，表中数据采用加权平均得出 20% 低收入户的平均消费。

数据来源：澳大利亚、英国统计局数据。

四、国外最低工资发展新特点及新趋势

通过以上全面的总结梳理和比较分析，研究发现国外很多国家在最低工资的厘定、调整、评估方面已形成科学、规范的体系，并注重多方参与协商、多面考虑影响，在最低工资的基本形式上也呈现多层次、多类别的态势，逐步体现针对性和可操作性。

（一）调整趋势由大幅提高到谨慎微调

随着各国最低工资近年来逐步提高，越来越多的国家，尤其是欧洲国家，在调整最低工资幅度和力度方面采取谨小慎微的态度。

（二）基本形式由统一划定到区分不同范围或特定范围

很多国家在设立和调整最低工资时，考虑到不同行业、不同年龄段以及分不同特殊群体人员的因素，设立多层次、多类别人员的最低工资，以提高针对性和可操作性。

（三）调整因素考虑更加全面化、系统化

近年来很多国家在考虑调整因素时，逐步考虑更为全面、系统的指标体系。如日本 2007 年首次提出最低工资的制定要与政府公民提供基本生活保障的公共援助标准相适应的要求；韩国自 2008 年起，在调整最低工资时新纳入了收入分配比例因素。

（四）评估机制更加重视与劳动力市场政策的衔接

ILO2010—2011 年报告指出，最低工资政策必须与其他针对劳动力市场底层的政策互相配合。英国低薪委员会每年评估最低工资对不同群体的就业影响后做出调整建议，以减少就业的负面影响。

五、国外最低工资制度对我国的启示

（一）提高最低工资的立法层次，明晰合理的定位及概念

我国目前的相关制度立法层次较低，且没有明确提出最低工资的定位及包含内容。相比国外而言，我国的最低工资水平很低，且不同省市在是否包含社会保险方面规定不一。建议提高立法层次，统一最低工资计算概念，并明确规定要以城镇20%低收入户的人均消费水平（使用按居民家庭收入五等分法时）或者10%低收入户的人均消费水平（使用按居民家庭收入七等分法时），作为测算制定各地区最低工资标准的主要依据，真正起到反贫困、调节收入差距的作用。

（二）设立全国性或地区性最低工资委员会，突出三方协商机制

各国对于理想的最低工资水平的认知各不相同，首选的办法应当是邀请社会伙伴共同确定一个适度的水平。我国目前是政府主导测算和制定最低工资，与社会伙伴的协商只是流于形式。建议考虑设立全国性或地区性最低工资委员会，吸纳雇主、工会、学者等多方代表，进一步体现三方或多方协商机制。

（三）建立科学、规范的最低工资调整机制

我国相关法律规定工薪劳动者及其赡养人口的最低生活费用是我国确定和调整最低工资的首要参考因素。但是，对这个最低生活费用应如何认定与衡量，相关规定没有给出明确标准。建议学习和借鉴英国、澳大利亚等国的成功经验，采用完备的制定程序、完善的测算方法。

（四）提高最低工资制度的灵活性和人性化程度

目前，我国的最低工资的形式是各省采用“一刀切”模式，相比国外分层、分类区别对待的最低工资体系而言，我国的实行形式比较粗放。建议可考虑引入行业最低工资、特定职业最低工资或见习生、残疾人等群体最低工资的模式，逐步向“以人为本”的理念靠拢，保护更多低收入群体的权益。

（五）探索最低工资评估制度

目前，我国国家层面或者地方层面均未设立最低工资评估制度。国外实践证明，科学、全面的评估机制对合理、规范调整最低工资起着至关重要的作用。建议我国也尽快建立国家层面和地方层面的最低工资标准评估机制，

一方面发挥人力资源和社会保障部的指导作用，另一方面也能促使各地最低工资标准适度、规范地增长。

（六）提高最低工资的违法罚则力度

目前，我国规定违反最低工资规定的，由劳动保障行政部门责令其限期改正、补发所欠工资或罚款。纵观其他国家的违法罚则，有的罚款很高，有的采取刑事处罚，有的甚至与企业经营管理资格挂钩，惩罚力度较大。建议我国也效仿欠薪入罪的办法，在提高罚款额度的同时，情节严重者可考虑刑事处罚。

第二十二章 国外工资指导线

作为市场经济发达国家之一，新加坡是世界上实行工资指导线制度国家的主要典范。该国在全国范围内实行工资指导线制度或类似制度，在工资分配领域发挥着积极的政府调控作用。本章主要介绍新加坡 2012—2013 年全国工资理事会发布工资指导线有关情况，并对新加坡工资指导线制度实施进行评析，旨在对我国现行工资指导线政策提出相关建议。

一、全国工资理事会（NWC）指导原则 2012—2013 年

新加坡全国工资理事会已完成对 2012—2013 年工资和工资相关指引的审议。

随着 2010 年经济扩张 14.8%，2011 年新加坡经济增长了 4.9%①。2010 年就业人数增加 115 900 人，2011 年总就业人数增加 122 600 人。在创造就业机会过程中，失业率下降到 14 年来最低，从 2010 年总体失业率 2.2%和居民失业率 3.1%分别下降至 2.0%和 2.9%②。

伴随着经济增长，新加坡的国内生产总值（GDP）也在持续增长，2011 年居民消费价格指数（CPI）上涨 5.2%，高于 2010 年的 2.8%。主要贡献者包括业主自用住房估算租金和汽车拥车证（COE）费用。然而，由于大多数新加坡人已经拥有自己的住房，消费物价指数中估算租金的部分并没有体现实际的现金支出。剔除估算租金，2011 年通胀率较低，仅为 4.2%。2011 年劳动生产率仅上升了 1.0%，低于 2010 年 11%的升幅③。在持续强劲创造就

①③ 《2011 年新加坡经济调查》贸易及工业部（MTI）。

② 《2011 年劳动市场》人力部（MOM）。

业中，生产力增长的放缓导致GDP增长速度减慢[1]。

2011年，私营部门员工的基本工资增长了4.4%，相比2010年的3.9%有一定程度的提高（见表22—1）。考虑到年度花红（年度可变部分）以及雇主中央公积金（CPF）的贡献，私营部门的工资总额增加了6.1%，高于2010年5.7%的增幅。雇员的实际基本工资下降了0.8%，而实际工资总额[2]上升0.9%，这就是整体消费者物价指数通胀的原因，其中包括业主自用住房的估算租金。使用消费者物价指数（不含估算租金）调整后，2011年工资总额[3]上升1.9%，基本工资实际上升0.2%。

表22—1　　新加坡2010—2011年工资变化

	2010年	2011年
总工资变化		
——名义	5.7%	6.1%
——实际	2.9%（2.4%）	0.9%（1.9%）
基本工资变化		
——名义	3.9%	4.4%
——实际	1.1%（0.6%）	−0.8%（0.2%）
可变工资部分（花红）	2.17月	2.32月

注：1. 实际工资的变化率是扣除居民消费价格指数的所有项目后的值。括号内的数字是指扣除居民消费价格指数（不包括应归业主自用的住宿租金）后数值实际工资的变化率。

2. 工资总额包括基本工资，可变部分支付（花红）及估计雇主中央公积金供款。基本工资和可变部分支付（奖金）不包括雇主中央公积金供款。

2012年第一季度，新加坡经济获得一些增长动力，同时全球宏观经济状况得到改善。因此，国内生产总值在季节性调整年率基础上增长10%，扭转了上一季度2.5%的收缩率。与一年前相比，经济继续增长1.6%[4]。值得注意的是，发达经济体依旧低迷，围绕欧元区的政治气候和财政前景的不确定性因素增加。针对这些发展，2012年新加坡经济预计将出现1%～3%的适度增长[5]。新加坡金融管理局（MAS）预测，受油价走高、住宿费用、COE费

① 《2011年劳动市场》人力部（MOM）。

②③ 工资总额包括奖金以及雇主中央公积金缴交的估算额。

④⑤ 《2012年第一季度新加坡经济调查》贸易及工业部（MTI）。

用以及业务成本的影响，2012年的整体消费者物价指数通胀率将介于3.5%～4.5%之间①。

二、2012—2013年全国工资理事会工资指导原则

（一）提高长期实际工资

从长远来看，实际工资增长与生产率增长态势大致符合。从2000年到2011年，实际工资总额，包括雇主中央公积金供款，每年以1.6%的年率增长，稍低于劳动生产率每年1.7%的增长。

由于生产力的改善是员工可持续的实际工资增长的驱动力，公司及其管理团队在工会和工人的支持下，应强烈敦促引导生产力的提高。为了使工人从生产力提高的份额中受益，同时让企业保持竞争力，实际工资应长期随着生产力的增长而增加。

全国工资理事会还指出，行业前景不明朗，2012年1%～3%的经济增长预测，以及通胀和成本压力的持续将影响企业和职工。考虑到这些因素，全国工资理事会建议：

1. 公司考虑到当前劳动力市场条件，以及各自的业务表现及前景，允许2012—2013年度固定工资增长。

2. 公司在适当的情况下，根据公司业绩和工人的贡献通过可变工资奖励工人。

（二）低工资工人的固定工资增长较高

全国工资理事会指出，虽然工人总体上已经看到过去10年实际收入的增加，但是低工资工人的收入增长仍落后于其他员工。全国工资理事会关注的是，这一群体的工人都没有跟上经济改善、生产力提高和工资增加的总体速度。全国工资理事会还指出，政府、工会和雇主要不断努力，通过各种措施帮助低工资工人提高他们的就业能力和收入，其中包括就业培训支持计划（WTS）和包容性增长计划（IGP）。政府转移性支出，如就业入息补助（WIS），也有助于补充他们的可支配收入和公积金储蓄。全国工资理事会支持这些努力，并建议进一步帮助这一群体。

1. 为了帮助低工资工人，全国工资理事会建议，公司以定额和工资增长

① 2012年4月13日《货币政策声明》，新加坡金融管理局（MAS）。

百分比的形式准予这些工人的固定工资增长。这将为公司的低工资工人提供比例较高的固定工资增长。经营盈利的公司还可以考虑给予这些工人一次性支付的额外费用，以帮助他们更好地应对生活成本的增加。给予收入不高于1 000新元的工人至少50新元的固定工资增长。

2. 对于每月所挣基本工资不高于1 000新元的工人，全国工资理事会建议，固定工资增长至少为50新元。对于经营盈利的公司，全国工资理事会则建议其给这些工人增加更多的工资。

（三）提高生产力

为了提高生产率，全国工资理事会鼓励企业在工作过程中采用新技术和创新。管理层应带头在公司内部推动生产力的提高，并在工作场所建立文化支持创新。

1. 工会和工人也应该做好自己的本职工作，通过利用新技术和创新支持新的工作方式，为改善工作场所条件贡献有益建议。全国工资理事会鼓励企业利用各种政府援助计划，如生产力及创新优惠（PIC）和全国生产力基金。

2. 为了配合生产力创新，全国工资理事会敦促公司和员工投入不断的培训和技能提升。这将确保劳动力拥有正确的技能，并与不断变化的行业需求相关。这还会使工人一直保持较强的适应性，尤其是在经济困难时期。企业可以利用各种持续教育与培训（CET）方案，包括新加坡劳动力技能资格培训计划（WSQ）以及针对专业人员、经理及高管的卓越技术培训计划（STEP）。

3. 由于提高生产力需要劳资合作、团队合作和持续的努力，全国工资理事会鼓励企业与工人分享生产率提高的收益。

4. 除了鼓励企业加大努力以提高生产力，全国工资理事会还敦促政府和企业继续寻找降低非工资成本的方法，从而降低整体经营成本并提高新加坡企业的竞争力。

（四）工人收入的包容性增长

1. 全国工资理事会认为，新加坡的经济增长应该惠及所有新加坡人，并坚决支持政府为所有工人的收入设立包容性增长的目标。因此，努力提高低工资群体收入除了提供工资援助之外，更重要的是通过引导措施总体提高他们的盈利能力。为了实现这一目标，所有利益相关者都要尽一份力。

2. 全国工资理事会指出，三方合作伙伴于2012年1月发布了一个更新的三方最佳采购实践咨询，以鼓励服务买家负责任地外包，并采取最佳实践。全国工资理事会对此予以支持，因为不仅基于价格而且基于质量的外包是确保低工资工人也可以享受最佳采购带来的好处的一种重要途径。

3. 全国工资理事会鼓励企业利用就业培训支持计划，帮助低工资工人提高他们的技能，使他们能够提升至更好的职位，获得更高的薪水和更好的职业前景。全国工资理事会还积极指出政府为包容性增长计划提供的1亿新元总资金，这是由新加坡全国职工总会（NTUC）领导的，目的是鼓励公司并帮助其创新并与低工资群体分享生产率提高的收益。

4. 全国工资理事会也关心没有接受适当的中央公积金供款的低薪合同群体和临时工。全国工资理事会表明，人力部（MOM）将会加强对再次违规雇主的执法力度。全国工资理事会进一步敦促三方合作伙伴帮助这些工人及其雇主，根据《中央公积金法》教育他们了解自己的权利和义务。这将允许低工资工人接受中央公积金计划供款，并获政府通过中央公积金支付的补助金，如就业入息补助。

（五）加强年长工人的就业能力和再就业

1. 全国工资理事会指出，《退休与重新雇佣法》已于2012年1月生效，雇主可以重新聘用62～65岁的合格员工。全国工资理事会高兴地指出，这会增加老工人的就业机会，并允许他们选择退休后继续工作。与此同时，用人单位可以利用许多有经验的工人，从中挖掘他们的专业知识和经验。全国工资理事会称赞三方合作伙伴在过去5年中为准备《退休与重新雇佣法》所做出的努力。它还敦促企业以正确的态度实施《退休与重新雇佣法》，以确保年老工人的薪酬公平并且使他们可以继续为自己的机构或公司做出贡献。

2. 全国工资理事会指出，政府已延长特别就业补贴（SEC）至2016年，以鼓励雇主聘用年长的工人，并强调涵盖收入上限为4 000新元的50岁以上工人。这种援助将为雇用年长工人的雇主提供持续的经济支持。2012年9月，较高的雇主中央公积金缴交率[①]生效后，授予的特别就业补贴的金额将增加

① 2012年财政预算案宣布，50～65岁工人的雇主中央公积金缴交率将于2012年9月调高。具体来说，50～55岁员工的雇主中央公积金缴交率将提高2个百分点，55～60岁员工提高1.5个百分点，60～65岁员工提高0.5个百分点。50～60岁员工的雇员中央公积金缴交率也将上涨0.5个百分点。

3/4 以上的年长工人的雇主中央公积金缴交率。

（六）全国工资理事会建议的应用

全国工资理事会建议的涵盖期从 2012 年 7 月 1 日至 2013 年 6 月 30 日。这些建议适用于所有雇员，即管理层、执行层和普通雇员，有工会组织的公司和没有工会组织的公司，以及公共部门和私人企业。为了促进工资协商，企业应与雇员和代表分享公司业绩和业务前景的相关信息。

三、对我国的启示

新加坡的工资指导线综合多种因素确定全国工资指导原则，其中对就业因素（就业、失业率）给予较大关注，并提出工资增减的政策建议。该原则对于我国实行工资指导线具有一定的参考价值。

（一）从国家整体层面制定和发布全国工资指导原则制度积极有效

自 1988 年以来，新加坡全国工资理事会不再发布具体的工资指导线，因为其刚性太强，不具有灵活性。国家整体层面设计的工资指导原则，在确保工人的工资有序增长方面起到积极的宏观调控作用。因此，对正处于转型中的中国而言，可参考该国建立和发布全国工资指导原则，指导全国各类企业合理调增工资。

（二）确定工资指导原则须多元化考虑各类因素，就业因素须优先

确定工资指导原则的因素中，应当包含就业因素（失业率）的充分考量，并且确保就业目标始终处于优先考虑之列。我国劳动力资源相对丰富，就业一直作为民生之本来积极考虑，只有能够不断扩大就业机会、充分吸纳新增劳动力的经济增长，才是符合以人为本理念的经济增长。

（三）拟定指导原则须分类对待，增加细化建议

新加坡工资指导原则一般都会提出有关企业不断投资于职工继续教育和技能培训的政策建议，同时建议企业要主动与职工充分分享公司业绩、商业前景和工资结构调整性增长等方面的信息。因此，建议我国各地在发布工资指导线的同时可增加细化政策建议，如工资结构、技能培训等详细的专业配套建议。

第二十三章 国外同工同酬

“消除工作中的歧视”是任何减贫和可持续发展战略中的一个必不可少的组成部分，处于国际劳工组织（ILO）授权的“体面劳动”概念的核心地位[①]，而消除工作中歧视的任何努力的一个重要检验是它如何处理报酬不平等。国际劳工组织一直致力于倡导、促进、实施、监督同工同酬原则，各国也在该建议下不断出台各项政策、法律并持续完善。本章将重点介绍部分国家实施同工同酬的情况，希望能对我国制定相应的劳动法律法规提供启示和借鉴。

一、国际组织对同工同酬的规定和界定

“同工同酬”概念最初是有关性别平等的概念。在1919年的《国际劳工组织章程》中已有同工同酬的概念。30年后，1951年《同酬公约》（第100号）通过对“同工同酬”的保证引进了一个激进的创新概念（已在《国际劳工组织章程》中予以确认），允许人们对劳动力市场结构中的性别偏见加以审议。近10年来，基于年龄、残疾、艾滋病、社会体制、国籍等其他理由的歧视已引起了类似的关注。国际劳工组织报告指出，由于更广泛的政治、经济和文化进程而引起的劳动力市场结构和动力方面的变化导致了社会分层和社会动力模式的重新界定。它们导致了新的表现形式，进而产生了新的不平等，各国应采取积极措施，通过法律消除工作中的不平等待遇。

（一）“同工”到“同值”的概念演变

同工同酬的概念已包含在1919年的《国际劳工组织章程》中，30年后，第100号公约确认了男女之间在包括基本工资和产生于工人就业的任何额外

① 国际劳工组织2003年局长报告《工作中平等的时代》。

现金或非现金报酬或津贴在内的报酬平等的重要性。该公约的一个前卫特征就是保证“同等价值工作”同等报酬，而不仅是“同样或类似的工作”需要同等报酬[①]。在欧盟，最初《欧共体条约》第 119 条规定了“相同的工作（same job）应获得同样的薪酬”，而“相同价值（equal value）的工作”概念最终引入了《阿姆斯特丹条约》，这是同工同酬原则在法律层面上的进步和发展。1975 年《欧盟同工同酬指令》将“同工同酬”定义为“对于相同的工作或者具有相同价值的工作，禁止一切基于性别的各种薪酬条件的歧视”[②]。美国《平等工资法》以“从事对技能、责任和艰苦程度的要求相同，并且工作条件相似”来界定“同工（同值）”。此外，国外其他国家以及我国香港、台湾地区等均有类似规定。加拿大《两性工资平等法》在“同值”界定中明确规定，工作价值通过工作评估机制决定，工作评估机制包括技能、工作要求责任的大小、工作难易程度、工作环境，上述几方面加起来所获得的总分就代表了工作价值。

（二）“同酬”的界定

国际劳工组织《同酬公约》第 1 条规定：“报酬”一词指普通的基本或最低限度的工资或薪金以及任何其他因工人的工作而由雇主直接或间接以现金或实物支付给工人的酬金。《阿姆斯特丹条约》第 141 条规定：“报酬”是指劳动者直接或间接从其雇主那里获得的基本或最低工资、薪水或其他报酬，不论是现金还是实物。此外，欧洲法院（ECJ）的很多法案中指出，薪酬应包含劳动者从其雇主处因就业获得的直接或间接的、即期或远期的报酬，在后期案件中，该法院将薪酬范围明确至包括但不限于病假工资、退休金、冗员酬金、解雇赔偿、福利、奖金以及津贴。

二、部分国家或地区对同工同酬的相关法律规定

国际劳工大会于 1944 年通过的《费城宣言》提及“全人类各种族、信仰或性别都有权在自由和尊严、经济保障和机会均等的条件下谋求其物质福利和精神发展”，而后 1951 年《同酬公约》（第 100 号）和 1958 年《（就业和职

---

① 这一原则以后在 1975 年《欧共体同酬指令》和 1979 年《联合国消除对妇女一切形式歧视公约》中予以采纳。

② 金铮. 欧盟劳动性别平等法律的适用及发展［C］//中国欧洲学会欧洲法律研究会 2008 年年会论文集。

业）歧视公约》（第111号[①]）也成为获得批准最多的国际劳动组织公约。近几十年来，各国采取积极主动的措施，通过法律消除工作中的不平等待遇。美国在1963年颁布了《同酬法》，而后，欧盟、日本以及中国台湾等国家和地区都提出类似的规定。同时，国际劳工组织也一直倡导同工同酬公约，近年来也有一些国家和地区不断设立和修正、完善法律，将同工同酬这一概念进一步规范化和法制化。

（一）关于消除男女同工不同酬的有关法律

关于基于性别同工同酬的原则，国际劳工组织一直处于引领、前锋位置。除公约外，国际劳工大会通过其他文件的方式促进性别平等，如1975年国际劳工大会通过的《国际劳工组织女工机会和待遇平等宣言》。

1981年，国际劳工大会通过了《有家庭责任的男女工人享有同等机会和同等待遇公约》（第156号公约），公约涉及有家庭责任的工人，特别是妇女在劳动力市场面临的问题。该公约反映了国际劳工组织对进一步促进工作中和其他领域性别平等的决心。实际上，对于不平等分担家庭责任可能对妇女的社会地位产生负面影响的关注，在此之前已经反映在1979年《联合国消除对妇女一切形式歧视公约》之中。

表23—1中归纳了20多年来各国明令禁止基于男女同工不同酬的法律。

表23—1 各国有关禁止男女同工不同酬的法律

国家	法律	年份及修订时间
范围：基于男女同工不同酬的一般禁令		
澳大利亚	《人权与平等机会委员员会法》	1986年
保加利亚	《反歧视保护法》	2003年9月24日
加拿大	《人权法》	1996年6月20日修订
厄瓜多尔	《政治宪法》	1998年6月（第23条）
斐济	《宪法修正案》	1997年第13号
韩国	《国家人权委员会法》	2001年5月第6481号

① 第111号公约保护所有工人不受“基于种族、肤色、性别、宗教信仰、政治见解、民族血统、社会出身”的歧视。这种保护适用于公共和私营单位，并扩展到同工同酬、获得职业指导和培训、获得安置服务、家庭工人组织和雇主组织、职业晋升、雇佣期保障、集体谈判、社保、福利和津贴以及其他工作条件，包括职业安全与卫生、工时、休息期和节假日。

续表

国家	法律	年份及修订时间
新西兰	《人权法案》	1993 年第 82 号
适用范围：在就业方面禁止男女同工不同酬的法律		
克罗地亚	《劳动法》	1995 年，于 2003 年修订
丹麦	《劳动力市场反对歧视法令》	2004 年 756 号法令
芬兰	《反歧视法》	2004 年第 21 号
以色列	《就业平等法》	1988 年
匈牙利	《平等待遇和促进机会均等法》	2003 年 12 月 22 日第 CXXV 号
立陶宛	《劳动法》	2002 年 6 月 4 日 IX—926 号
马耳他	《平等待遇就业条例》	2004 年
挪威	《工作环境法》	2005 年 6 月第 62 号
斯洛伐克	《反歧视法》	2004 年第 365 号
斯洛文尼亚	《就业关系法》	2002 年 4 月 24 日
南非	《就业平等法》	1998 年第 55 号，于 2006 年修订
瑞典	《反工作歧视法》	2005 年第 479 号，修订 1999 年的第 133 号法
英国	《就业平等条例》	2003 年第 1661 号

（二）关于扩大同工同酬保护范围的法律

近年来，很多国家或地区将同工同酬法律保护的范围扩大至国际劳工组织第 111 号公约中定义的“保护所有工人不受基于种族、肤色、性别、宗教信仰、政治见解、民族血统、社会出身的歧视”范围。例如 2007 年，比利时《反歧视法》就将平等就业和报酬范围扩大到公约中所提到的所有类型工人（详见表 23—2）。

表 23—2　　各国有关同工同酬及就业平等的法律

国家或地区	法律	法律涉及范围	年份及修订时间
比利时	《反歧视法》	保护所有工人不受“基于种族、肤色、性别、宗教信仰、政治见解、民族血统、社会出身”的歧视。这种保护适用于公共和私营单位，并扩展到同工同酬、获得职业指导和培训、获得安置服务、家庭工人组织和雇主组织、职业晋升、雇佣期保障、集体谈判、社保、福利和津贴以及其他工作条件，包括职业安全与卫生、工时、休息期和节假日	2007 年

续表

国家或地区	法律	法律涉及范围	年份及修订时间
中国澳门	《劳动法》	工人享受平等权利及义务，反对基于“性别、年龄、公民身份、语言、协会团体会籍、教育或经济条件”的歧视	2008年
黑山共和国	《劳动法》	工人享受平等权利及义务，反对基于“语言、年龄、怀孕、健康状况、婚姻状态、家庭责任以及性别”的歧视	2008年修订
韩国	《禁止年龄歧视及促进就业法》	禁止雇主在员工薪水、福利、解聘、晋职和培训方面采取年龄歧视 如果雇主一旦违反该法，最高罚款可达1亿韩元（约合11万美元）	2008年
阿尔巴尼亚	《反歧视保护法》	工人享受平等权利及义务，反对基于怀孕、家庭或婚姻状态等24种类型的歧视。赋予雇主保护工人平等原则及禁止各类歧视行为的责任	2010年
瑞典	《反歧视法》	保护工人不受基于“性别、民族、信仰、残疾、性别或年龄”的歧视	2008年

（三）针对弱势群体进行保护的法律措施

国际劳工组织2007年报告中提到，肯定或积极的措施并不意味着受益者有问题或者需要改变，而代表着劳动力市场机构去寻求或创造更公平的机会。20世纪后期以来，国际社会不断寻求民主、平等化的发展，采取一系列对某一特定或一些弱势群体进行保护的法律措施（详见表23—3）。

三、同工同酬国际发展趋势

（一）各国出台相关法律时，有一个共同的趋势是从禁止歧视的法律转向规定防止歧视并促进平等责任的法律

瑞典的《机会平等法》、加拿大的《就业平等法》、意大利第125号法等均要求雇主制订年度工作场所平等计划，其中包括工资问题以及纠正不平等的行动。新西兰政府为加强公平就业，2011年提出十大优先解决问题，其中一个很重要的目标是促进就业和薪酬平等。劳工部门为劳动力市场制定就业及薪酬平等战略，在《平等就业法》中增加同工同酬的规定。此外，《欧洲平等法》包括同等报酬、社会保障、职业年金计划、生育保护、产假和非全日

表 23—3　选定国家对特殊群体有关同工同酬及就业平等的法律及法令

	美国	加拿大	印度	马来西亚	德国	南非	英国（北爱尔兰）
法律	1965 年《公平就业机会法令》	1995 年《就业平等法》	1979 年《邦之间流动的农民工（就业规定和服务条件）法案》	1970 年《新经济政策法案》	1972 年《雇员转让法》	1998 年《平等就业法》	1998 年《公平就业及措施法令》（北爱尔兰）
针对群体	不同种族、少数民族、女性群体	女性群体、种族、残疾人群体	农民工群体	马来西亚少数民族、残疾人群体	外界雇员（劳务派遣人员）群体	其他种族及印度后裔、女性、残疾人群体	天主教信仰群体
范围	公共及私营部门	公共及私营部门	公共及私营部门	公共及私营部门	公共及私营部门	公共及私营部门	公共及私营部门
原因	薪酬歧视	薪酬歧视	保证同工同酬	薪酬不公平	保证同工同酬	避免就业歧视	避免就业歧视

制工作等，与成员国的平等法律直接相关，并逐步扩大到相关判例法。欧盟2008 年通过的《临时机构工作指令》，规定派遣员工在用人单位工作期间的基本工作条件和劳动条件应至少与该单位直接雇员的相同①。

（二）为使反歧视法律行之有效，需要建立有效的实施、监督和促进制度

很多国家正在加强补救措施和惩处、精简程序性规定以及使劳动监察更为有效。例如，建立处理歧视和促进工作中平等的专门机构。英国曾建立了机会均等委员会专门负责监督《同工同酬法》的实施；塞浦路斯 2002 年制定的新《同酬法》赋予了劳动监察部门在同酬监察方面的明确作用，并建立了技术委员会对投诉案例进行同等价值的评定。巴西也设立了国家一级专门从事歧视监察的监察员队伍。

四、部分国家同工同酬实施情况

目前，国外在同工同酬立法上主要有以下 3 种基本概念：一是“同一经

① “基本工作条件和劳动条件”是指由现行法律、法规、行政规定、集体协议和（或）用人单位的约束性通用规则所规定的工作时间、加班、调休、休息时间、夜班、法定节假日，以及报酬。在报酬方面，如果派遣员工与派遣企业签订了无固定期限劳动合同，并在无派遣任务期间继续获得工资，那么各国政府可以在与社会伙伴机构协商后，规定对这部分员工不适用同工同酬的原则。

历同一待遇原则[①]”（日本）；二是“同一劳动同一待遇原则[②]”（德国、法国）；三是“禁止没有合理理由的不利待遇原则[③]”（欧洲实际应用）。在这些原则中，如果采用追求这些特定形式（“同一经历”或“同一劳动”等）的法律原则，就会发生各种问题，如不能适用上述3项原则以外的多种多样的雇用人员体系，或者无法应对与经历或职务内容没有直接关系的各种费用（上下班交通补贴、公司内部食堂、体检等）。在法律上规定“同一劳动同一待遇原则”的法国和德国，为了克服这些问题，实际上实施的是禁止没有客观（合理）理由的不利待遇原则。

大量研究数据表明，被派遣劳动者工资水平一般都低于正职员工，并且大多数国家的被派遣劳动者都不享有正职员工所享有的养老、医疗保险和带

---

① 非正式员工，在职务内容、人事变动的有无及范围上与正式员工相同时，不得受到不公正待遇。上述条文以现行日本《短时劳动法》第八条第一项为原型，将适用对象由短时劳动者扩大到全体非正式劳动者，将原规定的第二个必要条件（无时间规定的劳动合同的缔结）除去，并将第三个必要条件简明化。根据上述条文，应在与该企业正式员工（一般员工）的职务内容（包括责任的大小）相同，并且履历（人事变动的有无及范围）相同时，与正式员工相比非正式员工不得受到不公正待遇。在此，与现行《短时劳动法》第八条第一项相同，履历（人事变动的有无及范围）的同一性被视为必要条件，因此称为“同一经历同一待遇原则”。

② 非正式员工，如无合理的理由，与该企业中职务内容相同或相似的一般员工相比，不得受到不公正待遇。欧盟1997年的短时劳动指令（1997/81/EC）规定：关于雇用条件，在无客观正当理由的情况下，不得以短时劳动为由，使短时劳动者受到与正式员工相比不公正的待遇（第四条第一项）。1999年的固定期限劳动合同指令（1999/70/EC）规定：固定期限合同工，有关雇用条件，在无客观正当理由的情况下，不得以固定期限合同或固定期限劳动关系为由，受到与正式员工相比不公正的待遇（第四条第一项）。2008年的派遣劳动指令（2008/104/EC）规定：有关派遣员工基本劳动的雇用条件，在派遣期间，至少应与从事同一职务的正式员工的条件相同（第五条第一项）。通过上述法令条文，欧盟成员国共通的规则得以确立。上述规定表明，短时劳动者、固定期限合同劳动者、派遣劳动者，与正式员工（全勤、常用《无固定期限合同》、直接雇佣劳动者）相比受到不公正待遇的情况得到明令禁止。在此，作为例外常出现下述问题：将不公正待遇合理化的“客观理由”的存在与否；另外，“相对可能”的劳动者的设定标准往往是职务内容的同一性（相似性）。该原则便是以上述欧盟的指令、国内法律条文作为参考，以职务内容的同一性为标准，将正式、非正式员工的待遇条文化，可称为“同工同酬原则”（欧盟法）。

③ 非正式员工，如无合理的理由，与一般员工相比，不得受到不公正待遇。在法国、德国等地的实际运用中，很多不公正待遇的判定并非依据职务内容的同一性（相似性）这一必要条件，来禁止不利待遇。因为雇佣者支付给员工的工资中，除与职务内容挂钩的基本工资等以外，还包括根据劳动者在公司、工作场所的地位及状况支付的一定金额（福利工资、交通费等）、对社会贡献的奖赏工资（奖金）等，工资类别很多。对于与职务内容无关的工资部分，无须考虑职务内容的同一性，而根据支付的目的及性质进行判断。另外，举例来说，在法国，即使是与职务内容挂钩的基本工资，也并非就根据相同的职务内容而支付相同的工资，在职务内容以外还有许多其他的情况（工作时间、工作履历、法律状况等在企业中的地位差别或企业经营上的必要性等），这些情况被认为是“客观的理由”，使得基本工资的差别正当化。在此可以看出“同工同酬原则”自身的相对化现象。

薪休假等福利。例如在日本，数据显示，2010 年，正式员工的月基本工资为 31.04 万日元，相当于非正式员工 19.46 万日元的 1.60 倍（见表 23—4）。正式员工与非正式员工全年奖金的差距更大，2009 年度，正式员工为 88.61 万日元，相当于非正式员工 18.25 万日元的 4.86 倍，由此，两者全年工资的差距就在月基本工资差距的基础上进一步扩大到 1.81 倍。根据表 23—4 的统计，无论男职工还是女职工，非正式员工与正式员工相比都是年龄偏大且工龄偏短，因此，尽管做同样的工作，但两者之间的工资差距却很明显。

表 23—4　日本企业正式员工与非正式员工的年龄、工龄、工作时间与工资的比较（2010 年 6 月 10 人以上企业统计）

	合计		男职工		女职工	
	正式员工	非正式员工	正式员工	非正式员工	正式员工	非正式员工
平均年龄（岁）	40.6	44.2	41.5	46.6	38.5	42.3
平均工龄（年）	12.2	6.4	13.4	7.1	9.4	5.8
月基本工资（万日元）	31.04	19.46	33.74	22.20	24.48	17.21

资料来源：日本厚生劳动省《赁金构造基本统计调查》，2011 年 2 月 22 日公布。

在德国和法国，法律规定“非正式员工，如无合理的理由，与该企业中职务内容相同或相似的一般员工相比，不得受到不公正待遇”，但是实际实施过程中，很多不公正待遇的判定并非仅依据职务内容的同一性（相似性）这一必要条件判断。因为雇佣者支付给员工的工资中，除与职务内容挂钩的基本工资等以外，还包括根据劳动者在公司、工作场所的地位及状况支付的一定金额（福利工资、交通费等）、对社会贡献的奖赏工资（奖金）等，工资类别很多，所以采用允许例外的、依据“合理理由①”的存在与否进行判断的原则。即从相对的角度看，如果相同或类似的工作，剔除掉其他可构成工资差别化的客观、合理因素，理应同工同酬。但是，我们从表 13—5 中德、法两国的实况可得出，除与学历、职业资格、工作年限、是否加班、绩效等因素外，一些津贴类薪酬（如在法国一般认为，与工作场所关系较密切的交通费、食堂补贴等有关集体设施利用方面的津贴，应支付给劳务派遣工。而对于其

① 从法国及德国的经验来看，“合理理由”的问题在于须根据其支付目的和性质对个别案例进行具体的判断；或者说，“合理理由”无法一概而论，案件不同其理由也各不相同。在注意到“合理理由”的个别具体性、多样性及灵活性的同时，为提高其内容的可预测性，文中表格将结合支付目的、性质举例阐释何为“合理理由”。

他的福利工资则不在法律上作明确要求）还是存在着福利待遇上的差距。

表 23—5 德、法两国在鉴定正式工与劳务派遣工工资合理差异化的实际应用

序号	薪酬类别	包含内容	举例
1	关于与职务内容相关性较高的支付	包含基本工资、职务补贴等。职务内容、经验、资格等均被认定为产生待遇差异的“合理理由”	在德国，一般认为职务内容不同，其基本工资也不相同。甚至，即使职务内容相同，如若学历、资格、职业资格认定不同，则其基本工资的不同也被认定为是客观正当的（Schaub/Koch/Linck/Vogelsang［2009：375］）。又如：基本工资根据职务内容以及履历进行设定时（岗位工资等），因履历的不同导致基本工资的不同也被认定为是“合理理由”
2	关于与工龄挂钩的支付	工龄津贴、加薪、晋级、退休金、企业养老金、年度带薪休假天数等	在法国，工龄津贴、加薪、晋级等与任职时间（工龄）挂钩的支付，对于任职时间较短、不满足该工资条件的固定期限合同劳动者或劳务派遣工等，不支付该项工资也被认定为是合法的（PELISSIER，SUPIOTET JEAMMAUD［2008：435］）。另如：在德国，为促进员工对企业忠诚度的养成，工资中设有根据工龄长短支付的企业养老金一项。关于该企业养老金，在该企业就职时间较短的固定期限合同劳动者被排除在其适用对象之外，也被认定为是正当的
3	关于与企业贡献挂钩的支付	包含奖金等。企业贡献的差异被认定为是“合理理由”	在德国，关于回报员工对企业所做的贡献、带有补偿性质的特别津贴（奖金），一般认为，对于固定期限合同劳动者来说，应根据其贡献的大小给予相应的补助
4	关于与在公司、工作场所的地位挂钩的支付	交通费、家属补贴、住宅津贴、食堂补贴、育儿补贴、健康检查、病假、参加公司活动等。其地位的差异被认定为是“合理理由”	劳务派遣工与该企业的正式员工相比，虽同在公司工作，但因其雇佣形式不同（是劳务派遣工还是正式员工），地位也就不同。考虑到这一点，在法国，一般认为，与工作场所关系较密切的交通费、食堂补贴等有关集体设施利用方面的津贴，应支付给劳务派遣工。而对于其他的福利工资则不在法律上作明确要求。在此，一般认为，在探明支付目的和性质的基础上，即根据劳动者的地位提供相应的工资，如地位相同，则不论是正式员工还是非正式员工，都应给予相应的工资
5	关于与劳动时间的长短及安排挂钩的支付	加班费、夜班加班费、饮食补助等。劳动时间的长短及安排的差异被认定为是“合理理由”	在德国，加班费被认定为是对超出正常工作时间（协定时间）工作的员工身体上的补偿。因此，不论是短时劳动者还是正式员工，如若其加班时长相同，则认定给予其相同的津贴并不违法。另外，关于午餐费的支付，对于仅上午工作或下午工作的半天劳动者，则无须支付该补助

续表

序号	薪酬类别	包含内容	举例
6	关于雇佣保障	可否优先进行裁员等。与公司联系的紧密性被认定为是“合理理由”	在法国和德国，一般认为，固定期限合同劳动者在期满时便与该公司的关系结束，因此与公司的纽带较弱（公司在雇用其时便怀有该意识），则期满后该公司与其解除合约关系被认定为是不违法的。与此相反，对于无固定期限合同的短时劳动者，不得因其劳动时间较短而在进行裁员时较正式员工优先进行裁减；无论是正式员工还是短时劳动者，在裁员时都应根据同一标准。即使在日本，往往也不会只看劳动时间的长短，而是切实考虑员工与企业纽带的深度来决定雇佣保障的强弱（优先进行裁员的合理性）

资料来源：笔者根据 2011 年日本经济产业研究所材料翻译、整理而成，原文“同工同酬是幻想吗——为纠正正式员工与非正式员工之间差距的法律原则”。

目前，很多日本学者都在研究正式工与非正式工薪酬差距的问题，都在呼吁重视非正式工的幸福度，认为在日本可以借鉴欧盟国家的惯例做法，采取人事制度（工资制度）的多样化和复杂化以及对劳动者支付费用的多样化和广泛化，并建议普遍采取禁止没有合理理由的不公平待遇原则。

比较这 3 个国家在正式工与非正式工薪酬差距方面的政策，日本实行年功制则造就了终身雇佣制的现象，并且薪酬结构中固定比例较高（一般在80%以上），奖金或浮动部分较少。所以，尽管全年奖金相差近 5 倍，但年工资总额仅相差 1.81 倍。欧盟国家则设定一些合理的薪酬差异化理由，禁止其他不合理的不利待遇。而在我国目前差距在 2～3 倍，甚至更高。因此，从横向比较看，尽管日本和欧洲国家均允许薪酬方面一定程度的差异，但是，对“同工同酬”方面有一定的法律规定，并且差距符合本国国情或符合客观、合理理由。

第二十四章
国外人工成本

本章从国外人工成本研究、监测体系、界定概念等方面总结和整理，分析研究了国外有关人工成本的理论探讨及趋势，并比较各国在人工成本监测体系方面的具体程序、概念及各国制造业人工成本的水平及结构情况，结合国外经验提出我国人工成本宏观监测方面的启示和建议。

一、国外人工成本概况

（一）国外人工成本研究发展史

人工成本又称劳动力成本，其研究可以追溯到 1891 年发表在经济学季刊关于劳动力成本在制品的整体成本中所占比重的文章。在美国的“管理运动”中，Halsey 于 1891 年发表了《工资报酬制》一文，探讨如何通过工资报酬制度的设计来提高劳动生产率，被 Tyrell 和 Gantt 发展为差别计件工资制和工资奖金制。

因为西方国家很早就进入到资本主义社会，所以学者们很早就开始关注资本主义的经济学领域。随着技术革命的推进，物质生产要素对于生产力水平的提升完全可以预估，但作为生产要素中最活跃的因素——人，越来越多的学者开始注意其推动生产力发展的作用，开始研究其在生产过程中的行为，以提高和升华管理的水平。把人力资源管理提升到一个崭新的高度，而人工成本作为人力资源管理领域的一个环节，西方学者要比我国学者更早重视对人工成本的研究，例如 19 世纪法国经济学家 Say 提出的，后来由英国经济学家补充完善的“四位一体”公式认为，在生产中，工人提供了劳动，获得了工资；资本家提供了资本，获得了利息；地主提供了土地，获得了地租；企业家提供了才能，获得了利润，并认为正常利润包括在成本之中，是一种特殊工资，是对企业家创新的回报。

20 世纪 30 年代初，美国经济学家 P. Douglas 与 C. Cobb 根据美国 1899—1922 年的工业生产统计资料，得出了这一时期的美国生产力函数，并说明在生产中劳动所做的贡献为全部产量的额 3/4，资本为 1/4。这一领域的研究成为国外企业人工成本控制的基础依据，人们开始逐渐关注人工成本投入与产出的研究。到了 20 世纪中叶，人们对企业人工成本的研究已经发展到与企业经营战略级人力资源的人性化管理结合起来。例如，美国哈佛大学在一项研究中论述了企业人力资源激励、劳动效率及成本支出之间的关系，将企业对人工成本的控制提高到人力资源的人性化管理的高度上来。Porter 在竞争模型框架中指出，人工成本是影响竞争优势的因素之一；Buckley 和 Casson 强调了跨国经营决策中人工成本的作用。KoKonings 和 Murphy 通过实证研究指出了国际人工成本与本土人工成本的不同；Grossman 和 Helpman 认为人工成本是产品周期和价值链的基本因素。企业管理者和研究学者普遍认为人工成本影响公司的决策和生产效率。

1971 年巴鲁克和阿巴施瓦茨在《会计评论》（*Accounting Review*）中首次提出以个人为单位的职工工资报酬折现模式，文中将员工从刚被录用到退休或死亡为止预计支付的报酬，按照一定的折现率折成现金，利用数学模型公式对人工成本中的工资进行了估算。以上历史时期的发展，成为了后来人工成本的重要研究对象和组成部分。

此后对人工成本的研究也就从制造业开始逐步向其他产业、地区和国家扩展。到了 20 世纪 80 年代随着经济的全球化和信息技术带来的科技革命使得市场的竞争更加激烈，作为影响企业、国家竞争优势的关键要素——人工成本开始受到人们越来越多的关注。

（二）人工成本的组成部分及相关指标研究

关于人工成本的定义 Sarah Conn① （2009）认为人工成本是雇主雇佣工人时所涵盖的所有成本。由工资和薪酬、国民保险和社会保障税、遣散费和给付实物、间接费用及其他非工资费用组成。Nicolas R.② （2010）研究了福利

① Sarah Conn. "Labour Costs", *Economic & Labour Market Review*, 2009, Vol. 3.

② Nicolas R. Ziebarth a, b, Martin Karlsson. "A Natural Experiment on Sick Pay Cuts, Sickness Absence, and Labor Costs", *Journal of Public Economics*, 2010.

水平与人工成本的关系。针对德国联邦法降低了雇主对雇员病假工资100%支付的规定。Nicolas R. 发现这一措施使员工不请病假的人数增加了6%～8%，同时减少了30%的请假天数。结果显示减少福利水平而直接节约了劳动成本的影响明显高于由于减少旷工间接节约的效果。

Peter Hooper[①]（1989）通过以前研究中使用的各种方法对美国的单位劳动成本水平做出评价，将单位劳动力成本按购买力平价汇率计算。结果表明：在20世纪90年代由于名义汇率的变动美国和国外的单位劳动成本相对水平显著波动。美国单位劳动成本均低于其他工业化国家的平均水平，但均高于具有代表性的新兴工业化国家如韩国。单位劳动成本作为一个具有国际竞争力的指标，这些结果暗示美国制造业的竞争力自1985年以来显著改善，至少相对于其他主要工业化国家。这些年面对极具成本竞争力的东亚各国，美国本土企业也在想各种办法来降低每小时薪酬。

在人工成本中单位劳工成本、劳动生产率、每小时薪酬成本是衡量企业国际竞争力的3个指标；劳动生产率的增长表明，一个国家的劳动力正变得更有效率，单位劳动成本的下降则表明本国经济更具成本竞争力[②]，同时这3个指标间也相互影响（Solis & Galvin，2012）。Herman[③]发现美国自1958年经济衰退以来生产率的首次提高导致的不是产量的增加而是工时的削减。事实上，经济经历的是产量和工时的同时下降。由于工时下降大，计算得出生产率有轻微提高。对于刚刚超过一半的非农部门，1970年生产率的提高使民营经济总量相比上一年增加不到1%。

（三）人工成本与就业的关系研究

说到人工成本就会涉及就业问题，企业要追求利益最大化必定会尽可能降低成本，尽量少雇佣员工。Nickell[④]（2004）认为，由于削减成本被广泛认为是最有效的方法。企业者相信他们可以通过降低劳动力成本（主要是通过

---

① Peter Hooper，Kathryn A Larin. "International Comparisions of Costs in Manufacturning"，*Review of Income and Wealth*，1989.

② Hilda L. Solis，John M. Galvin. "Charting International Labor Comparisons"，http://www.bls.gov/ilc.

③ Herman，Shelby W.；Fulco，Lawrence J. "Changes in Productivity and Unit Labor Costs-A yearly Review"，*Monthly Labor Review*，1971，Vol. 94.

④ Stephen Nickell. "Middletown，Ohio，Steel Company Says Profits are Up，Labor Costs Still too High"，*Middletown Journal*，2004.

自然减员）变得更有竞争力。与企业经营者不同，政府从社会安定角度出发，又希望企业多设置些稳定的工作岗位来降低失业率。Robert A.[①]（1998）在1997年英国大选后，研究了人工成本与新政之间的关系。在新政的措施下政府要支付公司的边际就业补贴。公司得到补贴的前提是新工人的就业。与此相反，1985年的国民保险税一般适用于新的和现有的工人。因此，与综合补贴相比，目前新政的比较优势可能在于存在更好地创造就业机会的边际优势。但新政举措的主要不确定性是作为边际补贴的新工作的时间。在典型企业的劳动力成本结构中，这种提供补贴的形式，是不可能在企业决定增加长期稳定的工作岗位中扮演重要角色的。与此相反，国民保险税可以影响企业成本结构，有助于年轻的失业工人找到长期稳定的工作。目前，全世界170多个国家里至少有132个国家实行社会保障税制度。

（四）人工成本指标与经济指标、金融市场的关系研究

Robert G. King[②]采用动态可计算一般均衡研究了通货膨胀率和单位劳动成本的关系，结果显示自20世纪90年代以来劳动份额在逐渐下降而通货膨胀率却没有显著变化，也就是说对实际单位劳动成本的措施不会产生相应的通货膨胀率。而找出真正影响劳动成本定价的因素也是当前一届宏观经济研究的主题。

长期以来，经济学家将人工成本作为可变成本，而企业管理者往往把其作为一个固定成本。Richard S. Belous[③]（1991）认为，美国的管理层已经开始认识到，劳动力实际上是一种可变成本。这主要是由于金融市场的革命，即由于债务压力和潜在的企业收购，经理已被迫将劳动作为可变成本。Richard S. Belous认为这些金融因素对劳动力市场的影响比我们通常认为的许多因素更重要，因此造成美国工资的灵活性（例如，政府放松管制，增加进口，减少工会成员）。他呼吁他的理论可写为FILM——金融会影响劳动市场。

Richard S. Belous推断随着短期与长期债务比率的增加，实际工资刚性的指标会下降。结果显示短期债务和工资刚性的相关性是负的（−0.82）。说明

① Robert A. "Labour Costs and Employment Policy", *National Institute Economic Review*, 1998, 165: 99.

② Robert G. King. "Inflationand Unit Labor Cost", http://www.princeton.edu/mwatson.

③ Richard S. Belous. "How Finance Affects Labor Markets", *Cornell Hotel and Restaurant Administration Quarterly*, 1991, Vol. 31, 14−14.

随着短期债务的增加，管理者面临着财务上灵活性的下降。为了弥补这方面的损失，管理层将努力增加劳动力市场的灵活性，即通过减少劳动力成本解决。此外，Richard S. Belous 还发现，增加合并和收购活动往往导致较低的失业补偿金以及就业机会的减少。通过对 1960 年和 1987 年之间的数据分析他发现增加合并和收购活动与总的私人平均时薪之间呈负相关，为－0.49；与同期就业也呈负相关，为－0.44。

（五）企业人工成本信息披露研究

尽管人工成本受到了很多关注，但目前在美国和加拿大的会计交易法规中仍不要求将财务报表披露劳动和相关成本作为一个单独的项目，只有少数公司自愿披露此类操作成本（通常在财务报表的脚注）。Marta Ballester[①]（1998）发现较大的、受监管的公司更愿意披露劳动力成本，因为这样的企业会承担大的政治代价。此外，劳动密集的企业更容易提交劳动力成本分析报告，因为这些成本是企业很重要的一部分。研究也发现在竞争力较弱的行业，企业为了保持其竞争优势，不太可能披露劳动力成本。Kaouthar Lajili[②]（2005）对大量公司的调查认为，劳动力成本信息披露和市场股票价值是积极和正向的关系。这表明，投资者应当将劳动力成本作为一个粗略的人力资本投资的概念，整合到他们对公司的估值流程中。同时公司应抓住机会着重评估人力资本，使其从同行中脱颖而出，这也会在未来促进人力资本的披露，使企业更多地使用更精细的测算人力资本的工具。

（六）人工成本与工会组织或监管部门关系研究

David Metcalf[③]（2009）在对英国的制造业中工会的存在和劳动生产率之间的关联研究数据表明，在 1980 年前后，那些高度工会化组织的劳动生产率要低于工会化程度很低的企业。但是，在 20 世纪 80 年代前半期那些加入工会的工作场所、企业和行业却有更高的生产率。在对诺兰和马金森的早期研究上的各种批评和对工会及生产力进行评估的基础上，一些非工会的公司，

① Marta Ballester，Joshua Livnat，Nishi Sinha. “Labor Costs and Investments in Human Capital”，1998.

② Kaouthar Lajili，Daniel Z’eghal. “Labor Cost Voluntary Disclosures and Firm Equity Values：Is Human Capital Information Value—Relevant?”，*Journal of International Accounting*，*Auditing and Taxation*，2005，121－138.

③ David Metcalf. “Union Presence and Labour Productivity in British Manufacturing Industry：A Reply to Nolan and Marg inson”，*British Journal of Industrial Relations*，2009.

如IBM、麦当劳等同样运行出色，当然也有很多所谓的烂摊子。工会和非工会有各自的优点，公司选哪种形式不是靠经验决定而是要深入调查。Anthony Barkume①（2010）发现由于美国对加班补贴的监管导致那些常常需要加班的工作薪酬很低。这种现象也暗示着受加班费用监管的影响，薪酬结构也在发生变化：由于要求合同注明加班补贴的最低额度，许多经常加班的企业只有降低正常工作时间的每小时薪酬水平来弥补劳动合同规定的加班费用的损失。

二、制造业人工成本国际比较

（一）各国制造业薪酬成本水平比较

2011年主要发达国家制造业小时薪酬成本在30～65美元之间，平均值30.2美元，小时工资在20～40美元之间；新兴工业化国家（如新加坡、希腊、阿根廷、葡萄牙）小时薪酬成本在12～25美元之间，小时工资在7～15美元之间；转轨国家（如波兰、匈牙利）小时薪酬成本为8～10美元，小时工资为5美元左右；发展中国家（如墨西哥、菲律宾）小时薪酬成本相对较低，特别是菲律宾，仅仅维持在2.01美元，其中小时工资也仅有1.35美元。

各国的社会保险政策和福利支付惯例在很大程度上影响了各国制造业的薪酬成本水平，数据显示，各个国家企业的社会保险缴费②相当于薪酬成本的5%～32%不等，差别较大。其中，瑞典、巴西、比利时、墨西哥等国的社会保险支出占薪酬成本的比重均超过了30%。此外，澳大利亚、加拿大、芬兰、中国荷兰、德国、希腊、匈牙利、美国、西班牙、奥地利、斯洛伐克、捷克、意大利、法国等国占比也维持在20%～30%之间。波兰、中国台湾、瑞士、英国、爱尔兰、新加坡、以色列、挪威、阿根廷、日本、韩国、葡萄牙等国家和地区则在10%～20%之间。相对而言，丹麦、新西兰、菲律宾仅占到10%以下，特别是新西兰，该国小时薪酬成本中社会保险支出占比仅为4.2%。对于直接支付的福利部分，挪威、墨西哥、韩国等国均为零，而大多数国家制造业小时薪酬成本中直接支付的福利部分占比在10%～25%之间，详见表24—1和图24—1。

① Anthony Barkume. "The Structure of Labor Costs with Overtime Work in U. S. Jobs", *Industrial and Labor Relations Review*, Vol. 64, No. 1, October 2010.

② 根据美国劳工统计局技术解释，指法律规定的、私人的、合同规定的社会保险费用，以及劳动相关税费减去补贴。

表 24—1　　各国制造业小时薪酬成本水平及结构比较　　（单位：美元）

<table>
<tr><th rowspan="3">国家和地区</th><th colspan="4">小时薪酬成本</th></tr>
<tr><th rowspan="2">总成本</th><th rowspan="2">社会保险</th><th colspan="2">直接支付部分</th></tr>
<tr><th>直接支付的福利</th><th>支付实际工时内的工资</th></tr>
<tr><td>挪威</td><td>64.15</td><td>10.98</td><td colspan="2">53.18</td></tr>
<tr><td>瑞士</td><td>60.40</td><td>9.25</td><td>11.24</td><td>39.92</td></tr>
<tr><td>比利时</td><td>54.77</td><td>17.64</td><td>11.05</td><td>26.07</td></tr>
<tr><td>丹麦</td><td>51.67</td><td>4.97</td><td>7.54</td><td>39.15</td></tr>
<tr><td>瑞典</td><td>49.12</td><td>16.18</td><td>5.13</td><td>27.82</td></tr>
<tr><td>德国</td><td>47.38</td><td>10.24</td><td>9.44</td><td>27.70</td></tr>
<tr><td>澳大利亚</td><td>46.29</td><td>9.25</td><td>4.41</td><td>32.63</td></tr>
<tr><td>芬兰</td><td>44.14</td><td>9.20</td><td>8.51</td><td>26.43</td></tr>
<tr><td>奥地利</td><td>43.16</td><td>11.07</td><td>9.26</td><td>22.82</td></tr>
<tr><td>荷兰</td><td>42.26</td><td>8.97</td><td>9.01</td><td>24.29</td></tr>
<tr><td>法国</td><td>42.12</td><td>12.61</td><td>7.80</td><td>21.70</td></tr>
<tr><td>爱尔兰</td><td>39.83</td><td>6.39</td><td>6.00</td><td>27.43</td></tr>
<tr><td>加拿大</td><td>36.56</td><td>7.49</td><td>3.59</td><td>25.48</td></tr>
<tr><td>意大利</td><td>36.17</td><td>10.47</td><td>5.27</td><td>20.43</td></tr>
<tr><td>日本</td><td>35.71</td><td>6.46</td><td>9.02</td><td>20.23</td></tr>
<tr><td>美国</td><td>35.53</td><td>8.65</td><td>3.17</td><td>23.70</td></tr>
<tr><td>英国</td><td>30.77</td><td>4.73</td><td>4.05</td><td>21.98</td></tr>
<tr><td>西班牙</td><td>28.44</td><td>7.22</td><td>5.57</td><td>15.65</td></tr>
<tr><td>新西兰</td><td>23.38</td><td>0.99</td><td>2.69</td><td>19.70</td></tr>
<tr><td>新加坡</td><td>22.60</td><td>3.64</td><td>3.95</td><td>15.00</td></tr>
<tr><td>希腊</td><td>21.78</td><td>5.03</td><td>4.08</td><td>12.66</td></tr>
<tr><td>以色列</td><td>21.42</td><td>3.49</td><td>1.50</td><td>16.42</td></tr>
<tr><td>韩国</td><td>18.91</td><td>3.70</td><td colspan="2">15.21</td></tr>
<tr><td>阿根廷</td><td>15.91</td><td>2.77</td><td>2.23</td><td>10.92</td></tr>
<tr><td>捷克</td><td>13.13</td><td>3.59</td><td>1.77</td><td>7.77</td></tr>
<tr><td>葡萄牙</td><td>12.91</td><td>2.54</td><td>2.49</td><td>7.88</td></tr>
<tr><td>斯洛伐克</td><td>11.77</td><td>3.19</td><td>2.20</td><td>6.38</td></tr>
<tr><td>巴西</td><td>11.65</td><td>3.72</td><td>1.66</td><td>6.27</td></tr>
</table>

续表

国家和地区	小时薪酬成本			
	总成本	社会保险	直接支付部分	
			直接支付的福利	支付实际工时内的工资
中国台湾	9.34	1.35	8.00	
匈牙利	9.17	2.16	1.81	5.20
波兰	8.83	1.25	2.23	5.35
墨西哥	6.48	1.95	4.53	
菲律宾	2.01	0.17	0.35	1.49

数据来源：美国劳工统计局。

（二）各国制造业薪酬成本增长情况

制造业小时薪酬成本水平经常用于国际横向对比，反应各国劳动力成本的竞争优势。1997—2011年的14年间，世界主要国家的制造业小时货币薪酬以美元计算年均增长均在5.1%左右，以本国货币计算年均增长在4.5%左右。其中，增长最快的是阿根廷，受到国内严重通货膨胀的影响，其制造业小时薪酬成本以本国货币计算年均增长16.7%，特别是2011年比2010年增长了31.4%。对于爱尔兰和希腊，受国内经济萎靡的影响，相比2010年，2011年制造业薪酬成本均为下降趋势，特别是希腊，下降了7.3%（如图24—2所示）。

三、部分国家、地区或组织对人工成本构成的界定

国际上通常采用有关人工成本的统计数据有“人工成本”和“雇佣费用”两个概念。国际劳工组织为了人工成本统计的需要，将人工成本定义为雇主在雇佣劳动力时产生的全部费用。人工成本统计上的范围包括：已完成工作的报酬；未工作而有报酬时间的工资；奖金和小费；食品、饮料及其此类支出；雇主负担的雇员的住房费用；雇主支付雇员的社会保险支出；雇主对职业培训、福利服务和杂项费用的支出，如雇员的交通费、工作服、健康恢复以及视为人工成本的税收等。而“雇佣费用”则定义为全部以工资和薪水及其附加的形式付给雇员的费用，包括现金、有关雇员的社会保障和个人养老金、意外保险、生活保障及相似的项目。因此，人工成本与雇佣费用成本是具有许多共同点的、密切相关的两个概念。

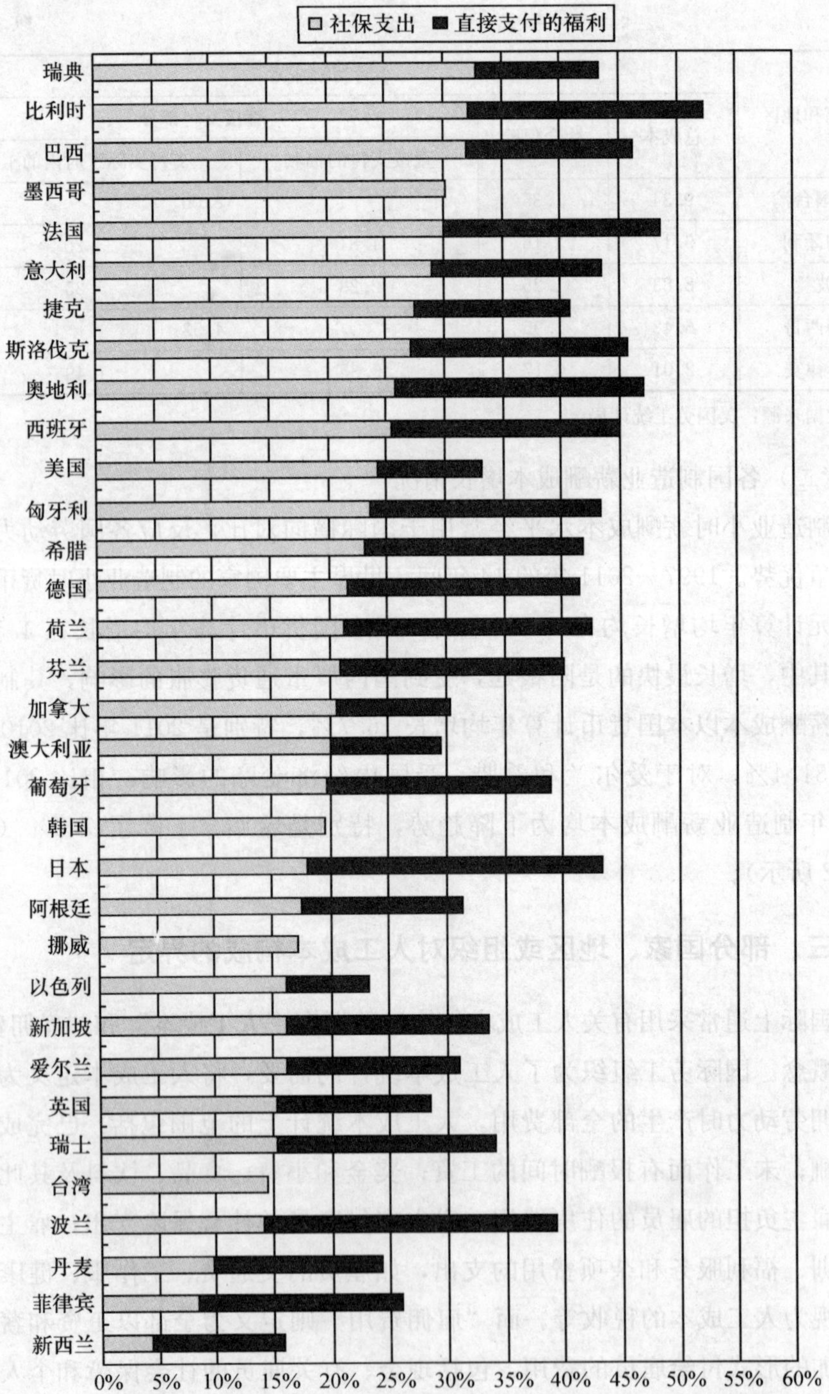

图 24—1 各国制造业小时薪酬成本中福利费用（社保支出、直接支付的福利）占比
数据来源：美国劳工统计局。

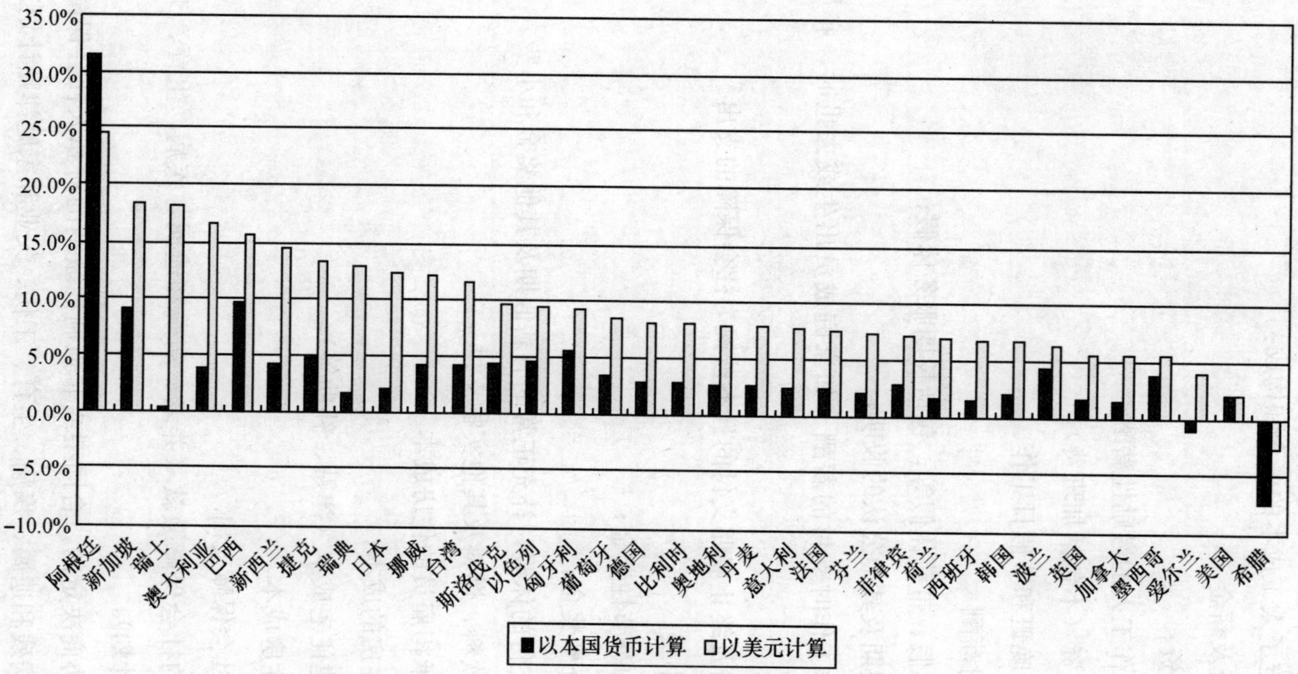

图 24—2 2010—2011 年小时薪酬成本变化率

数据来源：美国劳工统计局。

（一）国际劳工组织人工成本组成的相关概念

1966 年，日内瓦第 11 届国际劳工统计大会通过了《关于人工成本统计的决议》，首次确定了人工成本的概念和构成：

1. 直接工资及薪金

（1）计时工资；

（2）计时工作工人的激励性薪酬；

（3）计件工资（不包括加班费）；

（4）加班、晚班和节假日工作。

2. 非工作时薪酬

（1）带薪年假、带薪休假等，包括长期服务休假；

（2）公共假期及其他公认的假期；

（3）其他非工作时支付的薪酬（如家庭成员出生或去世时、雇员结婚、工会活动时）；

（4）遣散费及终止雇佣支付的且不被视为社会保障的支出。

3. 奖金和小费

（1）年末和季节性奖金；

（2）利润分享奖金；

（3）额外支付的休假，补充正常的有薪假期及其他奖金和小费。

4. 食品、饮料、燃料及其他实物支付

5. 由雇主承担雇员的住房成本

（1）自建住房的成本；

（2）非自建住宅成本（津贴、补助等）；

（3）其他住房成本。

6. 雇主的社会保障支出

（1）法定的社会保障缴款（养老、病残和遗属、疾病、生育、工伤、失业、家庭津贴计划）；

（2）集体协商决定的，合同型或非强制性缴纳的对私人社会保障计划和保险（年老、病残和遗属、疾病、生育、工伤、失业和家庭津贴计划）；

（3）①疾病、生育或工伤情况下为弥补收入损失而直接支付给职工的薪酬，②其他直接支付给员工视为社会保障的福利；

（4）医疗费用和医疗卫生服务；

（5）遣散费及终止雇佣时视为社会保障的费用。

7. 职业培训的成本，包括外部讲师、培训机构、教材、可报销的学费等。

（二）美国劳工统计局调查和公布“雇佣成本”的统计项目

美国雇佣成本的统计项目包括工资和薪水、福利两大类。其中，工资和薪水类别中包括的项目有：按小时工资率或制度工作时间支付工资报酬、与生产数量相关的奖金或其他员工的激励性报酬、佣金、依据生活费用调整得到的报酬。工资和薪水类别中不包括小费、加班费和股票期权。福利类别中包括的项目有：离职补偿、补充性报酬（如小费、加班费等）、商业性保险、退休金和法定福利。

从美国雇佣成本的统计范围来看，要比国际劳工组织和我国目前的人工成本统计范围小。该机构重点关注最基本的薪酬部分（如工资和薪水）的变动趋势，至于雇员的教育培训和劳动保护费用等，是属于雇主提高生产效率和改善工作条件的支出，与基本薪酬的联系不紧密，是间接性的，所以不在目前统计范围之内。

（三）欧盟统计局调查和公布“人工成本”的统计项目

欧盟统计局调查的“人工成本”指聘用员工的雇主所承担的总支出，包括雇员薪资（含工资总额、现金和实物报酬）、雇主的社会保障缴款、职业培训成本、其他支出（如招聘成本和开支、雇佣税，即劳动力成本减去补贴）。目前，人工成本构成部分和各自的细分元素中由欧盟委员会法规规定和定义（2005 年第 1737 号法令）。

在统计过程中，人工成本及其主要组成部分采用（工资、薪金所得；直接的薪酬、奖金和津贴，雇主的社会保障贡献和其他劳动力成本）绝对值（欧元国家的货币；如果不同，则采用购买力标准换算）统计[①]。

（四）澳大利亚、日本统计局调查和公布“人工成本”的统计项目

澳大利亚统计局分别于 1993—1994 年、1996—1997 年、2002—2003 年调查和发布的“主要人工成本”数据统计项目，包括雇员收入、雇主支付的养老金、工伤保险、工资税和福利税。

日本统计局每年在国家统计年鉴中公布的每月不同行业“人工成本”数

① 欧盟统计局网站信息整理。

据统计项目包括：现金收入、退休金及相关费用、法定福利费、法定外福利费、教学培训费、募集费和其他劳动费用。

四、部分国家、地区或组织的人工成本宏观监测体系

人工成本数据主要通过现有调查获得：人工成本调查、工业普查或官方预测。人工成本调查的主要目的是搜集雇主支付人工成本的水平、构成、发展的标准。这些数据专门用来进行人工成本结构分析和不同指标的量化分析比较。工业普查或调查的主要目的是预计工业（包括雇佣费用）的全部投入产出和净投入产出，以及其他可被用于工业结构研究及分析工业影响因素的方法。官方预计数据经常是一定期间，通过是一季度或一年全部人工成本的进展情况。

国际上人工成本调查通常是 3 年或更长时间内，对一定规模（通常是雇员人数超过一定标准）的公司或企业的样本调查。一般包括所有工资收入者和薪水雇员，而家庭工作者、自由职业者、佣金收入者及小业者等则不包括在内。总之，人工成本调查的重点在于有关人工成本及其构成部分的详细数据的搜集、整理，也涉及相应的雇佣信息和企业特征。一些国家人工成本调查同时用来收集企业其他现实情况和涉及人工成本的水平、构成及进展的政策，诸如未工作时间而有报酬的工资、社会保障、养老金项目及其筹集方法和工资税，等等。

雇佣费用的数据通常是通过对达到一定规模的企业或公司以一年为周期的产业普查或调查获得。关于雇佣报酬的统计通常区分开工资收入者和薪水雇员。在一些情况下，小业主和佣金收入者也被计算在内。

（一）美国劳工统计局薪酬及劳动成本相关调查

美国国家薪酬调查（NCS）提供翔实的职业工资、雇佣成本趋势、福利以及具体养老金计划信息。具体的职业收入数据涵盖整个国家范围内的不同地区，含大都市区和非大都市区。雇佣成本指数（ECI）是反映劳动成本的变化。

美国劳工统计局在劳动生产率和成本领域有两个重要调查项目。一是调查主要经济领域的季度、年度劳动生产率和单位人工成本，涵盖商务、非农商业以及制造业。二是年度选定产业的劳动生产率和单位劳动成本，涵盖了

约 55%非农商业经济领域的就业人员。此外，该机构每年进行选定行业（特别是制造业）小时薪酬成本的分析与发布。

美国劳工统计局按季发布的雇佣成本指数在美国是金融、经济领域均广泛关注的指数。尽管雇佣成本指数在新闻报道中引用的频率不及居民消费价格指数（CPI），但是前者同样重要。后者是衡量消费物价的通胀，前者则提供了雇佣成本是否上升或下降的变化迹象，即衡量工资、雇主支付的福利的弹性。在美国，雇佣成本指数是美国经济中不可或缺的风向标，经济政策和成功商业规划的制定是基于薪酬成本的精确统计。在央行调整基本利率时，报告中经常引用雇佣成本指数的变化来作为支撑，从而影响机构的决策过程。此外，该指数也通过全面调整美国公务员一般薪酬表（GS），而被用于确定一年一度的美国政府雇员的工资调整①。

1. 历史起源

雇佣成本指数编制始于 20 世纪 70 年代中期，当时工资和物价快速上涨，政策制定者因此需要一个包括劳动者福利在内的更为精确的劳工成本衡量指标。

1976 年 6 月，首次发布了 1975 年 9 月的美国雇佣成本指数（该指数只包括私营企业的工资），随后福利、政府部门等也被加入该指数中。自 1996 年开始，雇佣成本指数开始并入美国国家薪酬调查（National Compensation Survey）中。

2. 雇佣成本指数的主要特点

雇佣成本指数的主要特点有 6 个方面：

（1）反映雇员工资、薪水、福利成本及其总薪酬的季度变化情况；

（2）提供支付给所有雇员的总薪酬数据，以及分别支付给私营企业、州政府、联邦政府雇员的薪酬数据；

（3）反映不同产业、不同职位群体、工会与非工会成员、不同地区、城市和非城市雇员的薪酬变化情况；

（4）提供季度调整（通常利用居民消费价格指数等进行调整）及未调整过的数据；

（5）提供雇佣成本变化的历史序列数据；

① 通过美国劳工统计局网站信息翻译、整理。

（6）使用固定权重来控制职业、产业等的变动情况。

3. 雇佣成本指数的主要用途

雇佣成本指数是一个反映雇佣成本季度或年度变化趋势和变化程度的指标。目前，雇佣成本指数是美国政府机构、联邦储备银行调控美国国民经济时所关注和使用的一个主要经济指标，同时也是经济领域公众重点关注的指标，不仅影响着商业行为，甚至影响到美国股市的起伏。

雇佣成本指数的主要用途包括：

（1）经济政策制定；

（2）工会与雇主进行工资谈判；

（3）经济预测；

（4）支付给医疗服务提供者的医疗保险、航空航天领域的长期购买合同、联邦雇员工资制定、老龄工资调查数据、法院指令支付等情况下的自动调整。

（二）欧盟统计局人工成本调查

欧盟统计局人工成本统计数据提供了详细的人工成本水平、结构及短期的发展变化情况。

1. 季度人工成本指数（LCI）

季度人工成本指数反映的是短期内用人单位为维持其员工而发生的费用。季度人工成本指数反映从生产因素“劳动”的角度所产生的成本压力。该指数可由不同的成本项目（工资、薪金的组成部分、雇主对社会的贡献）或不同的经济活动细分。

季度人工成本指数涵盖的范围包括工业和服务业的经济活动（包括公共管理）。目前，该指数的基准年是2008年，也反映年度及季度人工成本增长率。在数据收集方面，欧盟有关法规规定各个国家应在欧盟统计局规定的参考期结束70天内，传送和提交数据。

2. 年度人工成本数据

每年的人工成本数据提供选定的人工成本调查的核心变量：每月平均人工成本、平均小时人工成本以及人工成本的主要类别的细分（工资总额、薪金、雇主缴纳的社会保障金以及其他人工成本构成）。这个数据收集是基于协议规定，并于参考期结束约12个月后公布。

3. 人工成本调查（LCS）

该调查通过四年一度的人工成本调查，提供人工成本详尽的数据结构和水平、工作时间及支付的薪酬。数据基于经济活动和企业规模大小分解，同时包含地区性数据（即基于 NUTS 分类的数据）。参考年的调查分别在 1996 年、2000 年、2004 年和 2008 年（下一次调查在 2012 年）。人工成本调查涵盖范围是：员工 10 人以上规模的企业，除农业、渔业、公共管理、私人家庭、域外组织外的所有经济活动领域。人工成本调查数据收集方面，欧盟有关法规规定该数据在参考期结束约 2 年后可发布。此外，有关人工成本的附加信息可在国民经济核算和结构商业统计（SBS）查找。

（三）日本、澳大利亚、新西兰人工成本调查

日本从 1965 年到 1971 年的“人工成本调查”以及从 1972 年到 1983 年的“雇员福利体系调查”均调查过人工成本。目前，“工作条件调查”项目也涵盖了人工成本的数据[①]。此外，日本国家统计局在每年的统计年鉴中公布每月不同行业、不同规模企业的人工成本平均值及其构成项目、不同行业劳动生产率指数。

澳大利亚统计局不定期调查全国范围内的人工成本情况（1993—1994 年、1996—1997 年、2002—2003 年）。最近一次的是 2010—2011 年人工成本调查。

新西兰国家统计局从 1998 年开始，定期调查人工成本（工资和薪酬）的绝对值及变动情况，并按照季度公布数据[②]。

（四）国际劳工组织人工成本相关指标发布

国际劳工组织从 1999 年以来，每两年发布一次《劳动力市场关键指标》。该指标从众多国际数据信息库以及地区和国家层面的统计数据中获取了大量信息，可以提供 200 多个国家和地区从 1980 年至最近年度的数据。KILM 由关于劳动力市场的 18～20 个“关键”指标构成，其中含有薪酬成本、劳动生产率两个人力成本相关指标。

五、对我国的启示

（一）建立人工成本发布体系，发挥宏观和微观指导作用

① 根据日本厚生劳动省网站信息整理。

② 日本、澳大利亚、新西兰人工成本公布信息均来自这 3 个国家的统计局。

目前，大多数发达国家均在每年或每季度发布有关人工成本的数据，在美国，雇佣成本指数在经济政策调整、经济预测、政府雇员工资调整、医疗报销、集体工资谈判等方面起着重要的作用。建议我国在完善人工成本指导价位制度和薪酬调查制度的基础上，逐步将二者合并为一套调查制度，公布主要行业或选定行业的人工成本相关数据，为相关公共部门、企业、雇员等多方提供数据支撑和依据，从而发挥重要的宏观和微观指导作用。

（二）完善人工成本数据发布形式，提高科学性和简易性

建议采用国际上通行的（如美国、欧盟各国所使用的）指数化人工成本发布形式，从科学的多维角度将人工成本数据指数化表示，同时，在公布的时候可使数据使用者简单、明了地掌握和衡量人工成本在一段时期内的波动和变化情况。

附录

以色列、土耳其工资分配制度考察报告

2012年10月31日至11月9日，人力资源和社会保障部劳动工资研究所考察团一行6人赴以色列、土耳其，就两国工资分配制度的有关情况进行考察。期间，考察团分别走访了以色列工贸和劳工部、海法市政府和相关企业、土耳其劳工部以及工商业协会、土耳其土中经济商业促进友好协会等政府主管部门和社会机构，与政府官员、企业人士和专家学者进行了沟通交流，对两国工资法律、工资确定及调整机制、最低工资制度及公务员工资等有了基本了解。

一、以色列、土耳其概况

以色列位于亚洲西部，是亚、非、欧三大洲结合处，西临地中海，北靠黎巴嫩，东濒叙利亚和约旦，南边则是埃及。以色列国土面积为2.2万平方公里，根据以色列中央统计局人口统计处的资料，截止到2011年5月，以色列人口770万人，主要来自犹太人族群，也是世界上唯一以犹太人为主体的国家。以色列人在贫瘠的土地上建立起了现代化的工、农业设施，其中钻石加工业、高新技术产业以及现代农业是以色列经济的三大支柱产业，成为中东地区最为强大、现代化、经济发展程度最高的国家，已被世界公认为发达国家。

以色列建国60多年来，坚持走科技强国之路，重视教育和人才培养，使经济得以较快发展。20世纪90年代以来，每年经济增长率超过5%。在国际金融危机的大背景下，以色列近几年的经济增长率基本保持在4%～5%之间，只有2009年下滑至0.8%。按照购买力来衡量，以色列的人均国内生产总值在2010年已经达到29 800美元，失业率5.7%。2011年，以色列人均收入

8 300 新谢克尔/月，约合 2 128 美元/月或人民币 13 728 元/月。

土耳其是一个横跨欧亚两洲的国家。北临黑海，南临地中海，东南与叙利亚、伊拉克接壤，西临爱琴海，并与希腊以及保加利亚接壤，东部与格鲁吉亚、亚美尼亚、阿塞拜疆和伊朗接壤。在安纳托利亚半岛和东色雷斯地区之间的是博斯普鲁斯海峡、马尔马拉海和达达尼尔海峡。土耳其面积为 78 万平方公里，总人口达到 7 400 万人。美国将土耳其归为发达国家，但经济学家及政治学家通常将土耳其认定为新兴工业化国家，美林证券、世界银行及《经济学人》杂志将其归为新兴市场国家。

20 世纪 80 年代中期以来，土耳其推行自由市场经济模式，大力发展私营经济，实行国有企业私有化，食品加工、纺织、汽车、采矿、钢铁等产业得到迅速发展，对外贸易特别是对欧盟国家贸易总额不断增长，经济实现高速增长。2008 年，受金融危机的影响，土耳其经济发展速度明显放缓。随着政府出台一系列刺激经济一揽子计划，土耳其的经济开始强势复苏。目前，旅游、航空运输及电信等服务行业成为土耳其经济增长的重要推动力。2010 年，土耳其成为率先摆脱经济危机的国家之一，经济增长率达到 8.9%，成为世界第 16 大经济体。据土耳其国家统计局公布的最新数据显示，2011 年土耳其的经济增长率为 8.5%，经济增长速度在 20 国集团成员国中仅次于中国，国内生产总值达到 7 722.98 亿美元，人均收入为 10 444 美元。

近年来，尽管受金融危机、欧债危机的影响，以色列、土耳其的经济仍然保持了较快增长的势头，人民生活水平持续提高。其中，以色列除注重将科技创新作为主导，土耳其以旅游业作为主导产业外，两个国家都建立并形成了一套较为完善的工资分配法律和制度体系，在经济发展过程中较好地发挥了激励、推动和促进作用。

二、以色列、土耳其工资分配制度

(一) 以色列工资分配制度

1. 工资立法。目前，以色列已形成比较完备的工资法律体系，主要有以下 5 个方面。

(1)《工资保护法》

该法旨在保证雇员按时得到劳动报酬。雇主应于每月 10 日之前发放工资，雇员应在工作完成之日起 1 个月内得到相应的报酬。不得在法律许可范围之外对雇员工资进行任何扣除。法律许可扣除范围主要包括个人所得税、国民保险、雇员欠雇主的债务（注：主要是雇主提供的住宿及相关费用等，还债额不得超过工资的 1/4）、预付额，等等。工资应包括所有工作报酬，如加班、奖金、假日工资以及其他一切雇员因为其工作成果与工作过程而应该得到的报酬。未按时发放工资的雇主应按劳工法庭的判决赔偿工资滞留费用。

(2)《工作与休息时间法》

该法规定，从 2000 年 7 月 1 日开始，男性每天工作时间为 8 小时 24 分，平均每周工作时间为 42 小时；女性工作时间较短，平均每周为 30 小时。如果在正常工作日加班，前两个小时工资增加 25%，以后增加 50%。作为假日期间工作的补偿，所有雇员有权在每年 9 个假日得到报酬（犹太新年两天、赎罪日 1 天、住棚节两天、逾越节两天、五旬节 1 天、独立日 1 天），但是在得到该报酬之前，雇员应该已经被同一雇主雇用 3 个月以上，并且在相关假日前后没有未经雇主许可的脱岗行为。如果假日与安息日重合，则不能得到报酬。根据《工作与休息时间法》，如果雇主得到劳工部的特殊工作许可，雇用雇员在假日工作，其加班工资至少应为正常工资的 150%，并应按该许可中规定的时间和小时数予以补休。如果雇员一周的工作日不连续，因而导致需要在假日正常上班，也应得到假日工资。另外，由于以色列是个宗教信仰较多的国家，加班工资也将根据宗教信仰情况确定。如对于基都教徒来讲，周六很重要，如果在这一天加班，就应支付更高的加班工资；对伊斯兰教徒来说，周五很重要，如果伊斯兰教徒在周五加班，雇主应支付更高的加班工资。

(3)《病休工资法》

生病的雇员有权在因病不上班期间得到部分工资，但每年累计不超过 18 天。病休的第一天没有工资，第二天和第三天应得到正常工资的 37.5%，第四天以后为 75%。如果雇员在病休期间工作并得到报酬，则不能领取法律规定的病休工资。

(4)《带薪年假法》

该法规定无论是政府部门还是私营部门，不论工龄长短，雇员均享受每年 21 天的带薪休假，可以累积使用年休假。休假期间，雇员工资按正常工资标准支付，支付日期不应晚于该雇员在正常工作情况下应得到工资的日期。

(5)《解除合同费法》

大部分外国雇员的雇佣期为一年或两年，合同期满时雇员应得到解除合同费。每工作一年可得到相当于一个月工资的解除合同费，月工资不应低于最低工资标准。解除合同费以雇佣关系终结为支付条件，双方另有约定时除外。如果雇主不按照法律规定日期支付解除合同费，应视为扣留行为，雇员有权得到相应赔偿。

除上述法律规定外，我们在考察时还了解到，在工伤方面，以色列相关法律规定，无论何种情况，只要在上下班途中发生交通意外事故，均算工伤。在养老保险缴费方面，相关法律规定，雇员个人缴纳工资总额的5.5%，雇主缴纳费率有一定的弹性，一般为15%左右，最高可到20%。从2003年起，以色列规定男女退休年龄均为67岁。

2. 最低工资。1987年4月，以色列国会制定了《最低工资法》。该法规定对在以色列国内工作的雇员实行最低工资，并规定每年4月1日予以更新。该法律实施之后，最低工资在1987年增加了49.8%，1988年增加了32.2%，1989年增加了23.1%。但此后20多年，最低工资并未做到年年调整，有时一年调整一次，有时三五年调整一次。2010年7月4日，以色列政府准备调整最低工资，但经过激烈辩论，以色列内阁以20票反对、10票支持的表决结果，否决了由工党议员佩雷兹提出的在未来15个月内分阶段把目前的最低工资标准从每月3 850谢克尔提高至每月4 600谢克尔的议案。该议案的主要反对者是总理内塔尼亚胡和财政部长斯坦尼茨。他们认为，在以色列货币谢克尔对欧元不断升值的情况下，提高最低工资标准将增加劳动力成本，导致以色列商业活动竞争力下降，也将促使企业和雇主削减用工数量，对整体就业和雇员自身产生消极影响。同时，增加工资将势必减少福利、国防、教育等部门的预算支出，以财政部测算，一旦该议案获得通过，政府每年将增加财政预算50亿谢克尔。由于调整最低工资法案未获通过，目前以色列法定最低工资仍为每月3 850谢克尔，约合1 167美元或人民币7 000元。

以色列最低工资法规定，雇主发放的工龄津贴、倒班津贴、奖金、旅行及食品补贴等，不计入最低工资范围内。

3. 工资标准确定机制。与多数市场经济发达国家一样，以色列大多数企业雇员的工资水平基本上是通过集体谈判确定的。以色列的集体谈判通常是由各行业工会同各行业雇主协会举行，地区和企业级别的单独集体谈判不多见。集体谈判的结果便是各种单项或综合性集体协议，这些协议在向劳动和社会事务部登记之后便具有了法律约束力，其适用范围通常是全行业的所有企业，对工会会员和非工会会员都同样适用。通常情况下，在全国性的集体协议达成后，企业的工会还会根据全国性集体协议的精神与本企业的管理部门协商签订本企业的具体条款和商定每个雇员的具体工资级别。在以色列，工会参与率是比较高的，最高时曾达95%。由此可见，以色列的工会力量十分强大。政府在企业工资确定过程中基本处于中立状态，协商机制在工资确定方面发挥了重要作用。

4. 工资调整机制。以色列工资制度有一个特点，即工资水平随生活消费指数的变化进行调整。指数化体系开始于英国统治时期，1942年一个负责调查工资问题的调查委员会提出，当消费价格指数（CPI）在3个月内超过了某个最低临界点时，就应该给所有的工薪人员发放生活补贴费。英国委任统治当局用生活补贴费来补偿雇员因通货膨胀而受的损失，从而避免与雇员发生争端。1948年，以色列国成立后政府继承了这一做法，并根据情况略做调整。发放间隔于1952年规定为1个月，1957年延长到6个月。1975年，总工会与雇主联合会达成了一项协议，协议规定每个月由雇主按上个月消费价格指数上涨的70%～90%发给雇员作为生活补贴费。劳动和社会事务部同时发布命令，规定所有雇主必须付给雇员生活补贴费。20世纪80年代开始，又规定为3个月发放一次，有时甚至按月发放。生活补贴费最低临界点为5%，也就是说，消费价格指数超过5%，就应该给所有工薪人员发放生活补贴费。生活补贴费是消费价格指数上升时调整名义工资的一个手段。以色列国内对生活补贴费有不同的看法，有些人认为，生活补贴费是减少动荡、保持稳定的一种手段；另一些人则认为，生活补贴费是生产成本增加、价格持续膨胀的一个原因；还有一些人反对统一的生活补助费，而倾向于不同经济部门实行不同的工资制度。自20世纪90年代中期以来，制造商协会和总工会之间进行了多次谈判，目的是保留生活补贴费但减少由此产生的一些问题。解决办法是在消费价格指数高于最低临界点时，按消费价格指数上涨的一定百分比支付生活补贴费。1975年实行改革时，生活补贴费为消费价格指数上涨的70%，其最低临界点为5%，计算间隔为6个月。在实施生活补贴费的最初几年里，生活补贴费也仅仅支付到某个限额，从而使工资差距缩小。在1961—1986年之间的25年里，以色列人均实际工资增加了1倍多。在1987—1996年的10年中，按不变价格计算，平均工资增加了1.7倍。

5. 公务员工资。同西方市场经济发达国家一样，以色列也建立了比较健全的文官系统。普通公务员的工资由“级”和“档”两部分组成，“级”是按工作岗位和专业技能确定，而“档”则是根据工作年限、学历、经验确定。跟其他雇员一样，年年涨工资是以色列公务员工资的一大特色。这是因为，公务员除了按年资正常涨档之外，工资还要根据通货膨胀系数变动情况进行调整，每年年初，内政部都要根据通货膨胀趋势发布新的工资标准。

此外，经济发展水平不同的各个地区有“地区标准”，驻不同地方的公务员，收入可以在给出的年薪基数上浮动，经济越发达的地区，平均收入水平越高，公务员年薪也越高。除基本工资以外，每到年底，根据工作表现和绩效考核情况，公务员还享有基本工资60%的奖励工资。

公务员不仅有稳定而较高的工资收入，福利也五花八门。除了医疗保险、退休金、购房补助可以根据在政府部门工作的年限折算之外，还有优惠的意外险、人寿险、长期看护保险（年老后由政府支付大部分看护费用）、税前支付医疗费用（可以先交医疗费再付所得税，实际相当于部分收入免税），等等。公务员无论开车上班还是乘坐公交，都享受一定的交通补贴，补贴标准根据公务员住所与工作地点的远近确定。总体上看，公务员的工资待遇在以色列处于比较高的水平，而且很稳定，加上各项福利待遇和社会保障也较好，因此吸引了很多人加入到政府系统工作。如果政府解雇员工，须支付3个月的经济补偿金。

（二）土耳其工资分配制度

1. 工资立法。从1923年10月29日土耳其共和国成立开始，中央和地方逐步制定了各种各样的法律，形成了完整的法律体系。这其中也包括工资分配方面的法律，如土耳其建国之初出台的《政府公务员财政权力法》，1954年制定的《工资制度改革方案》，2003年5月22日制定的《劳动法》，都对工资制度和工资管理做出了明确的规定。

《劳动法》共9章，总计122条，对于劳动者的工作条件、雇主与劳动者之间的权利和义务、劳动合同的签订和终止、劳动报酬等做了相应的规定。

在工资报酬方面，《劳动法》规定必须以土耳其货币支付，若以外币支付，必须根据支付日的汇率兑换成土耳其货币来支付。工资可以以月为基础发放，根据双方在劳动合同中的约定，报酬可以按周支付。关于工资的法定诉讼时效为5年。

在工作时间方面，规定每周最多45个小时。经双方同意，日工作时间可以采用不同形式，但每天工作时间不超过11个小时，且此种情况不能超过两个月，经双方协商可延长至4个月。因不可抗力、员工自身、国庆节或公共假日前后的原因，导致工作时间低于正常标准，雇主可在事后两个月内要求员工进行补偿性工作，此种情况不视为加班，但是每天不能超过3小时，且不能超过最长日工作时间。

在休息时间方面，工作时间持续4小时或低于4小时的，休息15分钟；连续工作时间超过4小时低于7.5小时（包括7.5小时）的，休息半小时；连续工作时间超过7.5小时的，休息1小时。休息时间不计入工作时间。

特殊工种方面，由劳动与社会安全部和卫生部联合规定，日工作时间为7.5小时或低于7.5小时。

夜班方面，起止时间为不晚于20：00点至次日不早于6：00，任何情况下持续时间不能超过11个小时；从事夜班工作的员工必须提供健康报告，雇主必须对夜班员工进行定期体检，每两年至少一次；白班与夜班轮换的公司，必须以两周为基础进行轮换，同一员工的夜班时间不能超过一周，之后必须从事白班工作；低于18岁的员工不能从事工业夜班工作。已满18岁的妇女从事夜班工作，经劳动与社会安全部征得卫生部的意见后制定规则。

带薪年假方面，工作时间为1～5年（包括5年）的，带薪年假为14天；工作时间为5～15年的，带薪年假为20天；工作时间为15年（包括15年）以上的，带薪年假为26天。不满18岁或年满50岁的员工，带薪年假不低于20天。

加班工资方面，雇主要求加班应征得劳动者的同意。正常情况下，劳动者的工作时间每周超过45小时的，雇主应按照每小时工资的1.5倍支付加班工资；经协商，劳动者不领取工资的，可抵消其1.5小时的正常工作时间。若劳动合同规定的周工作时间少于45小时，但实际工作时间超过合同中约定的时间，同时未超过每周45小时，雇主应按每小时工资的1.25倍支付加班工资；经协商，劳动者不领取工资的，可抵消其1小时15分钟的正常工作时间。国庆节和公共假日加班的，雇主除应支付当日的正常工资外，还应支付相当于日工资的加班工资。因为不可抗力的原因导致劳动者无法工作超过一周的，雇主应按日工资的一半支付劳动者一周的工资。

2. 最低工资。土耳其《劳动法》规定了最低工资制度，由劳动与社会安全部经过最低工资委员会每两年修改最低工资限额。该委员会由5名雇员、5名雇主以及5名政府代表组成，在具体数额确定不了时，以投票确定最低工资标准。最低工资的制定依据是在国际和国家法律的框架内，考虑到当时的经济和社会条件，以维持雇员和他们的家庭体面的生活为宗旨。在考虑提高最低工资标准时应同时考虑不同地区的生活成本，并应针对低收入家庭出台税收减免政策。

依照土耳其现行的最低工资制度，16岁以上的成年雇员税前工资为760.5里拉（折合人民币约3 422.25元），净收入为599.12里拉（折合人民币约2 696.04元）。在最低工资中，含雇主为雇员缴纳的300里拉社会保险金，完全由雇主支付，雇员无需缴纳。土耳其法律规定，如果雇主不及时为雇员缴纳社会保险金，将受到每日50%的滞纳金的处罚。

3. 公务员工资。土耳其公务员的工资分为6部分，分别是：基本工资、基础工资、年功工资、附加工资、额外薪酬、津贴和补贴。

（1）基本工资。公务员工资实行职级工资制，所有公共部门公务员分为15级，每级分为9档，最高为1级4档，最低为15级1档。进入公务员队伍的国家公务员，其最初工资级别和最高工资级别依据本人学历背景确定。如小学毕业生从15级1档到7级9档，高中毕业生从13级3档到3级9档，大学毕业生从9级1档到1级4档。公务员如果年度考核合格，则每年晋升一档，每3年晋升一级。基本工资＝工资指数×工资系数。工资指数由公务员所处的级别和档次所确定，工资系数为一常数，对所有公务员均相同，它根据国家总预算法，考虑国家经济发展状况、通货膨胀率、财政预算等情况，由部长会议决定，每年两次。

（2）基础工资。为了保障低薪阶层的生活，不使工资差别过大，所有公务员均可增加1 000点工资指数，与由部长会议决定的平整系数相乘，即为基础工资额。

（3）年功工资＝工作年限×15×工资系数。公务员每工作一年，工资指数增加15点，但增加数最多不得超过375点。

（4）附加工资。附加工资＝附加工资指数×工资系数。附加工资指数根据公务员的职务、责任和级别确定。附加工资主要针对1～4级的高级官员。专业性比较强的特殊专业人员也可获得附加工资。

（5）额外薪酬。主要是对从事危险、繁重、难度较大工作人员的工资补偿，其补偿比例由部长会议决定。

（6）津贴和补贴。土耳其国家公务员的津贴和补贴的种类较多，数额也较大。目前，现行的津贴和补贴包括：特别服务补贴；教育与培训补贴；公共安全补贴；宗教补贴；市政建设补贴；法官补贴；一般行政类补贴；检察官补贴；地区性补贴。

除上述种类津贴和补贴外，国家还采取多种措施为公务员提供其他社会保障，如家庭补贴、生育补贴、贫困地区工作津贴、丧葬费、遗属补贴、置装费、伙食补贴、租房补贴、国家贡献补贴。此外，公务员还享受各种福利，除正常的休假外，满10年工龄可不拿工资再休6个月；每生一个孩子可不拿工资再休一年；出国留学夫妻一方作陪可不拿工资休4年，这些都对稳定公务员队伍发挥了积极作用。

4. 社保待遇。土耳其对社会保险做了详尽的规定，主要由《社会保险法》（共143条）、《失业保险法》和《劳动法》加以规范。雇主有义务使员工自开始工作时起即刻享有社会保险待遇。缴纳保险费以雇员的实际收入为基准，由雇主和雇员分别缴纳。失业保险系强制险，雇员须自行缴付失业保险费。申领保险金的条件为：以个人身份到失业保险机构登记，并须声明其准备继续工作；投保后至少已工作600天，且在最后3年已支付失业保险费；失业前最后120天，连续工作和支付保险费。领取失业保险金的期限为：在工作的最后3年内，支付保费的天数达到600天，可以领取180天的保险金；在工作的最后3年内，支付保费的天数达到900天，可以领取240天的保险金；在工作的最后3年内，支付保费的天数达到1 080天，可以领取300天的保险金。雇员的实际收入计算方式为：月薪＋奖金＋实物＋其他收入。

三、以色列、土耳其工资分配制度对我国的启示

以色列和土耳其分别代表市场经济发达国家和新兴市场国家，在工资立

法和工资管理方面有其独特之处。我国正处在建设社会主义市场经济转轨过程中，学习借鉴两国的工资立法和管理经验，对我们做好工资分配制度改革具有积极意义。

（一）加强工资立法的全面性、针对性和实操性。工资立法具有强制性，对规范工资分配行为、维护雇主和雇员双方利益具有积极作用。两国制定的劳动法律范围广，涉及面大。特别是以色列，在工资分配领域分别制定了《工资保护法》《工作与时间休息法》《病休工资法》《解除合同费法》《最低工资法》等。土耳其虽然没有制定如此多的工资分配法律，但在其《劳动法》中，对工作和休息时间、特殊工种、夜班等方面的规定也非常全面。同时，这两个国家的法律规定具有很强的针对性和实操性，如以色列对雇员病休工资的规定，比较具体，也便于用工单位操作。

当前，我国在劳动立法，特别是工资立法方面还比较欠缺，只有《劳动法》和《劳动合同法》对用工单位工资分配行为进行规范，尚没有较完备的《工资法》，已有的带薪休假、工时等方面的规定也只是条例或部颁规章。而且两法中的有些规定相对而言比较原则化，操作性不强，如同工同酬，虽然《劳动法》和《劳动合同法》都对此做了规定，但对于如何实现同工同酬，没有相应的条款去约束。

（二）加大对工资违法的处罚力度。从我们了解的情况看，两个国家用工单位对法律的遵守程度都很高，这一方面源于两国的市场经济发展历史较长，公民的法律意识比较强；另一方面也源于用工单位如果违法，承担的违法成本也较高。我们在一家用工单位进行调研时了解到这家企业的老板每到月底，都会主动到银行去为员工缴纳保险，因为相关法律规定，如果用工单位没有按时为雇员缴纳社会保险，每晚缴一天就要受到50％滞纳金的处罚。这样的处罚必然能增加用工单位的守法意识，更好地保护劳动者的切身利益。相比较而言，我国的《劳动法》和《劳动合同法》中也规定了一些处罚原则，但大多是责令整改或较轻的处罚，难以起到警示作用，法律权威性也大打折扣。建议今后我国在制定或修改劳动工资领域法律法规时，加大对用工单位违法行为的处罚力度。

（三）建立职工工资与居民消费价格指数相联系的调整机制。以色列在这方面做了有益的尝试，当消费价格指数达到一定的临界点时，通过发放生活费补贴形式来解决居民生活水平下降问题。鉴于近年来我国经济发展较快，与此同时，通货膨胀也逐渐加剧，我国同样面临着如何建立职工工资增长机制、确保职工实际生活水平不下降的难题。以色列的经验给了我们一些启示，即不仅应通过提高工资标准等手段来解决职工工资收入问题，也可以参照物价指数变动趋势，适时给居民发放生活费补贴，建立职工工资与居民消费价格指数联动机制，更好地体现经济发展成果由人民共享这一执政理念。

（四）关于加班工资。这两个国家的加班工资规定有值得我们学习借鉴的地方。以色列是发达国家，土耳其是新兴市场经济国家，它们对加班工资的规定均为最高不超过日工资的2倍。我国现行法律规定：平时延长工作时间须支付日工资的1.5倍，周末休息日为2倍，节假日为3倍。总体看，我国规定的加班工资支付标准均高于这两个国家。在职工工资基数较低时，加班工资倍数高一点也是正常的。但近年来我国经济发展较快，职工工资增长也较快，当前企业职工工资相比以前有了较大提高，如果还按原规定标准支付加班工资，确实给企业带来较大用工成本。建议参照市场经济发达国家经验，适时调整加班工资倍数，减轻企业成本负担，更合理地保护企业和劳动者双方的权益。

大事记

一、工资分配领域大事记

2月8日，国务院向各地批转了由人力资源社会保障部、发改委等七个部委联合制定的旨在促进“十二五”就业工作的《促进就业规划（2011—2015）》。在规划中，国务院强调未来将继续深入推进工资收入分配改革，对垄断行业的工资水平要进行调控，进一步缩小行业之间的收入差距。

2月27日，交通运输部、人力资源社会保障部、全国总工会联合召开全国出租车行业创建和谐劳动关系的电视电话会议，要求规范出租汽车企业的劳动关系，合理确定承包费用，开展工资集体协商，出租车司机每周至少休息一天，逐步推行出租汽车企业员工制经营模式，构建起和谐劳动关系的长效机制。人力资源社会保障部副部长杨志明要求各地人力资源社会保障部门要配合交通运输部门推进出租汽车经营体制改革，建立完善出租汽车企业工资正常增长机制，指导出租汽车企业建立健全劳动争议调解委员会，高效处理出租车司机的举报投诉案件，畅通出租车司机维权渠道。

3月14日，国务院总理温家宝在十一届全国人大五次会议闭幕后举行的记者会上表示。在这届政府的最后一年，一定要做并且要做好的事情有5件——制定收入分配体制改革的总体方案；制定并出台农村集体土地征收补偿条例，真正保障农民承包地的财产权；实现城乡养老保险的全覆盖；按照新的标准全面推进集中连片的贫困地区的扶贫工作；将教育经费占GDP的4%列入预算，通过努力实现这个目标，并使经费合理使用。温家宝总理表示，缓解收入分配差距，将着重从4个方面入手：第一，提高城乡居民的收入，提高最低工资水平，使城乡居民的收入能与经济增长和劳动生产率的提高相适应；第二，调节收入分配，要限制高收入者的收入，特别是国有企业

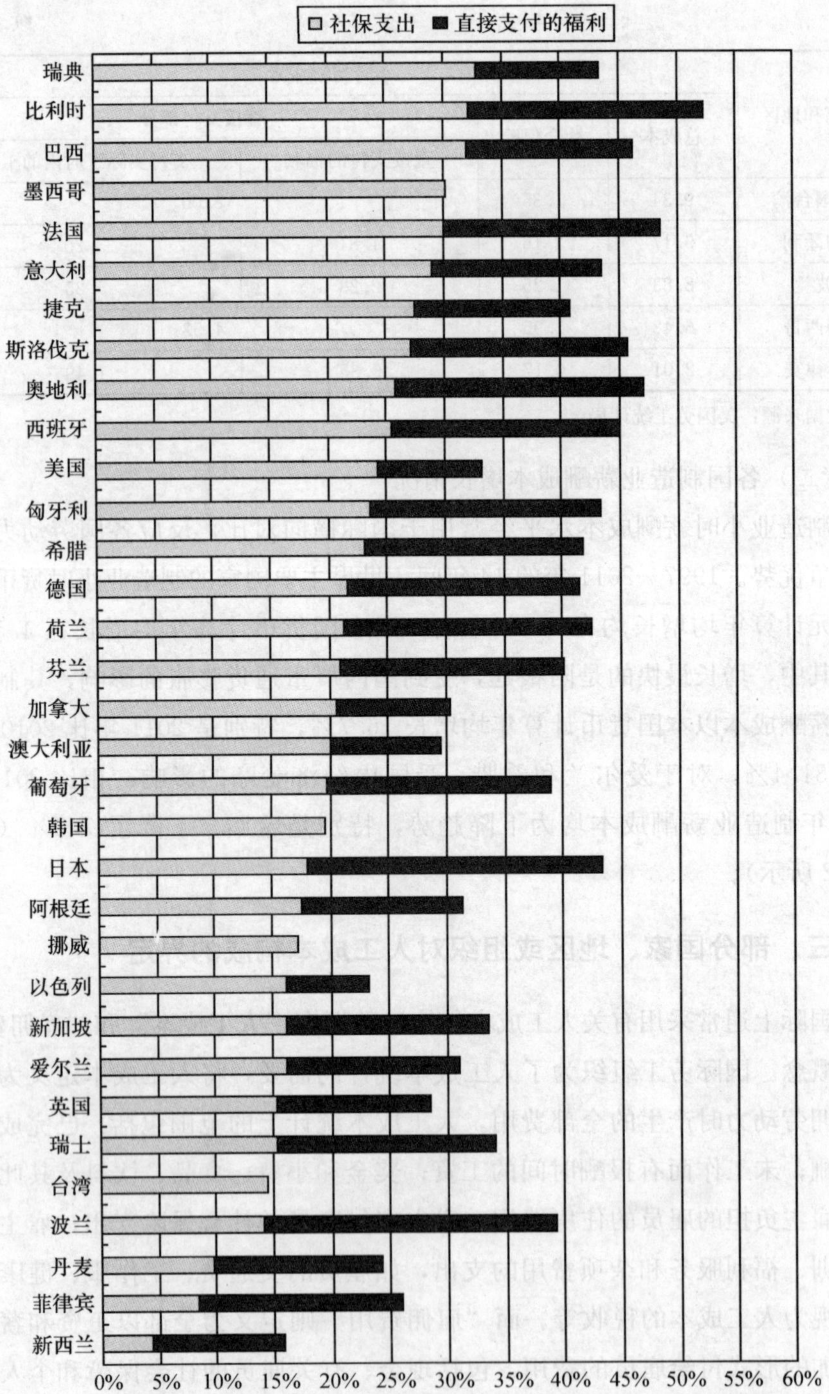

和国有金融企业高管人员的收入，要增加中等收入的比重；第三，建立健全社会保障制度；第四，保护合法收入和取缔非法收入。

4月16日，新华社授权发布《中共中央、国务院关于分类推进事业单位改革的指导意见》。该指导意见分为改革的重要性和紧迫性，改革的指导思想、基本原则和总体目标，科学划分事业单位类别，推进承担行政职能事业单位改革，推进从事生产经营活动事业单位改革，推进从事公益服务事业单位改革，构建公益服务新格局，完善支持公益事业发展的财政政策，认真做好组织实施工作9部分。

4月28日，国务院发布了《女职工劳动保护特别规定》，其中将女职工产假从过去的90天增加到98天，并且对女职工怀孕流产的产假给予了明确的规定。同时规定，女职工产假期间的生育津贴，已经参加生育保险的，按照用人单位上年度职工月平均工资的标准由生育保险基金支付；未参加生育保险的，按照女职工产假前工资的标准由用人单位支付。用人单位不得因女职工怀孕、生育、哺乳降低其工资，予以辞退，与其解除劳动或者聘用合同。

8月5日，证监会公布了《上市公司员工持股计划管理暂行办法》，向社会征求意见，这意味着我国上市公司员工持股计划即将开闸。即将推出的上市公司员工持股计划，将有助于增加员工财产性收入，进一步完善企业中长期激励政策。该暂行办法征求意见以来，已有一些上市公司为员工持股做出了制度性安排。

10月10日，为贯彻落实国务院第四次和第五次廉政工作会议精神，严格规范中央金融企业负责人职务消费行为，加强中央金融企业负责人廉洁自律，财政部、监察部、审计署印发了《中央金融企业负责人职务消费管理暂行办法》，明确中央金融企业负责人职务消费的12项禁止性规定，包括不得超标准购买公务车辆，不得用公款支付应由个人承担的住宅购置、住宅装修、物业管理费等。

11月8日，中共中央总书记胡锦涛代表第十七届中央委员会向中国共产党第十八次全国代表大会作了题为《坚定不移沿着中国特色社会主义道路前进为全面建成小康社会而奋斗》的报告。中国共产党第十八次全国代表大会报告提出到“2020年实现国内生产总值和城乡居民人均收入比2010年翻一番”，这是历次党的代表大会上，首次明确提出实现居民收入翻一番的目标。

11月15日，中国共产党第十八次全国代表大会新一届中共中央政治局常委在人民大会堂一楼东大厅与中外记者见面。习近平总书记在常委见面会上的讲话中提出："我们的人民热爱生活，期盼有更好的教育、更稳定的工作、更满意的收入、更可靠的社会保障、更高水平的医疗卫生服务、更舒适的居住条件、更优美的环境，期盼着孩子们能成长得更好、工作得更好、生活得更好。人民对美好生活的向往，就是我们的奋斗目标。"

12月28日，十一届全国人大常委会第三十次会议表决通过了关于修改《劳动合同法》的决定，决定提高了经营劳务派遣的注册资本，对劳务派遣中的"同工同酬""三性"岗位等规定进行了细化。专家预计，该决定2013年7月1日施行后，将会改善劳务派遣被滥用的现状，遏制企业不法用工。

二、劳动工资研究所大事记

1月15日，劳动工资研究所所长刘学民主持召开室主任会议，对2012年工资所年度课题、会议计划、中国薪酬发展报告撰写等作了布置。

1月18日，劳动工资研究所召开年终工作总结大会，刘学民所长对工资所2012年工作进行全面总结。

2月7日，劳动工资研究所所长刘学民主持召开全所大会，在所内开展内部培训和学术交流，有关人员围绕在基层挂职收获、党校学习体会、项目咨询心得、课题研究方法等进行了交流。

2月8—11日，刘学民所长参加劳动关系司和劳动工资研究所共同牵头组织的人力资源和社会保障部收入分配改革调研小组活动，赴上海市进行专题调研。

4月9—12日，劳动工资研究所所长刘学民带队，劳动工资研究所、证监会、保监会、中国保险业协会、中国证券业协会有关人员组成联合调研组，到广东省深圳市、东莞市就"非国有金融机构高管薪酬调控研究"课题进行调研，通过会议、实地调查和发放问卷调查表的方式，深入了解深圳发展银行、平安保险、招商银行、招商证券、东莞银行在高管薪酬管理方面的经验做法。

5月2日，劳动工资研究所所长刘学民主持召开全所大会，传达贯彻部有关会议内容，并对进一步加强科研工作、财务工作等提出要求，同时对中国薪酬发展报告进度进行了检查。

5月31日—6月1日，劳动工资研究所在天津召开“深化工资分配制度改革研讨会”。刘学民所长主持研讨会，来自地方政府机关、研究机构和企事业单位共计80多人参加会议。天津市人力资源和社会保障局的领导到会讲话。会议围绕当前收入分配领域热点、难点问题进行了深入研讨。

6月17—19日，劳动工资研究所所长刘学民带队赴河南省就实现“劳动报酬增长与劳动生产率提高同步”和“扩大中等收入劳动者群体”问题进行调研。调研过程中召开了政府部门座谈会和企业座谈会，并开展了问卷调查。广泛听取了河南省发改委、财政厅、人力资源社会保障厅、国税局、地税局、统计局和国资委以及工会、企联、工商联等政府部门，以及各行业、各类型企业负责人及各级员工的意见，较为深入地了解了有关问题。

6月25—30日，劳动工资研究所所长刘学民带队，劳动工资研究所、证监会、保监会、中国保险业协会、中国证券业协会有关人员组成联合调研组，先后赴浙江省温州市、宁波市、杭州市就非国有金融机构高管薪酬调控问题进行调研。调研组在温州银行、宁波银行、浙商银行、杭州银行、浙商证券、浙商财产保险、信泰保险7家金融机构，通过召开座谈会、问卷调查、资料收集及个别访谈等形式，较为深入地了解了有关问题。

7月2—7日，劳动工资研究所副所长杨黎明一行4人赴广东省调研农民工流动和工资问题。调研组在广州市和东莞市分类召开座谈会，参加会议的有广东省、广州市、东莞市人力资源社会保障部门有关负责人，有工会、税务、职业介绍机构、职业培训机构、异地务工人员服务管理协会等部门有关负责人，还有40家企业的有关负责人。调研组到4家企业实地调研，与120名农民工进行问卷调查和面对面的交流。

7月3—5日，劳动工资研究所所长刘学民带队，劳动关系司、劳动工资研究所、证监会、保监会、中国保险业协会、中国证券业协会有关人员组成联合调研组，赴山西省就非国有金融机构高管薪酬调控问题进行了专题调研。调研组在山西证券、中煤财产保险、晋城银行3家金融机构，通过召开座谈会、问卷调查、资料收集及个别访谈等形式，较为深入地了解了有关问题。

7月18—20日，劳动工资研究所副所长杨黎明一行4人赴重庆市调研农民工流动和工资问题。课题组与重庆市农民工服务管理处、市工会、税务、职业介绍培训机构有关负责人以及餐饮、美容、建筑等行业协会代表进行座谈，考察3户企业，并进行问卷调查。

7月19—21日，劳动工资研究所所长刘学民带领“留学回国人员收入分配状况”课题组赴内蒙古自治区参加部专业技术人员管理司组织召开的课题研讨会，介绍了课题研究进展情况，听取各方意见。

8月15—16日，劳动工资研究所所长刘学民带队，劳动工资研究所、证监会、保监会、中国保险业协会、中国证券业协会有关人员组成联合调研组，在北京市就非国有金融机构高管薪酬调控问题进行了调研。调研组在泰康人寿、新时代证券、民生证券、中国民生银行、华夏银行5家金融机构，通过召开座谈会、问卷调查、资料收集及电话调研等形式，较为深入地了解了有关问题。

8月20—24日，劳动工资研究所在新疆维吾尔自治区举办“企事业单位薪酬改革热点问题培训班”，来自企事业单位人力资源管理部门负责人员共计40余人参加培训。

8月29—31日，劳动工资研究所所长刘学民带领“留学回国人员收入分配状况”课题组成员赴陕西省西安市、上海市进行专题调研，通过召开座谈会等形式了解留学回国人员收入分配状况。

9月10—13日，劳动工资研究所副所长杨黎明一行3人赴江苏省调研农民工流动和工资问题。课题组在南京市和常州市召开座谈会，实地走访了4户农民工集中的典型企业，与江苏省人力资源社会保障厅、南京市和常州市农民工主管部门、工会、就业服务、职业培训机构、异地务工人员服务等部门负责人进行了专题研讨，并在建筑业和纺织业典型企业开展了问卷调查。

9月20—21日，劳动工资研究所副所长杨黎明在京主持召开专家研讨会，就农民工流动趋势及其原因、地区差距对农民工流动的影响、农民工流动利弊、引导农民工合理流动的政策建议、农民工工资分配有关政策建议问题进行热烈讨论。17位专家学者参加。

10月31日—11月9日，劳动工资研究所所长刘学民带队，组织天津市、南京市、新疆生产建设兵团人力资源社会保障局等6人赴以色列、土耳其考察工资分配制度，深入了解两个国家在政府工资管理、最低工资制度和工资集体协商等方面的情况。

10月31日—11月2日，劳动工资研究所副所长杨黎明率“工资支付保障条例研究”课题组一行4人，赴福建省进行实地调研。课题组在福州市分别召开了福建省政府有关部门座谈会和企业座谈会，并深入企业进行实地调研。

11月12日，劳动工资研究所所长刘学民主持召开全所大会，通报全所2012年科研工作情况，并对进一步加强科研工作等提出要求。

11月23日，劳动工资研究所所长刘学民，带领有关科研人员到劳动关系司，就课题进展情况进行汇报，同时，就如何贯彻十八大精神，加强工资分配研究进行了交流。

12月5日，劳动工资研究所所长刘学民主持召开全所大会，传达部务虚会内容，对全所近期工作进行了安排，同时要求全所人员认真思考2013年科研工作的重点。

12月9—10日，劳动工资研究所副所长杨黎明在京主持召开座谈会，就2012年度部级重大政策研究课题“农民工流动和工资问题”研究报告稿进行研讨。有关方面的专家、地方人力资源社会保障部门处长、企业代表20多人参加。

12月13—14日，劳动工资研究所所长刘学民在北京顺景温泉酒店主持召开非国有金融机构高管薪酬调控研究研讨会，原中国社会科学院学部委员赵人伟研究员、中国劳动学会副会长苏海南、中组部研究室施俊民副局长以及河南省、浙江省、深圳市等人力资源社会保障局劳动关系处有关人员，中国证监会、保监会、中国保险业协会、中国证券业协会有关人员50多人参会。

12月24—25日，劳动工资研究所在京召开学习贯彻党的十八大精神研讨会暨年终总结会，会议由刘学民所长主持。全体职工就十八大报告中有关收入分配制度改革的内容进行了深入学习和研讨，同时总结了2012年的科研工作和支部工作。

参考文献

［1］国家统计局．中国统计年鉴［M］．北京：中国统计出版社，2012

［2］人力资源和社会保障部．中国劳动统计年鉴［M］．北京：中国劳动社会保障出版社，2012

［3］李晓西等．中国地区间居民收入分配差距研究［M］．北京：人民出版社，2010

［4］李晓宁，姚延婷．劳动力转移与工资差距同时扩大的“悖论”研究——基于市场分割的视角［J］．当代财经．2012，4

［5］孙玉梅．我国行业、地区工资收入差距对农民工流动影响分析［R］．人社部课题分报告．2012，12

［6］刘永军，梁泳梅等．中国居民收入分配差距研究［M］．北京：经济科学出版社，2009

［7］敖荣军．劳动力流动与中国地区经济差距［M］．北京：中国社会科学出版社，2008

［8］25省区市制定集体合同规定、条例，工资集体协商立法正加快推动［N］．法制日报，2012－7－25

［9］袁艺，茅宁．从经济理性到有限理性：经济学研究理性假设的演变［J］．经济学家．2007，2

［10］吕绍昱．关于“经济人假说”的文献综述［J］．财经政法资讯．2007，1

［11］邓汉慧，张子刚．西蒙的有限理性研究综述［J］．中国地质大学学报．2004，6

［12］“张五常热”解析——吴易风教授访谈［J］．国外理论动态．2003，

4

[13] 王东京，赵建军. 与官员谈经济学名著 [M]. 北京：中国青年出版社，2002

[14] 袁群莉，袁继红. 经济学假设问题的新视角 [J]. 高校社科信息. 2002，2

[15] [美] 科斯，哈特，斯蒂格利茨等. 契约经济学 [M]. 李风圣主译. 北京：经济科学出版社，1999

[16] 余永定，张宇燕，郑秉文. 西方经济学 [M]. 北京：经济科学出版社，1997

[17] 陈郁编. 企业制度与市场组织——交易费用经济学文选 [M]. 上海：上海三联书店，上海人民出版社，1996

[18] 马新建，孙虹. 人力资源管理理论与方法 [M]. 上海：上海人民出版社，2011

[19] 方振邦，葛蕾蕾. 政府绩效管理 [M]. 北京：中国人民大学出版社，2012

[20] 蔡立辉. 政府绩效评估 [M]. 北京：中国人民大学出版社，2012

[21] 卓越. 公务员绩效评估 [M]. 北京：中国人民大学出版社，2010

[22] 谭功荣. 公务员制度概论 [M]. 北京：北京大学出版社，2007

[23] 罗双平. 公务员绩效量化考评实务 [M]. 北京：中国人事出版社，2010

[24] 顾琴轩. 绩效管理 [M]. 上海：上海交通大学出版社，2006

[25] 张义军. 绩效考核制度与设计 [M]. 北京：中国经济出版社，2005

[26] 梅继霞. 公务员绩效评估体系的基本问题 [M]. 北京：中国社会科学出版社，2011

[27] 刘旭涛. 政府绩效管理：制度、战略与方法 [M]. 北京：机械工业出版社，2003

[28] [美] 奥斯本. 改革政府——企业精神如何改革公营部门 [M]. 上海：上海译文出版社，1996

[29] [美] 马克·G·波波维奇. 创建高绩效政府组织 [M]. 北京：中国人民大学出版社，2002

[30] 姜如海. 中外公务员制度比较 [M]. 北京：商务印书馆，2003

[31] 刘俊生. 公共人事管理比较分析 [M]. 北京：人民出版社，2001

[32] 刘厚金. 中外公务员制度概论 [M]. 北京：北京大学出版社，2010

[33] 胡晓东. 美国（联邦）政府公务员绩效管理体系研究 [M]. 北京：光明日报出版社，2012

[34] 史全平，葛台兴. 管理人才测评的理论基础 [J]. 中国人才. 2000，6

[35] 崔颖. 基于胜任力的政府公务员绩效评估体系构建研究 [J]. 行政论坛. 2008，12

[36] 王金华. 试论我国公务员激励机制的完善 [J]. 云南行政学院学报. 2005，3

[37] 郑江宏. 建立健全公务员绩效考评体系初探 [C]. 江西省行政管理学会 2009 年年会暨江西省机关效能研讨会优秀论文集. 2009

[38] 陈琴. 我国公务员绩效考核制度改革研究 [D]. 湖南大学，2009

[39] 曹现强，侯春飞. 公共行政发展史上的里程碑——公共行政历史视野中的新公共行政学 [J]. 山东大学学报. 2006，4

[40] 包国宪，董静. 政府绩效评价结果管理问题的几点思考 [J]. 中国行政管理. 2006，11

[41] 国家公务员局. 公务员考核规定（试行）[Z]. 2007，1

[42] 中共中央办公厅. 2010—2020 年深化干部人事制度改革规划纲要 [Z]. 2009

[43] 全国人民代表大会. 中华人民共和国公务员法 [Z]. 2005，4

后　　记

《中国薪酬发展报告（2012 年）》是我们编辑出版的第 3 本薪酬蓝皮书。

本报告重点对 2012 年薪酬发展情况进行了全面总结和系统展示。对未来一个时期薪酬发展趋势及前景进行了展望和预测。

全书共分 4 篇 24 章，每章围绕一个中心，较好地集理论性、政策性、实用性和前瞻性于一体，涵盖了工资收入分配的全部内容，并对目前工资收入分配制度改革、发展以及探索、实践的相关情况进行了系统分析。

我们试图通过本报告，从多角度、多侧面、多层次展示 2012 年薪酬发展情况。虽然撰写人员尽了最大努力，但限于水平，特别是由于相关数据的缺乏和不完整，给撰写分析工作带来不少困难，期待着各位的批评和指正。

参加本书各章编写的都为劳动工资研究所科研人员，他们分别是：

第一章刘军胜；第二章刘秉泉；第三章孙玉梅；第四章吕井海；第五章王霞；第六章王宏；第七章胡宗万；第八章狄煌；第九章常风林；第十章王学力；第十一章钱诚；第十二章杨黎明；第十三章胡宗万；第十四章钱诚；第十五章常风林；第十六章肖婷婷；第十七章贾东岚；第十八章王宏；第十九章马小丽；第二十章肖婷

婷；第二十一章、第二十二章、第二十三章、第二十四章贾东岚；附录刘秉泉，大事记王学力。全书由刘秉泉、杨黎明初审，最后由刘学民审改定稿。王学力等同志在本书的体例、内容和组织协调过程中，做了大量工作。

感谢人力资源和社会保障部邱小平副部长在百忙之中为本书作序。

感谢易才集团企业与社会发展研究院院长龚德智以及研究员杜丽静、副总裁郝永泉给予的支持。

感谢中国劳动社会保障出版社的责任编辑黄霞为本书所做的工作。

本书在撰写过程中，参考、引用、借鉴了相关数据和研究成果，在此不一一列举，一并表示感谢！

刘学民

2013年9月